Zeitbilder |

„MACHT WILL ICH HABEN!"
DIE ERZIEHUNG DES HITLER-JUNGEN GÜNTHER ROOS ZUM NATIONALSOZIALISTEN

Martin Rüther

Martin Rüther, Jahrgang 1957, lebt in Rösrath bei Köln. Seit 1988 ist er wissenschaftlicher Mitarbeiter am NS-Dokumentationszentrum der Stadt Köln. Neben zahlreichen Veröffentlichungen zur Kölner Stadtgeschichte forscht, schreibt und publiziert er freiberuflich auch zu anderen – nicht kölnischen – zeitgeschichtlichen Themen und ist mit verschiedenen Projekten im Internet aktiv.

Impressum

Bonn 2017
© Bundeszentrale für politische Bildung / bpb
Adenauerallee 86, 53113 Bonn, www.bpb.de

Bestellungen: www.bpb.de/shop > Zeitbilder
Bestellnummer: 3978
ISBN 978-3-8389-7155-1
Redaktionsschluss: 1. Dezember 2016

Diese Veröffentlichung stellt keine Meinungsäußerung der Bundeszentrale für politische Bildung dar. Für die inhaltlichen Aussagen trägt der Autor die Verantwortung.

Projektleitung: Hildegard Bremer, bpb
Lektorat und Redaktion: Eik Welker, Münster
Bildredaktion: Martin Rüther

Grafische Konzeption und Umsetzung:
Leitwerk. Büro für Kommunikation, Köln, www.leitwerk.com
Druck: Bonifatius GmbH, Paderborn

Titelbild: „Mein Fähnlein 11". Aus dem Fotoalbum eines Kölner Fähnleinführers, um 1938/39

Dieses Buch wird um einen umfangreichen Internetauftritt ergänzt. Die Website www.roos.nsdok.de hält vielfältige Materialien in Form von Filmen, Tonaufnahmen, Bildern, Dokumenten und Zusatzinformationen bereit. Außerdem finden sich dort didaktische Anregungen bis hin zu fertigen Unterrichtsentwürfen.

Die Materialien können über die auf der Website abgelegte digitale Fassung des Buches (Flipbook) aufgerufen werden. Darin sind an vielen Stellen Verweise (Links) eingefügt, die den direkten Zugang zu den Vertiefungsebenen eröffnen. Darüber hinaus lassen sich auf der Website sämtliche Zusatzmaterialien auch über ein übersichtliches Menü, unabhängig vom Buch, direkt ansteuern.

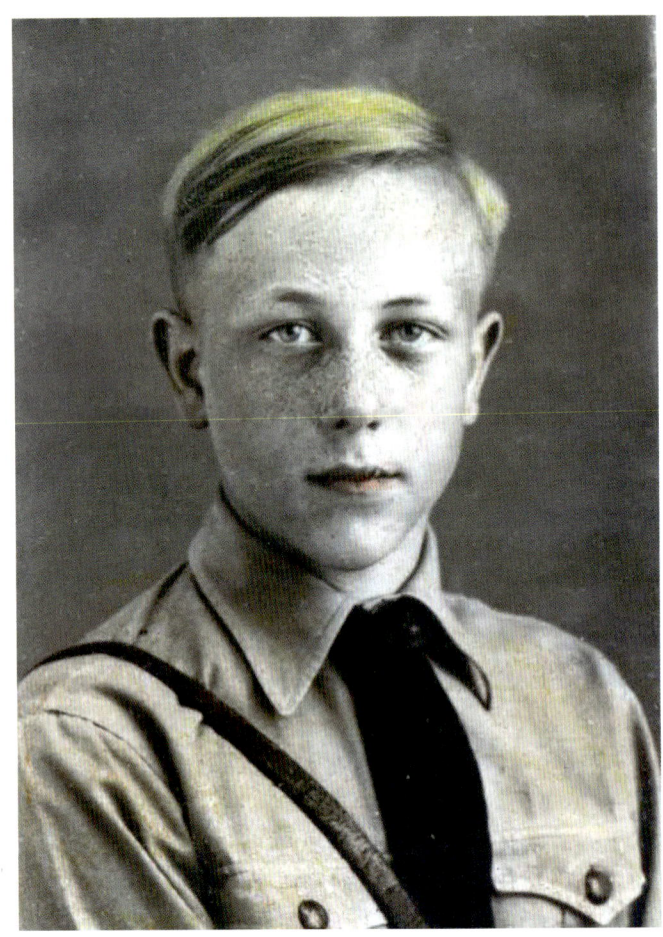

Günther Roos im Juni 1939

Einleitung .... Seite 6

Die Kleinstadt .... Seite 16
Die Großfamilie .... Seite 44
Der Vater .... Seite 50
Prägungen .... Seite 62

Günther Roos und die Medien seiner Zeit .... Seite 86

1939 .... Seite 102
„Es lebe Deutschland!"

1940 .... Seite 124
„Es ist bald wie im Märchen. Deutschland wird siegen!"

1941 .... Seite 150
„Ein neues, starkes Volk wächst heran. Und ich bin dabei!"

1942 .... Seite 176
„Macht will ich haben! Alle sollen mich lieben oder fürchten."

1943 .... Seite 218
„Als Soldat gehöre ich nur noch meinem Führer!"

1944 .... Seite 234
„Der Endsieg ist greifbar nahe gerückt!"

1945 .... Seite 252
„Man muss schon fanatisch sein, und das bin ich ja, Gott sei Dank."

Erste Nachkriegsjahre .... Seite 270
„Mein Ziel ist der Aufbau einer Existenz."

Nachklang .... Seite 290
Anmerkungen .... Seite 292
Bildnachweis .... Seite 296

Einleitung

Der Protagonist

„Mit großer Anteilnahme“, so schrieb Günther Roos im Dezember 1996 an den seit 1981 in Deutschland lebenden russischen Schriftsteller und Humanisten Lew Kopelew, habe er dessen 1976 erschienene Autobiografie „Aufbewahren für alle Zeit!“ gelesen.[1] Besonders tief habe ihn dabei aus persönlichen Gründen dessen „Abrechnung“ mit seiner kommunistischen Vergangenheit bewegt: „Ihre Verstrickung in das kommunistische System kann ich gut nachempfinden, da ich selbst (Jahrgang 1924) in der Nazizeit unter einer ähnlichen Diktatur aufgewachsen bin und wahrscheinlich nur durch frühzeitige Einberufung zur Wehrmacht vor verbrecherischen Aktivitäten in der Partei bewahrt wurde.“ Er habe Kopelews Erinnerungen daher „mit Respekt und auch mit Beschämung gelesen“: „Respekt habe ich vor Ihrer – entschuldigen Sie den pathetischen Ausdruck – menschlichen Größe, die hier durchscheint, und bin beschämt, dass nicht ein einziger Deutscher nach 1945 den Mut aufgebracht hat zu bekennen: Damals habe ich daran geglaubt, heute weiß ich, dass es ein Irrweg war.“ Kopelews Autobiografie, so schloss Günther Roos sein Schreiben, werde künftig „einen Ehrenplatz in meinem Bücherschrank“ einnehmen.

Er beschränkte sich jedoch nicht auf Worte, sondern ließ Taten folgen. Nachdem er bereits Ende der 1980er-Jahre begonnen hatte, seine Kindheit und Jugend aufzuarbeiten, ging er mit den dabei gewonnenen Ergebnissen und Erkenntnissen ein Jahrzehnt später in die Öffentlichkeit, besuchte Schulen und hielt öffentliche Vorträge. Dabei waren Günther Roos stets zwei Aspekte besonders wichtig: zum einen die schonungslose Aufdeckung und Erklärung der eigenen, überaus aktiven Rolle, die er im NS-System gespielt hatte, zum anderen aber auch die Erinnerung daran, dass er nicht der Einzige gewesen war, der Adolf Hitler begeistert und gläubig gefolgt war. „Manchmal meine ich, Hitler und ich waren die einzigen Nazis – alle anderen waren Widerstandskämpfer in diesem Land!“, äußerte er anlässlich eines öffentlichen Vortrags über „Meine Erziehung zum Nationalsozialisten“ gegenüber der Presse und beantwortete die an ihn gerichtete Frage, wie er denn „die Kurve zu seiner heutigen liberalen Einstellung“ bekommen habe: „Das war ein langer und schmerzlicher Weg.“[2]

Für ihn, so erklärte er, habe das Leben unter dem NS-Regime keinerlei Einschränkungen oder gar Gefahren für Leib und

1

Günther Roos: **Manchmal meine ich,**

Hitler und ich

waren die einzigen Nazis – alle anderen waren Widerstandskämpfer in diesem Land!

Hochinteressierte Zuhörer fand **Günther Roos** (Zeitzeuge Jg.1924) für seinen Vortrag beim September- Stelldichein der SNUC-Regionalgruppe Bonn/Köln. „Meine Erziehung zum Nationalsozialisten“, hieß sein Thema. Beeindruckend aufrichtig, sehr detailgetreu aufgrund zeit Lebens geführter Tagebücher, und ohne jegliche Scheu vor Tabus – dafür aber mit einer gehörigen Prise Humor – schilderte Roos seine Laufbahn vom Jungvolk bis zum Ende des Krieges in seiner Heimatstadt Brühl. In der angeregten Diskussion danach wurde Roos auch gefragt, wie er denn „die Kurve zu seiner heutigen liberalen Einstellung“ bekommen habe. Roos: „Das war ein langer und schmerzlicher Weg...“

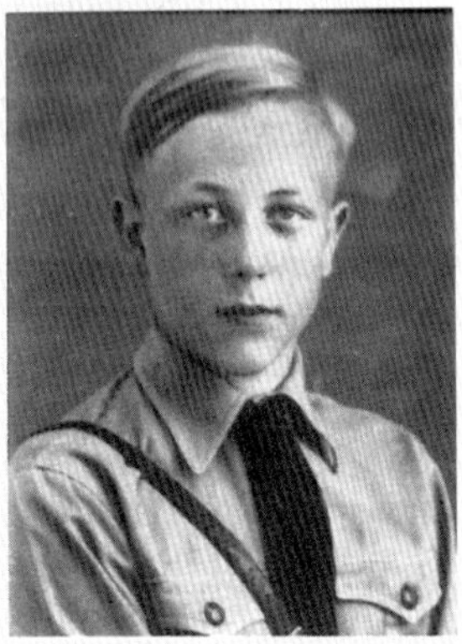

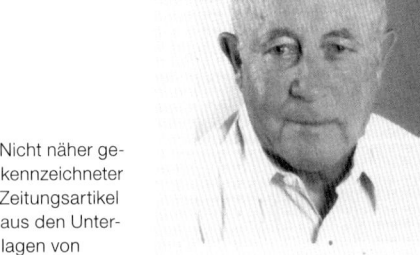

1 / Nicht näher gekennzeichneter Zeitungsartikel aus den Unterlagen von Günther Roos

Leben mit sich gebracht, sondern stattdessen unerwartete Aufstiegsmöglichkeiten geboten. „Wie lebte es sich in einer Diktatur?" Als Günther Roos diese Frage 1987 vermutlich zum ersten Mal gestellt wurde, fiel seine Antwort daher eindeutig aus: „Wir waren frei! Denn unser Begriff der Freiheit deckte sich mit dem der Macht. Es war eine Selbstverständlichkeit, dass persönliche Freiheit vor dem Allgemeinwohl zurückstehen musste. Und wir sangen: ‚Nur der Freiheit gehört unser Leben. Mit der Fahne für Freiheit und Brot.' Hitler hatte uns doch erst richtig frei gemacht! Man trug Uniform, das kam den pubertären Nöten entgegen, dieses Geltungsbewusstsein. In meinem Tagebuch von damals steht: ‚Ich will herrschen, und alle sollen Angst vor mir haben.' Das wurde wunderbar ausgenützt." Dieser Einschätzung folgt die auf den ersten Blick überraschende Feststellung: „Zum ersten Mal unfrei habe ich mich 1945 gefühlt, als ich nicht mehr ‚Heil Hitler' sagen durfte. Ich habe mich während der ganzen Nazizeit nicht unfrei gefühlt, weil ich genau mit dem, was mir beigebracht wurde, übereinstimmte."[3]

Das Ziel

Wie lässt es sich erklären, dass Günther Roos, der 1924 in der Kleinstadt Brühl in der Nähe von Köln geboren worden und im Schoß einer intakten, katholisch geprägten Großfamilie aufgewachsen war, sich nicht nur zu einem begeisterten Jungvolkführer, sondern zu einem gläubigen Hitler-Verehrer, skrupellosen Machtmenschen, Denunzianten und ausgesprochenen Rassisten entwickelte? Das Ziel dieses Buches ist es, den Heranwachsenden in seiner inneren und äußeren Entwicklung zu begleiten: zunächst auf dem schnellen und zunehmend begeistert verfolgten Weg tief hinein in das NS-System, dann als enthusiastischen Soldaten der Wehrmacht und schließlich bei dem langwierigen und beschwerlichen Prozess der schrittweisen Bewältigung der Folgen jener massiven Indoktrination, der er wie die meisten seiner Altersgenossen in den Jahren zwischen 1933 und 1945 ausgesetzt gewesen war und die bei ihm auf so fruchtbaren Boden gefallen war.

2/ Kundgebung der Brühler Hitlerjugend am Stadion, Frühjahr 1934

Das, was dem jungen Günther Roos immer wieder durch die NS-Propaganda und sich stetig wiederholende öffentliche Inszenierungen auch im kleinen Brühl vermittelt wurde, war eine einzige Demonstration „deutscher" Macht. Es wird in diesem Buch immer wieder darum gehen, wie und von wem ihm solches Denken nahegebracht wurde, welche Schlüsse er daraus zog und wie ihn eine immer massivere Indoktrination zunehmend veränderte und bestimmte.

Um dem auf den Grund zu gehen, müssen zunächst das gesellschaftliche und familiäre Umfeld des Protagonisten in gebotener Kürze ausgeleuchtet werden, um sich dann auf dessen Entwicklung in den Jahren der NS-Herrschaft zu konzentrieren.[4] Dabei kann die frühe Lebensgeschichte von Günther Roos naturgemäß nicht stellvertretend für die all jener jungen Deutschen stehen, die Mitte der 1920er-Jahre geboren wurden. An seinem Beispiel kann jedoch in oft erschreckender Deutlichkeit und häufig bis ins Detail vor Augen geführt werden, wie die Anreize, die Hitlerjugend und NS-Regime entsprechend ambitionierten Heranwachsenden zweifelsohne boten, einen jungen Menschen manipulieren und bis in seinen innersten Kern hinein verändern konnten.

Möglich wird eine solche Darstellung durch die außergewöhnliche Quellenüberlieferung unter anderem in Form von Tagebüchern und Briefen, auf deren breitem Fundament die Lebensgeschichte von Günther Roos erarbeitet werden kann. Sie setzt sich damit deutlich von vergleichbaren Versuchen ab, die ausschließlich auf den rückblickenden Aussagen von Zeitzeugen beruhen. Ein Vorhaben, auf diese Weise „die Hitler-Jugend als Sozialisationsraum" darzustellen,[5] muss nahezu zwangsläufig scheitern, weil solche Erinnerungen allein „nur selten gängige Meinungen und häufig gehörte Stereotypen über die NS-Zeit überschreiten".[6] „Die Erzählungen sind oft weit von Erfahrungen entfernt, zu sehr scheint sich Geschichte wie ein eingefrorener Klumpen aus Bildern und Redeweisen in der Erzählung durchzusetzen."[7] Damit aber, so ist zu ergänzen, fehlt diesen Arbeiten nahezu alles, was die Entwicklung eines Jugendlichen in einer spezifischen Lebensphase (be)greifbar und (er)fassbar machen könnte. Stattdessen werden Verlautbarungen von offizieller Seite vorschnell und unkritisch für bare Münze genommen und zu realen Grundpfeilern jugendlicher Lebenswelten transformiert. So wird dann auf der Grundlage recht vager Erinnerungen eines Zeitzeugen die Hitlerjugend zur „totalitären Sozialisationsagentur" und damit zur nahezu perfekten Institution, an der sich exemplarisch zeigen lasse, „wie soziale Systeme Jugendliche zu kontrollieren und zu manipulieren imstande sind".[8]

Dies zu analysieren und vor Augen zu führen, ist tatsächlich von grundlegender Bedeutung. Doch die Erkenntnisse, die aus der Befragung von Zeitzeugen zu gewinnen sind, können allein niemals ausreichen, um das Ausmaß und die Art der Manipulation von Jugendlichen durch ein totalitäres Regime und das dazu genutzte Instrumentarium zu ergründen und darzustellen. Solch unerlässliche Forschung bedarf vielmehr aussagekräftiger zeitgenössischer Quellen und Selbstzeugnisse, die es dann tatsächlich ermöglichen, sich nicht nur den konkreten äußeren Gegebenheiten, sondern zugleich auch dem damaligen Denken und Fühlen der Heranwachsenden anzunähern. Nachgerade ideal stellt sich die Lage dann dar, wenn es neben solchen schriftlichen und bildlichen zeitgenössischen Aufzeichnungen auch noch reflektierende Lebenserinnerungen sowie die zusätzliche Möglichkeit gibt, den Zeitzeugen auf der Grundlage all dieses Materials selbst noch zu befragen.

Die Quellen

Im Fall von Günther Roos sind alle oben beschriebenen Kriterien für eine ideale Quellenlage erfüllt.[9] Er wurde bereits in jungen Jahren zu einem eifrigen Tagebuchschreiber. Sobald er für längere Zeit das Elternhaus verließ, hielt er zudem mit oft langen Briefen Kontakt zu Vater, Mutter und Bruder, die ihrerseits auch mit ihm und untereinander korrespondierten. Ein großer Teil dieser Dokumente überstand, noch ergänzt um reichhaltiges Fotomaterial, Kriegs- und Nachkriegszeit. Nachdem er sie jahrzehntelang völlig unbeachtet gelassen hatte, „entdeckte" Günther Roos sie mehr als 40 Jahre nach Ende der NS-Zeit neu und begann, sich intensiv mit seiner Familiengeschichte und seiner eigenen Kindheit und Jugend auseinanderzusetzen. Der Anlass hierfür waren wohl die Forschungen der Historikerin Barbara Becker-Jákli, die in der zweiten Hälfte der 1980er-Jahre im Vorfeld des 50. Jahrestages des Pogroms vom 9. November 1938 nicht nur die damaligen Geschehnisse in Brühl aufarbeitete, sondern sich zugleich auch intensiv mit Geschichte und Schicksal der in der Stadt lebenden Juden auseinandersetzte. Hierbei war sie auf die Mitarbeit von Zeitzeuginnen und Zeitzeugen angewiesen, unter ihnen auch Günther Roos.

Dieser beließ es im Anschluss an dieses Forschungsprojekt aber nicht dabei, sondern begann damit, das kleine Familienarchiv zu sichten, zu sortieren und die darin enthaltenen Selbstzeugnisse in Form von Tagebüchern und Briefen wortgetreu zu transkribieren. Die Arbeit fiel ihm, je weiter er zeitlich fortschritt, nach eigener Aussage nicht immer leicht, denn mit dem Abstand von mehr als 40 Jahren war er häufig über das erschrocken, was er damals selbst zu Papier gebracht hatte. Aber trotz aller Bedenken konnte er sich letztlich zu einem – wie er es nannte – „seelischen Striptease" durchringen, der einen Glücksfall für die historisch interessierte Nachwelt darstellen dürfte. Er verzichtete auf jede Kürzung oder Verfälschung seiner Unterlagen, was ihm insbesondere für seine Tagebucheintragungen der Jahre 1941/42 besonders schwerfiel. Aber die einmal gefällte Entscheidung hatte Bestand: „Indem ich alles so wiedergegeben habe, wie ich es damals aufgeschrieben habe, wollte ich die Authentizität bewahren. Ich glaube, dass so viel deutlicher wird, wie ein junger Mensch in einer Diktatur für deren Ziele eingespannt und auch korrumpiert wird."

Damit beschritt Günther Roos – glücklicherweise – einen anderen Weg als die meisten seiner ebenfalls Tagebuch führenden Altersgenossen, die sich im Nachkriegsdeutschland nicht oder oft nur mit erheblichen Abstrichen zu einer Veröffentlichung ihrer Aufzeichnungen durchringen konnten. Die nach 1945 bekannt gewordenen Verbrechen des NS-Regimes warfen immer wieder neue und lauter werdende Fragen nach der persönlichen Beteiligung und Schuld Einzelner auf, was

3 / Günther Roos mit seinen Tagebüchern im November 2008

dazu führte, dass die jeweiligen Autoren mehr als bei Tagebüchern aus anderen Zeitabschnitten dazu tendierten, als kompromittierend empfundene Abschnitte ihrer Eintragungen vor einer Publikation zu verändern oder gleich völlig zu streichen. So konnte etwa ein weitgehend an den NS-Alltag angepasstes Leben schnell zu einem angeblich NS-resistenten oder gar widerständigen Leben mutieren, was dazu beitrug, das Vertrauen in die gesamte Quellengattung „Tagebuch" erheblich zu beeinträchtigen. Das ist umso bedauerlicher, als solche Selbstzeugnisse in ungekürzter und unverfälschter Form eine ausgezeichnete, ja vielleicht die bestverfügbare Grundlage dafür bieten, um Fragen nach innerer Anteilnahme und Beteiligung von Menschen am Nationalsozialismus nachgehen zu können.

Die Historikerin Susanne zur Nieden etwa resümiert: „Tagebuchaufzeichnungen ermöglichen einen Blick auf Gefühls- und Gedankenwelten, an die sich diejenigen, die diese Zeit erlebten, seither selbst nur schwer erinnern können und wollen. Die Verflechtung von Politik und Alltag, Öffentlichem und Privatem, Eigensinn und Geschichte können in den autobiographischen Texten dieser Jahre studiert werden."[10] Damit wird unverfälschten

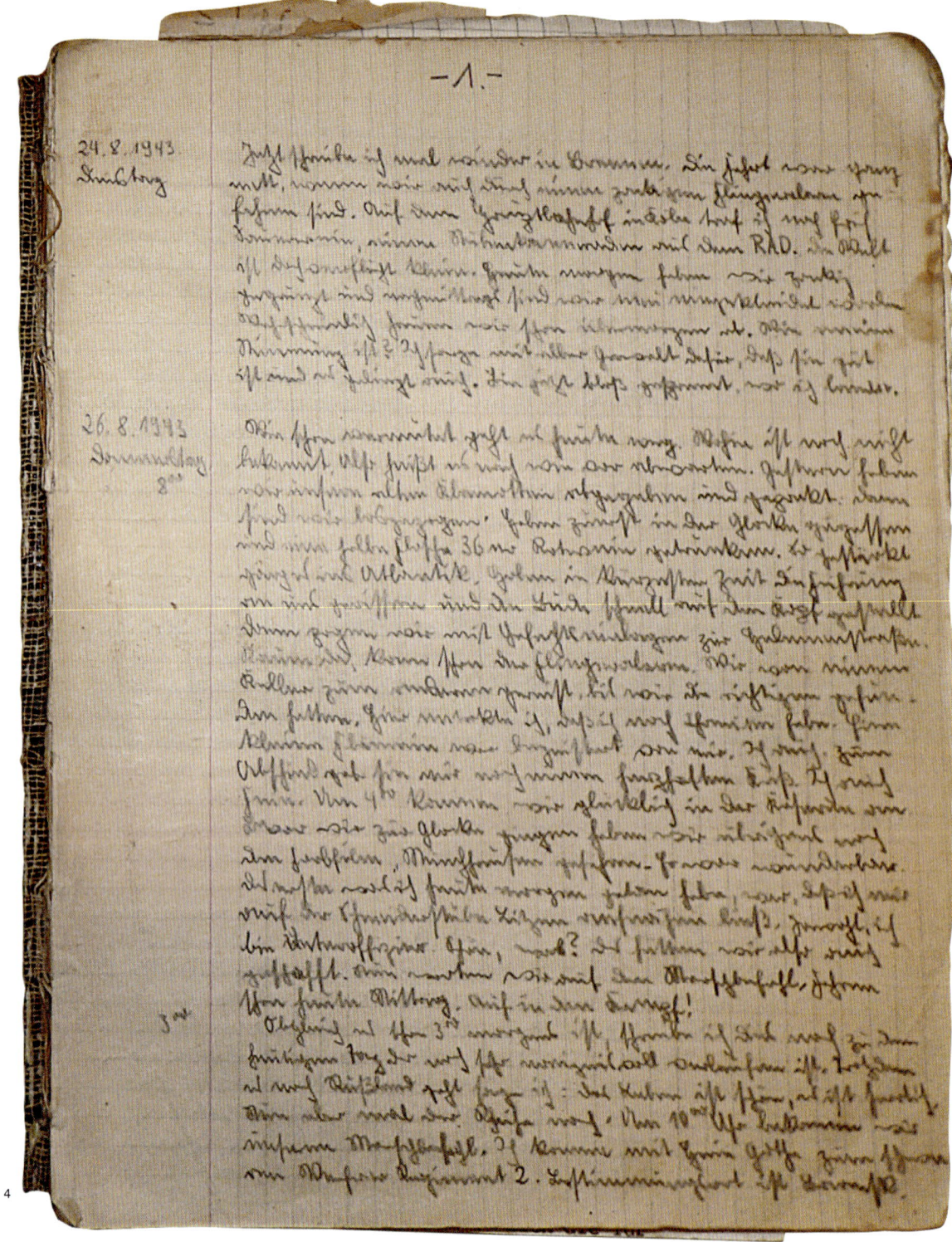

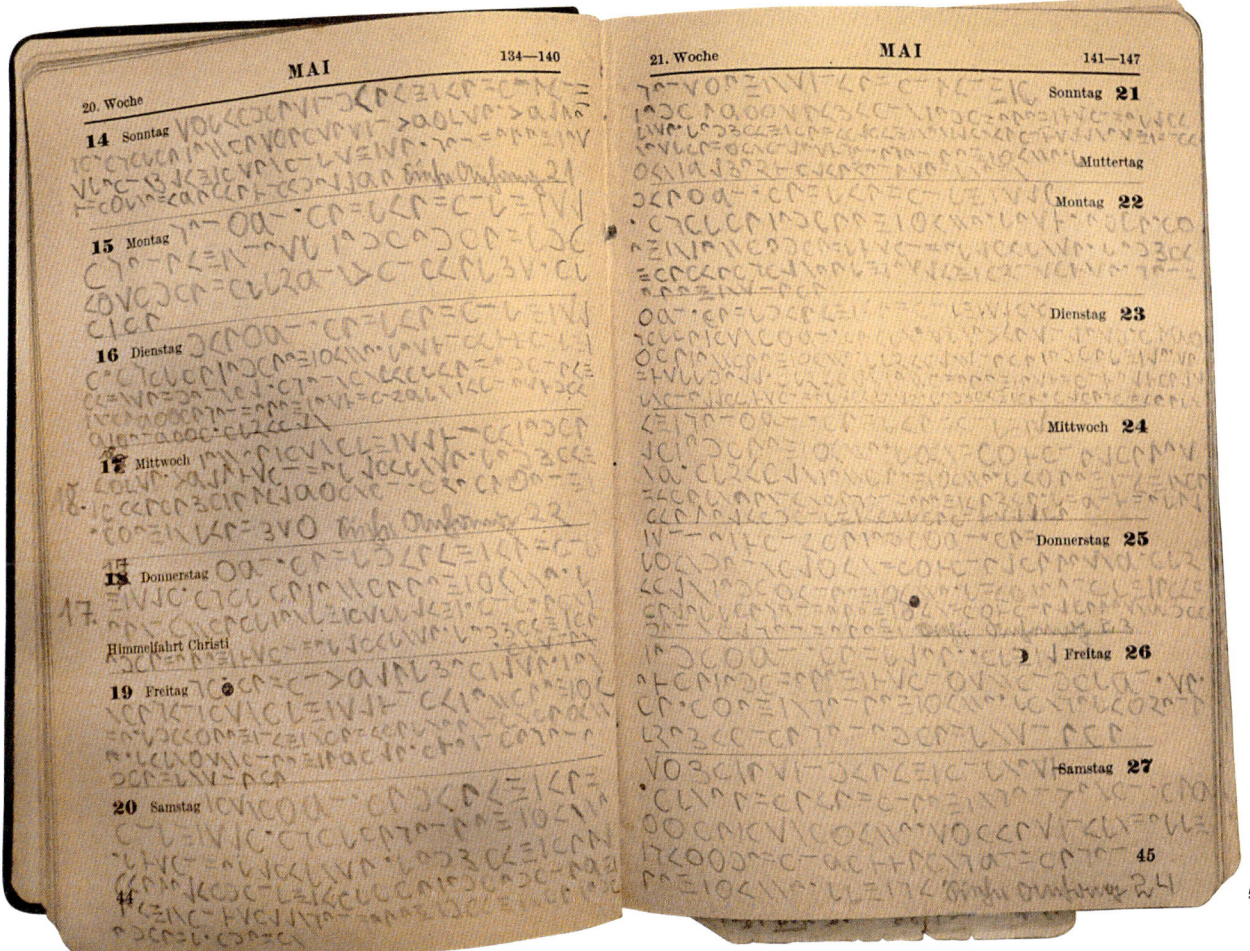

4/5/ Zwei Auszüge aus den Tagebüchern. Wie am Beispiel rechts zu sehen, verfasste Günther Roos ganze Passagen auch in Geheimschrift.

Tagebüchern nicht nur ein ihnen gebührender Platz in der historischen Forschung eingeräumt, sondern mit dem Hinweis auf das Erinnerungsvermögen von Zeitzeugen zugleich auf den unbedingt notwendigen kritischen Umgang mit „Oral History" hingewiesen.[11]

Im hier dargestellten konkreten Fall transkribierte Günther Roos sämtliche ihm verfügbaren Selbstzeugnisse nicht nur Wort für Wort, sondern erläuterte und kommentierte an ausgewählten, ihm wichtig erscheinenden Stellen deren Inhalte, ohne diese dabei zu verfälschen.[12] Optisch stets deutlich vom Quellentext abgesetzt, finden sich so Erläuterungen, die nur derjenige geben konnte, der die geschilderten Ereignisse selbst erlebt hat. Ergänzend zu diesem großen Quellenkonvolut, das – bezogen auf seine Person – ab 1936, in größerer Intensität dann ab 1939 vorliegt, verfasste Günther Roos auf der Grundlage seines Privatarchivs und der mündlichen Familienüberlieferung eine umfangreiche Geschichte der Großfamilie Roos sowie eine Skizze seiner Kindheit. Außerdem erklärte er sich in den Jahren 2008 und 2012 zu zwei mehrteiligen Gesprächseinheiten von zehn bzw. 14 Stunden Dauer bereit, die auf Video festgehalten wurden und in denen er sämtliche an ihn gerichteten Fragen geduldig und ausführlich beantwortete.

Schließlich stellte er bei dieser Gelegenheit auch alle ihm zur Verfügung stehenden Unterlagen zur freien Verfügung, sodass für die hier vorgelegte Darstellung auch Lebenserinnerungen seines Vaters, Tagebucheinträge seines 1942 in Russland ums Leben gekommenen Bruders Gustav sowie die gesamte erhaltene Familienkorrespondenz genutzt werden konnten.[13]

Die Inhalte

Diese ungewöhnlich breite Quellenbasis eröffnet vielfältige und tiefe Einblicke in das Leben des heranwachsenden Günther Roos, wobei insbesondere das ab Jahresbeginn 1939 intensiv geführte Tagebuch eine detaillierte Chronologie seiner Persönlichkeitsentwicklung liefert. Familie, Schule, Kirche, Alltag und Freizeit: Die tägliche Auflistung der Tätigkeiten und Ereignisse zeigt einen zunächst wohl „typischen", in eine große Familie eingebundenen Jugendlichen mit wenig Lust auf Schule und großer Freude an Spielen und Streichen. Zugleich erlauben die Aufzeichnungen interessante Aufschlüsse über den persönlichen Medienkonsum und weisen Günther Roos als begeisterten Leser, Radiohörer und Kinobesucher aus – Aspekte, denen hier jeweils eigene Kapitel gewidmet werden.[14]

6/ Die Tagebücher von Günther Roos, die er zwischen 1936 und 1948 verfasst hat

Insbesondere lässt sich aus den Tagebüchern aber dessen zunehmende und schließlich extreme Indoktrination ablesen, die letztendlich in einem ausgeprägten Machtwillen mündete: „Ein neues, starkes Volk wächst heran. Und ich bin dabei!", heißt es etwa im Oktober 1941. Adolf Hitler stieg in Günthers Augen spätestens ab 1940 zu einer Art Lichtgestalt auf, während der bis dahin prägende Einfluss der katholischen Kirche zusehends in den Hintergrund gedrängt wurde, bis es Anfang 1942 schließlich zum endgültigen Bruch mit ihr kam. Dabei ließ sich der extrem aufstiegsorientierte, in der Familie deshalb als „Kletteräffchen" verspottete 17-Jährige zur Verbesserung seiner Karrierechancen sogar bereitwillig zum Ausspionieren und Denunzieren von Pfarrern und Religionslehrern missbrauchen. Auf diese Weise hatte er es bis zum Jungstammführer gebracht und damit den höchstmöglichen Jungvolk-Führerrang in Brühl erklommen, was er im April 1942 so machtbewusst wie martialisch im Tagebuch festhielt: „So, jetzt habe ich das, was ich haben will, nämlich die Macht! Macht will ich haben! Alle sollen mich lieben oder fürchten."

Als Günther Roos Mitte 1942 Brühl und damit sein Elternhaus verließ, um zunächst seine Zeit beim Reichsarbeitsdienst zu absolvieren und anschließend in die Wehrmacht und aktiv in den Krieg einzutreten, vollzogen sich erneut innere Wandlungen, ohne dass seine Führergläubigkeit und die Lösung von der Kirche dadurch infrage gestellt worden wären. Seine neue Position war in einem zentralen Punkt jedoch eine gänzlich andere, denn aus dem Befehlenden war ein Befehlsempfänger geworden. Zudem nahm der Krieg alsbald eine entscheidende, negative Wende, und vor allem musste Günther den Verlust seines geliebten Bruders Gustav verkraften. Wie der 18-Jährige auf die neuen Gegebenheiten reagierte und durch wen er dabei in welcher Weise beeinflusst wurde, gilt es ebenso nachzuzeichnen wie seine persönliche Lage bei Kriegsende. Die totale Niederlage, der Verlust des so verehrten „Führers", dem er noch im April 1945 in Berlin beistehen wollte, die Zeit in der Kriegsgefangenschaft und die ersten Neuorientierungsversuche in Brühl – all das waren Geschehnisse, mit denen sich Günther Roos in seinem Tagebuch auseinandersetzte. Nach seiner Rückkehr aus der Kriegsgefangenschaft „entdeckte" er einerseits Erich Maria Remarque, dessen Roman *Im Westen nichts Neues* er als Erweckungserlebnis beschrieb, sah sich andererseits aber auch mit den eigenen tief sitzenden rassistischen Ressentiments konfrontiert, die er trotz wachsender Erkenntnis der unvorstellbaren Verbrechen des NS-Regimes nur schwer und sehr langsam abbauen konnte. Auf ihn wartete nach 1945 – wie bereits eingangs zitiert – ein „langer und schmerzlicher Weg".

Diesen beschritt Günther Roos nach Phasen des Verdrängens und Vergessens dann als Rentner in aller Konsequenz. Seine aktive Rolle im NS-System schonungslos zu schildern, wurde mehr und mehr zu seinem großen Anliegen. Hierbei wandelte er schließlich auf jenen Pfaden, die Lew Kopelew ihm vorgegeben hatte. Und wie er jenen dafür bewunderte, so schlug dann auch Günther Roos eine ähnliche Wertschätzung seitens jener entgegen, denen er seine Geschichte unverblümt erzählte. „Beeindruckt", so schrieben ihm die Schüler der Klasse 10a eines Brühler Gymnasiums Anfang März 2009 nach einem Unterrichtsbesuch, habe sie „Ihre Ehrlichkeit, Ihre Aufrichtigkeit, Ihr Mut, offen dazu zu stehen, dass Sie als junger Mensch Hitler verehrt haben", um fortzufahren:

„Ihr Vortrag hat Fragen beantwortet, auf die man in Büchern keine Antworten findet: Sie haben uns den Enthusiasmus eines Jugendlichen in dieser Zeit vermittelt, von dem man heute kaum mehr spricht. […] Wie konnte es geschehen, dass jüdische Menschen entrechtet, verfolgt, verschleppt, vernichtet wurden? Sie haben uns erklärt, wie durch die Propaganda der Nazis und durch Gleichgültigkeit niemand realisieren wollte, was geschah. Sie haben – im Gegensatz zu vielen anderen – dieses Kapitel der deutschen Geschichte nicht totgeschwiegen, sondern sprechen offen darüber, gestehen auch eigene Fehler ein. Dazu gehört Mut. Mutig ist es sicher auch, sich seinen Erinnerungen immer wieder zu stellen und dadurch das Erlebte wieder aufleben zu lassen. […] Sie haben uns gezeigt, wie leicht man als junger Mensch verführt werden kann. Denn Sie waren in einem ähnlichen Alter wie wir. So sind Ihre Erlebnisse eine Warnung, die uns vielleicht aufmerksamer macht und die uns wachsamer macht, politische Vorgänge zu beobachten und zu beurteilen, damit niemals wieder Verbrechen, die auch nur ansatzweise so schlimm sind, passieren. Ihr Besuch hat einen bleiben-

7 / In diesen Aktenordnern heftete Günther Roos die Originaldokumente, seine Transkriptionen der Tagebücher und Briefe sowie seine Kommentierungen und Erinnerungen ab.

den Eindruck hinterlassen, den weder eine Geschichtsstunde noch ein Film oder ein Buch ersetzen kann. Wir hoffen, dass viele junge Menschen solch eine Möglichkeit bekommen."

Natürlich war sich Günther Roos bewusst, dass er selbst sein Wissen über die Zeit des Nationalsozialismus nur für eine begrenzte Zeit weitergeben konnte. Daher war er Ende 2008 gern bereit, neben seinen Materialien auch seine mündlichen Erinnerungen in Form langer Videointerviews festzuhalten. Nachdem 2012 die Idee an ihn herangetragen worden war, seine ersten 25 Lebensjahre in einem Buch zusammenzufassen, das sich in erster Linie an Jugendliche wenden sollte, trug er alles in seiner Kraft Stehende zu dessen Realisierung bei. Leider kann er das Ergebnis der gemeinsamen Bemühungen nun nicht mehr selbst erleben. Günther Roos starb im November 2013 im Alter von fast 90 Jahren.

Das Buch und seine Möglichkeiten – eine „Gebrauchsanweisung"

Dieses in der Reihe „Zeitbilder" der Bundeszentrale für politische Bildung erscheinende Buch möchte durchaus auch im Wortsinn ein „Zeitbild" sein. Es spiegelt durch die Lebensgeschichte von Günther Roos nicht nur viel vom damaligen, gerade die Jugendgeneration bewegenden „Zeitgeist" wider, es ist auch reich an Abbildungen, um so auch auf visuelle Weise den Zugang zur damaligen Welt zu erleichtern.

Aber der Band – oder besser: das Projekt – möchte noch weitaus mehr. Im Sinne von Günther Roos soll er Jugendlichen von heute zur grundlegenden Aufklärung über die Zeit des Nationalsozialismus dienen. Nach eigener Aussage ärgerte es ihn, wenn ihm im Rahmen seiner Unterrichtsbesuche im Anschluss an seinen Vortrag seitens der Schülerinnen und Schüler keine vertiefenden Fragen gestellt wurden. Als Zeitzeuge verkannte er dabei, dass er die Zeit, über die er zu ihnen sprach, nicht nur selbst erlebt, sondern sich mit ihr rückblickend zudem nochmals intensiv auseinandergesetzt hatte. Auf die ihm zumeist gebannt zuhörenden Jugendlichen strömte dagegen innerhalb einer Schulstunde derart viel Neues ein, dass sie zu dessen Verarbeitung zunächst einmal einige Zeit benötigten, ehe sie weiterführende Fragen zu formulieren vermocht hätten.

Dies soll ihnen – und natürlich allen anderen Interessierten – nun im Rahmen dieses Buchprojekts nachträglich ermöglicht werden. Das geschieht mittels einer eigens hierzu erstellten Website (www.roos.nsdok.de), die gleich mehrere Möglichkeiten bietet: Zunächst findet sich dort das gesamte Buch in digitaler Form zum komfortablen Blättern und Durchsuchen. Zugleich werden in dieser Onlinefassung – zusätzlich zu den ohnehin schon im Buch verfügbaren Infokästen – zahlreiche weitere vertiefende Informationen und Materialien angeboten, die speziell gekennzeichnet sind und direkt aufgerufen werden können. Zudem lassen sich, unabhängig vom Buch, auf der

8 / Nicht näher gekennzeichneter Zeitungsartikel aus den Unterlagen von Günther Roos, 1990er-Jahre

Website alle Zusatzmaterialien auch über ein übersichtliches Menü direkt ansteuern.

Die Website www.roos.nsdok.de bietet insgesamt folgende wesentliche Bereiche zur Vertiefung an:
1. das „Flipbook" als digitale Version des Printprodukts;
2. Materialien unterschiedlichen Umfangs in Form von historischen Filmen und Rundfunkübertragungen, Auszügen aus den Videointerviews mit Günther Roos, Fotos, Druckwerken und Dokumenten sowie Einführungen und Kommentierungen, die über Links an zahlreichen Stellen des „Flipbooks" zu erreichen und im Menü auf der Website nochmals komplett zusammengefasst sind;
3. die kompletten „Selbstzeugnisse" der Familie Roos, auf denen die Darstellung basiert;
4. eine „Infothek" mit ausführlichen Jahres- und Monatschroniken, einer Mediengeschichte zur NS-Zeit und einer „Kleinen Quellenkunde", die die Einordnung der Lebens- und Familiengeschichte und den Umgang mit den Quellen erleichtern soll;
5. auf die Sekundarstufen I und II zugeschnittene Unterrichtseinheiten zu verschiedenen, sich an den Curricula orientierenden Themen zur NS-Geschichte;
6. und schließlich eine Kurzfassung der Lebensgeschichte von Günther Roos, die zahlreiche Ausschnitte aus den mit ihm geführten Videointerviews enthält und die besonders für eine punktgenaue Nutzung im Schulunterricht geeignet ist.

Mit diesen vielfältigen Ergänzungen ist die Hoffnung verbunden, dass sich beide Formen der Rezeption ideal ergänzen und ihre jeweiligen Stärken ausspielen können: Das Buch im herkömmlichen und besten Sinne als „Schmöker", die digitalen Präsentationsformen als technische Plattform zur Wissensvermittlung. So ermöglichen Buch und Website einen neuen und – wie wir hoffen – hochinteressanten Zugang in die Erlebniswelt eines Jugendlichen während der Zeit des Nationalsozialismus.

Dank

Wie stets am Ende der langen Reise von der Idee zum fertigen Produkt gilt es vielen Menschen für ihre Unterstützung zu danken. So etwa Frau Freericks vom Stadtarchiv Brühl, die kollegial und unkompliziert Zugang zum großen Fotoarchiv gewährte und die ausgewählten Materialien anschließend in atemberaubender Geschwindigkeit in digitaler Form zur Verfügung stellte. Zu besonderem Dank bin ich dem Fachbereich Print der Bundeszentrale für politische Bildung und hier besonders dessen Leiter Dr. Hans-Georg Golz sowie Hildegard Bremer verpflichtet, die das gesamte Projekt stets interessiert und mit hilfreicher Kritik begleiteten und es schließlich in eine Kooperation mit dem NS-Dokumentationszentrum der Stadt Köln einmünden ließen. Auch dessen Direktor Dr. Werner Jung beurteilte das Projekt positiv und stimmte der Zusammenarbeit beider Einrichtungen dankenswerterweise zu. Mein ganz besonderer Dank aber gilt naturgemäß Günther Roos selbst sowie dessen Frau Margot – einerseits für die Überlassung sämtlicher Materialien und die große und geduldige Gesprächsbereitschaft, anderseits aber auch für die stets überaus freundliche Aufnahme, stete Ermutigung und nicht zuletzt für die leckere Bewirtung mit Kaffee, Kuchen und anderen Erfrischungen. Schade nur, dass der Protagonist der folgenden Darstellung diese selbst nicht mehr in Augenschein nehmen kann.

Die Klein-stadt

Brühl war in den 1930er-Jahren eine recht beschauliche, zugleich aber auch industriell geprägte Kleinstadt im damaligen Landkreis Köln, die im Rahmen einer kommunalen Gebietsreform im Jahr 1932 eine erhebliche Ausweitung erfahren hatte. Zählte das Städtchen im Jahr 1925 lediglich 11 228 Einwohner, waren es Anfang 1933 bereits 23 076. In den folgenden Jahren sollte sich die Einwohnerzahl dann nicht mehr gravierend verändern. Der Ort war wie das gesamte Rheinland stark katholisch geprägt. Den 19 977 Katholiken standen lediglich 2 721 (13,6 Prozent) evangelische Christen gegenüber. Zudem wohnten zu Beginn der NS-Zeit 121 Juden (0,5 Prozent) in Brühl.

Weimarer Jahre

Der konfessionellen Zusammensetzung entsprachen die politischen Kräfteverhältnisse in Brühl, mit der katholischen Zentrumspartei als eindeutig dominierender Kraft.[15] Weil die Stadt als Standort von Braunkohlegewinnung und Brikettproduktion sowie größerer Betriebe der Metallindustrie einen hohen Arbeiteranteil aufwies, erzielten aber auch SPD und KPD beachtliche Stimmenanteile. Während die Sozialdemokraten bei den Reichstagswahlen 1924 und 1928 rund 23, die Kommunisten 13 Prozent der Stimmen erhalten hatten, kehrte sich dieses Verhältnis ab 1929 im Zuge von Wirtschaftskrise und damit einhergehender politischer Radikalisierung um. Bei der Kommunalwahl am 15. Januar 1933 stimmten 23,4 Prozent der Brühler für die KPD, während die SPD auf 13,9 Prozent zurückfiel. Auch das Zentrum, zuvor bei Wahlen mit Lokalbezug regelmäßig mit mehr als 50 Prozent der Stimmen bedacht, büßte bei dieser Wahl erheblich an Zustimmung ein und kam nur noch auf 39,2 Prozent.

Brühl, so heißt es, habe in Zeiten der Weimarer Republik den Eindruck einer harmonischen Kleinstadtidylle vermittelt, in der die Menschen weitgehend konfliktfrei miteinander umgegangen seien.[16] Die Welt schien hier also zu Beginn der 1930er-Jahre ungeachtet der Wirtschaftskrise und politischer Radikalisierung weitgehend „in Ordnung". Dies galt nicht zuletzt für die Uhlstraße, die „gute" Straße der Stadt, die auch im Leben von Günther Roos eine wichtige Rolle spielte. Hier befand sich das mittelständisch geschäftige Zentrum, in dem seit Generationen jeder jeden kannte. In diese kleine, zumindest nach außen heile und gutnachbarschaftliche Welt waren auch die Brühler Juden fest integriert, wenn auch – zumeist noch eher diffus – deren „Anderssein" durchaus Thema war: „Jüdde wore Jüdde, die wore anders!", brachte ein Zeitzeuge die damalige kleinstädtische Sicht der Dinge auf den Punkt. Wie schnell sich eine solche eher alltägliche Feststellung zur Abwertung der Juden als „Menschen zweiter Klasse" und als „rassisch Minderwertige" und damit ins Aggressiv-Bösartige wandeln konnte, sollte sich dann ab Februar 1933 auch in Brühl erweisen.

Bis dahin war der Nationalsozialismus in Brühl auf geringe Resonanz gestoßen. 1925 hatte es zwar eine erste große NS-Veranstaltung im Ort gegeben, doch entwickelte sich hieraus offenbar keinerlei messbarer Einfluss auf das kommunale Leben, was in den überaus bescheidenen Wahlergebnissen für die NSDAP zum Ausdruck kam: Bei der Reichstagswahl 1924 war sie lediglich von 36 Brühlern gewählt worden, vier Jahre später dann von 141, und bei den Kommunalwahlen des Jahres 1929 erhielt die Partei lediglich zwei Prozent der Stimmen. Selbst aus den dramati-

9 / Der Brühler Marktplatz, um 1931/32

10 / Der Brühler Marktplatz mit Transparent anlässlich der Reichstagswahl am 29. März 1936

11 / Blick in die Uhlstraße, 1934

schen Auswirkungen der Wirtschaftskrise konnte die örtliche NS-Bewegung nicht das erhoffte Kapital schlagen. Obwohl Brühl Anfang 1933 bei etwas mehr als 23 000 Einwohnern rund 2 000 Erwerbslose aufwies und der katholische Pfarrer Fetten klagte, es herrsche aufgrund der „furchtbaren Arbeitslosigkeit" eine „entsetzliche Not unter den Leuten"[17], blieben die Wahlerfolge der Nationalsozialisten bei der Reichstagswahl im Juli 1932 mit weniger als zehn Prozent angesichts der reichsweit erzielten 37,3 Prozent recht bescheiden. Bei der letzten freien Reichstagswahl im November desselben Jahres ging ihr Anteil gar auf acht Prozent zurück, und auch die Kommunalwahl am 15. Januar 1933 bescherte der NSDAP lediglich 11,3 Prozent, womit sie deutlich hinter Zentrum und KPD und auch noch hinter der SPD zurückblieb.

Machtübernahme, Gleichschaltung und Zustimmung

Ihr vergleichsweise geringer Einfluss verhinderte aber auch in Brühl nicht ein überaus aggressives Auftreten der Nationalsozialisten, das im Zuge zunehmender Radikalisierung in handgreiflichen Auseinandersetzungen mit politisch links orientierten Gegnern mündete und in der harmoniegewöhnten kleinstädtischen Bevölkerung ein Klima der Unsicherheit schuf. Vielleicht war ein Großteil der Bevölkerung daher am 30. Januar 1933 auch ein Stück weit erleichtert, dass nach unruhigen Zeiten nun mit Adolf Hitler ein Reichskanzler bestellt worden war, der lautstark versprochen hatte, endlich für Ruhe, Arbeitsplätze und Aufstieg zu sorgen. Dennoch blieb das katholische Milieu für die Brühler – zumindest zunächst – die eindeutig wichtigste Orientierungsgröße, was auch in den Ergebnissen der von den gerade an die Macht gelangten Nationalsozialisten umgehend anberaumten Reichs- und Kommunalwahlen am 5. und 12. März 1933 deutlichen Niederschlag fand. In Brühl erzielte das katholische Zentrum bei der Reichstagswahl 43,7 Prozent, während für die NSDAP lediglich 19,2 Prozent der Wahlberechtigten stimmten. Bedenkt man, dass die NSDAP zwar auch reichsweit die angestrebte absolute Mehrheit verfehlte, aber dennoch immerhin 43,9 Prozent erreichte, lässt sich das Ausmaß der Enttäuschung der Brühler NS-Protagonisten ermessen. Das Ergebnis der eine Woche später stattgefundenen Kommunalwahl zementierte dieses in den katholischen rheinischen Kleinstädten damals häufiger anzutreffende lokale Kräfteverhältnis: 46,5 Prozent an Zentrumswählern standen lediglich 21,3 Prozent NS-Sympathisanten gegenüber, womit die katholische Partei 15 der insgesamt 30 Sitze im Stadtrat gewann.

Parlamentarische Mehrheiten und dem neuen Regime nicht genehme politische Meinungsäußerungen hatten jedoch in Brühl wie andernorts im Reichsgebiet längst jeden Wert verloren. Auf der zweifelhaften Grundlage der Notverordnung zum „Schutz von Volk und Staat" vom 28. Februar als Reaktion auf den Reichstagsbrand und des „Ermächtigungsgesetzes" vom 24. März 1933 verfügten die neue Regierung und die NS-Bewegung über nahezu unbegrenzte Möglichkeiten zur brutal durchgeführten Sicherung ihrer Macht. So setzte ab März 1933 auch in Brühl eine systematische Verfolgung von NS-Gegnern ein. Bereits in der Nacht nach der Kommunalwahl wurden führende Mitglieder der SPD verhaftet und über Wochen ohne richterlichen Beschluss in „Schutzhaft" gehalten und misshandelt. Die Kommunisten, schon zuvor praktisch „vogelfrei" geworden, wurden auch hier rücksichtslos verfolgt und versuchten, sich in die Illegalität zu retten. Es gab willkürliche Hausdurchsuchungen und Beschlagnahmungen – etwa jene des Jugendheims der Brühler Sozialistischen Arbeiterjugend (SAJ), das kurzerhand von der örtlichen Hitlerjugend übernommen wurde.

Unter solchen Umständen konnte die erste Sitzung des neu gewählten Brühler

Der Reichstagsbrand und seine Folgen

Am 27. Februar 1933 brannte das Reichstagsgebäude in Berlin. Obwohl mit hoher Wahrscheinlichkeit der niederländische Linksanarchist Marinus van der Lubbe das Gebäude als Alleintäter in Flammen gesetzt hatte, ließ Hermann Göring als kommissarischer preußischer Innenminister noch in der Brandnacht verbreiten, der Beginn eines „kommunistischen Aufstandsversuches" stehe unmittelbar bevor.

Das Ereignis veränderte schlagartig die innenpolitische Lage im Reichsgebiet. Der von Hitler so bezeichnete „bolschewistische Terrorakt" wurde genutzt, um den politischen Ausnahmezustand auszurufen und wesentliche Grundrechte der Weimarer Verfassung „legal" außer Kraft zu setzen, um so unmittelbar vor der auf den 5. März 1933 terminierten Reichstagswahl politische Gegner hemmungslos verfolgen zu können. Das geschah durch die auch als „Reichstagsbrandverordnung" bekannt gewordene „Verordnung zum Schutz von Volk und Staat" vom 28. Februar 1933. Den neuen Machthabern missliebige Personen konnten künftig ohne Anklage und Beweise willkürlich in „Schutzhaft" genommen werden. Außerdem wurde das Recht auf Versammlungs- und Meinungsfreiheit wesentlich eingeschränkt, indem beispielsweise regimekritische Zeitungen verboten werden konnten. Allein im März und April 1933 wurden auf dieser „Gesetzes"-Grundlage rund 35 000 Personen in „Schutzhaft" genommen und waren ohne jeden Rechtsbeistand staatlicher Willkür ausgeliefert. Die „Reichstagsbrandverordnung" bedeutete somit einen wichtigen Schritt auf dem Weg zur Errichtung der NS-Herrschaft.

12/ Fahnenweihe auf der Brühler Schlossterrasse, Mitte 1933. In Zivil: Bürgermeister Rudolf Freericks

13/ In Uniform: der Brühler NSDAP-Ortsgruppenleiter Willi Pott, 1933

Stadtrats nur zur Farce werden, die zugleich ahnen ließ, wie schnell die neue politische „Ordnung" Fuß fassen würde. Als sich die Stadtverordneten am 11. April 1933 zusammenfanden, waren nicht nur die KPD-Vertreter längst von der Teilnahme ausgeschlossen, sondern hatten auch die sozialdemokratischen Stadträte ihre Mandate zuvor aus Protest niedergelegt. Die nach wie vor über eine absolute Mehrheit verfügende Zentrumsfraktion hingegen beeilte sich, ihre Zugehörigkeit zur neuen „nationalen und sozialen Volksgemeinschaft" zu betonen und die „große nationale Erhebung" zu feiern. Der ab 1921 amtierende und bis 1941 im Amt bleibende Bürgermeister Freericks begrüßte den „großen deutschen Aufbruch": „Nach Jahren der Zersplitterung und Ohnmacht soll nun wieder ein einiges, starkes und wehrhaftes Volk werden." All jene, die „guten deutschen Willens" seien, so der Appell des in hohem Ansehen stehenden Verwaltungschefs, sollten nunmehr „freudig mitarbeiten an dem großen Werk". Was er selbst umgehend tat: Das langjährige Mitglied der Zentrumspartei trat zum 1. April 1933 der NSDAP bei.[18] Einer der neuen starken Männer in Brühl, der mit Familie Roos bekannte Kaufmann und nun zum Beigeordneten aufgestiegene Nationalsozialist Willi Pott, kündigte zum Schluss der Sitzung eine neue Zeit an: „Wir alle fühlen und wissen es: die deutsche Schicksalswende ist eingetreten und ein neues deutsches Volk ist erstanden, der neue deutsche Staat ist im Werden."[19]

Einen wichtigen Schritt in diese Richtung stellte aus Sicht der NS-Regimes die als „Tag von Potsdam" bekannt gewordene Eröffnungsfeier zum neu gewählten Reichstag am 21. März 1933 dar. Auch in Brühl beeilten sich die Verantwortlichen, die gesamte Bevölkerung auf dieses nationale Großereignis einzustimmen. So forderte der Bürgermeister in der Presse dazu auf, dass man im Ort „wie immer auch dieses Mal in der Bekundung vaterländischer Gesinnung nicht zurückstehen" dürfe, weshalb sich „an diesem Abend über alle Grenzen der Klassenunterschiede, der Parteizugehörigkeit und der Konfession hinaus" sämtliche Einwohner „zu einer eindrucksvollen Kundgebung zusammenfinden" und „durch Beflaggen und Illuminieren der Häuser dem Fackelzug einen festlichen Rahmen geben" sollten. Entsprechend beschlossen die sich tags zuvor zur vorbereitenden Besprechung im Hotel „Belvedere" zusammengefundenen Vertreter der ortsansässigen Vereine, dass der anstehende Festtag zu einem „Ausdruck der gemeinsamen Freude über die wiedergewonnene Einigkeit" werden sollte. Ihre Teilnahme sagten dabei keineswegs nur rechtsgerichtete Organisationen oder Vereine zu, sondern unter anderen auch die katholische St. Sebastianus Schützenbruderschaft, die Freiwillige Feuerwehr, sämtliche Volksschulen, das Gymnasium und die Berufsschule, offenbar alle katholischen und evangelischen Vereine, das Zentrum, die lokalen Handwerkerinnungen und sogar die Geistlichen beider christlichen Konfessionen. „Alle ohne Unterschied des Bekenntnisses, des Berufs und der politischen Überzeugung wollen wir die Feier der vaterländischen Einigung miterleben und uns aus vollem Herzen beteiligen", hieß es in der *Brühler Zeitung*. Die Kundgebung, so formulierte es das katholische Pfarramt, sei nämlich keine parteipolitische, sondern eine „vaterländische". Der Erfolg und damit wohl auch die seitens des NS-Regimes intendierte Wirkung fielen entsprechend aus. Die ohnehin schon hohen Erwartungen, so berich-

Der „Tag von Potsdam" und das „Ermächtigungsgesetz"

Am 21. März 1933 wurde vor und in der Potsdamer Garnisonskirche die Eröffnung des am 5. März 1933 gewählten Reichstages von den Nationalsozialisten propagandistisch als großer Staatsakt inszeniert. Datum, Ort und Ablauf waren sehr bewusst gewählt und von hoher Symbolkraft: Auf den Tag genau vor 62 Jahren war der erste Reichstag im soeben gegründeten Deutschen Kaiserreich gewählt worden. Die Residenzstadt Potsdam galt zudem als Zentrum von preußischer Tradition und Königtum. Sie war nun festlich geschmückt mit den kaiserlichen schwarz-weiß-roten und mit Hakenkreuzfahnen, SA und SS marschierten gemeinsam mit der Reichswehr durch die Straßen. Nach katholischen und evangelischen Festgottesdiensten zogen die Abgeordneten (ohne jene von SPD und KPD) zur Garnisonskirche, wo die Könige Friedrich Wilhelm I. und Friedrich der Große begraben lagen. Vor ihrem Portal reichten sich der greise, sehr populäre Reichspräsident Paul von Hindenburg in Galauniform und Reichskanzler Adolf Hitler, demonstrativ in Zivil und mit tiefer, ehrerbietiger Verbeugung, die Hand: Der ehemalige kaiserliche Generalfeldmarschall begrüßte den einfachen Gefreiten des Weltkriegs, politische und soziale Konflikte schienen überwunden, preußische Tradition und Geschichte – so sollte die Inszenierung zeigen – vereinten sich mit der neuen NS-Bewegung.

Zwei Tage später, am 23. März 1933, schaffte sich der Reichstag mit seiner Zustimmung zum „Gesetz zur Behebung der Not von Volk und Reich" – bekannter als „Ermächtigungsgesetz" – quasi selbst ab. Das Gesetz gab der NS-Regierung die Möglichkeit, künftig ohne Zustimmung von Reichstag und Reichsrat sowie ohne Gegenzeichnung des Reichspräsidenten beliebig Gesetze zu erlassen. Weil das Gesetz eine Zweidrittelmehrheit benötigte, setzte Hitler alles daran, mittels zahlreicher Zusicherungen die Parteien der bürgerlichen Mitte zur Zustimmung zu bewegen. Lediglich die Abgeordneten der SPD ließen sich weder durch Versprechungen noch Drohgebärden einschüchtern und stimmten gegen die Selbstentmachtung des Parlaments. Die 81 Abgeordneten der KPD konnten erst gar nicht an der Abstimmung teilnehmen, weil ihre Mandate auf Grundlage der „Reichstagsbrandverordnung" bereits am 8. März 1933 annulliert worden waren.

14 / Berichterstattung der *Brühler Zeitung* über den „Tag von Potsdam", 22. März 1933

tete wiederum die *Brühler Zeitung* am 22. März, seien noch „bei weitem übertroffen" worden: „Durch die in einzigartigem Fahnenschmuck prangenden Straßen unserer Vaterstadt strömte am Abend die Bevölkerung zum Marktplatz; immer neue Gruppen ordneten sich mühelos zu einem gewaltigen Zug. Die Vereine aller Art waren geschlossen zur Stelle; die katholische und evangelische Jugend nahm zahlreich und begeistert an dem großen Ereignis teil", das Bürgermeister Freericks mit einem „Treuegelöbnis" auf das neue Regime und insbesondere auf Adolf Hitler beendete.[20] Wer wollte angesichts solcher von allen Seiten angefachter nationaler Begeisterung noch abseitsstehen? Damit kann der „Tag von Potsdam" auch mit Blick auf Brühl als gelungener propagandistischer Coup des NS-Regimes bewertet werden, der seine Wirkung insbesondere auf Jugendliche kaum verfehlt haben dürfte.

Der im März 1933 in Gang gesetzte Prozess der „Gleichschaltung" verlief dann auch in Brühl wenig überraschend insgesamt zügig und ohne größere Widerstände. Die wenigen oppositionellen Stimmen wurden schnell zum Schweigen und die Lokalpresse auf Linie gebracht, Parteien und Gewerkschaften verboten. Wie Bürgermeister und Stadtverordnete zeigte sich auch die Mehrheit der Bevölkerung von Auftreten, Propaganda und Versprechungen des neuen Regimes sichtlich beeindruckt. Nur zu gern glaubte man nach den Jahren des wirtschaftlichen und politischen Niedergangs an einen umfassenden Aufschwung, für den eben auch gewisse Einschränkungen in Kauf zu nehmen waren. Solange solche Restriktionen die „anderen" betrafen, sprach für den bei Weitem überwiegenden Teil der Bevölkerung nichts dagegen, sich anzupassen und die Zukunft angesichts der jüngsten Ereignisse positiv zu betrachten. „Des Führers Parole: Arbeit, Ehre, Frieden" prangte alsbald in großen Lettern über dem Brühler Markt, ein Slogan, der wohl die Meinung der meisten Einwohner widerspiegelte. 1933, so beschrieb ein 1920 geborener Brühler Ende der 1980er-Jahre die damalige Stimmungslage, habe zunächst einmal einen „Aufbruch" dargestellt. Nach den unruhigen Krisenjahren sei „von heute auf morgen" wieder „Ordnung" da gewesen. Er persönlich habe den Umbruch als „Moment des Aufatmens" erlebt, der eine neue Perspektive vermittelt habe. Die Brühler seien sich sicher gewesen: „Jetzt geht es aufwärts. Arbeit und Brot gibt es, Ordnung kommt, Sauberkeit kommt, Nationalbewusstsein kommt wieder, Stärke." Deshalb habe praktisch jeder euphorisch erwartet: „Jetzt geht die Sonne auf!" Das, so schloss er seine Schilderung, habe selbst er damals empfunden, obwohl er „eigentlich ein Gegner von denen" gewesen sei.[21] Auch der damals achtjährige Günther Roos erinnerte sich an die „unbeschreibliche Euphorie"²², die auch durch rigide Maßnahmen der neuen örtlichen Machthaber offenbar kaum beeinträchtigt wurde.

Nach außen hin artikulierte sich die in den folgenden Jahren wachsende Zustimmung weiter Bevölkerungskreise zum NS-Regime in den Ergebnissen der „Reichstagswahlen" vom März 1936 und April 1938. Obwohl beide Abstimmungen natürlich nichts mehr mit einer freien Willensentscheidung zu tun hatten und zugleich streng überwacht wurden, war es doch bemerkenswert, dass die Zustimmungsrate für die NSDAP im zuvor so zentrumstreuen Brühl mit 99,5 bzw. 99,7 Prozent noch über den reichsweiten Ergebnissen von 98,8 bzw. 99,1 Prozent lag.²³ Und nachdem die Wehrmacht am 7. März 1936 entgegen vertraglicher Vereinbarungen das Rheinland besetzt hatte, bejubelte das ehemalige Zentrumsblatt *Brühler Zeitung* die wiedergewonnene „Reichshoheit am Rhein" und berichtete, dass die Ortsbevölkerung kurz nach Bekanntwerden der Nachricht ihre Häuser mit Fahnen geschmückt habe.²⁴ Selbst der Beginn des Krieges am 1. September 1939 wurde entgegen einer vielerorts beobachteten Zurückhaltung laut der Pfarrchronik von St. Maria-Hilf in Brühl durchaus gutgeheißen und hoffnungsvoll begrüßt: „Die Genugtuung unter den Erwachsenen und die Begeisterung in der Jugend war unbeschreiblich. Der Glaube an einen eindeutigen baldigen Sieg war allenthalben felsenfest."²⁵

Schule unter neuen Vorzeichen

Die neuen Machthaber legten von Beginn an besonders großen Wert darauf, gerade die Heranwachsenden für die Ziele des Nationalsozialismus und die „neue Zeit" zu begeistern, und ordneten daher für den „Tag von Potsdam" am 21. März 1933 schulfrei an. Statt Deutsch-, Mathematik- oder Lateinunterricht wurde somit auch in Brühl an sämtlichen Schulen für 11:45 Uhr eine Feier anberaumt, „in der die Schulleiter auf die Bedeutung des Reichstags in einer Ansprache hinzu-

15/ NS-Aufmarsch auf dem Sportplatz am Brühler Karlsbad, um 1933/34

weisen" hatten. Unmittelbar danach sollten ab 12 Uhr die im Rundfunk übertragenen Reden Hindenburgs und Hitlers im wohl ersten „Gemeinschaftsempfang" der NS-Zeit von sämtlichen Schülern gemeinsam angehört werden. „Rundfunkgeräte sind in allen Schulen aufgestellt."[26] – Die neuen Medien hielten Einzug in Alltag und Schule.[27]

Auch diesen Aspekt kommunaler Machtübernahme kommentierte die *Brühler Zeitung* in einem Leitartikel erneut voller Euphorie: „Die Schulfeiern müssen so ausgestaltet sein, dass allen Schülern bewusst wird, dass sie hier den Beginn einer neuen Epoche deutscher Geschichte unter dem Zeichen des völkischen Staatsgedankens miterleben."[28] Dem wollten die Schulleiter nicht nachstehen. So wies laut der Chronik der katholischen Franziskus-Schule, zu deren Schülern zu diesem Zeitpunkt Günther Roos zählte, deren Rektor anlässlich der Schulfeier am 21. März darauf hin, „dass mit dem heutigen Tage ein neuer Abschnitt in der deutschen Geschichte" beginne. Und auch die Symbolik des abendlichen Fackelzugs blieb dem Chronisten nicht verborgen: „Auf dem Marktplatze wurden die Fahnen und Fackeln zusammengeworfen und die Fahnen des alten Regimes dem Feuertode übergeben."[29] Das ortsansässige Jungengymnasium, das sowohl Günther Roos als auch sein Bruder Gustav besuchten, passte sich ebenfalls schnell der neuen Situation an und betätigte sich fortan recht dezidiert im Sinne des NS-Regimes.[30] So wurde bereits Anfang Mai 1933 die Schulbibliothek von solchen Büchern „gesäubert", die in den Augen der Zensoren „gegen deutschen und christlichen Geist" verstießen oder als ausgesprochen „pazifistisch" galten. In den folgenden Jahren wurde dann seitens der Schule in zunehmendem Maße nationalsozialistisches Schriftgut erworben und den Schülern unentgeltlich zur Verfügung gestellt.

Der unverhohlenen NS-Indoktrination dienten auch die auf Anweisung des Oberpräsidenten zum 1. August 1933 eingeführten „nationalen Schulungsstunden", in deren Rahmen die Schüler „zu selbstlosen, opferbereiten, pflichttreuen und vaterlandsliebenden deutschen Menschen" erzogen werden sollten. Eine derart wichtige Aufgabe, so hieß es in der Verordnung, könnten die Schulen nur er-

16 / Blick in die anlässlich der „Saarbefreiungsfeier" am 1. März 1935 geschmückte Aula des Gymnasiums in Essen-Borbeck

Nationalpolitische Erziehung und nationalpolitische Lehrgänge

Am 21. Juli 1933 verpflichtete der Oberpräsident der Rheinprovinz die ihm unterstellten höheren Schulen, Schüler und Schülerinnen künftig „zu selbstlosen, pflichttreuen, opferwilligen, vaterlandsliebenden Deutschen zu erziehen". Das, so kommentierte die Tagespresse, sei „in der Tat das Hochziel der Erziehungsarbeit", wie es Adolf Hitler selbst bereits in *Mein Kampf* umrissen habe. Diese Aufgabe konnte die Schule nach Auffassung des Oberpräsidenten nur erfüllen, „wenn der gesamte Unterricht nach der geschichtlichen Lage der Gegenwart ausgerichtet" werde, wobei insbesondere Religion, Deutsch, Geschichte, Erdkunde, Biologie und Leibesübungen als jene Fächer gesehen wurden, „in denen diese Ausrichtung vor allem zu erfolgen" habe. Konkret wurde angeordnet, künftig alle 14 Tage Schulungsstunden einzurichten, „in denen mit dem Gedanken der nationalen Erhebung aufs innigste verwachsene und den neuen deutschen Staat aus tiefstem Herzen bejahende Lehrer oder Schüler einen Vortrag halten sollen über besonders brennende Tagesfragen" – bezeichnenderweise ohne anschließende Diskussion. Auf diese Weise sollten sich Lehrer und Schüler „in den nationalsozialistischen Geist und in die nationalsozialistische Anschauungs- und Gedankenwelt einleben".

Da das bisherige Schulsystem auf die vom NS-Regime propagierten neuen Erziehungsformen („Lager und Kolonne") noch nicht vorbereitet war, ordnete das preußische Erziehungsministerium am 4. Oktober 1933 die Durchführung von bis zu dreiwöchigen „nationalpolitischen Lehrgängen" an, die für Jungen einmal pro Jahr, für Mädchen hingegen nur einmal während der Oberstufenzeit durchzuführen waren. Sämtliche Primaner, ab 1934 dann auch die Sekundaner, mussten an diesen zumeist in Schullandheimen oder Jugendherbergen abgehaltenen Veranstaltungen teilnehmen, in deren Rahmen auch der Hitlerjugend erhebliche Rechte eingeräumt wurden. Die ersten dieser Lehrgänge fanden noch im Dezember 1933 statt.

Lernziele waren nicht etwa Selbstbestimmung und Eigenverantwortung der Schüler, sondern „Führertum und Kameradschaft", wobei Ordnung und Disziplin, Wehrertüchtigung und Einübung soldatischer Tugenden sowie Gehorsam und Befehlsbefolgung den streng reglementierten Lageralltag bestimmen sollten. Der Oberpräsident der Rheinprovinz formulierte es so: „Mancher Junge und manches Mädchen haben erst in diesen Wochen gelernt, sich in eine Gemeinschaft als dienendes Glied einzufügen." Hierzu diente ein strenger „Dienstplan", in dem Wehrerziehung – etwa in Form von Geländeübungen, Ausbildung an Schusswaffen oder Zielwerfen mit Handgranatenattrappen – und ideologische Indoktrination eine herausragende Rolle spielten. Auf diese Weise sollte den Heranwachsenden der Nationalsozialismus nicht nur als Weltanschauung, sondern als Lebensweise vermittelt werden. Die Schüler hatten zu „funktionieren", denn sie wurden permanent beobachtet und abschließend einzeln beurteilt, was den Anpassungsdruck erhöhte, denn das Abitur war nahe und man hoffte auf die Zuweisung eines Studienplatzes oder einer Ausbildungsstelle. Wer nicht bereit war, die geforderte „Kameradschaft" an den Tag zu legen, hatte auch mit unmittelbaren Sanktionen zu rechnen, über die in aller Offenheit – wie etwa in der NS-Zeitung *Westdeutscher Beobachter* – berichtet wurde. Wer sie nicht kenne, so hieß es dort unverblümt, dem werde sie „beigebracht". „Und aus manchen sind gewisse Zicken ausgeprügelt worden."

Im Dezember 1936 wurden die Lehrgänge durch ministerielle Verfügung eingestellt, weil Reichsjugendführung und NS-Lehrerbund ihre Kompetenzen im weltanschaulichen Bereich beeinträchtigt sahen.

füllen, „wenn der gesamte Unterricht ständig nach der geschichtlichen Lage der Gegenwart ausgerichtet" werde und „besonders brennende Fragen der Gegenwart" behandele.[31] Am Brühler Gymnasium geschah das in der Folgezeit mit Themen wie „Volk und Rasse" oder „Geschichte der nationalsozialistischen Erhebung" und bald darauf auch mittels der ab 1934 durchgeführten „nationalpolitischen Lehrgänge". Die Schulen beteiligten sich ebenso – dazu immer wieder „von oben" aufgefordert und nicht selten unter Anwendung erheblichen Drucks – massiv im Werben von Schülerinnen und Schülern für den Eintritt in eine der Gliederungen der Hitlerjugend. Beispielsweise legte Gymnasialdirektor Oberle den Eltern Mitte November 1933 im Rahmen einer offiziellen Schulveranstaltung den Eintritt ihrer Söhne „in die Hitler-Jugendbünde" dringend ans Herz.[32] So überrascht es kaum, dass im so ausgeprägt katholischen Brühl bereits im Schuljahr 1934/35 immerhin 65 Prozent der rund 200 Gymnasiasten der Hitlerjugend angehörten, ein Wert, der sich bis Ende 1936 auf 94,5 und bis 1939 schließlich auf 97 Prozent erhöhen sollte.[33] Auch die Lehrer waren Mitglieder in NS-Organisationen und gehörten mit einer Ausnahme und zumeist bereits seit 1933 der NSDAP an, wobei „die meisten" von ihnen nach Angabe der Schulleitung aus dem Jahr 1941 „auch eine Funktion in der Gemeinschaft", also ein NS-Amt ausübten.

Einen integralen Bestandteil des schulischen Lebens bildete – auch nach der Abschaffung der „nationalpolitischen Lehrgänge" im Jahr 1936 – die „Wehrerziehung", wodurch der Sportunterricht eine erhebliche Aufwertung erfuhr. Schon 1933 formulierte die Lehrerkonferenz des Brühler Gymnasiums „Willensbildung

17/18/ Nationalpolitischer Lehrgang des Gymnasiums Brühl in der Jugendherberge in Reifferscheid in der Eifel, 1936. Auf dem Gruppenbild sitzt in der ersten Reihe rechts neben dem Lehrer Günther Roos' Bruder Gustav.

durch Gewöhnung an Ausdauer und plötzlichen Willenseinsatz, Erziehung zur Wehrhaftigkeit und Gehorsam" als zentrale Lernziele, woraufhin man im Unterricht umgehend damit begann, „Ordnungsübungen und Kommandos wie im Wehrsport" zu praktizieren. Im „Geländesport" waren künftig „Kartenlesen, Entfernungsschätzen, Waldlauf, Schnitzeljagd und kriegsspielartiger Anmarsch auf ein gegebenes Ziel" einzuüben. Im bis 1937 schrittweise auf fünf Wochenstunden ausgedehnten Sportunterricht wurde in Brühl zunehmend auch großer Wert auf das Boxen gelegt.

Im April 1937 trat Direktor Johann Bartels an der Brühler Schule seinen Dienst an. Im Gegensatz zu seinem Vorgänger Wilhelm Oberle war er überzeugter Nationalsozialist und führte als neuer Schulleiter das Gymnasium auf einen deutlich schärferen NS-Kurs. So wurde zum 1. Januar 1938 der „Wochenspruch" eingeführt: Jeden Montag mussten Lehrer und Schüler vor der ersten Stunde auf dem Schulhof antreten, um vom uniformierten Direktor, der von den Schülern „Der Zeus" genannt wurde, mit markigen Worten auf besondere Anliegen des Nationalsozialismus eingeschworen zu werden. Wie weit die Ideologisierung des Schulalltags und der Unterrichtsinhalte bereits in der Vorkriegszeit ging, belegt ein Blick auf die Themen, die in Brühl 1938 für die Abituraufsätze im Fach Deutsch gestellt wurden:

1. Die Straßen des Führers (Gedanken zur Vollendung der ersten 2 000 km der Reichsautobahn)
2. Weshalb fordert das deutsche Volk seine Kolonien zurück?
3. Soldatengestalten in der deutschen Literatur seit Lessing
4. Bericht über die Rede des Führers bei der Eröffnung der Großen Deutschen Kunstausstellung

Nach Kriegsbeginn 1939 wurden Wehrerziehung und ideologische Ausrichtung schließlich unter dem weitaus umfassenderen Begriff der „wehrgeistigen Erziehung" zusammengefasst, der nun alle anderen Belange unterzuordnen waren. „Wehrerziehung", so hieß es nun auch in Brühl, sei fortan nicht mehr lediglich Unterrichtsfach, sondern ein das gesamte schulische Handeln durchdringender „Unterrichtsgrundsatz". In der ersten Konferenz nach Kriegsbeginn betonte Direktor Bartels in diesem Sinne, dass es auch im schulischen Kontext nunmehr in erster Linie darum gehen müsse, „Glauben und Vertrauen zum Führer und zum Volk zu stärken".

Solche Führergläubigkeit, die sicherlich auch auf die Schüler abfärbte, blieb im gymnasialen Alltag künftig an der Tagesordnung. Auf dem Höhepunkt des Westfeldzuges, dessen Erfolge in eigens anberaumten schulischen „Feierstunden" gewürdigt wurden, forderte der Schulleiter das Kollegium im Juni 1940 auf, die Schüler „auf das Wunder unseres siegreichen Vordringens" hinzuweisen, „eines Wunders, das bewirkt wird nicht durch das einmalige Eingreifen einer höheren Macht, sondern durch die erweckende

19 / Die Brühler „Abiturientia" 1939, 1. Reihe, 3. v. l.: Günther Roos' Bruder Gustav

20 / „Der Zeus": Oberstudiendirektor Johann Bartels

21 / Das Gymnasium in Brühl

22/23/ Fronleichnamsprozession 1933 auf der Brühler Schlossterrasse; Fahnenweihe der NSDAP am selben Ort, Mitte 1933

und gestaltende Kraft des Führers". Für ihn vollzog sich an Frankreich nichts weniger als „ein Gottesgericht", wobei er sich sicher war, dass „der gegenwärtige Krieg den siegreichen Durchbruch des Rassegedankens in Europa zur Folge haben" werde. Diese Hoffnung wurde durch den deutschen Überfall auf die Sowjetunion sicherlich bestärkt, aus dessen Anlass in Brühl am 22. Juni 1941 eine Konferenz einberufen wurde, in der der Schulleiter seine „zuversichtliche Hoffnung auf den deutschen Endsieg" zum Ausdruck brachte. Zugleich wurde die schulische Wehrerziehung intensiviert: So sollten durch „Vorträge der Vertreter der drei Wehrmachtsteile und der Waffen-SS" sowie durch „Besichtigungen von militärischen Einrichtungen" die Gymnasiasten noch nachhaltiger zum „militärischen Denken" hingeführt und für den Offiziersberuf geworben werden. Beispielsweise wurden der Fliegerhorst am Butzweilerhof (18. April 1940), die Ausstellung „Seefahrt ist Not" in Köln (11. September 1941) und eine Pionierkaserne (28. April 1942) besucht. Während des Unterrichts wurde durch Wehrmachtsvertreter und Angehörige der Waffen-SS etwa für die Marine (7. Mai und 11. November 1940, 17. November 1943), für die Waffen-SS (9. Januar 1941) oder für den Offiziersnachwuchs (2. Oktober 1942 und 11. Juli 1944) die Werbetrommel gerührt.

Kirche im Abwehrkampf

Neben seinem vielfältigen Engagement im Sinne des NS-Regimes gab sich Schuldirektor Johann Bartels als überzeugter Nationalsozialist zudem betont antichristlich. So wurde nach seinem Amtsantritt in den Jahresberichten des Gymnasiums bewusst nicht mehr von Weihnachtsfeiern gesprochen. Und als er erfuhr, dass in Brühl außerhalb der Schule abends katholischer Religionsunterricht erteilt wurde, er aber noch nicht wusste, ob sich auch der Religionslehrer des Gymnasiums daran beteiligte, gab er der vorgesetzten Behörde den Rat, den infrage kommenden Kollegen derart mit Arbeit zu überhäufen, dass er einer solchen Tätigkeit nicht mehr nachkommen könne.

Zu diesem Zeitpunkt (um 1938/39) befand sich die Jugendarbeit der katholischen Kirche wie im gesamten Reichsgebiet so auch in Brühl längst auf einem stetigen Rückzug in die Sakristeien. Dabei war sie bis 1933 neben der Schule gerade im so stark katholisch geprägten Brühl für die Erziehung und Orientierung der Jugendlichen eine zentrale, seitens der Heranwachsenden oftmals sicherlich auch als übermächtig empfundene Instanz gewesen. Diesen jahrzehntelangen, herausragenden Status sahen die Verantwortlichen nach der NS-Machtübernahme zunächst offenbar keineswegs in Gefahr. So erkannte der ab 1920 in Brühl amtierende Oberpfarrer Heinrich Fetten zunächst „unverkennbar viel Gutes und Gesundes in den Maßnahmen der Regierung", machte ausweislich der Pfarrchronik aber auch „fundamentale Fehler" aus, „die namentlich den katholischen Volksteil schwer treffen" würden.[34] Nachdem sich die Kirche und die ihr nahestehenden Vereine am „Tag von Potsdam" noch einhellig für die „neue Zeit" engagiert hatten, kehrte bald Ernüchterung ein.

Das gesamte kleinstädtische Leben hatte sich bis zur NS-Machtübernahme weitgehend am kirchlichen Feierkalender orientiert, wobei neben den frommen Festtagen stets dem Karneval und der zweimal jährlich stattfindenden Kirmes große Bedeutung zukam.[35] Das änderte sich nach 1933 insofern, als nunmehr die auch in Brühl mit einigem Pomp begangenen NS-Feierlichkeiten das Feierjahr mitbestimmten, ohne allerdings die kirchlich orientierten Veranstaltungen und deren Trägervereine zu verdrängen.[36] So legte die katholische St. Sebastianus Schützenbruderschaft am 24. Mai 1933 zwar eine „Treuegelöbnis" auf die „nationalen Regierung" ab, feierte danach jedoch weiterhin Kirmes und Schützenfest – nicht selten über politische Grenzen hinweg – als zentrale Bestandteile des kleinstädtischen Lebens. Das galt – zunächst – auch für die Fronleichnamsprozession und andere kirchliche Hochfeste. Kirchenkalender und Volksfrömmigkeit bestimmten das Leben in Brühl also auch über 1933 hinaus maßgeblich.[37]

24 / Schützenfest in Brühl 1933.
Links, sitzend: Günther Roos'
Vater Anton

Das traf allerdings keineswegs auf die katholischen Jugendorganisationen zu, die auch in Brühl schnell heftigen Gegenwind zu spüren bekamen und in schneller Folge empfindliche Eingriffe in ihre Bewegungsfreiheit und Handlungsmöglichkeiten hinnehmen mussten. So beklagte sich mit Oberpfarrer Fetten der wichtigste kirchliche Repräsentant in Brühl 1934 in der Pfarrchronik darüber, dass den katholischen Jugendvereinen trotz der Bestimmungen des Reichskonkordats das Tragen ihrer Uniform und jede öffentliche Betätigung verboten worden seien.[38] Stattdessen werde der „totale Staat" angestrebt, „der nur eine deutsche Jugend wolle", nämlich die Hitlerjugend. In Fragen der Erziehung, so sein desillusioniertes Brühler Fazit schon für das Jahr 1934, sei „die Kirche ganz ausgeschaltet". Das war ihr unter anderem am 20. Mai 1934 in aller Deutlichkeit vor Augen geführt worden, als die Verteilung des Flugblatts „Vom guten Recht der katholischen Jugend" in der Kirche in Brühl-Pingsdorf polizeilich verboten worden war. Als der Pfarrer tags darauf dessen Text stattdessen von der Kanzel verlesen hatte, wurde bei ihm – wohl aus Gründen der Abschreckung – auf Anordnung der Gestapo eine Hausdurchsuchung durchgeführt.[39]

Die unmittelbaren Folgen derartiger Drangsalierungen, die zugleich mit massiven Werbeaktionen der Hitlerjugend gepaart waren, blieben nicht aus. Zahlreiche Mitglieder verbotener oder

Reichskonkordat und katholische Jugend

Es war das Bestreben fast aller katholischen Jugendverbände, auch nach 1933 ihre Eigenständigkeit zu wahren. Diese schien zunächst auch tatsächlich gewährleistet, als am 20. Juli 1933 das Reichskonkordat unterzeichnet wurde. Dieser Vertrag zwischen dem Vatikan und dem Deutschen Reich garantierte unter anderem die öffentliche Ausübung des katholischen Bekenntnisses in Deutschland, den Schutz nicht politischer katholischer Organisationen, die Beibehaltung katholischer Bekenntnisschulen und die Erteilung katholischen Religionsunterrichts an Schulen. Für das NS-Regime war insbesondere der sogenannte Entpolitisierungsartikel des Konkordats von Bedeutung, der katholischen Geistlichen jede, vor 1933 durchaus übliche, parteipolitische Betätigung untersagte. Außenpolitisch sollte das Abkommen den Verdacht jeglicher Kirchenfeindlichkeit der neuen Machthaber widerlegen. Sehr bald zeigte sich jedoch, dass die Nationalsozialisten keines ihrer Versprechen hielten, sondern vielmehr ihrerseits gegen die katholische Kirche und ihr nahestehende Verbände und Organisationen vorgingen.

Das galt insbesondere für die katholische Jugendarbeit, die durch den unklar formulierten Artikel 31 des Vertrags nur unzureichend geschützt war und unter Ausnutzung der so gegebenen Auslegungsspielräume alsbald stark eingeschränkt und behindert wurde. Hatte der Katholische Jungmännerverband nach Abschluss des Konkordats noch hoffnungsvoll betont, auch die katholische Jugend „glühe für Volk und Vaterland", weshalb Staat und Kirche „zum Segen des Volkes" zusammenarbeiten müssten, änderte sich das Bild schnell und grundlegend. Auch wenn die katholische Jugend im Gegensatz zu den übrigen Jugendverbänden durch den Schutz des Konkordats noch für einige Jahre über legale Organisationsstrukturen verfügte, sah auch sie sich permanenten und einschneidenden Repressalien ausgesetzt, die das Eigenleben der Gruppen nachhaltig bedrohten und ihnen zunehmend ihr jugendbewegtes Profil nahmen, bis es 1938/39 dann trotz Reichskonkordats schließlich zum völligen Verbot der katholischen Jugendorganisationen kam.

25/26/ Szenen aus der Fronleichnamsprozession in Brühl im Jahr 1933

27/28/ Fronleichnam in Brühl 1933: Katholische Sturmschar und Kolpingjugend tragen stolz ihre Fahnen.

benachteiligter Organisationen sahen sich zum Vereinswechsel gezwungen. Um weiterhin Sport treiben zu können, wechselten etwa Angehörige der katholischen Brühler DJK-Sportvereine zum Brühler Turnverein, der auf diese Weise einen großen Zuwachs verzeichnen konnte: Hatte man im Frühjahr 1934 mit 35 Turnern und zehn Turnerinnen einen personellen Tiefstand erreicht, zählte der Verein 1935 bereits 170 Mitglieder mit eigener Fußballabteilung.[40]

Als besonders einschneidend wurden die ab Frühjahr 1935 zunehmenden Bestrebungen des NS-Regimes empfunden, entgegen den Bestimmungen des Konkordats den religiösen Einfluss an den Schulen zurückzudrängen. So durften ab Juli 1935 Schulmessen nicht mehr während der Schulzeit stattfinden. Ende des Jahres mussten in den ersten Schulen die Kruzifixe einem Hitlerbild weichen und wurden an einen weniger exponierten Platz im Klassenzimmer verbannt, bis sie im April 1939 dann völig aus den Schulen zu verschwinden hatten. Auch der konkordatsgeschützte Religionsunterricht wurde mehr und mehr zum Angriffspunkt und Geistliche wurden aus den Schulen verdrängt, bis ihnen am 1. September 1937 die Erteilung des Religionsunterrichts gänzlich verboten wurde. Auch wenn die katholische Kirche hierauf mit der Einrichtung eigener Religionsstunden in Sakristeien und Gemeindehäusern reagierte, war sie des so wichtigen schulischen Einflusses beraubt. Zudem wurde die wöchentliche Stundenzahl der religiösen Unterweisung durch weltliche Lehrkräfte in Schulen zunächst von vier auf zwei, ab 1938 dann auf nur noch eine reduziert.

Auch in Brühl versuchte die katholische Kirche, sich solcher Angriffe durch die Einrichtung eines außerschulischen Religionsunterrichts, den auch Günther Roos besuchte, zur Wehr zu setzen.[41] Das alles geschah unter genauer polizeilicher Beobachtung, wie einem Bericht des Brühler Bürgermeisters vom 8. November 1938 zu entnehmen ist. „Nach bisher gemachten Feststellungen", so schrieb er zum Thema „Katholische Jugend" an den Landrat in Köln, werde diese im Ort „außerhalb der Schulzeit zur Teilnahme am Religionsunterricht herangezogen", wofür in den Predigten geworben werde. Diese Unterrichtsstunden seien in Brühl „gut besucht", wobei der Verwaltungsleiter allerdings nichts Genaueres über eine Beteiligung von Angehörigen der Hitlerjugend „an den religiösen Veranstaltungen der katholischen Jugend" auszusagen vermochte, „da die Teilnahme an dem Religionsunterricht in bürgerlicher Klei-

29/30/ „Schlageter-Feier" des Brühler Jungvolks im Jahr 1933

Oberpfarrer Fetten verfolgte die Entwicklung mit einer Mischung aus Resignation und Kampfgeist. „Aus allem merkt auch der Blindeste allmählich, dass Christentum und Kirche aus dem Leben des deutschen Volkes verschwinden sollen. Was tritt an seine Stelle? Der blödeste Unglaube", kommentierte er Ende 1936. Das wollte der ranghöchste Brühler Geistliche nicht hinnehmen und mobilisierte insbesondere die Jugendlichen zur Demonstration weiterhin bestehender kirchlicher Stärke. Als zum 1. Februar 1938 seitens der Gestapo die Auflösung des Katholischen Jungmännervereins verfügt worden war, gelang es Fetten am darauffolgenden Dreifaltigkeitssonntag, traditionell der Tag, an dem katholische Jugendliche ihr Bekenntnis zu Glauben und Kirche öffentlich demonstrierten, allein in Brühl rund 1 400 Heranwachsende für eine Bekenntnisfeierstunde zu mobilisieren.

dung geschieht".[42] Auch vor den Messdienern machten die Überwachungsinstanzen nicht halt. So verhörte die Gestapo am 19. November 1937 einen Brühler Ministranten zu Zahl, Instruktion und Organisation der in der Pfarrei tätigen Messdiener.

Der Oberpfarrer, auch für den jungen Günther Roos der entscheidende und beeindruckendste kirchliche Repräsentant in Brühl, blieb weiterhin kritisch und unbeugsam. Obwohl er bereits im Oktober 1938 wegen der Verteilung von Flugblättern in der Kirche seitens der Kölner Gestapo verwarnt worden war, machte er aus seiner zunehmend NS-kritischen Haltung keinen Hehl und scheute auch in seinen zumeist von Gestapo-Beamten oder Denunzianten überwachten Predigten nicht vor deutlichen Äußerungen zurück. Das sollte ihm 1941 schließlich zum Verhängnis werden, als er am 2. Februar provokativ zum Thema „Licht zur Erleuchtung der Heiden" predigte.[43] Was er den Kirchbesuchern mitteilte, brachte aus Gestapo-Sicht das Fass offenbar endgültig zum Überlaufen: Laut Pfarrchronik erfolgte am 8. Februar 1941 „ein furchtbarer Schicksalsschlag", weil Fetten Brühl verlassen musste, nachdem ihm tags zuvor von der Kölner Gestapo „wegen seines dauernden staatsabträglichen Verhaltens" ein Aufenthaltsverbot für die Rheinprovinz, Westfalen und die übrigen westlich des Rheins gelegenen Gebiete erteilt worden war, dem er binnen 30 Stunden nachzukommen hatte. Der Pfarrchronist notierte: „Schon um die Mittagszeit verbreitete sich die Kunde von der Ausweisung des Dechanten und rief eine ungeheure Erbitterung unter der Bevölkerung hervor."

Am 1. August des gleichen Jahres musste auch der langjährige Bürgermeister Freericks, dem es ausweislich der Brühler Pfarrchronik trotz seiner weitgehenden Anpassung an das NS-Regime stets gelungen sein soll, „in all den politischen und kirchlichen Auseinandersetzungen der Gegenwart immer noch auszugleichen", sein Amt aufgeben – offiziell aus „gesundheitlichen Gründen", tatsächlich aber wohl, weil er sich mit lokalen NS-Größen überworfen hatte. Er wurde durch Peter Bick ersetzt, der seit 1927 in der Brühler Zweigstelle der AOK tätig und neben seiner Funktion als Propagandaleiter in der NSDAP-Kreisleitung seit dem 1. Mai 1934 Bürgermeister in Wesseling gewesen war. Die katholischen Kreise in der Stadt waren verunsichert: „Wer wird nun kommen, um die Geschicke der Stadt zu lenken? Wird ein grimmer Feind der Kirche kommen, um im katholischen Brühl, der Pfarrgemeinde, deren Hirte ausgewiesen ist, noch mehr Schaden zuzufügen?" Die Befürchtungen bezüglich des neuen Bürgermeisters bewahrheiteten sich, wie wiederum der Pfarrchronik zu entnehmen ist: „Gleichzeitig weht mit dieser Ernennung ein neuer, schärferer Wind bei der Stadtverwaltung."[44] So ordnete Bick, nachdem er am 12. September 1941 die in „Hans-Schemm-Schule" umbenannte ehemalige Klemens-August-Schule besucht hatte, umgehend die Entfernung sämtlicher biblischer Bilder aus den Schulen an.[45]

31 / Oberpfarrer Heinrich Fetten (links) im Februar 1934

Hitlerjugend im Aufwind

Mit der NS-Machtübernahme war 1933 eine schnell an Zahl und Einfluss zunehmende neue Organisation neben die beiden traditionellen außerfamiliären Erziehungsinstanzen Schule und Kirche getreten, die umgehend alles daransetzte, um insbesondere der Kirche ihren Rang abzulaufen und auf die Schule maßgebenden Einfluss auszuüben: die Hitlerjugend.

Leider ist über die NS-Jugendorganisation in Brühl wenig bekannt, da keinerlei Quellen erhalten sind. Neben propagandistisch gefärbten Zeitungsberichten belegen allein Fotos, dass HJ und Jungvolk, BDM und Jungmädel auch hier schnell an Größe zunahmen und zu einem festen und wichtigen Bestandteil des lokalen NS-Alltags wurden.

Mit welchen Ansprüchen sie dabei auftraten, wurde der Brühler Bevölkerung bereits fünf Tage nach dem „Tag von Potsdam" vor Augen geführt, als im Ort ein „Werbetag" der Hitlerjugend durchgeführt wurde. Um den gewünschten machtvollen Eindruck zu erzielen, reichten die zu diesem Zeitpunkt zahlenmäßig sicherlich noch recht bescheidenen ortsansässigen Einheiten jedoch nicht aus, sodass am Vormittag des 26. März 1933, einem Sonntag, laut Pressebericht „Kolonne um Kolonne" von HJ-Einheiten „aus allen Teilen des Landkreises Köln in das sonnendurchflutete Städtchen am Vorgebirge" strömten, um sich dann am frühen Nachmittag „in straffer Disziplin" auf einen Propagandamarsch durch Brühl zu begeben.[46]

In gewohnter Übertreibung schilderte die NS-Presse den angeblich heftig umjubelten Umzug, an dessen Ende ein hochrangiger HJ-Funktionär auf dem Marktplatz erklärt habe: „Wenn große Ideen zur Tat werden sollen, dann müssen sie von der Jugend getragen sein." Dem ließ er eine deutliche Kampfansage folgen: „Weil wir Hitler-Jungen als Erste die Volksgemeinschaft im Staate wollen, können wir aber neben der riesigen Organisation der Hitler-Jugend keine anderen Jugendbünde um uns dulden." Zugleich musste der Redner allerdings einräumen, dass man erst „am Anfang eines langen, beschwerlichen Weges" stehe, bei dessen Bewältigung aber kein Jugendlicher abseitsstehen dürfe.

Die jetzt noch außerhalb stehenden „Gruppen und Grüppchen", da gab er sich siegesgewiss, würden über kurz oder lang „kraft der Gewalt der Idee" ebenfalls den Weg in die Hitlerjugend finden. Zugleich richtete er auch eine als Appell getarnte Warnung an die Eltern: „Jeder Deutsche, der seinen Sohn oder seine Tochter von dieser Bewegung der deutschfühlenden Jugend fernhält, versündigt sich an seinen Kindern und am deutschen Volke."

32 / „Die Jugend dem Nationalsozialismus": Banner am Bonner Bahnhofsgebäude, Sommer 1934

33 / Mitglieder des Bundes Deutscher Mädel bei einer HJ-Kundgebung in Brühl, Frühjahr 1934

Die Hitlerjugend

Unmittelbar nach der NS-Machtübernahme erhob die 1926 gegründete Hitlerjugend den Anspruch, die einzige Jugendorganisation im Deutschen Reich zu sein. Nach bescheidenen Anfängen stieg ihre Mitgliederzahl von reichsweit rund 100 000 im Jahr 1932 auf mehr als 8,7 Millionen Jugendliche im Jahr 1939. Im Dezember 1936 wurde die zuvor zumindest formell freiwillige Mitgliedschaft verbindlich, im März 1939 dann vorgeschrieben, sodass nahezu alle Jugendlichen der Hitlerjugend angehörten.

Hier wurden sie nach Alter und Geschlecht getrennt in gesonderten Formationen erfasst. Im Deutschen Jungvolk und im Jungmädelbund waren die 10- bis 14-Jährigen organisiert, in der Hitlerjugend (HJ) im engeren Sinne und im Bund Deutscher Mädel (BDM) die Jungen und Mädchen zwischen 14 und 18 bzw. (bei den Mädchen) 21 Jahren. Hinzu kamen zahlreiche Sonderformationen wie Flieger-HJ, Marine-HJ, Reiter-HJ, Motor-HJ oder Nachrichten-HJ, die als besonders attraktiv galten.

„Jugend führt Jugend", hieß es in der HJ, um so eine – real nicht existente – Unabhängigkeit von der Erwachsenenwelt zu suggerieren. Letztlich ging es darum, die Jugend ideologisch zu beeinflussen, die Jungen einer permanenten Wehrerziehung zu unterziehen und die Mädchen auf ihre Aufgabe als Mütter vorzubereiten. Sie alle sollten straff „formiert" erzogen werden, was durch vielfältige Formen der Lagererziehung ergänzt wurde.

Das NS-Regime musste die meisten Jugendlichen aber nicht in die HJ hineinzwingen, denn viele Heranwachsende fühlten sich durch die dort eröffneten Möglichkeiten angezogen. Wandern, singen und spielen jenseits der Erwachsenenwelt in neuen eigenen Heimen, die Teilnahme an perfekt inszenierten Großveranstaltungen und einfach auch das Gefühl des „Dazugehörens" ließen es für die meisten Kinder und Jugendlichen selbstverständlich erscheinen, aus freien Stücken Teil der „Staatsjugend" zu werden und dort Aufgaben zu übernehmen.

„Deutsche Jugend hinein in die Hitler-Jugend" hieß es auf einem großen Transparent im Rahmen des Umzuges, dessen eigentlicher Anlass neben dem Werbezweck darin bestand, das kurzerhand beschlagnahmte Heim der Brühler Sozialistischen Arbeiterjugend (SAJ) in der Mühlenstraße offiziell der örtlichen HJ zu übergeben. „Wo bisher volkszersetzende Marxisten hausten, da wird sich in Zukunft die in der Hitler-Jugend stehende deutsche Jungarbeiterschaft mit ihrer ganzen Kraft für die Erneuerung und den Wiederaufbau unseres Vaterlandes einsetzen", wurde anlässlich des Festaktes verlautbart. Der wurde immerhin von Bürgermeister Freericks vollzogen, der dieser ungerechtfertigten Aneignung fremden Eigentums damit die offiziellen Weihen verlieh, was ebenfalls als Warnung an alle übrigen lokalen Jugendorganisationen verstanden werden konnte, sich der Hitlerjugend nicht in den Weg zu stellen, sondern sich ihr anzuschließen.

34 / „Propagandamarsch in Brühl". Abbildung im *Westdeutschen Beobachter* vom 1. April 1933

35 / HJ-Kundgebung in Brühl, Aufmarsch zum Stadion, Frühjahr 1934

36 / Ausschnitt aus dem *Westdeutschen Beobachter*, Juni 1935

Auch sonst erfuhren die NS-Jugendorganisationen in Brühl offensichtlich großzügige amtliche Förderung, was einen besonders klaren Ausdruck darin fand, dass ihnen, die reichsweit chronisch unter einem eklatanten Mangel an geeigneten Heimen litten, im Herbst 1936 eine neue Unterkunft übergeben werden konnte. Als man sich aus diesem Anlass am 18. Oktober am Feuerwehr- und SA-Heim zusammenfand, war es wiederum Bürgermeister Freericks, der neben den zahlreich erschienenen Brühlern auch Landrat und NSDAP-Kreisleiter Lövenich sowie Ortsgruppenleiter Pick begrüßen konnte. In seiner anschließenden Ansprache ließ der Bürgermeister keinen Zweifel daran, dass die gesamte deutsche Jugend „durch die Schule der HJ gehen" müsse, denn nur hier könne sie „körperlich ertüchtigt und gestärkt und geistig im Sinne des Nationalsozialismus geschult werden". Daher habe die Stadt das neue Heim errichtet, dessen Schlüssel Freericks anschließend dem HJ-Bannführer überreichte.[47]

Alltäglicher Rassismus und Antisemitismus

Eine Erziehung „im Sinne des Nationalsozialismus" implizierte stets auch Rassenideologie und in besonderem Maße antisemitische Beeinflussung. Dass man sich auf diesem Feld regimeseitig nicht allein auf eine entsprechende Indoktrination durch die Hitlerjugend verlassen wollte, sondern rassistisch orientiertes Denken insbesondere durch die Lehrer in den Schülerköpfen zu installieren gedachte, zeigte spätestens ein Erlass des preußischen Erziehungsministeriums vom 13. September 1933, den die Abteilung für höheres Schulwesen des Oberpräsidenten der Rheinprovinz fünf Tage später an die Schulen weiterleitete. Darin hieß es unmissverständlich, dass die „Kenntnis der biologischen Grundtatsachen und ihrer Anwendung auf Einzelmensch und Gemeinschaft" für eine „Erneuerung unseres Volkes unerlässliche Voraussetzung" seien, weshalb kein Schüler „ohne dieses Grundwissen ins Leben entlassen werden" dürfe. Daher ordnete die Schulaufsichtsbehörde an, in den Abschlussklassen sämtlicher Schulen „unverzüglich die Erarbeitung dieser Stoffe in Angriff zu nehmen, und zwar Vererbungslehre, Rassenkunde, Rassenhygiene, Familienkunde und Bevölkerungspolitik". Das habe in erster Linie im Fach Biologie zu geschehen, dessen Umfang daher umgehend auf mindestens zwei bis drei Wochenstunden auszudehnen sei. Weil das damit angeordnete „biologische Denken" darüber hinaus aber auch in allen anderen Fächern

Der Boykott am 1. April 1933

Am 1. April 1933 fand die erste zentral geplante und reichsweit ausgeführte antijüdische Aktion nach der NS-Machtübernahme statt, in deren Rahmen zum Boykott jüdischer Geschäfte, Ärzte und Anwälte aufgerufen wurde. Organisiert wurde die Kampagne vom „Zentral-Komitee zur Abwehr der jüdischen Gräuel- und Boykotthetze" unter Leitung des fanatischen Antisemiten und hohen NS-Funktionärs Julius Streicher, der auch für das Hetzblatt *Der Stürmer* verantwortlich zeichnete.

Am Tag des Boykotts stellten sich SA, Hitlerjugend und Stahlhelm vor Geschäften auf und hinderten Kunden unter Drohungen am Einkauf. Polizei und Justiz sahen dem Treiben tatenlos zu und auch die deutsche Bevölkerung protestierte kaum gegen diese Diskriminierungen. In manchen Städten und auf dem Land kam es zu Plünderungen und Übergriffen gegen die jüdische Bevölkerung.

Das Ausland reagierte entsetzt auf die Vorfälle und drohte seinerseits mit dem Boykott deutscher Waren. Obwohl die Aktion ursprünglich auf unbestimmte Zeit geplant war, wurde sie auch wegen solcher Drohungen bereits am Abend des 1. April ausgesetzt und drei Tage später offiziell für beendet erklärt. Der Boykott stellte den Beginn staatlich genehmigter und organisierter Ausgrenzung und Verfolgung der deutschen Juden dar.

Wer beim Juden kauft, ist kein Deutscher

37/38/ Antisemitischer Wagen im Brühler Rosenmontagszug 1938. Die Aufschrift auf dem Transparent lautet: „Letzte Fahrt. Bitte einsteigen! Brühl – Kalscheuren – Gelobtes Land", womit den Brühler Juden die Auswanderung nach Palästina nahegelegt wird.

„Unterrichtsgrundsatz" werden müsse, seien auch diese – „besonders Deutsch, Geschichte, Erdkunde" – „in den Dienst dieser Aufgabe zu stellen". Um eine schnelle und umfassende Umsetzung der angeordneten neuen Inhalte zu gewährleisten und deren Unterlaufen auszuschließen, wurden bei einer etwaigen Nichtbeachtung über die negativen Folgen für die Schüler keinerlei Zweifel gelassen: „In sämtlichen Abschlussprüfungen sind diese Stoffe für jeden Schüler pflichtmäßiges Prüfungsgebiet, von dem niemand befreit werden darf."[48] Die Eltern in Brühl wurden über die Bedeutung der Rassenideologie im Schulalltag am 12. Oktober 1933 informiert, als die *Brühler Zeitung* unter der Schlagzeile „Rassenkunde in der Schule" ohne weiteren Kommentar die wesentlichen Inhalte des Erlasses vom 13. September 1933 und dessen Auswirkungen auf künftige Prüfungen bekanntgab.[49] Heranwachsende mussten künftig also zu möglichst versierten Rassisten und Antisemiten werden, um gute Zeugnisnoten zu erhalten!

Angewandter Rassismus bedeutete zugleich immer auch Ausgrenzung und Diskriminierung anderer, was sich insbesondere gegen die jüdische Bevölkerung richtete, der unmittelbar nach der NS-Machtübernahme auch in Brühl deutlich vor Augen geführt wurde, dass für sie in Zukunft kein Platz mehr in der kleinstädtischen Gesellschaft vorgesehen war. Das mussten die Brühler Juden bereits beim Boykott am 1. April 1933 erfahren. Eine systematische antisemitische Propaganda mit entsprechenden Inhalten hatte unmittelbar nach den Märzwahlen des Jahres 1933 eingesetzt. Selbst die zentrumsorientierte *Brühler Zeitung* druckte anlässlich des Boykotts erste antisemitische Artikel und forderte ihre Leser im Namen des „Zentralkomitees zur Abwehr jüdischer Gräuel- und Boykotthetze" auf, sich an den gegen jüdische Geschäfte gerichteten Aktionen aktiv zu beteiligen: „Zur Kenntlichmachung jüdischer Geschäfte sind an deren Eingangstüren Plakate oder Tafeln mit gelben Flecken auf schwarzem Grund anzubringen" – genau das tat nach eigenem Bekunden auch der achtjährige Günther Roos.

Selbst wenn der 1. April 1933 in Brühl offensichtlich für längere Zeit die einzige größere antisemitische Aktion blieb – auch die *Brühler Zeitung* hielt sich im Gegensatz zur NS-Tageszeitung *Westdeutscher Beobachter* in den folgenden Jahren in dieser Hinsicht wieder deutlich zurück –, war der künftige Weg vorgezeichnet. Man kaufte zunächst zwar zumeist wieder wie gewohnt auch in den jüdischen Geschäften ein, hatte aber deutlich zur Kenntnis genommen, in welch privilegierter und überlegener Situation sich die „arische" Mehrheitsbevölkerung wähnen durfte.

Im Lauf der Zeit vertieften sich wie selbstverständlich die Risse in ehemals gutnachbarschaftlichen Verhältnissen, denn angesichts der permanenten antisemitischen NS-Propaganda machten sich in der kleinstädtischen Gesellschaft in dieser Hinsicht zunehmend auch Unsicherheit und Angst breit. Wie sollte man sich gegenüber den jüdischen Nachbarn verhalten, ohne Gefahr zu laufen, sich außerhalb der immer wieder proklamierten „Volksgemeinschaft" zu stellen oder gar wegen „judenfreundlichen" Verhaltens

Nürnberger Gesetze

Die „Nürnberger Gesetze" sind eine Sammelbezeichnung für die Rassegesetzgebung der Nationalsozialisten, mit der der Ausschluss der Juden aus dem öffentlichen Leben durchgesetzt und ihre Verfolgung eingeleitet wurde. Beschlossen wurden sie am 15. September 1935 vom Deutschen Reichstag im Rahmen des NSDAP-Parteitages in Nürnberg.

Mit dem „Reichsbürgergesetz" wurde künftig zwischen „Reichsbürgern" und bloßen „Staatsangehörigen" unterschieden, wobei Personen „arischen und artverwandten Blutes" zur ersten, Juden zur zweiten Kategorie gezählt wurden. Jüdischen Deutschen wurden damit alle politischen Rechte aberkannt. In der ersten Verordnung zum Gesetz wurde aus NS-Sicht der Begriff „Jude" definiert. Künftig galt als Jude, wer drei oder vier Großeltern hatte, die „der Rasse nach" jüdisch waren, während der, der ein oder zwei „der Rasse nach" jüdische Großeltern besaß, aber keine weitere Bindung an das Judentum hatte, als „jüdischer Mischling" bezeichnet wurde. Um das zu belegen, wurde der „Ariernachweis" eingeführt. Bis 1943 wurden insgesamt 13 Durchführungsverordnungen zu dem Gesetz erlassen, die Juden völlig rechtlos und ihre Teilnahme am öffentlichen Leben unmöglich machten.

Das „Gesetz zum Schutz des deutschen Blutes und der deutschen Ehre", zeitgenössisch auch als „Blutschuldgesetz" bezeichnet, verbot sowohl Eheschließungen als auch außereheliche sexuelle Kontakte zwischen Juden und „Deutschblütigen", die von da an als „Rassenschande" galten. Zudem wurde die Beschäftigung von „Deutschen" durch Juden stark eingeschränkt. Auch hierdurch wurde die jüdische Bevölkerung zusehends stärker isoliert.

Das Pogrom am 9. November 1938

Nachdem der 17-jährige polnischer Jude Herschel Grynszpan am 7. November 1938 in Paris einen Mitarbeiter der deutschen Botschaft niedergeschossen hatte, war das für das NS-Regime ein willkommener Anlass, durch einen Befehl an die Partei-, SA- und HJ-Dienststellen eine Welle gewalttätiger Ausschreitungen gegen Juden in Deutschland auszulösen. Die Aktion, propagandistisch zum Ausdruck „spontaner Volkswut" erklärt, erreichte ihren Höhepunkt in der Nacht vom 9. auf den 10. November, kurz nachdem der Botschaftsmitarbeiter seinen Verletzungen erlegen war.

Während des Pogroms wurden im gesamten Reichsgebiet Synagogen niedergebrannt, jüdische Geschäfte und Wohnungen geplündert und zerstört, was angesichts des dabei entstandenen Glasbruchs die verharmlosende Bezeichnung „Kristallnacht" entstehen ließ. Schon die offizielle Bilanz war erschreckend: Danach waren 91 Menschen ums Leben gekommen, 267 Synagogen und Gemeindehäuser zerstört und rund 7 500 Geschäfte verwüstet worden. Außerdem wurden am 10. November mehr als 30 000 deutsche Juden in Konzentrationslager verschleppt, zahlreiche weitere begingen Selbstmord. Daher geht man heute von mehr als 1 300 Menschen aus, die als Folge des Pogroms starben. Zudem wurden tatsächlich mindestens 1 400 Synagogen und Gebetshäuser und damit mehr als die Hälfte des gesamten Bestandes stark beschädigt oder völlig zerstört.

Die Reaktionen der Bevölkerung während des Pogroms, vom NS-Regime als „berechtigte und verständliche Empörung des deutschen Volkes" deklariert, waren zumeist von eingeschüchterter Reserviertheit und einem schockierten Schweigen geprägt. Wenn sich auch nur wenige Menschen außerhalb von SA, SS und HJ aktiv an den Zerstörungen und Brandschatzungen beteiligten, muss andererseits festgestellt werden, dass auch kaum jemand den jüdischen Nachbarn zur Seite stand.

Unmittelbar nach dem Pogrom folgte eine Reihe von Maßnahmen, mit denen die seit Jahren verfolgte antijüdische Politik fortgesetzt wurde. Die wirtschaftliche Ausplünderung der Juden („Arisierung") wurde nun abgeschlossen, der Druck zur Auswanderung weiter erhöht und die Trennung von der deutschen Bevölkerung verschärft. Spätestens mit dem 9. November 1938 wurde für Juden jede bis dahin noch verbliebene Möglichkeit eines Lebens in Deutschland zunichtegemacht.

denunziert zu werden? Das galt umso mehr nach den sogenannten Nürnberger Gesetzen vom 15. September 1935, mit denen die Ausgrenzung des jüdischen Bevölkerungsteils deutlichere Konturen annahm.

Ihren vorläufigen Höhepunkt erreichten die stetig eskalierenden Diskriminierungen auch in Brühl im November 1938. Am Abend des 9. November beschlossen ortsansässige SA-Mitglieder während einer Feier antijüdische Aktionen.[50] Weil man sich diese aber erst höheren Orts in Köln absegnen lassen wollte, fand das Pogrom in Brühl nicht wie andernorts in der Nacht zum 10. November, sondern erst nach Erteilung der entsprechenden Erlaubnis am folgenden Vormittag und damit vor weitaus größerem Publikum statt. Ein kleiner Trupp von etwa 20 bis 30 SA-Männern, die von einigen HJ-Führern unterstützt und von einer wachsenden, schließlich großen Menschenmenge begleitet wurden, zog durch den Ort, zerstörte sämtliche jüdischen Geschäfte und Häuser sowie die Synagoge, die schließlich gegen Mittag in Brand gesetzt wurde. Die Feuerwehr, die erst gerufen worden war, als das Nachbarhaus Feuer gefangen hatte, beschränkte sich demonstrativ darauf, die Gebäude rechts und links der brennenden Synagoge zu schützen.

Ein damals zehnjähriger Brühler Gymnasiast beobachtete mit seinen Klassenkameraden irritiert das Geschehen an der Synagoge. Er wisse noch genau, so erzählte er 1987, dass der Lehrer, der an diesem Morgen Deutschunterricht erteilt habe, nie von „Juden", sondern stets abfällig vom „Itzig" gesprochen und die Juden angesichts des aktuellen Geschehens „wieder so richtig durch den Kakao gezogen" habe. Sie könne, so ergänzte eine 1905 geborene Brühlerin, rückblickend nicht begreifen, „dass sich keiner dagegen gewehrt" habe, aber die Bevölkerung sei einfach zu ängstlich gewesen – eine Sichtweise, die von einer damals 38-jährigen Zeitzeugin bestätigt wurde: „Ich bin bei meinen Eltern gewesen und habe noch auf der Straße gesagt: ‚Was für eine Schweinerei!' Ich bin dann nach Hause gegangen und hatte Angst, auch weil ich das auf der Straße gesagt hatte. Ich war so verschreckt, ich habe gedacht: ‚Was mag da jetzt kommen? Jetzt kommen die mich auch holen.'" Vor lauter Angst habe sie sich daher in ihrer Wohnung eingeschlossen.

Für einen 1920 geborenen Beobachter stellten die Erlebnisse des 10. November 1938 in seiner Heimatstadt rückblickend den „Wendepunkt" in seiner politischen Einstellung dar. „Da stand ein Brühler, den ich kannte, der exerzierte mit Juden, die ich auch alle kannte, die also in meinem Alter waren, etwas älter oder auch jünger, mit denen man groß geworden ist, mit denen exerzierte er da in den Scherben herum." Dieses Szenario sei für ihn derartig menschenunwürdig gewesen, dass er hinsichtlich seiner Zustimmung zum NS-Regime gedacht habe: „Jetzt ist Ende."

39/40/ Brand der Synagoge in Brühl, November 1938: Die Feuerwehr schützt lediglich das Nachbarhaus und die Brühler Bevölkerung beobachtet das brutale Schauspiel.

Vergeltungsmaßnahmen.

Durch das mörderische Attentat des Juden Grünspan auf den deutschen Gesandtschaftsrat **vom Rath in Paris**, wurden die Gefühle vieler Deutschen im Reiche, besonders auch im Rheinland stark erregt, so daß es zu spontanen Kundgebungen gegen Juden kam. Auch in **B r ü h l** wurden die Schaufenster der noch bestehenden jüdischen Geschäfte durch Einschlagen zertrümmert. Gleichfalls wurden Möbel und Einrichtungsgegenstände stark beschädigt. Die Synagoge in der Friedrichstraße ist durch Feuer zerstört. Wegnahme von gestohlenen Gegenständen ist verhindert worden.

41 / Notiz zum Pogrom in Brühl aus der *Brühler Zeitung* vom 11. November 1938

Begeistert, so erinnerte er sich weiter, sei in der großen Menge außer den ausgesprochenen Nationalsozialisten niemand gewesen. Aber geholfen habe den so Malträtierten auch niemand. Ganz im Gegenteil setzte man von NS-Seite in Brühl alles daran, insbesondere die Jüngsten für das Geschehene zu begeistern.

Ein im November 1938 Zwölfjähriger schilderte 1987, wie er damals mit HJ und Jungvolk nachmittags in die Brühler Innenstadt marschiert sei, wo die Jungen „bestimmte Lieder" hätten singen müssen, „wo drin vorkam: ‚Schmeißt die Juden raus'". Wie an anderer Stelle zu zeigen sein wird, nahm auch Günther Roos mit seinen Klassenkameraden die brennende Synagoge singend in Augenschein.

Eine solche direkte Einbindung von Kindern und Jugendlichen in die Geschehnisse beklagte auch Oberpfarrer Fetten, der in der Pfarrchronik hervorhob, die Ereignisse des 10. November hätten sich in Brühl „besonders böse" ausgewirkt, „weil Schuljungen daran teilnahmen". Außerdem hob er hervor, dass Kinder und Erwachsene die verzweifelte Situation der jüdischen Bevölkerung ausgenutzt und gestohlen hätten, „was sie kriegen konnten". Er habe daher die Brühler Jugend tags darauf in der Schulmesse „pflichtgemäß" ermahnt: „Wer fremdes Eigentum beschädigt oder genommen hat, kann nicht die hl. Sakramente empfangen, bis er den Schaden gutgemacht oder das Eigentum zurückerstattet hat. Wer Freude an diesem Tun gehabt hat, muss erst seine Gesinnung ändern. Christus ist auch aus jüdischem Blut. Und der hat gesagt: ‚Du sollst deinen Nächsten lieben wie dich selbst.'" Diese Worte hatten zur Folge, dass Fetten wieder einmal – und ohne direkte Konsequenzen – zur Gestapo nach Köln vorgeladen und mit dem Vorwurf konfrontiert wurde, „er habe durch seine Worte gegen die Rassenauffassung des Staates Stellung genommen".

So sah also die vorgeblich intakte und harmonische kleinstädtische Welt aus, in der Günther Roos aufwuchs: Das NS-Regime hatte vor Ort schnell Fuß gefasst und die Bevölkerung sich zumindest nach außen hin mit der neuen Situation arrangiert, ohne allerdings auf die gewohnte Einbindung in das kirchliche Leben und dessen jährliche Hochfeste zu verzichten. Diese wiederum wurden nicht verdrängt, sondern vom NS-Feierkalender ergänzt, sodass man auch in Brühl auf jene so eigentümliche wie weitverbreitete Melange traf, die den NS-Alltag in vielen Gegenden prägte: Das Leben ging für die meisten Menschen „normal" weiter, man feierte Schützenfest und Kirmes, der eine ging zum SA-Marsch, der andere zur Fronleichnamsprozession und sehr viele zu beiden Veranstaltungen.

Die Schulen schwenkten zumindest formal und in ihren Unterrichtsinhalten schnell auf die neu vorgegebene Linie um, während der kirchliche Einfluss auch aus den Klassenzimmern zusehends verdrängt wurde. Das entging den Heranwachsen-

42 / Maibaumholen durch die Brühler Hitlerjugend, April 1934

43 / Schützenfest 1933. Links: Anton Roos

den natürlich keineswegs und dürfte deren Einstellung zur zuvor unangetasteten Autorität der Kirchenvertreter nicht unbeeinflusst gelassen haben. Auch Günther Roos erzählte davon, wie er und sein Bruder Gustav Oberpfarrer Fetten mit dem „deutschen Gruß" auf der Straße provoziert hätten. Zugleich wurden den Kindern und Jugendlichen insbesondere in Schule und Hitlerjugend, aber auch durch jede Form von Medien Rassismus und Antisemitismus nicht nur nahegebracht, sondern oftmals regelrecht eingetrichtert und so mit der Zeit zur selbstverständlichen Einstellung erhoben.

Wie sollte ein Heranwachsender davon unbeeinträchtigt bleiben? Von entscheidender Bedeutung waren in diesem Zusammenhang natürlich das Elternhaus und die Einstellung der Familie zu Religion, Politik und Nationalsozialismus.

Die Groß-
familie

Günther Roos wurde am 4. Juni 1924 in der elterlichen Wohnung in der Brühler Friedrichstraße geboren. Mit seinen Eltern, dem 1895 geborenen Vater Anton und dessen gleichaltriger Frau Elisabeth, sowie dem 1921 geborenen Bruder Gustav bildete er eine typische Kleinfamilie, die zugleich aber in großfamiliäre Strukturen eingebunden war. Da der Großfamilie für Günthers weiteren Lebensweg wohl erhebliche Bedeutung zuzumessen ist, soll sie hier kurz nachgezeichnet werden.

Väterlicherseits hatte Familie Roos ihre Wurzeln im württembergischen Denkingen, von wo Günthers 1830 geborener Urgroßvater Anton Ende der 1860er-Jahre ins Rheinland gezogen und als Braumeister in die Schlossbrauerei in Brühl eingetreten war.[51] Bereits fünf Jahre später wurde es ihm möglich, die örtliche „Vorgebirgsbrauerei" zu erwerben und unter seinem Namen erfolgreich fortzuführen. Als Anton Roos im November 1901 starb, galt er als einer der wohlhabendsten und angesehensten Brühler Bürger.

Seine Nachkommen konnten nicht an solche Erfolge anknüpfen. Wohl auf Betreiben des 1859 geborenen Sohnes Gustav wurde die einträgliche Brauerei bereits am 8. Januar 1902 verkauft. Laut Familienüberlieferung war Gustav – Günthers Großvater – die mit der Leitung der Brauerei verbundene Arbeit schlicht zu aufreibend. Er, der als „gutmütiger und hilfsbereiter" Mensch galt, der „oft seinen eigenen Nutzen sträflich vernachlässigt" habe, glaubte zudem, durch deren Veräußerung zeitlebens über genug Geld für sich und seine Familie zu verfügen und gesellschaftlich etabliert und sozial abgesichert zu sein. Folge war ein wohl nicht ungefährlicher Hang zum Müßiggang, ein Charakterzug, der sich später auch – und nicht zu dessen Vorteil – bei seinem Sohn Anton, also Günthers Vater, wiederfinden sollte. Gustav, so hieß es in der Familie, habe „das Leben und seine Genüsse" geliebt und sei dabei „humorvoll und lebenslustig" gewesen. Sobald sich allerdings Dinge im privaten oder geschäftlichen Umfeld nicht so entwickelten, wie er es erhoffte, entzog er sich ganz einfach allen Sachzwängen, gab sich seiner offensichtlich ausgeprägten „Reiselust" hin und „war dann für einige Wochen aus dem täglichen Einerlei entschwunden". Das einzige Geschäft, das Gustav Roos – wohl eher zum Vergnügen denn zum Broterwerb – betrieb, war die beliebte und von zahlreichen örtlichen Honoratioren besuchte Gaststätte

44 / Urgroßvater Anton Roos (1830–1901)

45 / Großmutter Josephine Roos, geb. Klug (1869–19??)

46 / Großvater Gustav Roos (1859–1913)

47 / Der Brühler Markt mit der Gaststätte „Zum Kurfürsten", vor 1914

48 / Gustav und Josephine Roos vor ihrer Gastwirtschaft „Zum Kurfürsten" in Brühl, 1908

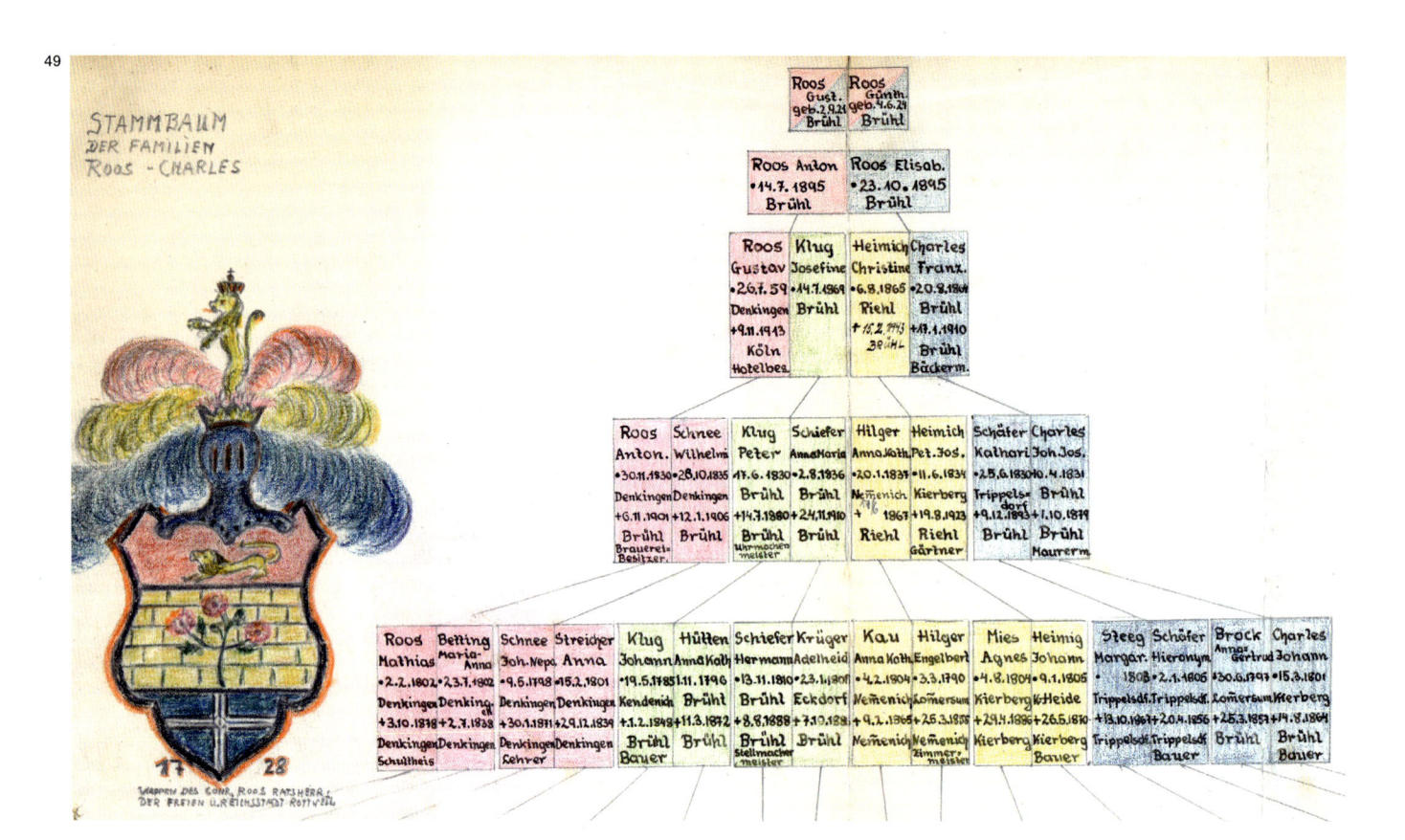

49 / Stammbaum der Familie Roos (Ausschnitt). Die Brüder Günther und Gustav Roos sind oben an der Spitze zu sehen, darunter folgen ihre Eltern, Großeltern usw.

„Zum Kurfürsten" am Brühler Markt, die er zu einem „Hotel der gehobenen Klasse" auszubauen gedachte. Zu seinem eher genussorientierten Lebenswandel passte auch Gustav Roos' Ablehnung jeder Form von strengem und reglementierendem Militarismus preußischer Prägung. Nachdem er als 19-Jähriger seinen Militärdienst in Stuttgart abgeleistet hatte, soll er sich zu einem „erbitterten Gegner jeden militärischen Getues" entwickelt haben; auch das eine Einstellung, die er offenbar an seinen 1895 geborenen, „Toni" genannten Sohn Anton weitergab.

Gustav Roos' Ehefrau Josephine – sie heirateten 1894 – entstammte der alteingesessenen Brühler Uhrmacherfamilie Klug. Ihr Bruder Peter (1860–1915) hatte das Uhrmachergeschäft vom gleichnamigen Vater übernommen und galt familienintern als „Vereinsmeier erster Güte". Daher war er fest in die bürgerliche Brühler Gesellschaft eingebunden, wo er etwa als Präsident des „Liederkranzes" fungierte, Vorstandsmitglied der Innung, Mitglied des Kirchenvorstands und des Stadtrats war. Peter Klugs Frau Wilhelmine wiederum – wegen ihrer Körperfülle in der Familie auch „dicke Oma" genannt – war die Tochter des bekannten Brühler Stadtpolizisten Jakob Wichartz. Sie wurde nach dem frühen Tod ihres Mannes 1915 zum Zentrum der Großfamilie Klug, die sich – zumeist in voller Stärke – sonntags in ihrer Wohnung in der belebten Uhlstraße im Brühler Zentrum einfand. Wie Familie Roos waren auch die Klugs Feierlichkeiten und leiblichen Genüssen nicht abgeneigt. Zugleich war das katholische Element in beiden väterlich-großelterlichen Familienzweigen von Günther Roos stark ausgeprägt.

Seine Großmutter Josephine hatte Günther Roos als „herrschsüchtige und intrigante Persönlichkeit" in Erinnerung, die aber hervorragend gekocht und gern gegessen habe. Nach dem Tod ihres Mannes Gustav im Jahr 1913 konnte sie zunächst gut von den hohen Zinserträgen leben, die dessen Erbe abwarf. Das än-

50 / Hochzeitsbild Gustav Roos und Josephine Klug, 1894

51 / V. l. n. r.: Wilhelmine Klug (geb. Wichartz), Frau Keuler, Josephine Roos (geb. Klug)

derte sich durch die Inflation der Nachkriegsjahre dann jedoch schlagartig. „Aktien waren wertlos geworden, Hypotheken wurden mit Inflationsgeld zurückgezahlt, wofür sie sich zur Not noch ein Pfund Butter kaufen konnte", fasste Günther Roos später die Familiensicht auf diese Zeit zusammen. So stand Josephine Roos Ende 1923 schließlich „ohne alle Mittel" da und musste nach langen Jahren im Überfluss ihr weiteres Leben als „Kleinrentnerin" fristen. Es ist anzunehmen, dass sich solche unmittelbar erfahrenen Folgen von Weltkrieg und Inflation tief ins Familiengedächtnis eingegraben haben. Andererseits war das Verhältnis zwischen Großmutter Josephine und Günthers Eltern Anton und Elisabeth recht angespannt, sodass gegenseitige Besuche eher selten waren. Immerhin besuchten die Brüder Gustav und Günther ihre Oma regelmäßig einmal im Monat zum Sonntagstee.

Erhebliche Bedeutung sowohl für die Erziehung ihres Neffen Anton als später dann auch von dessen Sohn Günther kam Emilie, der 1860 geborenen und unverheiratet gebliebenen Schwester von Gustav Roos, zu, die als „Kirschwassertante" in die Familiengeschichte einging. Selbstbewusst und „weltoffen" habe sie – hierin ihrem Bruder Gustav sehr ähnlich – „die Genüsse des Lebens" geliebt und beispielsweise heimlich Zigaretten und Zigarren geraucht. Außerdem sei sie Bier, Rotwein oder eben dem Kirschwasser gegenüber nie abgeneigt gewesen und habe

52 / „Kirschwassertante"
Emilie Roos (1860–1935)
im Jahr 1897

auch den ihr zeitweise anvertrauten Heranwachsenden seit deren frühester Kindheit alkoholische Getränke zugänglich gemacht. Günther Roos berichtete, Großtante Emilie habe sich besonders „intensiv" um seinen Vater Toni gekümmert; „ob immer zu dessen Vorteil, mag dahingestellt bleiben". Alkohol- und Nikotingenuss jedenfalls waren im Hause Roos zentraler und nie kritisch hinterfragter Bestandteil des Alltaglebens.

Später wurde Günther selbst zu Emilies „erklärtem Liebling", wohl nicht zuletzt deshalb, weil er seinem lebenslustigen Großvater und seinem geselligen Vater in dieser Hinsicht weitaus ähnlicher war als sein eher introvertierter älterer Bruder Gustav. Emilie Roos wurde in ihren letzten Lebensjahren im Übrigen noch zu einer glühenden Verehrerin von Adolf Hitler, ohne sich dabei im engeren Sinne für Politik zu interessieren. „Ne, was ist das für ein schöner Mann!", habe sie immer wieder geäußert, erinnerte sich der damals achtjährige Günther später. Und in ihrer Begeisterung habe sie im Frühjahr 1933 dann ihrem „Schwälbchen" – so ihr Kosename für Günther – eine Jungvolkuniform gekauft. „Und als ich sie hatte, musste ich sie immer wieder vorführen." Als Emilie Roos nach einem Schlaganfall am 23. März 1935 starb, sollen gemäß der Familienüberlieferung ihre letzten Worte gewesen sein: „Hört ihr die Trommeln? Da marschiert der Günther."

Franz Charles, Günthers Großvater mütterlicherseits, war Bäckermeister und brachte es mit seinem Geschäft auf der Kölnstraße in Brühl zu einigem Wohlstand. Er entstammte einer alteingesessenen Brühler Familie und war ebenfalls angesehenes Mitglied der kleinstädtischen Gesellschaft und der katholischen Kirche, wo er sich entsprechend engagierte. So war er unter anderem Ratsmitglied, zweiter Vorsitzender der Brühler Handwerkerinnung, Mitglied im Kirchenvorstand sowie Vorstandsmitglied im Katholischen Bürgerverein und dem Windthorstbund, der Jugendorganisation der katholischen Zentrumspartei. Großmutter Christina Charles entstammte der Kölner Bäckersfamilie Heimich. Als ihr Mann 1910 überraschend starb, stand sie allein mit dem gut gehenden, aber arbeitsintensiven Geschäft und vier unmündigen Kindern da – darunter Günthers damals 14-jährige Mutter Elisabeth. Es gelang Christina Charles jedoch, Geschäft und Kinder gut durch den Ersten Weltkrieg und die schwierige Nachkriegszeit zu bringen. Nach einer schweren Operation verkaufte sie 1927 die Bäckerei und lebte künftig – betreut von ihrer jüngsten Tochter Auguste – als Rentnerin, bis sie 1943 starb. Für ihren Enkel Günther war sie „eine gütige, verständnisvolle Oma, zu der wir gerne hingingen".

Das also war die gutbürgerliche und katholische Familienwelt, in die Günther Roos im Herzen der Kleinstadt Brühl hineinwuchs. Er selbst definierte die von ihm erfahrene Form der Großfamilie als eines der prägenden Elemente seiner

Kindheit: „So etwas kann man sich heute gar nicht mehr vorstellen. Das summierte sich auf etwa 40 Onkel und Tanten und ebenso viele Vettern und Kusinen. Und zwischen all diesen Verwandten bestand ein reger gegenseitiger Besuchsverkehr mit einem sehr starken Zusammengehörigkeitsgefühl. An Fest- und Feiertagen hatten wir nach der 8-Uhr-Messe den ganzen Vormittag zu tun, um alle Onkel und Tanten zu besuchen, frohe Festtage zu wünschen und z. B. Kirmesgeld einzusammeln. Ein besonderer Sammelpunkt war bei Klugs auf der Uhlstraße. Für die Erwachsenen war es die Nachrichtenbörse und für uns Kinder ein Ausgangspunkt für Spiele und Unternehmungen im nahen Park."

Günther Roos wuchs also offensichtlich in einer zumindest seiner Wahrnehmung nach völlig intakten Welt auf. Fest integriert in die „bessere" Brühler Gesellschaft und damit auch in das katholische Milieu, gab es zunächst nichts, was seine Zukunftsaussichten und die seines Bruders Gustav hätte beeinträchtigen können. Dass sich dies sehr bald und recht grundlegend ändern sollte, hatte wenig mit den politischen und wirtschaftlichen Wirren der späten Weimarer Jahre zu tun, hingegen sehr viel mit dem augenscheinlich recht problematischen Naturell seines Vaters Toni, dem es daher in mehrfacher Hinsicht besondere Aufmerksamkeit zu schenken gilt.

53 / Die Bäckerei Franz Charles auf der Kölnstraße in Brühl, um 1908/10

54 / 80-jähriges Jubiläum der Firma Peter Klug, 1935. Jeweils v. l. n. r.: vordere Reihe: Katharina Klug, Wilhelmine Klug, Josephine Roos (geb. Klug); zweite Reihe: Käthi Klug, Leni Reiners (geb. Klug), Maria Klug (Frau von Jakob Klug), Frau von Joseph Klug, Frau von Gustav Klug, Gustav Klug; hintere Reihe: Herr Reiners, Peter Klug, Willi Klug, Jakob Klug, Joseph Klug

55 / Hochzeitsbild Franz und Christine Charles, 1891

Der Vater

Zu einem tieferen Verständnis von Günther Roos' Kindheit und Jugend und damit auch seines Verhaltens während der NS-Zeit bedarf es neben der Betrachtung des kleinstädtischen Brühler Umfeldes und seiner bürgerlich-katholischen Großfamilie auch einer ausführlichen Würdigung seines Vaters Toni. Er war es wohl, der insbesondere durch seinen lebenslustig-leichtsinnigen und dabei genussorientierten Lebenswandel einen großen Einfluss auf seine Söhne ausübte, auch wenn diese sich dann in wichtigen Punkten recht unterschiedlich entwickeln sollten.

Der am 31. Juli 1895 geborene, stets „Toni" genannte Anton Roos galt schon in Jugendjahren als eher labiler Charakter. Bevor sein Vater Gustav am 9. November 1913 im Alter von 54 Jahren starb, machte er sich hinsichtlich der Zukunft seines erst 18 Jahre alten Sprösslings große Sorgen. Toni, so schrieb er Ende September 1913 angesichts des nahenden Todes an seine Frau Josephine, würde nun „so früh führerlos", wo er doch so dringend der Führung bedürfe. Und am 29. Oktober notierte er in sein Krankenhaustagebuch, sein Sohn sei doch „noch so unerfahren und so jung". „Wo soll das mit ihm hin, wenn er keine Führung hätte?"[52]

Dass Toni klarer Regeln und auch der steten Kontrolle von deren Einhaltung bedurfte, hatte sich bis dahin bereits mehrfach erwiesen und war wohl nicht zuletzt auf den eher lockeren Lebenswandel des ihm als Beispiel dienenden Vaters selbst zurückzuführen.[53] In seinen – wahrscheinlich nach 1945 verfassten und unvollendet gebliebenen – Lebenserinnerungen betonte Toni Roos jedenfalls ausdrücklich den von seinem aus dem Württembergischen stammenden Großvater ausgehenden Antimilitarismus, der auch auf seinen Vater und schließlich auf ihn selbst übertragen worden sei. Bei ihm persönlich, so seine Selbsteinschätzung, habe sich diese Haltung zu einem „Hass gegen jeden Zwang" entwickelt. Zugleich wurde er zu einem ausgeprägten Genussmenschen erzogen, der unter familiärer Duldung und Förderung früh mit Alkohol und Nikotin in Berührung kam. Bei all dem fühlte sich Toni Roos eng mit seinem Vater verbunden: „Wir hatten beide dieselbe Lebenslustigkeit und verstanden uns ausgezeichnet. Vom Vater habe ich auch die Gutmütigkeit, das Bedürfnis, anderen Menschen zu helfen, das Reisefieber und den Trieb des Reisens überhaupt. Was ich auch von ihm in Erbschaft bekommen habe, ist, dass ich im Geldausgeben eben nicht eng bin und des Lebens Genüssen nicht abge-

56 / Anton Roos, 1917
57 / Anton Roos 1935
58 / Anton Roos, um 1899
59 / Anton Roos, um 1907
60 / Anton Roos mit seinem Vater Gustav, um 1907

neigt." Als Einzelkind begüterter Eltern wurde Toni zudem offenbar nicht sehr nachhaltig zu Arbeit und Pflichterfüllung angehalten. Stattdessen, so resümierte Günther Roos die Familienüberlieferung, sei sein Vater in dem Bewusstsein aufgewachsen, nie arbeiten zu müssen, weil ihm suggeriert worden sei, dass er bequem und gut von den Zinsen leben könne, die das elterliche Vermögen künftig abwerfen würde. Toni Roos selbst schrieb in seinen Lebenserinnerungen, er sei erwiesenermaßen nicht dumm gewesen, „aber gearbeitet habe und aufmerksam war ich nur dann, wenn mich eine Sache interessierte".

Eine solche Einstellung gefährdete sein Fortkommen auf dem von ihm besuchten Brühler Gymnasium, was dazu führte, dass der zwölfjährige Quintaner in die Provinz wechseln und fortan das erzbischöfliche Konvikt in Bad Münstereifel besuchen musste – in seiner Erinnerung die zwei „grausigsten Jahre meines Lebens", in denen er „bis zu meinem achtzigsten Lebensjahr im Voraus gebetet" habe. Als deren Folge hegte er zeitlebens ein starkes Ressentiment gegen die katholische Kirche, besuchte nach eigenen Angaben nach 1918 kaum mehr einen Gottesdienst und trat schließlich – wohl deutlich vor 1933 – aus der Kirche aus.

Nachdem Anton Roos mit einem Mitschüler recht bald wegen alkoholischer Eskapaden als Tertianer des Konvikts verwiesen worden war, bezogen die beiden Jungen in Münstereifel ein Privatquartier und fühlten sich nun „wie die Freiherren", wobei sie – offenbar unter stillschweigender schulischer Duldung – weiterhin dem Alkohol zusprachen. Da die schulischen Leistungen unter einer solchen Einstellung zwangsläufig leiden mussten, geriet die Versetzung bald auch am Gymnasium in Münstereifel in Gefahr, sodass Toni Roos erneut, dieses Mal nach Bonn wechseln musste, wo er von einem strengen Pastor zwei Jahre lang unterrichtet wurde. Danach sollte er ein Gymnasium im badischen Lahr besuchen, was er jedoch ablehnte und stattdessen verkündete, Maler werden zu wollen – immerhin kannte er den vier Jahre älteren Brühler Max Ernst, der zu dieser Zeit in Bonn studierte und später zu einem berühmten Maler werden sollte, persönlich.[54] Das ließ Vater Roos bei aller Liberalität in Erziehungsdingen dann aber doch nicht zu und bestimmte Mitte 1912 stattdessen, dass sein Sohn eine Banklehre zu absolvieren habe. „Aus, schöner Traum, und nun statt schöner Modelle kalte Zahlen und Handel mit schnödem Mammon", erinnerte dieser sich später. Als der Vater schon ein Jahr später starb, ließ er den 18-Jährigen und seine Mutter in wirtschaftlich sehr guten Verhältnissen zurück. So war für den Zweipersonenhaushalt standesgemäß ein „Dienstmädchen" tätig.

Bei Beginn des Ersten Weltkriegs am 1. August 1914 verspürte Anton Roos nach eigenen Angaben „keine Lust" auf Kriegsdienst, im Gegensatz zu allen Freunden und Bekannten, die sich – darin der damaligen Begeisterung folgend – freiwillig meldeten. Zunächst half ihm offenbar eine frisch überstandene Lungenentzündung, die ihm bei der Musterung das Urteil „untauglich" einbrachte. Er wurde im Lauf der Jahre 1914/15 mehrfach nachgemustert und galt nach eigenen Angaben in Brühl angesichts des Verbleibs in der Heimat bereits als öffentliches „Ärgernis", als er im November 1915 doch noch als

61 / Klassenfoto im Konvikt Münstereifel, 1907. Anton Roos in der mittleren Reihe, ganz rechts mit auf Hand gestütztem Kopf

62 / 63 / 64 / Anton Roos während seiner zweiwöchigen Militärzeit im November 1915. Auf dem Gruppenfoto sitzend, 2. v. r.

„bedingt garnisonsverwendungsfähig" einberufen wurde. Aber kaum im Dienst wurde der 20-Jährige zu seiner großen Freude erneut als untauglich eingestuft und bereits Anfang Dezember wieder nach Hause entlassen. Da er dort aber nun erst recht als „Drückeberger" galt und entsprechend angefeindet wurde, wechselte er zu einer Bank in Eupen, deren Direktor der Familie Roos persönlich verbunden war. Hier führte er bis Kriegsende ein „friedensmäßiges" Leben, das von Schmuggel über die deutsch-belgische Grenze, entsprechend üppiger Versorgung, häufigen Feiern und ansonsten ausgeprägter Beschaulichkeit bestimmt war, während sich der Krieg in Eupen so gut wie gar nicht bemerkbar machte. Anton Roos verstand es ausgezeichnet, sich in seiner eigenen kleinen Welt gemütlich und genussorientiert einzurichten – eine Eigenschaft, die er auch im Zweiten Weltkrieg nochmals erfolgreich an den Tag legen sollte. Der „großen Politik" scheint er dabei nur insoweit Interesse entgegengebracht zu haben, wie sie sein Privatleben unmittelbar tangierte und zu beeinträchtigen drohte.

Mit Kriegsende kehrte er im November 1918 nach Brühl zurück – zwei Tage, bevor dort die englischen Besatzungstruppen eintrafen. Im April 1919 trat er dann zunächst eine Stelle bei der Dresdner Bank in Köln an, von wo er, weil ihm dort der „Ton" und die „Antreiberei" nicht zusagten, bereits drei Monate später zum A. Schaaffhausener Bankverein und nach weiteren sieben

65 / Frisch verheiratet: Anton und Elisabeth Roos 1920 im Brühler Park
66 / Anton (1. v. l.) und Elisabeth (2. v. l.) Roos in einer Kölner Gaststätte, um 1920/21
67 / Der Führerschein von Anton Roos
68 / Anton Roos (links, stehend) feiert, um 1925.

Monaten nach Unstimmigkeiten mit Vorgesetzten zum 1. März 1920 zur Darmstädter und Nationalbank wechselte, wo er künftig in der Wertpapierabteilung beschäftigt war. Hier betätigte sich Toni Roos laut eigener Darstellung auch in eigener Sache und recht erfolgreich als risikobereiter Börsenspekulant, sodass der Mittzwanziger trotz aller krisenhaften Erscheinungen in Politik und Wirtschaft das Leben in vollen Zügen genießen konnte: „Nachmittags um 4 machten wir Feierabend, und dann besuchten wir gemeinsam Cafés und Varietés." Aufgrund seiner erfolgreichen Aktien- und Devisenspekulationen konnte Toni Roos, der seit Mai 1920 mit der Brühlerin Elisabeth Charles verheiratet war, auch während der Inflation optimistisch und wirtschaftlich abgesichert in die Zukunft blicken.

Das änderte sich im Herbst 1924, als der nun fast 30-Jährige ein wirtschaftliches Wagnis einging, das ihn und seine nach der Geburt der Söhne Gustav und Günther mittlerweile vierköpfige Familie an den Rand des Ruins bringen sollte: Er gab seine Stellung bei der Bank auf und investierte sein gesamtes Vermögen in einen neuen Autosalon, den er mit einem französischen Geschäftspartner in bester Lage, nämlich auf dem Hohenzollernring in Köln, eröffnete. Wie spontan und zugleich wohl wenig planvoll er dieses geschäftliche Abenteuer einging, belegt allein die Tatsache, dass der Autoverkäufer in spe zum Zeitpunkt der Geschäftseröffnung nicht einmal einen Führerschein besaß. Der wurde ihm nach bestandener Prüfung erst am 20. November 1924 ausgestellt.

Trotz solcher Anlaufprobleme florierte das Geschäft zunächst wohl recht gut und warf entsprechende Gewinne ab. Es gründete aber offenbar allein auf Treu und Glauben. Ohne dass die beiden Geschäftspartner sich zuvor gekannt hatten, war im Geschäftsvertrag nämlich auf jegliche gegenseitige Absicherung verzichtet worden. Als Anton Roos dann eines morgens im Herbst 1926 in den Salon gekommen sei, so die spätere Schilderung seines Sohnes Günther, habe er feststellen müssen, dass sein Kompagnon sämtliche Konten geplündert, noch zusätzliche Kredite aufgenommen und die Darlehen umgehend abgehoben hatte, um sich dann mit dem Geld ins Ausland abzusetzen. Durch einen Vergleich und die Veräußerung sämtlicher ihm verbliebener Vermögenswerte habe Toni Roos dann zwar gerettet, was noch zu retten war, hatte aber dennoch den weitaus größten Teil seiner bis dahin nicht unerheblichen Geldmittel unwiederbringlich verloren.

Dieses durch seine leichtsinnige Risikobereitschaft ermöglichte Desaster stellte den Beginn eines sukzessiven wirtschaftlichen und schließlich auch sozialen Abstiegs der Familie dar. Da er im

Bankgeschäft nicht wieder „ganz von unten" anfangen wollte, entschloss sich Toni Roos offensichtlich, dem Beispiel seines Vaters Gustav zu folgen und, in diesem Wirtschaftszweig völlig unerfahren, gemeinsam mit seiner in dieser Hinsicht ebenso hilflosen Ehefrau das Restaurant „Zur Krone" am Brühler Markt zu übernehmen. Toni Roos hatte offenbar nicht nur unberücksichtigt gelassen, dass er eine erhebliche monatliche Pacht erwirtschaften musste, sondern auch, dass das Führen eines solchen Hauses zumindest rudimentäre Berufserfahrungen und ein entsprechend professionelles Verhalten einschließlich eines hohen Maßes an Arbeitseinsatz und Disziplin erforderte. Sohn Günther brachte es später so auf den Punkt: „Vater war kein Wirt und Mutter absolut keine Wirtin. Wie er es von zu Hause gewohnt war, machte Vater die Honneurs, setzte sich zu den Gästen an den Tisch, plauderte mit ihnen oder spielte Karten – und Mutter stand hilflos hinter der Theke. So kam es, wie es kommen musste: Nach gut einem Jahr musste mein Vater Konkurs anmelden."

Doch damit nicht genug. Anton Roos suchte sein Heil auch weiterhin in der ihm völlig unbekannten und aufgrund seiner Arbeitsauffassung auch völlig ungeeigneten beruflichen Selbstständigkeit und wechselte auf ein ihm noch fremderes Geschäftsfeld. Er übernahm eine Vertretung für Teppiche, weil er als „geborener Optimist" unverdrossen daran glaubte, hier das „große Geld" machen zu können. Damit lag er jedoch wiederum erwartungsgemäß völlig falsch, was nach einem weiteren Jahr zur neuerlichen, nicht mehr genau datierbaren Pleite führte, durch die nun auch die allerletzten finanziellen Reserven aufgebraucht waren. Er und mit ihm seine Familie standen nach den Worten von Sohn Günther nunmehr „vor dem absoluten Nichts".

In diese Zeit des orientierungslosen, aber ungewollt konsequent betriebenen sozialen Abstiegs fielen die ersten Kontakte zur Kölner NSDAP. In seiner Vertreterfunktion war Anton Roos regelmäßiger Gast in dortigen Cafés, Restaurants und Gaststätten, wobei er offenbar auch frühe Kölner Nationalsozialisten kennenlernte, die ihn, der sich zuvor nach allen vorliegenden Erkenntnissen nicht im Geringsten für Politik interessiert hatte, für ihre Sache gewinnen konnten. Tatsächlich passte er sehr gut in das „Beuteschema" der aufstrebenden Partei, was Sohn

Günther später treffend so ausdrückte: „Für ihn als mehr oder weniger gescheiterten Mittelständler schien das Programm der Hitlerpartei absolut einleuchtend." Daher trat der nun geld- und arbeitslose 33-Jährige der NSDAP bei; folgt man der Familienüberlieferung, bereits 1928, laut offizieller Mitgliederkartei formal aber erst zum 1. Juni 1929.[55]

Das hielt den sozialen Abstieg von Familie Roos zunächst aber nicht auf. Immerhin aber fand Anton Roos Mitte Juni 1929, noch kurz vor Beginn der Weltwirtschaftskrise, eine Beschäftigung als Rottenarbeiter im Gleisbau bei der Firma Kaselitz, einem kleinen im Braunkohletagebau tätigen Unternehmen im benachbarten Hermühlheim. Da der Wochenlohn von 48 Reichsmark beim Fehlen jeglicher Rücklagen zur Bestreitung des Lebensunterhalts bei Weitem nicht ausreichte, verdingte sich der begabte Hobbypianist außerdem im Brühler Kino „Apollo-Theater" als Klavierspieler, um Stummfilme mit Musik zu untermalen.

Trotz aller Bemühungen war die große Wohnung in der Brühler Friedrichstraße aber nicht länger zu halten. Stattdessen mussten ab 1929 zwei Zimmer und Küche in der Kurfürstenstraße ausreichen – für eine vierköpfige Familie wahrlich keine übermäßig große und erst recht keine komfortable, den bisherigen Ansprüchen genügende Wohnung. Geld war aber eben knapp, und die neue Bleibe bot den zusätzlichen Vorteil, dass das Haus acht unverheirateten und zugleich berufstätigen Geschwistern gehörte, für die Mutter Elisabeth Roos nunmehr kochte und so ein drittes Einkommen zum Familienbudget beisteuerte. Damit hatte sich das Bild grundlegend gewandelt: Hatte Familie Roos vor dem Ersten Weltkrieg über erhebliche Finanzmittel verfügt und ein Dienstmädchen beschäftigt, war man nunmehr selbst auf der sozialen Leiter abgestiegen und zum häuslichen Dienstleister mit bescheidenem Einkommen geworden.

Nachdem Anton Roos nach anderthalbjähriger Tätigkeit als Arbeiter zum Jahresbeginn 1931 in seiner Firma zum Angestellten im kaufmännischen Bereich mit 250 Reichsmark Monatsverdienst aufgestiegen war, schien sich trotz aktueller Wirtschaftskrise alles zum Besseren zu wenden. Doch schon im Sommer 1932 drohte nach dem Tod des Firmeninhabers neues Ungemach, weil das Unternehmen zum Jahresende aufgelöst und die Belegschaft damit arbeitslos wurde.

Als Adolf Hitler am 30. Januar 1933 die Kanzlerschaft übertragen wurde und die NSDAP die politische Macht im Deutschen Reich und alsbald auch in Brühl übernahm, galt es deshalb für Toni Roos, schnellstmöglich eine frühere Entscheidung zu revidieren, um anschließend von den neuen Machtverhältnissen profitieren zu können: Er war zwar bereits Mitte 1929 aufgrund seiner Kölner Kontakte NSDAP-Mitglied geworden, aber bereits zum 1. November des Jahres wieder aus der Partei ausgetreten, wobei unklar bleibt, ob ihm das zu jenem Zeitpunkt vonseiten

69 / Der Brühler Kegelklub „Gut Holz" um 1924/25. Anton Roos stehend, 3. v. l. Wolf Kappel (rechts sitzend) war jüdischer Viehhändler in Brühl. Nach dem Pogrom verließ er die Stadt am 9. Dezember 1938 Richtung Köln, von wo aus er im Oktober 1941 ins Getto Litzmannstadt verschleppt und ermordet wurde.

der Unternehmensleitung Kaselitz nahegelegt worden war oder ob der schnelle Austritt auf eigenem Entschluss beruhte. Jedenfalls schien Anfang 1933 schnelles Handeln vorteilhaft, und mit Datum vom 1. April wurde Toni Roos wieder offiziell als NSDAP-Mitglied geführt.

Bereits am 7. März, nur zwei Tage, nachdem sich das neue Regime durch die Reichstagswahl vom 5. März 1933 in seiner Position bestätigt und gesichert sah, wurde Anton Roos ausweislich seines „Arbeitsbuchs" zum Kreiskassenleiter, Revisor und Geschäftsführer der NS-Handwerks-, Handels- und Gewerbeorganisation (NS-Hago)[56] mit einem Monatsgehalt von 300 Reichsmark berufen. Hilfreich für die Anstellung dürfte es gewesen sein, dass mit dem Kaufmann Wilhelm Pott nicht nur einer der führenden Brühler Nationalsozialisten, sondern zugleich auch der Kreisleiter des „Kampfbundes des gewerblichen Mittelstandes" in der Nachbarschaft wohnte,[57] dessen Sohn zudem ein Spielkamerad von Günther Roos war. Zum 1. November 1934 wurde Toni Roos dann – laut familieninterner Darstellung aufgrund seiner „ausgezeichneten Beziehungen" zu lokalen NS-Größen – Leiter der Kassen- und Organisationsabteilung bei der Wirtschaftsgruppe Einzelhandel, um dann zum 1. April 1936 zur Fachstelle Tankstellen/Garagen zu wechseln. Im Frühsommer 1937 sei er dann aber „im Zuge einer Umorganisation" entlassen worden und dann bis Anfang Juli 1938 arbeitslos gewesen.

Die Hintergründe des überraschend anmutenden Stellungswechsels und der daraus resultierenden erneuten Arbeitslosigkeit lassen sich nicht aufklären. Innerfamiliär diente Toni Roos das Ereignis später offenbar dazu, seine Verbindung zum NS-Regime in ein aus Nachkriegssicht weitaus besseres Licht zu rücken und sich damit zu entlasten. Zeitlebens erzählte er nämlich, dass er von „Rabaukentum und Vetternwirtschaft" der NS-Machthaber enttäuscht gewesen und angesichts der „Brutalität bei der Niederschlagung des sogenannten Röhm-Putsches" Ende 1934 aus der NSDAP ausge-

70 / Anton Roos (Mitte) 1933 im Kölner NS-Verkehrslokal „Weinstube Brungs"

Zur Erinnerung an fröhliche Stunden in Brungs Weinstuben.

treten sei. Das aber entsprach definitiv nicht den Tatsachen, denn ein neuerlicher Parteiaustritt ist weder in der NSDAP-Zentralkartei noch in der Gaukartei verzeichnet und somit praktisch auszuschließen. Erstaunlich ist, für die enge Vaterbindung aber wohl bezeichnend, dass der zwischenzeitlich in dieser Hinsicht ja sehr kritische und sensibilisierte Günther Roos die Version des Vaters selbst 1989 noch, ohne Zweifel zu äußern, zu Papier brachte, im Anschluss aber zahlreiche Fotos in sein Manuskript klebte, die seinen Vater in Uniform im Kreis seiner „Kameraden" 1935 auf dem Reichsparteitag in Nürnberg zeigen.

Rekonstruieren lässt sich, dass der an Politik ja eigentlich völlig desinteressierte Toni Roos trotz seiner frühen Parteimitgliedschaft in der örtlichen NS-Bewegung stets ein „kleines Licht" ohne jegliche Aufstiegsambitionen blieb. Er war zwar ausweislich überlieferter Fotos als „Uniformträger" stets „dabei", übernahm aber nach Lage der Quellen keinerlei parteiamtliche Funktionen. Vielmehr war er laut Darstellung von Sohn Günther aufgrund fehlender Eigeninitiative stets von Protegés abhängig, die er wohl während seiner Kölner Vertreterzeit im Rahmen von Gaststättenbesuchen und Feierlichkeiten näher kennengelernt hatte und zu denen laut Angaben der Familie durchaus bekannte NS-Repräsentanten wie Reichstreuhänder Willi Börger[58], der spätere stellvertretende Generalfeldzeugmeister im Luftfahrtministerium Franz Kux oder ein Regierungsrat namens Pape zählten, der ab 1938 eine führende Stellung in der Zentrale der „Organisation Todt" (OT) eingenommen haben soll.

Diese Beziehungen schützten Toni Roos 1937 zwar nicht vor seiner Entlassung, dürften ihm dann aber Mitte 1938 zu einer neuen Anstellung verholfen haben. Nachdem er im Zuge der Intensivierung des „Westwall"-Ausbaus zum 1. Juli als Lohnbuchhalter der Firma Bauwens nach Irrel an der luxemburgischen Grenze dienstverpflichtet worden war, wechselte er bereits Mitte September 1938 in gleicher Funktion zu einem anderen Bauunternehmen, um dann zum 1. April 1939 – vermutlich auf Vermittlung des erwähnten Regierungsrats Pape – eine feste Anstellung in der Oberbauleitung der „Organisation Todt" zunächst in Trier, ab Ende Juli 1940 dann an der französischen Kanalküste anzutreten, wo er bis zum Abteilungsleiter aufstieg. Unterbrochen durch einen kurzen Einsatz in der Ukraine im Sommer und Herbst 1941 und eine – durch Franz Kux vermittelte und offenbar völlig misslungene – Tätigkeit als Werkschutzleiter bei den Leuna-Werken in Magdeburg in der ersten Jahres-

71 / Anton Roos (1. Reihe, 3. v. r.) 1933 beim Marsch durch Brühl

72 / Nikolausfeier der Brühler NS-Repräsentanten, 1933. Anton Roos hinten rechts neben dem Nikolaus

73 / Von Anton Roos verschickte Karte vom Reichsparteitag 1935

74 / 75 / Anton Roos während des Reichsparteitags in Nürnberg, 1935, auf dem Gruppenbild in der 2. Reihe rechts

Westwall

Als „Westwall" wurde die militärische Befestigungslinie bezeichnet, die von der Schweizer Grenze im Süden bis in den Raum Kleve im Norden reichte und aus Festungen, Bunkern und Betonhöckern bestand. Sie wurde zwischen Mai 1938 und September 1939 von mehreren Hunderttausend Angehörigen des Reichsarbeitsdienstes und der „Organisation Todt" errichtet; kleinere Arbeiten wurden auch danach fortgesetzt.

Nicht nur die erforderliche Arbeitskraft, sondern auch der Materialaufwand war riesig. So wurden etwa rund 20 Prozent der deutschen Jahresproduktion an Zement verbraucht. Trotz dieser enormen Anstrengungen sollten die Westalliierten bei ihrem Vormarsch zur Jahreswende 1944/45 keine Mühe haben, den Westwall, der sich als militärische Fehlkonstruktion erwies, zu überwinden.

Die Organisation Todt (OT)

Mithilfe umfassender Dienstverpflichtungen wurde – ohne gesetzliche Grundlage und offizielle Verordnung – ab dem 28. Mai 1938 unter Leitung des „Generalinspekteurs für das deutsche Straßenwesen" Fritz Todt eine Bautruppe aufgestellt und mit der Fertigstellung des „Westwalls" an der deutsch-französischen Grenze beauftragt. Der Zuständigkeit der Wehrmacht entzogen, wurde die nach ihrem Leiter bald als „Organisation Todt" (OT) benannte Einrichtung danach mit Bau und Unterhalt militärischer Anlagen betraut, wobei sie sich durch das effektive Zusammenwirken von Bauverwaltungen, privaten Firmen und bis Kriegsbeginn 1939 auch des Reichsarbeitsdienstes (RAD) zur kriegswichtigsten Organisation außerhalb von Wehrmacht und Schutzstaffel (SS) entwickelte.

Nach Beginn des Krieges wandelte sich die OT in eine militärisch gegliederte Bauorganisation, die sich um die Instandsetzung von Brücken, Eisenbahnlinien und Straßen im Deutschen Reich und in besetzten Gebieten kümmerte, wo sie auch eine effektive Nutzung dort vorhandener Ressourcen für die deutsche Kriegswirtschaft sicherstellen sollte. So legten OT-Einsatzgruppen nach dem Überfall auf die Sowjetunion ab Sommer 1941 dort große Durchgangsstraßen an, wozu auch viele Zwangsarbeiter aus der ortsansässigen Bevölkerung eingesetzt wurden.

Auf Befehl Hitlers begann die OT, die seit Herbst 1940 an der französischen Westküste zunächst U-Boot-Stützpunkte errichtet hatte, ab Dezember 1941 mit dem Ausbau des „Atlantikwalls", einer Linie verbunkerter Artillerie- und Verteidigungsstellungen an der westeuropäischen Küste, wobei deren aufwendiger Bau einen hohen Personaleinsatz erforderte. Auf dem Höhepunkt der Arbeiten am „Westwall" erst etwa 430 000 Mann stark, zählte die europaweit tätige Bautruppe Ende 1944 dann fast 1,4 Millionen Arbeitskräfte, unter ihnen jedoch lediglich rund 60 000 Deutsche, und befehligte ein Heer ortsansässiger Arbeiter, ab 1942 aber auch ungezählter KZ-Häftlinge und Kriegsgefangener.

76 / Anton Roos 1939 in Trier

hälfte 1943, sollte die Tätigkeit in Frankreich, zuletzt in Paris, bis in den September 1944 hinein währen.

Während sich der berufliche Weg zwischen 1938 und 1944 nachzeichnen lässt, muss völlig offenbleiben, wie es Familie Roos gelang, die davorliegende Zeit der erneuten Arbeitslosigkeit finanziell zu überbrücken. Rücklagen dürften nach den so grandios gescheiterten beruflichen Experimenten des Familienoberhauptes kaum noch vorhanden gewesen sein, während Anton und Elisabeth Roos weiterhin versuchten, die gutbürgerliche Fassade aufrechtzuerhalten. Immerhin reichte das finanzielle Polster weiterhin dafür aus, für beide Söhne das Schulgeld für den Besuch des Gymnasiums aufzubringen. Auch sonst lebte man, folgt man den Quellen und der Erinnerung von Günther Roos, nicht schlecht, sodass die Vermutung naheliegt, dass in Zeiten wirtschaftlicher Engpässe die Großfamilie, am ehesten wohl Tonis Mutter Josephine, einsprang, um die größten Löcher zu stopfen.⁵⁹ Zugleich deutet nichts darauf hin, dass Toni Roos sehr große Anstrengungen unternommen hätte, der Untätigkeit der Jahre 1937/38 zu entkommen, und als ihm das schließlich durch die Dienstverpflichtung gelungen war, hielten sich seine Ambitionen hinsichtlich eines – aufgrund seiner Beziehungen wohl recht leicht möglichen – Aufstiegs in sehr überschaubaren Grenzen. Allem Anschein nach wählte er auch jetzt und dann während des Krieges den nach jeweiliger Lage der Dinge bequemsten Weg mit wenigen Widerständen.

Ab Juli 1938, in einer für seinen Sohn Günther entscheidenden Phase, in der er sich vom weitgehend desinteressierten Jungvolkmitglied zum machthungrigen Führer entwickelte, war Toni Roos demnach zumeist abwesend, hielt die Familie aber durch regen Briefverkehr und regelmäßige Besuche in Brühl über alle Entwicklungen und Erlebnisse auf dem Laufenden.⁶⁰ Außerdem besuchten ihn Familienmitglieder immer wieder bei seinem Arbeitsaufenthalt in Trier, wobei die Söhne nicht nur Zeugen, sondern zu Beteiligten von Feiern mit exzessiven Trinkgelagen wurden. Aber auch auf anderem Gebiet vermittelte ihnen ihr Vater in den Zeiten seiner Abwesenheit damals zwar durchaus geläufige, aber nicht unbedingt vorbildhafte Verhaltensweisen: Er gab sich sowohl in Frankreich als auch während seiner kurzen Zeit in Polen und in der Ukraine ganz als siegestrunkener Besatzer. Vor allem im Osten dominierte ein rassistisch geprägter Blick auf die dortigen Verhältnisse. Dabei trat in den an die Familie gerichteten Briefen ein erschreckender Antisemitismus zutage, der auf den zu dieser Zeit um Orientierung ringenden 17-jährigen Günther nicht ohne Einfluss geblieben sein dürfte. In Zeiten schneller deutscher militärischer Erfolge trat Anton Roos mit dem Überlegenheitsgefühl der vorgeblichen „Herrenrasse" auf, was sich darin zeigte, dass er in der Ukraine die seitens der NS-Propaganda unablässig als „Untermenschen" diffamierte Bevölkerung und erst Recht die dort lebenden Juden nicht nur herablassend betrachtete, sondern sie voller Verachtung auch unmenschlich behandelte. Neben dem Einfluss von Schule und Hitlerjugend waren es demnach wohl auch diese deutlichen Äußerungen seines Vaters, die Günther Roos zu einem immer überzeugteren Antisemiten werden ließen.

77 / Anton Roos (links) im Juni 1941 im polnischen Zakopane. Die Baskenmütze zeigt seine Vorliebe für Frankreich.

78 / Anton Roos (Mitte) in einem Restaurant in Nordfrankreich, August 1940

79 / Anton Roos am Strand in Nordfrankreich (Wimereux), August 1940

Prägungen

Günther Roos erlebte nach eigenem Bekunden eine überaus glückliche Kindheit. Die Gegend um die Kurfürstenstraße, wo er ab 1929 aufwuchs, sei ein „herrliches Spieleparadies" gewesen, das kaum von Autos beeinträchtigt worden sei. Stattdessen habe es in der unmittelbaren Umgebung viel freies Feld gegeben, das zu Entdeckungen, Abenteuern und Spielen unterschiedlichster Art geradezu eingeladen habe. „Alle Kinder aus der Kurfürstenstraße und Königstraße bildeten unabhängig vom Alter eine große Spielgemeinschaft", wobei allerdings, so fügte er einschränkend hinzu, die Kinder aus den wenigen evangelischen Familien nur „geduldet" worden seien. Hätten die beim Spiel die Vorgaben der übermächtigen katholischen Mehrheit nicht akzeptiert, hätte diese umgehend den Chor angestimmt: „Evangelische Ratten, in Zucker gebacken, in Mehl gerührt, zum Teufel geführt." Dieses Liedchen, das im Übrigen von Heranwachsenden in evangelisch dominierten Gegenden unter Austausch der Konfession in gleicher Weise gesungen wurde, kann als kleiner Beleg für die tiefen Gräben dienen, die sich damals zwischen konfessionellen, sozialen und politischen Milieus auftaten. Günther und seine Spielfreunde werden das aber kaum so wahrgenommen haben. Sie spielten ihre den jeweiligen Jahreszeiten angepassten Spiele, unterhielten sich mit ungezählten Streichen, erkundeten die Gegend und erweiterten dabei ihren Aktionsradius, ohne dabei wirtschaftliche Krisenerscheinungen und deren Auswirkungen oder gar die politische Radikalisierung der Zeit zu bemerken.

80 / Kindertreff bei Klugs auf der Uhlstraße im Hof am 3. Mai 1931. V. l. n. r.: Magadalene Reiners, Gustav Roos, Kurt Klug, Franz-Peter Reiners, Günther Roos, Walter Klug

81 / Das Brühler Jungvolk beim Erntedankfest 1935

82 / Gustav (links) und Günther Roos am Brühler Schloss mit Oma Josephine, 5. Oktober 1930

83 / Blick von der Königstraße in die Kurfürstenstraße, 1934

84

85

Schule – eine „perfekte nationalsozialistische Erziehungsanstalt"

Einschneidender als politische Entwicklungen waren aus Günther Roos' kindlicher Sicht eindeutig andere Dinge: „Der Ernst des Lebens begann für mich 1930, als ich zur Volksschule kam." In der 50-köpfigen Klasse habe unter Lehrer Herber ein „strenges Regiment" geherrscht, wobei praktisch täglich „mit dem Rohrstock der Ordnung nachgeholfen" worden sei. Dennoch charakterisierte er seinen Volksschullehrer im Rückblick als guten Pädagogen, der es verstanden habe, der großen Kinderschar zugleich etwas beizubringen und sie zu bändigen. Dabei hatte Günther in Volksschulzeiten offenbar keinen leichten Stand: „In den Pausen ging's auf den Schulhof. Hier herrschte eine strenge Hackordnung. Immer wieder fanden erbitterte Kämpfe statt, wer der Stärkste ist. Der Sieger war bis zum nächsten Kampf der Herrscher. Da ich damals ein etwas schmächtiges Kerlchen war, reihte ich mich willig in den Kreis derjenigen ein, die unter dem Schutz des jeweiligen Platzhirsches standen." Solche Zurückhaltung und Unterordnung sollte er einige Jahre später als Jungvolkführer völlig ablegen.

Ostern 1935 wechselte Günther, wie vor ihm bereits sein drei Jahre älterer Bruder Gustav, auf das Brühler Gymnasium – als „Spätentwickler", wie er sich rückblickend selbst bezeichnete, erst nach dem 5. Volksschuljahr. Die höhere Schule stellte damals gemäß seiner Erinnerungen noch „eine echt elitäre Anstalt" dar, auf die ihm nur vier seiner insgesamt 50 Klassenkameraden gefolgt seien. Die geringe Zahl der Schulwechsler war zeittypisch und hatte nicht ausschließlich ihren Grund in schulischen Leistungen. Sie war Folge des damals noch zu zahlenden Schulgeldes von monatlich 20 Reichsmark, das den Besuch des Gymnasiums zur Frage des sozialen Status machte und vielen begabten Schülern den Weg zu weiterführender Bildung versperrte.

Günther zählte nunmehr zu den Glücklichen, die eine der begehrten Schulmützen tragen durften – für ihn als Sextaner braun und mit einem Silberband geschmückt. Durch diese Kopfbedeckung war jeder Gymnasiast im kleinstädtischen Alltag sofort als solcher auszumachen. Welcher Stellenwert diesem Statussymbol gerade in einer überschaubaren Stadt wie Brühl damals beigemessen wurde, geht allein schon daraus hervor, dass Günther Roos bis ins hohe Alter hinein die jeweilige Kombination von Mützen- und Bandfarbe für jede einzelne Klasse präzise zu benennen vermochte und noch immer bedauerte, dass er aufgrund der Abschaffung der Schülermützen durch das NS-Regime nie über die Farbe braun hinausgekommen sei.

Aber nicht nur die Mützen waren den neuen Machthabern als Ausdruck von Standesdünkel ein Dorn im Auge, sondern auch die ausgeprägt katholische Orientierung des Brühler Gymnasiums. So gab es nach Angaben von Günther Roos für die höheren Schüler eine eigene Messe in der Klosterkirche, deren Besuch genau wie jener der Sonntagsmesse eine unabänderliche Selbstverständlichkeit gewesen sei. Gleich zu Beginn des Schuljahres sei jedem Schüler sein genauer Platz in der Kirche zugewiesen worden, den er während jeder dieser Schulmessen einzunehmen hatte. So fiel naturgemäß die stets drohende Kontrolle der tatsächlichen Teilnahme leichter.

Erlebte Günther Roos nach späterem Bekunden die höhere Schule zunächst noch als „ein echt humanistisches Gymnasium", so änderte sich das bald grundlegend. Nachdem im Rahmen der Vereinheitlichung des höheren Schulwesens mit dem Schuljahr 1937/38 die „Deutsche Oberschule" eingeführt worden sei, habe, so seine dezidierte Sicht der Dinge, deren Umwandlung in eine „perfekte nationalsozialistische Erziehungsanstalt" begonnen, was nicht zuletzt auch mit dem – oben bereits geschilderten – Amtsantritt des neuen Direktors Bartels zusammengehangen habe. Der 13-jährige Günther dürfte diesen Wandel, da er ja vom unantastbaren Direktor vorangetrieben wurde und zu Hause kaum kritisch hinterfragt worden sein dürfte, als normal und notwendig empfunden haben: „Es begann schon montags mit der Flaggenparade. Vor Unterrichtsbeginn trat die gesamte Schule im Innenhof an. Direktor Bartels, natürlich in Uniform, verlas den Spruch der Woche – meist ein Führerzitat – und dann wurde unter Absingen der Nationalhymnen die Hakenkreuzfahne gehisst."

Auch an einer anderen Äußerlichkeit sei der weltanschauliche Wandel deutlich ablesbar gewesen. Habe bis dahin das Fach „Religionslehre" stets an erster und

84/ Klassenfoto der katholischen Brühler Volksschule mit Lehrer Herber, 1930/31. Günther Roos in der 2. Reihe, 2. v. r.

85/ Schulausflug auf den Drachenfels am 13. Juli 1937. Günther Roos vorn in der Mitte

86/ Schulausflug zum Venusberg nach Bonn im Juli 1938. Günther Roos vordere Reihe, 2. v. l.

"Turnen" an letzter Stelle auf dem Zeugnis gestanden, sei hier bald eine grundlegende Änderung eingetreten.

Statt Religion firmierten nun die Leibesübungen an erster Stelle der Benotungsskala. Das zuvor meist eher vernachlässigte Fach erfuhr zudem dadurch eine weitere Aufwertung, dass es in die fünf Kategorien „Leichtathletik", „Turnen", „Schwimmen", „Spiele" und „Boxen" aufgeteilt wurde, die nach einem eigens eingeführten Punktesystem beurteilt wurden. Zusätzlich gab es als eigene Rubrik noch die Gesamtbeurteilung der „Körperlichen Leistungsfähigkeit". Damit war der Sport zumindest in den Augen der Schüler zu einem sehr wichtigen Bereich im schulischen Leben aufgestiegen, was sich bei Günther Roos auch in der Freizeitgestaltung niederschlug: Ausweislich seines Tagebuchs betätigte er sich ab spätestens 1938 auch neben dem Schulunterricht als eifriger Turner und Schwimmer. Das Fach Religion war mit dem Schuljahr 1938/39 dagegen an das Ende des Zeugnisformulars verbannt worden – nur noch „unterboten" von der Beurteilung der Handschrift.

Es blieb aber nicht bei diesem Platz- und damit Bedeutungstausch zwischen Sport und Religion. Sämtliche gymnasialen Schulfächer wurden künftig in Gruppen eingeteilt, die entsprechend der ihnen im NS-Staat beigemessenen Bedeutung auf dem Zeugnis angeordnet waren. Auf „Leibeserziehung" folgte als zweite Gruppe die „Deutschkunde", zu der mit den Fächern Deutsch, Geschichte, Erdkunde, Kunsterziehung und Musik all jene Unterrichtsgegenstände zählten, denen das NS-Regime hinsichtlich der ideologischen Ausrichtung kommender Schülergenerationen einen hohen Stellenwert beimaß. Die nächstfolgende Gruppe „Naturwissenschaften und Mathematik" wurde vom Fach Biologie angeführt, war hier doch all jenes zu vermitteln, was unter die Rubrik „Rassenkunde" fiel. Danach folgten noch die weiteren Gruppen „Fremdsprachen" und die neu eingerichteten „Arbeitsgemeinschaften", ehe die „Religionslehre" den so völlig neu gestaffelten und bewerteten Fächerkanon abschloss.

Es blieb aber auch an der – zumindest ehemals – so katholischen Brühler Schule nicht bei reinen Formalien. Zur inhaltlichen Ausgestaltung erinnerte sich Günther Roos, der dazu etwas länger zitiert werden soll, wie folgt: „Der Unterrichtsstoff wurde mehr und mehr vom Gedankengut des Nationalsozialismus durchtränkt, und kein Lehrfach wurde davon verschont. Im Deutschunterricht ging der Bogen von den isländischen Sagas über das Nibelungenlied bis zu Philipp Bouhlers Buch ‚Kampf um Deutschland'. Besonders total war die Ausrichtung im Fach Geschichte. Hier lernten wir, dass bei Fehlentwicklungen in unserer Geschichte hieran entweder der Partikularismus oder die römische Kirche oder im Besonderen die Verschwörung des Weltjudentums die Schuld trüge. Da Hitler uns von all diesen

87 / Turnstunde im Brühler Stadion, 1941, Günther Roos 4. v. r.

88/89/ Zeugnisse von Günther Roos. Aufgrund der Reform des höheren Schulwesens änderte sich vom Schuljahr 1937/38 auf 1938/39 nicht nur der Name der Schule, sondern auch die Anordnung und somit die Gewichtung von Fächern.

Übeln befreit habe, könne nunmehr keine Fehlentwicklung mehr eintreten. Und wenn diese Erklärungen nicht passten, dann waren für Fehlentwicklungen entweder die Nibelungentreue oder die edle Gutgläubigkeit der Deutschen, die mit der gleichen Anständigkeit auch beim Gegner gerechnet hätten, der Grund. Einen besonderen Schwerpunkt im Geschichtsunterricht bildeten natürlich die Ostkolonisation und der Ritterorden, die Befreiungskriege und die jüngste Geschichte.

Ganz im Dienst der Weltanschauung stand selbstverständlich der Biologieunterricht. Ausgiebig wurde die Vererbungslehre behandelt und mündete schließlich in Rassenkunde und Rassenhygiene. Ausführlich wurden ebenfalls die Erbkrankheiten und die Erbgesundheitsgesetze durchgenommen. Zu diesem Thema gingen wir auch einmal mit der Schule in eine Ausstellung in der Karlshalle. Hier wurden uns Bilder von dicken, sabbernden Idioten gezeigt. In Texttafeln wurde beschrieben, welche Unmengen diese Kreaturen täglich äßen, welch riesige Summen die jährliche Pflege jedes Einzelnen koste, und wie triebhaft sie seien. Besondere Folgerungen wurden nicht gezogen, lagen aber klar auf der Hand: Wäre es nicht für alle Seiten besser, sie wären tot? Ein Beispiel für die damalige Argumentation ist ein Fragespiel aus dieser Zeit: ‚Was ist das höchste Gebot des Christentums?' – ‚Du sollst deinen Nächsten lieben wie Dich selbst!' – ‚Das Gebot der Nächstenliebe steht also über allen anderen Geboten, also auch über dem Gebot: Du sollst nicht töten?' – ‚Ja, sicher!' – ‚Wenn das so ist, erfülle ich dann nicht Gottes Gebot, wenn ich aus Mitleid und Nächstenliebe einen leidenden Menschen töte, um ihn von seinem

90 / Titelseite der *Hilf mit!*, der damals weltweit auflagenstärksten Schülerzeitschrift, 1935

91 / V. l. n. r.: Walter Klug, Franz-Peter Reiners, Günther Roos, Kurt Klug, Günter Skovronek und Gustav Roos anlässlich der Erstkommunion von Günther Roos 1934. Zum Foto notierte Günther Roos später: „Eine Galerie braver Buben im Matrosenanzug".

92 / Die Kommunionkinder Günther Roos (rechts) und Kurt Klug im – wie Günther Roos nachträglich kommentierte – „obligatorischen Matrosenanzug von Bleyle", 1934

Leiden zu erlösen?' – ‚Ja, sicher!!' Zu diesem Thema sahen wir auch in einer Schulfilmveranstaltung den Film *Ich klage an*.[61]

Aber selbst die sogenannten exakten Wissenschaften standen im Dienst der Ideologie. Aus Parabeln wurden Geschossbahnen, aus der Stereometrie wurde die Kursberechnung für Kriegsschiffe. An eine typische Textaufgabe [...] erinnere ich mich gut: ‚Die Bevölkerung setzt sich wie folgt zusammen: Der Anteil der Erbminderwertigen eines Volkes beträgt 5 Prozent mit 10 Kindern je Generation, der Durchschnitt beträgt 85 Prozent mit zwei Kindern je Generation und die 10 Prozent Erbhochwertigen haben nur ein Kind je Generation. Wie ist die Zusammensetzung der Bevölkerung nach 10, nach 20 Generationen?' Die Schlussfolgerung ist klar, sie fordert direkt nach der Zwangssterilisation Erbminderwertiger! Ein weiteres Beispiel für die Durchdringung von Naturwissenschaft mit Ideologie ist mein altes Chemiebuch. Hier wird immer wieder zwischen dem eigentlichen Lehrstoff Propaganda eingeschoben. Da wird der Weitblick der nationalsozialistischen Wirtschaftsführung geschildert, da wird zum Sparen und Sammeln von Rohstoffen aufgefordert, da werden die Anstrengungen in der Erreichung einer Autarkie behandelt und es wird ausführlich auf die Chemie der Sprengstoffe und der chemischen Waffen eingegangen."

Rückblickend bilanzierte Günther Roos schließlich: „Diese intensive Beeinflussung auf allen Ebenen konnte natürlich auf die Dauer nicht ohne Folgen sein, zumal kritische Einwände niemals erfolgten."

Kirche – „Grüß Gott" oder „Heil Hitler", das war nun die Frage

Nicht nur an der Schule wurden von NS-Ideologie abweichende Äußerungen unterbunden, mit der Kirche wurde auch jene Instanz mit großer Vehemenz in den Hintergrund gedrängt, die Heranwachsenden vielleicht noch Pfade abseits der NS-Ideologie hätte aufzeigen können. Dabei hatte die katholische Kirche die Kindheit und Jugend von Günther Roos nach eigenem Bekunden maßgeblich bestimmt und entsprechend großen Einfluss auf ihn ausgeübt: „Der Ablauf des Jahres war weitgehend bestimmt durch kirchliche Feste, die auch von der ganzen Bevölkerung gefeiert und getragen wurden."

Allerdings entwickelte Günther bereits in seiner Kindheit ein durchaus zwiespältiges Verhältnis zu den kirchlichen Vorgaben und empfand – hierin wohl zumindest unterschwellig beeinflusst und unterstützt vom in den 1920er-Jahren aus der Kirche ausgetretenen Vater – einige ihrer Ausprägungen aus kindlicher Sicht beängstigend. Das galt nicht zuletzt für die wortgewaltigen und zumeist lauten Predigten des Oberpfarrers Fetten, die ihn anfangs einschüchterten, später dann wegen ihres Inhalts aber auch nachdenklich stimmten: „Es wurde weniger von Liebe gesprochen, als vielmehr vor Hölle und Verdammnis gewarnt. So entstand eine Atmosphäre der Angst. Gott war allgegenwärtig, er kauerte hinter jeder Ecke und beobachtete uns, ob wir auch nichts Unrechtes taten. Und was gab es nicht alles für Ängste! Wir waren davon überzeugt, dass man sofort erblindet, wenn man bei der Wandlung [von Teig] zum erhobenen Brot hinsah, da dies ja in diesem Moment zu Gott wurde. Ebenso waren wir davon überzeugt, dass man unter entsetzlichen Qualen stirbt, wenn man bei der Kommunion nicht mehr nüchtern war. Also verzichtete man lieber am Sonntag auf das Zähneputzen, als dass man durch einen versehentlich verschluckten Wassertropfen sein Todesurteil sprach. Was für eine Qual war auch die Gewissenserforschung vor der Beichte! Hatte man alle Sünden? Und die Not, dass man auch bei der Beichte keine vergaß! Die Hölle mit all ihren Schrecken war dann sicher. Da beichtete man lieber schon mal eine Sünde mehr, als man tatsächlich begangen hatte. Die Angst vor einer Sünde ging so weit, dass man bei der Körperpflege gewisse Stellen sorgfältig zu waschen vermied, da man dann ja Unkeusches berührte. [...] Dem ewigen Verderben konnte man nur entgehen, wenn man heilig wurde. So ist es nicht verwunderlich, wenn man [...] als Zukunftswunsch erträumte, selbst einmal als Märtyrer sein Leben zu beenden."

Zu einem der frühen Zukunftsziele des kleinen Günther wurde es dann auch, entweder – wie er sich ausdrückte – als Märtyrer im Kochtopf eines zu bekehrenden Stammes in Afrika zu enden oder zumindest Papst zu werden. Bei der späteren Aufarbeitung seiner Erfahrungen während der NS-Zeit habe er sich dann häufiger die Frage gestellt, ob es „ein weiter Weg von diesem überspannten Glauben zu dem totalitären Anspruch der NSDAP" gewesen sei, „von der Allmacht Gottes zu der des Führers, vom Märtyrertod für den Glauben zum Heldentod für Deutschland".

Günther genoss zugleich jedoch auch im Schoß der Großfamilie die zahlreichen „schönen Erlebnisse", die ihm der Katholizismus bot: die „erhabene und bewegende Feier" – aber sicherlich auch die Geschenke – zur Erstkommunion oder die jährlichen Wallfahrten zum Dominikanerkloster im benachbarten Walberberg: „Am Pfingstmontag trafen wir uns alle bei Klugs auf der Uhlstraße, frühmorgens um 5 Uhr. Um halb 6 war dann Abmarsch nach Walberberg. Den Rosenkranz betend zogen wir durch die Felder beim ersten Schein der Morgensonne. Um 7 Uhr war dann die feierliche Messe in der Kirche von Walberberg, die bis etwa 9 Uhr dauerte." Anschließend beging die gesamte Familie den Pfingstmontag gemeinsam, der damit stets zu einem besonderen Festtag für die Kinder wurde.

Gerade im kindlichen Empfinden mussten die nach 1933 immer deutlicher zutage tretenden Diskrepanzen und nicht selten öffentlich ausgetragenen Auseinandersetzungen zwischen katholischer Kirche und NS-Regime zu Verunsicherung und Verstörung führen. So erlebte es auch Günther Roos: „In einen gewissen inneren

Konflikt mit der Kirche kam ich in dem Moment, als ich Mitglied in der HJ wurde." Als Beispiele schilderte er folgende Episoden: „Einmal ging ich mit meinem Bruder in Uniform zu einem Antreten über die Mühlenstraße, als uns der Oberpfarrer Fetten entgegenkam. ‚Grüß Gott' oder ‚Heil Hitler', das war nun die Frage. Im letzten Moment entschieden wir uns für das Letztere und grüßten besonders zackig. Nach zehn Metern schauten wir uns etwas ängstlich um. Da stand der Oberpfarrer und sah uns ziemlich verdutzt nach. In einen anderen schweren Konflikt kam ich bei einer weiteren Gelegenheit. Lag jemand im Sterben, so ging der Priester in vollem Ornat, begleitet von einem Messdiener mit den Sakramenten zur Letzten Ölung durch die Straßen. Begegneten dem Priester Passanten, so knieten diese nieder und bekreuzigten sich, Radfahrer stiegen von ihren Rädern und sogar Autos hielten an. Eines Tages ging ich in HJ-Uniform zum Antreten, als mir ein Priester auf seinem Gang zu einem Sterbenden begegnete. Was tun? Hitler-Gruß oder Knien? Schließlich kniete ich doch nieder. Der Einfluss der Kirche war zu diesem Zeitpunkt doch noch größer!"

Militarismus – „Soldat zu sein, musste doch etwas wirklich Erstrebenswertes sein"

Als weiteres Phänomen, das einen wichtigen Einfluss auf sein kindliches und jugendliches Denken ausgeübt habe, nannte Günther Roos im Rückblick selbst den auch in der Brühler Gesellschaft bereits vor 1933 überall zum Ausdruck kommenden Militarismus: „Einen weiteren großen Einfluss übte auf mich die damalige Glorifizierung des Soldatentums aus. In meiner Kindheit war neben dem Struwwelpeter ein Bildband über den Krieg 1870/71 mein liebstes Bilderbuch. Sämtliche Schlachten waren in herrlichen Bildern beschrieben. Und wie schön sahen die roten Hosen der Franzosen aus! Mit welch schaudernder Spannung lauschte ich den Erzählungen von Herrn Wilmen, in dessen Haus meine Großmutter wohnte! Er war Veteran von 70/71 und schilderte die Erlebnisse bei der Schlacht von Säng-Käng-Täng (St. Quentin): ‚Dann kam der Befehl zum Sturm. Seitengewehr aufgepflanzt und vorwärts auf den Franzmann und mit dem Bajonett zugestochen: üne, deux, troi! Abgestrichen!' Und Herr Wilmen machte dann vor, wie er nacheinander dreimal Franzosen auf sein Bajonett aufspießte und anschließend die drei Leichen mit der linken Hand vom Seitengewehr abstreifte."

Noch weitaus präsenter seien natürlich der Erste Weltkrieg und dessen Auswirkungen gewesen: „Da waren einmal die Kriegshelden wie Richthofen und der U-Boot-Kommandant Wedding und auf der anderen Seite die Schlachten in Frankreich wie Flandern und Verdun. Mit welcher Begeisterung lasen wir

93 / Herr Wilmen, erzählfreudiger Veteran des Krieges von 1870/71

94 / 95 / 96 / Auszüge aus der Sondernummer „Volksgemeinschaft – Wehrgemeinschaft" der Schülerzeitschrift *Hilf mit!*, Jahrgang 1935/36

die Kriegsbücher von Zöberlein, Blunck und Beumelberg! Uns wurden überhaupt jede Menge Helden präsentiert, von den trojanischen Kämpfern über Alexander, von Hannibal bis Arminius, und natürlich besonders solche, die für eine größere Sache ihr Leben opferten. Da waren Lucius Scaevola, die Märtyrer des frühen Christentums, da waren Winkelried und die Schill'schen Offiziere, da waren Andreas Hofer und Albert Leo Schlageter. An Vorbildern gab es also genug Auswahl."

Insbesondere Kriegsteilnehmer des Ersten Weltkriegs seien in seiner Kindheit ohne jegliches „Stigma des Verbrechens" äußerst positiv dargestellt worden, erinnerte sich Günther Roos weiter. „Es hieß doch damals allgemein: Gegen eine Welt von Feinden im Felde unbesiegt, nur durch einen Dolchstoß in den Rücken zur Kapitulation gezwungen. Und so konnte sich jeder seiner soldatischen Vergangenheit rühmen." Dafür, wie selbstverständlich ein entsprechendes Auftreten gerade gegenüber Heranwachsenden damals gewesen sei, nannte er zwei Beispiele: Sein Klassenlehrer auf dem Gymnasium habe sich immer wieder als „alten Frontoffizier des Weltkriegs" gerühmt, und sein Volksschullehrer Herber sei schon vor 1933 an nationalen Gedenktagen in der Uniform eines Leutnants des Weltkriegs zum Unterricht erschienen und habe den Schülern in schillernden Farben vom ruhmreichen Kriegsgeschehen erzählt. „Und dann konnten auch die Mitschüler über die Kriegserlebnisse ihrer Väter berichten. Für mich war das immer eine bittere Stunde, da mein Vater kein Kriegsteilnehmer gewesen war, und ich daher nicht mit Kriegserlebnissen meines Vaters aufwarten konnte."

Die ausgeprägte kindliche Begeisterung für das Militär sei zudem durch das Sammeln von Zigarettenbildern angeregt worden, die in regelrechten Wechselbörsen untereinander getauscht und dann in „prächtige Alben mit herrlichen Bildern" der alten deutschen Regimenter und auch der Reichswehr eingeklebt worden seien. „Soldat zu sein, musste doch etwas wirklich Erstrebenswertes sein. Und was habe ich mich oft gegrämt, nicht schon 130 Jahre früher geboren zu sein, um eine so heroische Zeit wie die der Befreiungskriege miterlebt zu haben!"

Nationalsozialismus und Antisemitismus – „Hängt die Juden! Stellt den Thälmann an die Wand!"

Die weitaus „stärkste Prägung", daran ließ Günther Roos zeitlebens keinerlei Zweifel aufkommen, habe er aber fraglos unmittelbar „durch den Nationalsozialismus" erfahren. Dieser Prozess setzte aufgrund der politischen Orientierung des Vaters lange vor 1933 ein und fand im Verhalten des kleinen Günther auch bereits vor der NS-Machtübernahme ihren ersten belegbaren Ausdruck. Vermutlich im Juli 1932 habe ihn seine Mutter nach dem Besuch der Sonntagsmesse anlässlich der Reichstagswahlen mit ins Wahllokal in der Karlshalle genommen. Als sie zur Stimmabgabe die Wahlkabine aufgesucht hatte, habe eine ausgesprochen fromme Bekannte von Familie Roos den Raum betreten, ihn erblickt und gefragt: „Na, Günther, tust du wählen? Und was wählst du denn?" Wohl durch innerfamiliäre Gespräche dazu inspiriert, habe er stolz geantwortet: „Na, den Hitler!" „Ein entsetztes Aufstöhnen war die Reaktion", berichtete Günther Roos später von dieser Begebenheit. „Aber es sollte noch schlimmer kommen. Denn nun erschien eine ganze Gruppe von Nonnen aus dem Lyzeum im Wahllokal. Und der Dialog ging weiter: ‚Ach, hören Sie doch mal Schwester, was der kleine Roos gesagt hat! Nun sag uns noch mal Günther, wen wählst du denn?' Und ich: ‚Natürlich den Hitler!' Langsam bildete sich um mich ein ganzer Kreis von Interessenten, und immer wieder musste ich die Frage nach der Wahl beantworten. Während ich nach jeder Antwort stolzer und stolzer wurde, so im Mittelpunkt des Interesses zu stehen, bereitete sich bei den Zuhörern mehr und mehr Entsetzen aus. Endlich erschien meine Mutter. Sie erstarrte fast vor Schreck, packte mich am Kragen und verließ fluchtartig und mit hochrotem Kopf die Karlshalle. Es war übrigens das letzte Mal, dass ich mit in ein Wahllokal gehen durfte."

Handelte es sich hierbei wohl eher um eine isolierte Episode ohne weitere Konsequenzen, dürfte der achtjährige Günther die NS-Machtübernahme ein halbes Jahr später schon weitaus bewusster als großes, insbesondere aber positiv bewertetes Ereignis wahrgenommen haben. Eine Nachbarin, so erinnerte er sich, habe am Mittag des 30. Januar 1933 in der Kurfürstenstraße geklingelt und dann von der Straße aus geschrien: „Sieg, Sieg! Hitler ist Reichskanzler!!!" Trotz seiner jungen Jahre habe sich bei ihm das Gefühl eingestellt, „dass irgendetwas Besonderes geschehen sei". Und weiter: „Dieser Eindruck verstärkte sich, als ich abends bei Herrn Ludwig Zimmer an dessen Detektorradio mit Kopfhörern einen Bericht von dem Fackelzug durch Berlin mit anhören durfte."

Zu einer Art „Erweckungserlebnis" wurde für Günther dann aber der ja auch in Brühl mit großem Pomp begangene „Tag von Potsdam" am 21. März 1933, an dem er trotz seiner gerade acht Lebensjahre aktiv teilnahm. Gemeinsam mit einem seiner in der Nachbarschaft wohnenden Spielkameraden, dem Sohn des damaligen Ortsgruppenleiters Pott, war er ohne Wissen seiner Eltern Teil des abendlichen Festzugs, in dem er sogar eine der Fackeln tragen durfte, was ihn natürlich mit großem Stolz erfüllte. Erst als seine von alledem nichts ahnende Mutter ihn bei Anbruch der Dämmerung bei Potts abholen wollte, erfuhr sie von den Aktivitäten ihres Sohnes. Der sei, so wurde ihr mitgeteilt, mit dem Jungvolk unterwegs. Und als seine Mutter dann unwis-

97 / Die Kinder von NSDAP-Ortsgruppenleiter Willi Pott mit einem englischen Gast (Mitte) vor der Brühler Gaststätte Rösch

98 / Gruppenbild mit „englischen Faschisten" auf der Brühler Schlossterrasse: Vater Roos in der ersten Reihe (5. v. l.), links oben auf der Brüstung Gustav (3. v. l.) und Günther (2. v. l.)

99 / Vater Anton Roos mit seinen Söhnen Gustav (vorn) und Günther beim Besuch „englischer Faschisten" in Brühl, 1933

send fragte, was denn das Jungvolk sei, erteilte ihr die Frau des Ortsgruppenleiters umgehend eine Abfuhr: „Aber Frau Roos, Sie wollen eine deutsche Mutter sein und wissen nicht, was das Jungvolk ist? Das ist doch die Jugendorganisation unseres Führers!"

Nachdem das geklärt war, begab sich Elisabeth Roos auf die Suche nach Sohn Günther und fand ihn tatsächlich als stolzes Mitglied im abendlichen Fackelzug: „Und dann sah sie mich! Stolz, mit einer Pechfackel in der Hand, marschierte ich in meiner alten, dreckigen Spielkleidung mit der SA durch die Stadt und schrie aus voller Brust ‚Juda verrecke!' und sang mit ihnen: ‚Soldaten, Kameraden, hängt die Juden, stellt den Thälmann an die Wand!'" Zu diesem Zeitpunkt wusste Günther Roos nach eigenem Bekunden nicht, was er da eigentlich skandierte, aber der Achtjährige brüllte mit und fühlte sich dabei in der großen Masse der siegestrunken Feiernden sehr gut aufgehoben. Mit lautem Protest habe er sich allen Versuchen seiner Mutter, ihn aus der Marschkolonne herauszuziehen, widersetzt und sei von diesem Tag an eine Art „informelles" Mitglied im Jungvolk gewesen. Für die „Pimpfenprobe"[62] und insbesondere das Tragen des heiß begehrten HJ-Dolches sei er zwar noch zu jung gewesen, habe fortan aber – sicherlich mit Zustimmung der Eltern – an den Heimnachmittagen und anderen Jungvolkunternehmungen teilgenommen.

Auch wenn er dabei in der katholisch orientierten Großfamilie Roos vielleicht nicht überall auf Zustimmung stieß, so gab es doch immerhin großes Interesse an seinen Aktivitäten, was den kleinen Günther in seinem Tun bestärkt haben dürfte. Seine Teilnahme am Marsch am „Tag von Potsdam", so erzählte er, sei am nächsten Tag Thema innerfamiliärer Gespräche gewesen: „Wie üblich ging ich nach der Kirche zu meinem Sonntagsbesuch zu Klugs auf der Uhlstraße. Hier wurde dann das ganze Geschehen noch einmal durchgesprochen. Dann musste ich noch vorführen, wie man marschiert, was ich, meiner Wichtigkeit bewusst, auch gerne tat. Und dann fragte mich Tante Käthchen: ‚Hör mal, Günther, was hast du denn da beim Marschieren immer gerufen?' Und ich schmetterte begeistert los: ‚Juda verrecke!' Empört erwiderte hierauf Tante Käthchen: ‚Pfui, pfui, dreimal pfui! Juden sind doch auch Menschen!' Und hierauf hatte ich schon die richtige Antwort gelernt: ‚Läuse und Flöhe sind auch Tiere, aber trotzdem zerquetscht man sie!'"

Wie schnell die politische Instrumentalisierung und Indoktrination selbst bei den Kleinsten erfolgte, sollte sich am Beispiel von Günther Roos alsbald deutlich zeigen. Zeitlebens sei ihm sehr gegenwärtig geblieben, dass er – vermutlich im zeitlichen Zusammenhang mit den Boykotts vom 1. April 1933 – in den Besitz von runden Klebeplaketten gekommen war, die auf rot-weißem Grund eine „Judenfratze" und den Slogan „Wer bei Juden kauft, ist ein Volksverräter" zeigten. Auf dem morgendlichen Schulweg habe er diese Plaketten immer wieder auf die Schaufenster jüdischer Geschäfte geklebt. „Das machte Spaß, so was. Gerade die Jugend kann man dafür ja schnell kriegen. Die merken ja sehr schnell: Da ist ein Schwächerer. Da kannst du die Sau abgeben."[63] Dabei kannte er die jüdische Nachbarschaft der verschiedenen Familienzweige gut. So verkehrte beispielsweise der Metzger Leonard Sürth – „Sürth Leies" genannt – damals häufig bei den Klugs in der Uhlstraße.

Dieses „die Sau abgeben" auf Kosten anderer praktizierte man laut Günther Roos nicht zuletzt im Brühler Jungvolk. In dessen Einheiten habe es eine deutlich antisemitische Agitation gegeben, die sich beispielsweise darin geäußert habe, dass während der Heimabende Lieder wie das folgende eingeübt worden seien (das er im Übrigen noch bis zu seinem Lebensende aus dem Stegreif und komplett rezitieren konnte):

O Herr, gib uns den Moses wieder, / auf dass er seine Glaubensbrüder / heimführe ins gelobte Land. / Dass wiederum das Meer sich teile, / und dass es wie auf zwei Wassersäulen / Feststehe wie eine Felsenwand. / Und wenn in dieser Wasserrinne / das ganze Judenpack ist drinne, / o Herr, dann mach die Klappe zu / und alle Welt hat wieder Ruh. / Amen.[64]

Auch abseits dieses praktizierten Antisemitismus fühlte sich Günther Roos zunächst wohl im Jungvolk und zeigte sich vom Elan der neuen „Bewegung" beeindruckt, die mit ihren immer neuen Feiern auch das kleinstädtische Leben in Brühl dominierte: „Mit der ‚neuen Zeit' begann aber auch eine Menge neuer Feste. Da waren ‚Führers Geburtstag', der ‚Tag der Arbeit', das Erntedankfest und der 9. November [Jahrestag des Hitler-

100/ Plakette, die Günther Roos 1933 auf dem Schulweg auf Schaufenster jüdischer Geschäfte klebte

101/ Das Geschäft des Brühler Juden Siegmund Sürth in der Uhlstraße, Ende 1934. Dessen Bruder Leonard verkehrte regelmäßig in Günther Roos' Großfamilie. Siegmund und Leonard Sürth wurden 1942 mit ihren Ehefrauen deportiert und ermordet.

Ludendorff-Putsches von 1923]. Jedes dieser Feste war mit großen Aufmärschen verbunden. Es war schon ein imponierender Anblick, die geschmückten Straßen, die Unmenge von Fahnen, die Uniformen und die schmetternde Marschmusik. Und überall war eine gewisse Euphorie, ein Zukunftsglaube. Man fühlte, es geht aufwärts, eine neue Zeit war angebrochen."

Der Alltag der ersten Jungvolkjahre, wie ihn Günther Roos in Erinnerung hatte, fiel hingegen eher trist aus: „Er bestand aus Heimabenden, wo Lieder gelernt wurden und wo uns von den Taten großer Deutscher berichtet wurde. Dann wurde natürlich noch exerziert, marschiert und Sport getrieben. Außerdem fand noch die Ausbildung im Gelände statt. Eine weitere wichtige Beschäftigung war für uns das Sammeln – von Altmaterial und von Geld. Wir sammelten für die NSV [Nationalsozialistische Volkswohlfahrt], für das WHW [Winterhilfswerk des Deutschen Volkes], für die Kriegsgräber und was weiß ich noch alles." Das aber war offensichtlich nicht das, womit der zehnjährige Günther seine Freizeit auszufüllen gedachte. Seine Interessen waren in diesem Alter kaum auf Politik, sondern viel stärker auf eine spielerische Welterkundung gerichtet, weshalb seine Begeisterung für Jungvolk und Heimnachmittage nach etwa zwei Jahren deutlich abkühlte: „Ich drückte mich so oft wie nur möglich um das Antreten herum." Gerade im Sommer habe ihn das

102/ „Immer einsatzbereit!" – Dieses Bild wurde in sämtlichen Medien von der Hitlerjugend verbreitet. So wurden Kinder und Jugendliche dazu aufgerufen, sich an den zahlreichen Sammelaktionen für das „Winterhilfswerk" (WHW) zu beteiligen. Hier in der Januarausgabe 1938 der Schülerzeitschrift *Hilf mit!*

103/ Das Jungvolk beim Erntedankfest 1934 auf dem Brühler Markt

104 / HJ-Veranstaltung auf dem Brühler Marktplatz für das nationalsozialistische Winterhilfswerk des deutschen Volkes, um 1933/34. Hinten rechts, halb verdeckt: Gustav Roos

105 / Einmarsch deutscher Truppen ins linksrheinische Köln am 7. März 1936. Im Hintergrund der Dom

in der Nähe liegende Karlsbad weitaus stärker angezogen. Sein Desinteresse, erinnerte sich Günther Roos, sei schließlich so ausgeprägt gewesen, dass er an den zum Staatsjugendtag erklärten und damit für Jungvolkmitglieder unterrichtsfreien Samstagen lieber zum Werkunterricht in die Schule gegangen sei als zum „Dienst".

Rheinlandbesetzung – „Ich sah zum ersten Mal meinen Führer"

Die temporären Motivationsprobleme hinsichtlich seines Jungvolkengagements bedeuteten aber keineswegs, dass die weiterhin praktizierte, permanente Indoktrination ihre intendierte Wirkung bei Günther verfehlt hätte. Im Gegenteil: Das zwischenzeitlich geschwundene Interesse sollte zu dem Zeitpunkt, an dem seine Überweisung aus dem Jungvolk in die HJ anstand, umso massiver zurückkehren. Bis dahin, so resümierte er rückblickend, habe „die intensive nationalsozialistische Erziehung", die er nicht zuletzt am Brühler Gymnasium erfahren habe, weiterhin „eine große Rolle" gespielt und entsprechend nachhaltig wirksam werden können. Auch durch das zunehmende Lebensalter wurden dem Heranwachsenden nun Ereignisse, die sich eigentlich fernab seiner kindlichen Wahrnehmung abspielten, schrittweise verständlicher, zumal sie vom gesamten gesellschaftlichen Umfeld miterlebt, kommentiert und nicht selten begeistert gefeiert wurden.

Während des in seiner Wahrnehmung besonders ereignisreichen Jahres 1936 begann der Elfjährige bezeichnenderweise ein, zunächst sehr lückenhaftes, kleines Tagebuch zu führen. Neben Informationen zum Wetter fanden hierin in kurzen Einträgen auch jene Ereignisse Eingang, die ihn besonders bewegten. Das galt vor allem für den März des Jahres, der gleich drei solcher Ereignisse bereithielt: „Sehr warm, heiß, wolkenlos, Sonnenschein. Militarisierung des Rheinlandes. Auflösung des Reichstages. Neuwahl am 29.03.36. Um 12 Uhr 34 betrat der erste Soldat die Rheinprovinz. Bis 5–6 Uhr marschierten die Soldaten durch die Straßen von Köln." – So lautete der für diese Phase seines Tagebuchschreibens außergewöhnlich lange Text, den Günther am Abend des 7. März 1936 in seinen kleinen Taschenkalender eintrug.

Er erinnerte sich an diesen Tag auch später noch genau und konnte entsprechend detailliert dessen Ereignisse und Stimmungslagen schildern: „Damals war ich Schüler auf dem Gymnasium in Brühl. Es mag wohl so gegen 11 Uhr gewesen sein, als der Hausmeister Roscheda in die Klassen kam und uns zur Aula beorderte, wo wir eine Führerrede hören sollten. So eine Führerrede war damals für mich noch eine äußerst langweilige Angelegenheit, die normalerweise ein bis zwei Stunden dauerte, aber auf jeden Fall besser war als Latein. So saß ich dann in der Aula, träumte mit offenen Augen und machte Pläne für den Nachmittag. Aus diesen Träumen wurde ich jäh herausgerissen, als plötzlich das Lehrerkollegium aufsprang und in laute „Heil"-Rufe ausbrach. Es musste irgendetwas Besonderes geschehen sein. Nach Beendigung der Führerrede war dann noch eine kurze Ansprache, in der von der Remilitarisierung des Rheinlandes die Rede war, und wir bekamen schulfrei. Fröhlich, dem Schuljoch entronnen zu sein, lief ich nach Hause. Hier traf ich meine Mutter mit Tränen in den Augen vor dem Radio sit-

Rheinlandbesetzung am 7. März 1936

Am frühen Morgen des 7. März rückten rund 30 000 von der Bevölkerung begeistert begrüßte Wehrmachtssoldaten in das nach den Bestimmungen des Versailler Vertrages von 1919 entmilitarisierte Rheinland ein. Mit diesem Coup der Remilitarisierung – seitens der NS-Propaganda als „Rheinlandbefreiung" gefeiert – konnte Hitler seine innenpolitische Position stärken und außenpolitisch Macht demonstrieren, zumal die völkerrechtswidrige Besetzung keinerlei nennenswerte negative Folgen für Deutschland zeitigte. Bereits am Mittag des gleichen Tages hielt Hitler vor dem Reichstag eine Rede, in der er sich betont friedliebend gab und erklärte, Deutschland verzichte in Europa künftig auf jegliche weiteren territorialen Ansprüche. Zugleich löste er den Reichstag auf, um der Bevölkerung – so die propagandistisch wirksame Lesart – nach drei Jahren die Gelegenheit zu geben, über die NS-Regierung sowie über die Besetzung des Rheinlands zu urteilen.

Der Zuspruch fiel im gesamten Reichsgebiet, insbesondere aber im Rheinland selbst nahezu einhellig aus. Der eigens angereiste Propagandaminister Goebbels zeigte sich von der „großen Begeisterung" der Bevölkerung angetan, und anlässlich des tags darauf gefeierten „Heldengedenktags" dankte Reichskriegsminister Werner von Blomberg Hitler im Namen der Wehrmacht für den Einmarsch. Die am 10. März von Goebbels in Berlin eröffnete Kampagne zur „Wahl" am 29. März wurde mit einem bis dahin nicht gekannten Propagandaaufwand geführt und endete am 28. März mit dem „Deutschen Volkstag für Ehre, Freiheit und Frieden". An diesem Tag, an dem Hitler symbolisch die rheinische Metropole Köln besuchte, wurden ab 18:30 Uhr in sämtlichen deutschen Städten Aufmärsche veranstaltet, die dann um 19:50 Uhr in Glockengeläut mündeten, das den angeblichen deutschen Friedenswillen unterstreichen sollte. Selbst französische Pressevertreter mussten angesichts der nahezu perfekten Inszenierung einräumen, der NS-Propaganda im Allgemeinen und Hitler im Besonderen sei es immer wieder gelungen, die Zuhörer mitzureißen und eine Art Massenpsychose zu entfachen. Die „Wahl" am 29. März ergab dann nach offiziellen Angaben eine Zustimmung von 99 Prozent.

zend an. Es lief gerade eine Reportage über den Einzug der Truppen über die Hohenzollernbrücke nach Köln. Und meine Mutter erzählte uns, wie sie 1918 nach dem Ende des Weltkrieges auf eben dieser Hohenzollernbrücke gestanden und den letzten abrückenden Truppen zugewunken hatte. Und nun kamen sie wieder! Nach einem schnellen Mittagessen fuhren wir nach Köln und bewunderten am Neumarkt den Durchmarsch der deutschen Soldaten. Und bei dem Jubel der Bevölkerung kam mir zum Bewusstsein, ein historisches Ereignis mitzuerleben."

Günther schien nun tatsächlich beeindruckt und in „nationaler" Stimmung, denn gut eine Woche später befand er, der zu dieser Zeit mit Tagebucheinträgen noch sehr sparsam war, es am 16. März immerhin für erwähnenswert, dass ein Jahr zuvor die allgemeine Wehrpflicht eingeführt worden war – eine Notiz, die sicherlich im Kontext mit der kurz zuvor erfolgten Rheinlandbesetzung zu sehen ist. Spätestens jetzt, da er die vom NS-Regime für Deutschland so positiv herausgestrichenen Folgen

105

Einführung der Wehrpflicht

Im Versailler Vertrag hatte sich Deutschland 1919 verpflichten müssen, weitgehend abzurüsten und auf eine stehende, große Streitmacht zu verzichten. Die verbliebene Rest-„Reichswehr" stellte lediglich eine kleine, auf 100 000 minimierte Berufsarmee dar. Im Frühjahr 1935 fühlte sich das NS-Regime außen- und innenpolitisch dann stark genug, den Vertrag offen zu brechen, indem es am 16. März 1935 mit dem „Gesetz über den Aufbau der Wehrmacht" im Deutschen Reich die allgemeine Wehrpflicht wieder einführte. Bis 1939 sollte die nun „Wehrmacht" heißende deutsche Armee auf 36 Divisionen mit rund 580 000 Soldaten ausgebaut werden. Nunmehr konnte die bereits vorher begonnene Wiederaufrüstung Deutschlands offen fortgesetzt werden; ein wichtiger Schritt bei der Vorbereitung des Krieges. Das Ausland – etwa der Völkerbund, Frankreich, Großbritannien und Italien – protestierte zwar heftig und verlieh seiner Empörung in offiziellen Noten Ausdruck, tatsächlich wirksame Maßnahmen blieben aber aus.

einer damit ermöglichten Aufrüstung mit eigenen Augen in Köln gesehen hatte, machte sich in Günthers Kopf „eine wachsende Begeisterung für das Soldatentum" breit, wie er diesen Prozess später selbst umschrieb. Offenbar war die Stimmung in der Familie, in der Schule und in der gesamten Brühler Kleinstadtgesellschaft im Zuge der Propaganda für die „Wahl" am 28. März 1936 derart aufgeheizt, dass es nur noch ein Thema gab.

Der Höhepunkt aus damaliger Sicht folgte dann jedoch am 29. März 1936. Zu diesem Datum finden sich – zum ersten und zugleich letzten Mal – auch Einträge im Tagebuch, die nicht von Günther Roos selbst stammen: „Heute habe ich meinen Führer gesehen", schrieb Mutter Elisabeth zur Feier des Tages dort hinein, und Bruder Gustav ergänzte: „Ich sah Adolf Hitler", während Günther am Ende der Seite notierte: „Am 28. sah ich zum ersten Mal meinen Führer." Diesen Tag erlebte er mit fast religiöser Inbrunst, wie er 1989 rückblickend schilderte: „Schon am Vormittag fuhren wir nach Köln, wo Hitler bei einer Wahlveranstaltung erwartet wurde. Wir stellten uns vor dem Café Becker in der Straße Unter Taschenmacher auf. Hier warteten wir fast sechs Stunden auf das Erscheinen des Führers. Die Stadt vibrierte förmlich, und die Spannung wuchs von Stunde zu Stunde. Dazu trug natürlich der Schmuck der Straße mit Hakenkreuzfahnen bei, das Gedröhne von Marschmusik und immer wieder der Durchmarsch von uniformierten Kolonnen. Dann kam die SA und bildete entlang der Straße eine lebende Menschenkette. Und die erwartungsvolle Spannung stieg fast ins Unerträgliche. Bald muss ER kommen!"

Dabei gelang es Günther – wohl auch, weil er, blond und blauäugig, exakt ins rassenideologische Bild des „Ariers" passte –, sich einen besonders exponierten Platz zu sichern: „Als kleiner Pimpf in Uniform durfte ich mich nun vor der SA-Kette aufstellen. Dann hörte man von fern ein Brausen, das immer näher kam. Immer deutlicher wurden die Heil-Rufe. Nun kam die Vorausabteilung, und dann bog ein schwarzer Mercedes vom Altermarkt kommend in Unter Taschenmacher ein und in diesem Wagen stand Hitler, eine Hand auf der Windschutzscheibe gelegt und mit der anderen Hand grüßte er." Was Günther Roos dann als seine Erinnerung schilderte, ist jene einer Art Massenhypnose oder -psychose

106 / Menschenmasse am Kölner Dom am 28. März 1936 in Erwartung von Hitlers Besuch in der Rheinmetropole

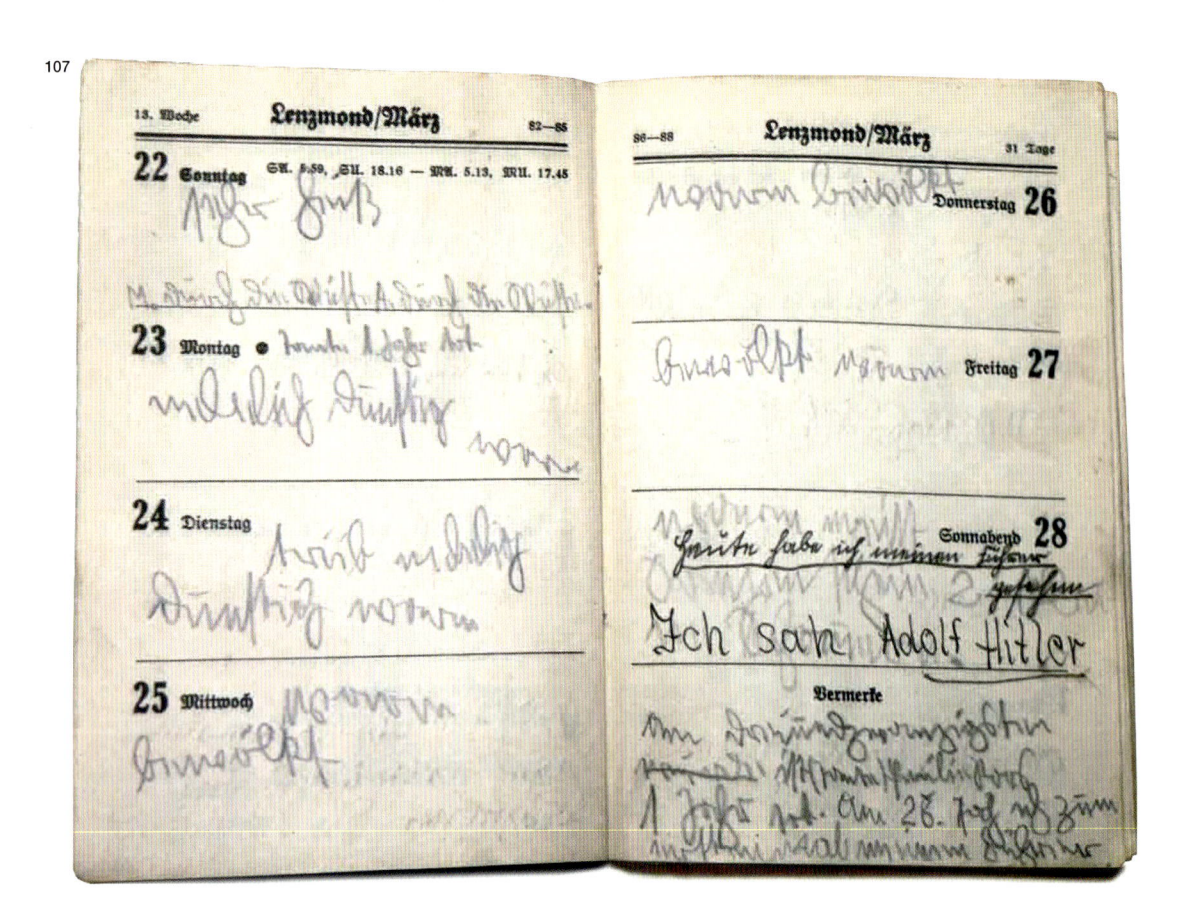

107 / Blick in Günthers Tagebuch, März 1936. Am 28. nacheinander die Einträge von Mutter Elisabeth, Bruder Gustav und Günther.

108 / Der „Führer" Adolf Hitler auf der Fahrt durch Köln am 28. März 1936

gleichkommende Wirkung, die die Person Hitlers offenbar bei vielen Zeitgenossen ausübte: „Er fuhr direkt auf mich zu. Die Sonne brach durch Wolken und tauchte ihn in Licht. Baldur war heimgekehrt! Ich war wie hypnotisiert. Ich brachte keinen Ton über meine Lippen. Ich stand nur da, die Hand erhoben und starrte in sein von der Bergsonne gebräuntes Gesicht. Und dann seine Augen! Unsere Blicke versenkten sich ineinander. Es dauerte fast eine Minute, ehe ich aus meiner Erstarrung erwachte. Dann drehte ich mich um zu meiner Mutter und sagte: Er hat mir tief in die Augen geschaut. Und jeder, der dort stand, sagte, dass er ihm in die Augen geschaut habe!" Dieses der Schilderung nach nahezu übersinnliche Ereignis machte nachhaltigen Eindruck: „Es war üblich, dass ich abends vor dem Einschlafen noch einmal mit meinem Bruder über die Ereignisse des Tages redete. So auch heute. Und einer von uns beiden, ich weiß nicht mehr, ob mein Bruder oder ich, fasste als Resümee zusammen: So etwa muss es vor 2000 Jahren gewesen sein, als Jesus über die Erde wandelte und zu seinen Jüngern sagte: Verlasst Familie und Hof und folgt mir!"

An dieser Episode ist die familieninterne Begeisterung für das NS-Regime im Allgemeinen und für dessen „Führer" im Besonderen eindrucksvoll ablesbar. Spätestens jetzt hatte sich – wie in großen

Teilen der deutschen Bevölkerung – in der Brühler Kurfürstenstraße das breitgemacht und verfestigt, was Günther Roos später „das unbedingte Vertrauen in den Führer" nennen sollte. Vater Toni hatte zu diesem Zeitpunkt eine scheinbar sichere Stellung in der NS-Wirtschaftsverwaltung, Deutschland näherte sich der Vollbeschäftigung, hatte die Wehrpflicht eingeführt und damit sowie mit der Besetzung des Rheinlandes wichtige Teile des Versailler Vertrages außer Kraft gesetzt. Nach all diesen „Erfolgen" gab es dann im August 1936 noch zwei, gerade in jugendlichen Augen besonders bedeutsame, sportliche Ereignisse: die Olympischen Spiele in Berlin mit den so überaus erfolgreichen deutschen Sportlern und der Sieg des Boxers Max Schmeling gegen den „braunen Bomber" Joe Louis. „Schmelings Sieg, ein deutscher Sieg!", notierte Günther am 9. August in sein Tagebuch und kommentierte später sein damaliges, natürlich von außen so an ihn herangetragenes Empfinden: „Hier hatte nicht ein Boxer den anderen geschlagen, hier hatte ein Deutscher, ein Arier, über einen Neger gesiegt." Und auch die Tatsache, dass deutsche Sportler bei der Olympiade die meisten Medaillen gewannen, ließ in seinen Augen nur eine Interpretation zu, nämlich jene der „Überlegenheit der nordischen Rasse". Dem Sport, dem ja in Schule, Hitlerjugend und der gesamten Gesellschaft ein immer größerer Stellenwert beigemessen wurde, kam zugleich eine immer wichtigere rassenideologische Bedeutung zu: Der „arische" deutsche Junge war überlegen und hatte ein Sieger zu sein.

Pogrom – „Das will ich sehen!"

So wie das Frühjahr 1936 von der Besetzung des Rheinlands geprägt gewesen war, überstrahlte zwei Jahre später der „Anschluss" Österreichs alles übrige Geschehen. Wie viele Deutsche verfolgte auch Familie Roos im Radio die Entwicklung der Ereignisse, die selbstverständlich auch in der Schule aufgegriffen wurden: „Nachdem dann am 12. März [1938] Österreich ins Reich heimgekehrt war, wurde dieses Ereignis natürlich auch im Gymnasium eingehend behandelt. So mussten wir im Erdkundeunterricht nunmehr die neuen Gaue auswendig lernen, während im Geschichtsunterricht die Tat des Führers eingehend gewürdigt wurde. Er war jetzt der größte Deutsche aller Zeiten, der Vollstrecker eines tausendjährigen Traumes von einem geeinten Deutschland. ‚Ein Volk, ein Reich, ein Führer'." Er sei, so bekundete Günther Roos 1989, noch immer davon überzeugt, dass das Ergebnis der für den 10. April 1938 angeordneten Reichstagswahlen keine Fälschung gewesen sei, sondern tatsächlich „weit über 90 Prozent aller Deutschen damals voll hinter Hitler" gestanden hätten. „Es herrschte eine total euphorische Stimmung. Wir waren wieder wer!"

Dieses Hochgefühl dominierte die öffentliche und familiäre Stimmung, die durch die im Herbst 1938 folgende „Sudetenkrise" und die damit verknüpfte Angst vor einem Krieg nur kurzfristig eingetrübt wurde. Dass sich Hitler mit dem Münchener Abkommen erneut durchsetzen und die Abtretung der sudetendeutschen Gebiete an das Deutsche Reich erreichen konnte, wird die Euphorie anschließend eher verstärkt haben.

„Dann kam am 9. November die Reichskristallnacht", schrieb Günther Roos in seinen Lebenserinnerungen, um daran anschließend seine – mit den oben bereits wiedergegebenen Berichten Brühler Zeitzeugen weitgehend übereinstimmenden – Erlebnisse am Morgen des 10. November zu schildern: „Unser Klassenzimmer im Gymnasium ging zur Friedrichstraße. Da hörten wir während des Unterrichts von der gegenüberliegenden Synagoge her einen Tumult, und etwas später quoll Rauch hoch. Die Synagoge brannte! Wir wurden unruhig, aber der Unterricht ging weiter, als sei nichts Wichtiges geschehen." Als die Klasse dann später am Vormittag Sportunterricht gehabt habe, sei sie „wie üblich" in Kolonne zum Stadion an der Vochemer Straße marschiert. Als die Gruppe dabei die brennende Synagoge

Der „Anschluss" Österreichs am 12. März 1938

Obwohl im Versailler Vertrag festgelegt worden war, dass sich beide Länder nie zusammenschließen dürften, marschierte die Wehrmacht in den Morgenstunden des 12. März 1938 auf Befehl Hitlers und unter dem Jubel des Großteils der Bevölkerung in Österreich ein. Auf einer Großkundgebung am Abend des 12. März in Linz sprach Hitler von der „Vorsehung", die ihm den „Auftrag" erteilt habe, „meine teure Heimat dem Deutschen Reich wiederzugeben". Am folgenden Tag wurde das Gesetz über die Wiedervereinigung Österreichs mit dem Deutschen Reich erlassen, wiederum zwei Tage später der Nationalsozialist Arthur Seyß-Inquart zum Reichsstatthalter ernannt. Am 15. März erklärte Hitler dann im Rahmen einer Kundgebung vor mehr als 100 000 begeisterten Menschen auf dem Wiener Heldenplatz, er könne vor der Geschichte „den Eintritt meiner Heimat in das Deutsche Reich melden".

Als er tags darauf nach Berlin zurückkehrte, hatten reichsweit sämtliche Schulen zur Feier des Tages unterrichtsfrei. Am 18. März ordnete Hitler schließlich für den 10. April die Durchführung einer Volksabstimmung und die Wahl zum nunmehr „Großdeutschen" Reichstag an und erklärte am 25. März in Königsberg: „Es wird eine heilige Wahl sein, und ganz Deutschland soll sich dazu bekennen." Das tat die Bevölkerung dann auch eindrucksvoll und votierte nach offiziellen Angaben im Reichsgebiet mit 99 Prozent mit „Ja"; in Österreich sollen gar 99,73 Prozent dem „Anschluss" zugestimmt haben. Die Presse kommentierte den Ausgang der „Wahl" dementsprechend als „überwältigendes Treuebekenntnis" für Hitler.

Währenddessen nahm der NS-Terror gegen Regimegegner und die jüdische Bevölkerung in Österreich umgehend brutale Züge an und übertraf anfangs sogar das im Reichsgebiet praktizierte Ausmaß. Zwischen dem 12. und dem 22. März gab es in der neuen „Ostmark" offiziell 1 742 Festnahmen, wobei die Dunkelziffer um einiges höher gelegen haben dürfte. Allein in Wien registrierte man 96 Selbstmorde. Sozialdemokraten, Kommunisten und insbesondere Juden blieb zur Rettung oft nur die Flucht.

„Sudetenkrise" und Münchener Abkommen

Am 30. September 1938 atmete man europaweit erleichtert auf, denn am Tag zuvor hatten Großbritannien, Frankreich, Italien und das Deutsche Reich mit dem „Münchener Abkommen" die monatelang schwelende, von deutscher Seite immer wieder geschürte Krise um das Sudetengebiet beendet. Obwohl keine tschechischen Vertreter an den Verhandlungen beteiligt waren, wurde beschlossen, dass das zur Tschechoslowakei gehörende, mehrheitlich von Deutschen besiedelte Sudetenland an das Deutsche Reich abzutreten sei. Ein – von Hitler entgegen aller Friedensbeteuerungen angestrebter – Krieg war damit in letzter Sekunde abgewendet worden. Objektiv hatte er damit einen großen Triumph errungen, denn ohne Einsatz von Militär konnte er einen erheblichen Landgewinn verbuchen und so auch die strategische Position des Deutschen Reichs entscheidend verbessern.

Am 1. Oktober begann die deutsche Wehrmacht mit dem Einmarsch, der am 10. des Monats abgeschlossen wurde. Zugleich wurde der Nationalsozialist Konrad Henlein als Reichskommissar für die neu gewonnenen Gebiete eingesetzt. Die knapp drei Millionen Sudetendeutschen bereiteten den deutschen Truppen einen begeisterten Empfang, während zugleich Hunderttausende der seit 1919 dorthin eingewanderten Tschechen sowie mehrere Zehntausend Juden, Sozialdemokraten und weitere NS-Gegner das Territorium umgehend verlassen mussten. Das Abkommen stellte jedoch lediglich eine kurze Ruhephase auf dem Weg in den Krieg dar, denn bereits am 21. Oktober 1938 gab Hitler die geheime Weisung zur Zerschlagung der „Rest-Tschechoslowakei".

109 / Großkundgebung auf dem Vorplatz des Kölner Hauptbahnhofs anlässlich des Hitler-Besuchs am 30. März 1938. Die Propagandatafel im Hintergrund verweist auf den „Anschluss" Österreichs und auf die am 10. April hierüber stattfindende Volksabstimmung.

110 / Einweihung eines sogenannten Stürmer-Kastens in der Bonnstraße in Brühl, 1935. In diesen öffentlichen Schaukästen konnte die aktuelle Ausgabe der antisemitischen Zeitschrift *Der Stürmer* kostenlos gelesen werden.

111 / Studienrat L., der spätere Klassenlehrer von Günther Roos, stimmte beim Vorbeimarsch an der brennenden Synagoge am 10. November 1938 einen antisemitischen Schmähgesang an.

passierte, habe der vorweg marschierende Studienrat L. folgendes Lied angestimmt:

Brüder in Zechen und Gruben, / Brüder ihr hinter dem Pflug, / aus den Fabriken und Stuben: / Folgt unsers Banners Zug! / Hitler ist unser Führer, / ihn lohnt nicht goldner Sold, / der von den jüdischen Thronen / vor seine Füße rollt! / Einst kommt der Tag der Rache, / einmal da werden wir frei! / Schaffendes Deutschland erwache! / Brich deine Fesseln entzwei! / Ladet die blanken Gewehre, / ladet mit Pulver und Blei! / Schießt auf die Vaterlandsverräter, / nieder mit der Judentyrannei!

Allein schon die erschreckende Tatsache, dass Günther Roos zufolge die gesamte Klasse dieses (in Brühl offenbar in antisemitischem Sinne nochmals verschärfte)[65] Lied kannte und mitsingen konnte, ist als deutlicher Beleg dafür zu werten, wie stark solche Inhalte nicht nur in HJ und Jungvolk, sondern offenbar auch im schulischen Alltag vermittelt wurden. Der Englisch, Erdkunde und Sport unterrichtende Studienrat, der den diskriminierenden Schmähgesang angestimmt hatte, sollte in der letzten Schulphase Günthers Klassenlehrer werden.

Als Günther anschließend aus der Schule nach Hause zurückkehrte, traf er dort eher auf voyeuristisches Interesse als auf Empörung über die Aktionen gegen die Brühler Juden, mit denen die Großfamilie Roos-Klug-Charles zuvor ja durchaus freundnachbarliche Beziehungen unterhalten hatte. Als die Nachrichten über Ausschreitungen im Stadtzentrum in der elterlichen Wohnung in der Kurfürstenstraße eingetroffen seien, so gesteht Günther Roos rückblickend ein, habe für ihn sofort festgestanden: „Das will ich sehen!" Da sich seine Mutter aber dagegen gesträubt habe, ihn allein gehen zu lassen, seien sie, Bruder Gustav und er „nach langem Quälen" gemeinsam losgezogen. Auf der Kölnstraße habe man dabei das völlig demolierte Textilgeschäft von Hope vorgefunden und auf dem Marktplatz anschließend beobachtet, wie „von der HJ das Geschäft von Jülich zerdeppert" worden sei. Unter der Leitung des ihm bekannten HJ-Gefolgschaftsführers Ernst M. seien „Möbel und Einrichtungsgegenstände aus dem Fenster auf die Straße" befördert worden. „Plötzlich schrie meine Mutter auf: ‚Um Gottes Willen, da werfen sie ja Fräulein Jülich aus dem Fenster!'", woraufhin sich aber schnell herausgestellt habe, dass es sich lediglich um eine Schaufensterpuppe gehandelt habe. „Meine Mutter war aber durch diesen Vorfall so geschockt, dass sie meinen Bruder und mich am Arm fasste und uns trotz heftigen Protestes nach Hause zerrte. Was da geschah, das war für sie einfach zu viel."

Erschrecken oder gar Mitleid und Hilfsbereitschaft sucht man – jedenfalls beim jungen Günther – in dieser Schilderung vergebens. Familie Roos hatte ihre Verbindungen zu ehemaligen jüdischen Bekannten wohl längst abgebrochen und orientierte sich somit an den Vorgaben des NS-Regimes und dessen gerade in dieser Hinsicht vielfältigen Propaganda. Das taten auch die weitaus meisten Freunde und Nachbarn. Warum, so wird sich Günther gefragt haben, sollte man sich außerhalb der so hochgepriesenen „Volksgemeinschaft" stellen, in der man anerkannt war und in der es einem doch zusehends besser ging?

So führte die Familie Roos nach allen vorliegenden Erkenntnissen in diesen Jahren ein an die herrschenden Verhältnisse angepasstes Leben, ohne sich dabei über das normale Maß hinaus im NS-Sinne zu betätigen. Vater Toni fuhr 1934 und 1935 zwar zum Reichsparteitag nach Nürnberg, folgte dabei aber wohl eher seinem Hang zum Feiern und Genießen als einer tiefen politischen Überzeugung. Die Brüder Gustav und Günther waren wie selbstverständlich Mitglieder im Jungvolk, legten aber – hierin ganz dem Beispiel des Vaters folgend – zunächst keinerlei Engagement an den Tag, um etwa in Führungspositionen aufzusteigen. Man war „dabei", von den Zielen und insbesondere den sicht- und spürbaren „Erfolgen" des Regimes überzeugt und somit in dessen Sinne voll und ganz in den NS-Staat integriert, ohne allerdings weiter gehende Ambitionen zu entwickeln. 1938 stand Gustav kurz vor dem Abitur und strebte eine gutbürgerliche Karriere als Architekt an; Vater Toni hatte nach vielfältigen beruflichen Irrwegen wieder Arbeit und würde bald eine sichere Anstellung bei der „Organisation Todt" erhalten; und der 14-jährige Günther genoss das großfamiliäre Leben, das Spielen mit seinem Freund Kurt, das Aushecken von Streichen, das Lesen und im Sommer das Schwimmbad, während er – wie so viele Gleichaltrige – das Gymnasium eher als unausweichliche Last empfand.

Auch seine „Dienste" im Jungvolk scheint Günther zu diesem Zeitpunkt nicht als beglückende Aufgabe eines „Pimpfen", sondern vielmehr als lästige Pflicht empfunden zu haben, der er eher lustlos nachkam. Die dort vermittelten Inhalte kollidierten – wohl auch in ihren antisemitischen Ausprägungen – zunächst nicht übermäßig mit den Verhaltensvorgaben des katholischen Milieus, in dem sich Günther ja weiterhin bewegte und dem sich insbesondere Mutter Elisabeth zugehörig fühlte. „Noch schien es miteinander vereinbar, Nationalsozialist und Katholik zu sein", schrieb er später über diese Phase seiner Jugend, die er – im wissenden Rückblick auf die damaligen Verhältnisse sicherlich überraschend – als eine der „Freiheit" charakterisierte: „Obwohl wir in einem autoritären Staat lebten, fühlten wir uns vollkommen frei. Denn unser Begriff von Freiheit deckte sich mit dem der herrschenden Macht. Es war eine Selbstverständlichkeit, dass persönliche Freiheit vor dem Allgemeinwohl zurückstehen musste. Und in unseren Liedern sangen wir doch auch immer von der Freiheit: ‚Nur der Freiheit gehört unser Leben' oder ‚Mit der Fahne der Jugend für Freiheit und Brot'! Hitler hatte uns doch erst richtig frei gemacht."

Dieses als „frei" empfundene, von übermäßigen Pflichten und großen persönlichen Ambitionen unbelastete und entsprechend unbeschwerte Leben sollte im Frühjahr 1939 sein abruptes Ende finden, als zum 20. April der Übertritt des bald 15-jährigen Günther aus dem Jungvolk in die HJ anstand. Wie aus dem verspielten Kind binnen kurzer Zeit ein machthungriger und skrupelloser Jungvolkführer wurde, und wie sich dessen Entwicklung über den Reichsarbeitsdienst bis zum Wehrmachtsoffizier und Kriegsgefangenen weiter gestaltete, gilt es in den folgenden, nach Jahreszahlen gegliederten Kapiteln anhand von Tagebucheinträgen, Briefen und Erinnerungen schrittweise nachzuzeichnen.

Zuvor soll jedoch mit einem Zwischenkapitel ein Thema behandelt werden, dem für das Leben des jungen Günther Roos eine erhebliche Bedeutung beizumessen ist. Denn der Protagonist war ein eifriger Leser, Radiohörer und Kinogänger und damit geprägt von den modernen Medien seiner Zeit.

112 / Familie Roos im Frühjahr 1931 anlässlich der Kommunion von Gustav

Günther Roos und die Medien seiner Zeit

Von Kindheit an war Günther Roos ein begeisterter Konsument sämtlicher der damals gängigen und populären Medien. Er galt als eifriger Leser, hörte in der elterlichen Küche regelmäßig die jedermann bekannten Rundfunksendungen und war ein begeisterter Kinogänger. In seinem ausgeprägten Medienkonsum folgte er den zeitgenössischen Trends, die immer wieder auch in Tagebucheinträgen thematisiert wurden, indem Günther über die gerade gelesenen Bücher berichtete, Radiosendungen kommentierte oder aktuelle Kinofilme rezensierte. Aus solchen Äußerungen lässt sich zumindest indirekt ablesen, dass der Heranwachsende von einer derart massiven Beeinflussung auf sämtlichen medialen Ebenen nicht unberührt blieb. Wenn auch für ihn keine konkrete Rezeptionsgeschichte geschrieben werden kann, so kann Günther Roos dennoch als Beleg für die vielfältigen Versuche des NS-Regimes dienen, gerade die junge Generation über die damals modernen Medien zu indoktrinieren, um sie so zu unkritischen Gefolgsleuten einer zunehmend aggressiven Politik zu machen.

Der Leser

Aus den Tagebucheintragungen von Günter Roos gewinnt man den Eindruck, dass er von Kindesbeinen an praktisch jede freie Minute zur Lektüre nutzte, wobei Bücher und Lesen zeitweise sogar seinen gesamten Tagesrhythmus bestimmten. Der Leiter der „Volksbücherei" im Gymnasium, so erzählte er später, habe ihn bei der Ausleihe häufig gefragt: „Na, Roos, wie viele Kilo dürfen es heute denn sein?"

Ehe Günther aber eher gezwungenermaßen Nutzer der Brühler „Volksbücherei" wurde, besuchte er regelmäßig die katholische Borromäus-Bücherei. Nach jedem der sonntäglichen Messbesuche führte ihn sein Weg dorthin, um sich mit reichlich Lesestoff für die kommende Woche einzudecken. Hiervon hielt ihn zunächst auch seine ab Frühjahr 1939 an Fahrt aufnehmende Karriere im Jungvolk nicht ab. Im Gegenteil: Günther blieb bis zu deren Schließung nicht nur „Kunde" der Pfarrbücherei, sondern half dort – wie etwa noch am 24. November 1940 – bei der Ausleihe auch selbst aus. Nur zwei Wochen später musste er allerdings ins Tagebuch notieren, dass er sämtliche

113 / Schaufenster der Buchhandlung Breitbach am Brühler Marktplatz, 1936/37

entliehenen Bücher zurückgegeben habe, weil die Borromäus-Bibliothek schließen müsse. Ab Januar 1941 wurde sie dann durch die neue „Volksbücherei" im Gymnasium ersetzt, die von einem dort tätigen Studienrat geleitet wurde.

Für Günther und seine zu jenem Zeitpunkt dominierenden Lesegewohnheiten änderte sich durch die Schließung der Pfarrbücherei offenbar einiges. Seine „bevorzugte Literatur", so erinnerte er sich später, habe sich aus den Bänden von Karl May, Abenteuerromanen wie jenen von Jack London, aus Berichten von Forschungsreisen beispielsweise des mit dem NS-Regime eng verbundenen Sven Hedin oder von Wilhelm Filchner sowie aus geschichtlichen Romanen von Felix Dahn oder Mirko Jelusich zusammengesetzt. Dabei machte er im Rückblick einen deutlichen Unterschied im entsprechenden Angebot der beiden Bibliotheken aus: In der kirchlichen Borromäus-Bücherei habe es beispielsweise die Karl-May-Bände gegeben, die in der „Volksbücherei" völlig gefehlt hätten. In deren Bestand hätten sich dagegen zahlreiche NS-affine „Geschichtswerke", solche zu Forschungsreisen oder über die Erfolge deutscher Wissenschaftler gefunden – Inhalte, die nun offenbar deutlich stärker in Günthers Fokus rückten.

Anders als die bis dahin bevorzugten Bücher von Karl May oder Jack London waren die Werke Hedins und die von Jelusich aber alles andere als harmlos und unpolitisch. Insbesondere Letztgenannter verherrlichte in seinen historischen Romanen über Hannibal, Caesar, Heinrich den Löwen, Oliver Cromwell oder Gerhard von Scharnhorst das „Führertum" und dürfte in dieser Hinsicht auf den so lese- wie zusehends auch machthungrigen Günther nicht ohne Einfluss geblieben sein.

Besonders begeistert zeigte er sich auch von dem 1 300 Seiten umfassenden Werk *Die weißen Götter* von Eduard Stucken, das er – vielleicht als erste Ausleihe aus der „Volksbücherei" – im Januar 1941 las. Das Buch habe ihn damals „tief beeindruckt", erzählte Günther Roos später über dieses Leseerlebnis. Zum einen habe ihn die Sprache derart begeistert, dass er das Buch seitenweise in eine Kladde abgeschrieben habe. Zum anderen habe ihn aber „erschüttert", „wie eine Handvoll Abenteurer im Namen des Christentums brutal eine Hochkultur" vernichtet habe. „Nach der Lektüre des Buches war ich tief traurig und ebenso tief empört." Stucken galt im Übrigen als regimetreuer Autor und hatte 1933 ein von mehreren Schriftstellern unterzeichnetes, an Hitler gerichtetes „Gelöbnis treuester Gefolgschaft" unterzeichnet. Seine politischen und antikirchlichen

114/115 / Titelblätter des *Illustrierten Beobachters* aus den Jahren 1939 und 1941. Neben Führerverehrung und Berichten über Erfolge im Krieg vermittelten die Hefte massenhaft rassistisches Gedankengut.

Ansichten dürften den 16-jährigen Günther beeinflusst haben. „Das Buch war sehr gut", notierte er jedenfalls nach Abschluss der Lektüre am 15. Januar 1941.

Günther scheint aber – zumindest zu dieser Zeit – keineswegs ausschließlich NS-orientierte Literatur verschlungen zu haben. So lieh er sich am Sonntag, nachdem er *Die weißen Götter* ausgelesen hatte, in der „Volksbücherei" gleich zwei Bücher aus, die eher einen katholischen Hintergrund hatten. Innerhalb von einer Woche las er das 1930 erschienene *Herr Johannes* von Ludwig Mathar und das 1924 herausgekommene *Die Soldaten der Kaiserin* von Juliana von Stockhausen. Kurz darauf zeigte er sich dann begeistert von dem „fabelhaften" Buch *Und sie bewegt sich doch*, einer Biografie über Galileo Galilei von Zsolt Harsányi.

Im Hause Roos wurden aber keineswegs nur Bücher gelesen. Insbesondere Mutter Elisabeth war eine begeisterte Konsumentin von Zeitschriften, die offensichtlich in erheblichem Umfang und in wöchentlichem Rhythmus durch einen „Lesezirkel" bezogen wurden. Jeden Samstag, so erzählte Günther Roos später, seien die neuen Hefte ins Haus geliefert worden. Seine Mutter habe diesen Tag stets als „Stierentag" bezeichnet, weil sie gemeinsam mit ihren Söhnen „nur in die Hefte gestiert habe" und alle drei dann „nicht ansprechbar" gewesen seien. Man bezog in jedem Fall den Illustrierten Beobachter, die offizielle Wochenillustrierte der NSDAP, aber auch noch weitere, namentlich nicht genannte Unterhaltungsblätter. Außerdem las man spätestens ab Juni 1940 auf Anregung von Vater Toni die von Goebbels herausgegebene Zeitschrift Das Reich und befand sie – in den Worten von Bruder Gustav – als „wirklich in Ordnung" und den Preis von 30 Pfennig wert. Man darf mit großer Sicherheit annehmen, dass auch Günther diese Zeitschriften las.

Die Frage, ob er neben solchen Zeitschriften auch Blätter konsumierte, die sich dezidiert an Jugendliche in der Schule (etwa die *Hilf mit!*) oder in der Hitlerjugend (*Die Fanfare*) wandten, muss offenbleiben, da er sich hierzu nicht im Tagebuch geäußert hat. Sicher ist hingegen, dass sowohl *Die Fanfare* als auch die stärker bebilderte und unterhaltende *Illustrierte Fanfare* in Brühl verkauft und offensiv beworben wurden. Es wäre daher verwunderlich, wenn der junge und lesehungrige Günther auch in Zeiten, als er noch kein Tagebuch führte, solche Zeitschriften nicht ebenfalls rezipiert hätte.

Von klein auf, also seit er lesen gelernt hatte, verschlang Günther Roos nach eigenem Bekunden in großem Umfang und mit Begeisterung sämtliche Bücher über den Ersten Weltkrieg, denen er habhaft werden konnte. „Da wollte man natürlich auch mal so ein Held werden", brachte er seine damalige Schlussfolgerung rückblickend auf den Punkt. Einen besonders „kindgerechten" Zugang zu Militär und Politik boten dabei die zahlreichen Zigarettenalben, die der

116/117 / Verkauf der speziell an Mitglieder der Hitlerjugend gerichteten Zeitschriften *Illustrierte Fanfare* vor dem Brühler Hotel „Belvedere" im Frühjahr 1934 (oben) und *Fanfare* auf dem Brühler Marktplatz im Herbst 1933 (unten)

deutschen Zigarettenindustrie schon vor 1933 als wirksames Werbemittel gedient hatten. 1933 brachte der Reemtsma-Konzern dann mit Unterstützung des Propagandaministeriums das Album „Deutschland erwacht" heraus, das „Werden, Kampf und Sieg der NSDAP" nachzeichnete. Ebenfalls 1933 erschien das ähnlich konzipierte Album „Kampf ums Dritte Reich" und im Frühjahr 1934 dann Militariaserien wie „Reichswehr" oder „Unsere Marine", die aufgrund ihrer üppigen und oft farbigen Bebilderung ihre Wirkung gerade auf junge Leser kaum verfehlt haben dürften. Im Hause Roos jedenfalls zählten all diese und zahlreiche weitere Zigarettenalben zur Standardlektüre, was dadurch erleichtert wurde, dass in der Familie stark geraucht wurde und daher stets genügend „Bilderschecks" zum Erwerb der Serien vorhanden waren.

Insgesamt, davon ist mit großer Sicherheit auszugehen, wurde Günther Roos durch die Bücher, Zeitungen, Zeitschriften und Sammelalben, die er in den Jahren zwischen 1933 und 1945 las, stark beeinflusst. Dabei fand die Indoktrination zunächst wohl eher unbewusst über kommentierte Bilder und spannende, zugleich aber ideologiegetränkte Erzählungen statt. Mit zunehmendem Alter, insbesondere während seiner Zeit im Arbeitsdienst und bei der Wehrmacht, setzte er sich dann aber gezielt mit Weltanschauungsliteratur, etwa dem *Mythus des 20. Jahrhunderts* von Alfred Rosenberg[66], auseinander und arbeitete sie oftmals gezielt durch.

118 / Beispiele aus den zahlreichen Zigarettenalben mit Sammelbildern und Propagandatexten

119 / Schutzumschlag des Zigarettenalbums „Deutschland erwacht"

Nach seiner Rückkehr aus der Kriegsgefangenschaft entdeckte Günther Roos 1946 dann über die ihm zuvor nicht zugängliche Literatur wiederum eine für ihn völlig andere Welt, angefangen mit Erich Maria Remarques *Im Westen nichts Neues*, dessen Lektüre dem desillusionierten 22-Jährigen stark zu denken gab. Die Literatur half ihm erheblich dabei, sich trotz aller noch immer tief sitzenden NS-Überzeugungen schrittweise neu zu orientieren.

Der Radiohörer

Ohne dass Günther Roos in seinem Tagebuch dezidiert darauf hingewiesen hätte, hörte man bei ihm zu Hause allem Anschein nach regelmäßig Radio. Aus einigen Bemerkungen in Briefen und Tagebucheinträgen der Brüder Gustav und Günther lässt sich ableiten, wie beliebt in der Brühler Kurfürstenstraße bestimmte Rundfunk-Unterhaltungssendungen und eng mit ihnen verknüpfte Alltagsrituale waren. Das galt in besonderem Maße für den Samstagnachmittag, an dem sich die Familie regelmäßig in der Küche zusammenfand, um hier am Tisch sitzend oder rauchend auf dem Sofa liegend gemeinsam den *Frohen Samstagnachmittag* des Reichssenders Köln anzuhören. Die Sendung galt als Prototyp des Sendekonzepts „Bunte Stunde", weil es ihr besonders gut gelang, die auch seitens der NS-Propagandisten eingeforderte Fröhlichkeit für ein Massenpublikum zu verbreiten. „Musikalische Nummern" aus den Bereichen Operette, Lieder und Märsche wechselten sich im *Frohen Samstagnachmittag* mit Sketchen ab, in deren Mittelpunkt die „Drei Lustigen Gesellen" standen. Deren Gespräche kreisten zumeist um Kurioses und Exotisches aus fremden Ländern, nahmen sich aber auch des familiären Kleinbürgeralltags an, in dem Themen wie Haarausfall, Streiche, Alkohol oder Probleme mit der Ehefrau dominierten. So wurde in heiterer Weise eine klare, geschlechtsspezifische Rollenverteilung in einem stets als „normal" dargestellten Alltag vermittelt. Der selbst Schlagermusik machende Gustav war von den Inhalten ebenso begeistert wie der stets auf der Suche nach spaßigen Anekdoten befindliche Günther, sodass die Sendung wie ein Ritual zum beginnenden Wochenende gehörte.

Beide Brüder dachten später während ihrer Zeit bei der Wehrmacht immer wieder voller Wehmut an diese Stunden zurück und warteten ungeduldig auf den nächsten Urlaub, um solche Gefühlslagen aus Friedenszeiten reproduzieren zu können. So notierte Günther am 3. November 1942 in gedrückter Stimmung ins Tagebuch: „Als wir im Dunkeln Singen hatten, musste ich an die gemütlichen Stunden der Winterabende zu Hause denken. Wenn in warmer Stube Mutter am Tisch

120/ Schaufensterwerbung für „Volksempfänger" und „Gemeinschaftsempfang" anlässlich der Rede Hitlers zur Eröffnung des Reichstags am 21. März 1933

121/ Ausschnitt aus der Zeitschrift *Der deutsche Rundfunk*, 14. August 1938

122 / Seite aus der *Kölnischen Illustrierten Zeitung*, Juni 1940

saß, schrieb oder stopfte und ich auf dem Sofa lag und las und rauchte. Dazu spielte dann das Radio leise. Da kam mir die Gewissheit, dass diese gemütliche, sorgenlose Zeit unwiederbringlich vorüber ist." Am 25. April 1943 schrieb Günther an Mutter Elisabeth: „Mein Ideal ist augenblicklich, noch einmal auf dem Sofa zu liegen, Radio zu hören usw. Du weißt ja, wie ich das immer gemocht habe." Und als er dann am 14. Juli 1943 tatsächlich auf Urlaub nach Brühl kam, notierte er: „Na, zu Hause war kein Mensch. Habe mich noch einmal kurz wie früher auf das Sofa gewälzt, das Radio angestellt, gelesen und geraucht. Es war, als wäre ich nie eingezogen worden."

Auch sonst lief das in der Küche stehende Rundfunkgerät regelmäßig: Übertragungen von Karnevalssitzungen wurden dabei ebenso gehört wie das kurz nach Kriegsbeginn eingeführte und schnell überaus populär gewordene *Wunschkonzert*. „Habe nachmittags gelesen und das Wunschkonzert gehört", heißt es etwa unter dem 12. Januar 1941. Während des Krieges waren es aber zunehmend andere Sendeformate, die Günthers besonderes Interesse fanden. Das waren zunächst die regelmäßigen Radionachrichten, die schneller über die sich oft überschlagenden Ereignisse unterrichteten als die Tagespresse. Dabei nutzte man im Hause Roos durchaus auch ausländische Sender als Informationsquelle, um dort Näheres über die aktuelle Lage zu erfahren. Am 31. August hieß es im Tagebuch beispielsweise: „Haben bis 12 Uhr [nachts] am Radio gesessen und Nachrichten gehört. Der Führer hat einen Vorschlag an Polen gestellt. Er ist abgelehnt worden. Ob es Krieg gibt?"

Kaum hatte dieser am nächsten Morgen begonnen, wurde mit den *Sondermeldungen* ein neues Sendeformat eingeführt, das mit eigener Erkennungsmelodie die Menschen vor den Radiogeräten versammelte und geradezu elektrisierte. Bereits am Nachmittag des 1. September 1939, so erinnerte sich Günther Roos später, seien die ersten „Sondermeldungen vom Vormarsch unserer siegreichen Truppen" ausgestrahlt worden. „Unsere Truppen marschieren! Mit dieser Nachricht wurde ich heute geweckt. Der Führer hat befohlen. Könnte ich doch dabei sein!", schrieb er euphorisch nach dem ohne vorherige Kriegserklärung erfolgten deutschen Einmarsch in Jugoslawien am 6. April 1941. Aber es gab auch für ihn „sonderbare" und „schreckliche" Nachrichten wie jene von Rudolf Heß' Englandflug, dem Tod von U-Boot-Legende Günther Prien oder dem Untergang der „Bismarck", des größten deutschen Schlachtschiffs. All das entnahm Günther dem Rundfunk. Ob er parallel zu dieser Informationsquelle noch den *Westdeutschen Beobachter* als von seinen Eltern bezogene Tageszeitung las, erwähnte er hingegen nicht.

Nach dem deutschen Überfall auf die Sowjetunion gewannen die *Sondermeldungen* für die gesamte Familie Roos nochmals erheblich an Bedeutung, weilte doch Sohn bzw. Bruder Gustav mitten im Kampfgeschehen. Hierzu ein Beispiel vom 29. Juni: „Um 11 Uhr war ich in der Kirche. War dann bei Klugs. Habe hier Sondermeldungen gehört. Die sind ja schon tüchtig vorwärtsgekommen. 2 000 Panzer zerstört, 4 100 Flugzeuge und 40 000 Gefangene. Die Zahlen steigen dauernd. Brest, wo Gustav ist, Dubno, Grodno, Kowno, Wilna, Dünaburg und Minsk sind in unserer Hand. Fantastische Erfolge!!" Bereits dieses Zitat lässt erahnen, welche propagandistische Bedeutung und Wirkung den permanenten und stets von Erfolgen berichtenden *Sondermeldungen* zukam.

Eine ebenso große, wenn nicht noch größere Wirkung übten auf Günther die Rundfunkübertragungen der zahlreichen Reden Adolf Hitlers aus. Von Kindesbeinen an war er deren regelmäßiger und zunehmend begeisterter Zuhörer. Überwog in jungen Jahren beim „Gemeinschaftsempfang" solcher Sendungen in der Aula des Brühler Gymnasiums vielleicht noch die Freude über den Ausfall

123 / Ausschnitt aus der *Kölnischen Illustrierten Zeitung*, Februar 1940

von Schulstunden, saß Günther spätestens ab 1939 als gläubiger Jünger seines verehrten „Führers" vor dem Radiogerät. Bis Mitternacht lauschte er beispielsweise am 30. Januar 1939 Hitlers Rede anlässlich des Tags der NS-Machtübernahme, und an dessen Geburtstag ging er am 20. April des gleichen Jahres ins Brühler HJ-Heim, um dort mit den anderen Jungvolkführern die Übertragung der an diesem Tag erfolgten feierlichen Vereidigung der NSDAP-Führer anzuhören.

Mit Beginn des Krieges versäumte Günther dann offenbar nicht nur so gut wie keine dieser Übertragungen mehr, sondern steigerte sich von Rede zu Rede in einen wahren Begeisterungsrausch. Auch hierzu einige Beispiele: „Die Rede war einfach großartig. Der hat's mal den Engländern gegeben", notierte er am Abend des 30. Januar 1941. Knapp vier Wochen später hieß es unter dem 24. Februar: „Habe dann die Führerrede gehört. Wir werden den Krieg gewinnen! Diese Zuversicht, die der Führer hat!" Am 26. April 1942 befand Günther dann nach einer weiteren im Rundfunk übertragenen Ansprache: „War das eine Rede! Adolf Hitler hat jetzt die absolute Gewalt, jeden an seine Pflicht zu mahnen." – Idealer konnten sich die NS-Propagandisten die Wirkung des „Volksempfängers" nicht ausmalen. Günther Roos jedenfalls hörte nicht nur gern Radio, er verarbeitete die im Rundfunk angebotenen Informationen und ideologischen Versatzstücke ganz im Sinne von deren Produzenten.

Der Kinogänger

Für einen Besuch im Kino, so erinnerte sich Günther Roos später, habe er reichlich Gelegenheit gehabt, denn im recht überschaubaren Brühl gab es damals immerhin drei „Lichtspielhäuser". Hinzu kam, dass Vater Toni gut mit Wilhelm Windeisen bekannt war, dem Betreiber von „Apollo" und „Modernes Theater", weshalb Günther sich Filme manchmal auch ohne Eintritt anschauen durfte. Daneben fuhr er mit Freunden häufiger nach Köln, um sich in einem der dortigen Kinos einen Film anzuschauen, der in Brühl noch nicht auf dem Programm stand. Über die Kinobesuche finden sich immer wieder kurze Notizen im Tagebuch, wobei Günter Roos im Oktober 1939 zudem begann, einzelne Filme mit Kurzkommentaren zu beurteilen.

Betrachtet man die umfangreiche Liste der von ihm gesehenen Filme, so sieht man ihn auf der Höhe der Zeit. In Brühl kamen sämtliche Filme zur Aufführung, über die man damals sprach, insbesondere aber auch jene, mit denen sich später die historische Forschung zum Nationalsozialismus aufgrund der darin zum Ausdruck kommenden propagandistischen und rassistischen Intentionen intensiv auseinandersetzte. Letztere wurden den Brühler Jugendlichen auch im Rahmen von schulischen Veranstaltungen und in den von der Hitlerjugend veranstalteten „Jugendfilmstunden" nahegebracht.

„Wir hatten eine Schulfilmveranstaltung von der Heimkehr des Sudetenlandes", notierte Günther Roos etwa am 6. Mai 1939 und fügte der Eintragung 50 Jahre später den Kommentar hinzu, dass die Schüler stets im geschlossenen

124 / Im „Gasthof zur Krone" am Markt wurde 1908 mit dem „Kronen-Theater" das erste Brühler Kino eröffnet, das 1934 aufwendig modernisiert wurde.

125 / Das Kino „Apollo-Theater" am Brühler Markt, vor 1933

Verband zu diesen im „Apollo"-Kino stattfindenden Veranstaltungen marschiert seien, um sich dort Propagandafilme anzusehen. Am 12. März 1940 besuchten die Brühler Gymnasiasten beispielsweise den Film *Feldzug in Polen*, am 19. April 1941 dann folgerichtig den Propagandastreifen *Sieg im Westen*. Auch zu den „Jugendfilmstunden" der HJ in Brühl gibt es Eintragungen im Tagebuch: „Hatte um 1/2 9 Antreten. Haben den Film ‚Drei Unteroffiziere' gezeigt bekommen", notierte Günther am 5. November 1939. Als Jungvolkführer begleitete er dann später die ihm unterstellten Einheiten in diese HJ-Filmveranstaltungen, bei denen die Brühler „Pimpfe" am 12. Oktober 1941 beispielsweise den Film *Trenck, der Pandur* und am 24. Mai 1942 *Der große König* sahen. „Er war wunderbar", heißt es hierzu im Tagebuch, und als er den gleichen Film im September 1942 während des Reichsarbeitsdienstes (RAD) nochmals besucht hatte, bewertete er ihn dann sogar als „überragend".

In der Regel besuchte Günther Roos das Kino aber privat, entweder allein oder mit Freunden, wobei er – so zumindest seine 2008 geäußerte Meinung – lieber Komödien und leichte Unterhaltungsfilme gesehen habe als die von ihm schon im Tagebuch oft als „Tendenzfilme" bezeichneten Propagandastreifen. Folgt man dessen Eintragungen, so zeigt sich, dass der Heranwachsende zwar gern lustige Filme sah, dass es aber auch viele andere Werke gab, die ihn begeisterten und entsprechend beeinflusst haben dürften.

Hurra, ich bin Papa mit Heinz Rühmann fand er „sehr gut", und nach dem Besuch der Verwechslungskomödie *Sieben Jahre Pech* taten ihm „die Hüften weh vom Lachen". „Theo Lingen! Name bürgt für Qualität." In *Hochzeitsreise zu dritt* – wieder mit Theo Lingen – lachte sich Günther Roos „halbtot" und auch in der Filmkomödie *Das Verlegenheitskind* wurde „viel gelacht". Dabei erkannte er sehr wohl den Ablenkungscharakter, der solchen Filmen beizumessen war. „Nachmittags war ich in dem Film ‚Wiener Blut'", notierte der gerade 18 Jahre alt Gewordene am 9. Juni 1942. „Es war sehr lustig. Das habe ich nötig, denn ich brauche dringend Abwechslung, Abwechslung vor dem Gespenst RAD." Tags zuvor war Günther Roos nämlich auf dem RAD-Meldeamt in Köln mitgeteilt worden, dass er im Juli zum Arbeitsdienst eingezogen würde. Außerdem hatte er bei dieser Gelegenheit erstmals die gewaltigen Zerstörungen gesehen, die der „1 000-Bomber-Angriff" am 31. Mai dort angerichtet hatte: „Es ist schrecklich. Dieses Bild des Grauens in Köln und dazu der RAD. Solche Stimmung habe ich noch nie gehabt."

Wie schmal der Grat zwischen reiner Unterhaltung und unterschwelliger Beeinflussung im Kino der NS-Zeit war, belegt

126 / Kinoplakat zum NS-Propagandafilm *Feldzug in Polen*, den Günther Roos zusammen mit anderen Gymnasiasten am 12. März 1940 als Schulfilm-Veranstaltung sah

das Beispiel des Films *Kora Terry*. Als Günther Roos ihn im Januar 1941 gesehen hatte, bewertete er ihn als „einfach großartig": „Marika Rökk tanzt ja einfach wunderbar." Das sahen die zeitgenössischen Kommentatoren genauso und lobten den Streifen für seine Tanzszenen und die Ausstattung. Zugleich aber sollte der Film zwar sicherlich unterschwellig, aber dennoch eindeutig das Ideal eines NS-Frauenbildes in die Köpfe der Kinobesucher transportieren. Auch die Unterhaltung der NS-Zeit war nur in den seltensten Fällen frei von jeglichen propagandistisch-ideologischen Untertönen.

Es mag überraschen, dass Günther Roos, der ja sehnlichst auf seine Einberufung zur Wehrmacht wartete, ausgesprochene Kriegsfilme ganz offensichtlich weniger häufig besuchte und deren Inhalt auch durchaus kritisch beurteilte. Den Fliegerfilm *D III 88*, den er im November 1939 besuchte, fand er zwar „herrlich", aber *Stukas*, den er im August 1941 sah, klassifizierte er als „Tendenzfilm", der ihn „sehr enttäuschte". Laut der Tagebuchaufzeichnungen sah Günther zwar noch andere Kriegsfilme wie etwa *Feuertaufe*, ließ viele andere aber offenbar unbeachtet links liegen. Im Tagebuch jedenfalls lassen sich keine weiteren vergleichbaren Streifen – wie beispielsweise die einschlägigen *Kampfgeschwader Lützow* oder *Himmelhunde* – nachweisen.

Ganz anders verhielt sich es mit all jenen zahlreichen Filmen der NS-Zeit, die das Schicksal „großer Männer" zum Inhalt hatten und die nicht nur Günther Roos begierig aufsaugte. Als er im Oktober 1939 den Film *Robert Koch* gesehen hatte, war er offenbar derart beeindruckt, dass er sich veranlasst sah, erstmals einen Film im Tagebuch zu beurteilen: „wunderbar".

„War dann in dem Schillerfilm. Es war einfach großartig." – „Von 6 bis 8 Uhr war ich in dem Film ‚Bismarck'. Es war einfach großartig!" – „Nachmittags war ich in dem Film ‚Friedemann Bach'. Er war einfach großartig und war mal kein Tendenzfilm. So was freut einen dann auch." Diese Eintragungen von Januar, Mai und September 1941 belegen, wie fasziniert der 16- bzw. 17-Jährige von diesen Filmen war, zu denen – wie bereits erwähnt – noch jener über Friedrich den Großen *(Der große König)* kam. Auch im Rückblick maß er ihnen in 2008 und 2012 geführten Gesprächen eine große Bedeutung zu: „Die Filme über Friedrich den Großen, mit der Schlacht von Kunersdorf. Das war schon sehr eindrucksvoll." Aber selbst 70 Jahre später und nach intensiver kritischer Beschäftigung mit der eigenen Vergangenheit sah Günther Roos solche Filme noch immer als eher harmlos an: „Das waren aber nun keine nationalsozialistischen Filme, sondern historische Filme. Die habe ich gern gesehen." Die damalige Begeisterung mag vielleicht auch ein Stück daher gerührt haben, dass die in diesen Filmen verherrlichten Personen seinem eigenen Selbstbild nahekamen und mit seinem sich zu dieser Zeit ausbildenden starken Machtwillen korrespondierten. Denn jeder der genannten – und noch weitere vergleichbare – Filme war zugleich auch eine Geschichtslektion im Sinne der NS-Ideologie, in der zumeist eindeutig propagandistische Elemente transportiert wurden. Vor allem aber handelte es sich bei den Hauptfiguren stets um „herausragende Deutsche", denen gerade die heranwachsenden Kinobesucher nacheifern sollten und in aller Regel wohl auch wollten.

Aber auch in diesem Genre war der Grat zwischen beeindruckender und somit wohl auch nachhaltiger Wirkung und einer Überfrachtung mit ideologischen Versatzstücken recht schmal. So beurteilte Günther Roos den englandkritischen Film *Carl Peters* im Mai 1941 zwar durchaus noch als „ganz gut", fügte seinem Urteil aber ein „wenn auch etwas tendenziös" hinzu. Andererseits stieß nicht jeder in eindeutig propagandistischer Absicht produzierte Spielfilm auf Kritik und Ablehnung. Als der 16-Jährige im März des Jahres etwa *Mein Leben für Irland* gesehen hatte, kommentierte er: „Wenn es auch ein Tendenzfilm gegen England war, so hat er mir dennoch gut gefallen."

127 / Titelblatt der *Kölnischen Illustrierten Zeitung* vom April 1941 mit einer Szene aus dem antibritischen Propagandafilm *Ohm Krüger*, der vom Burenkrieg und dem Leben des südafrikanischen Politikers Paul Krüger handelt

Ohnehin scheinen die zu dieser Zeit in größerer Zahl im Kino zu sehenden antibritischen Filme bei ihm auf fruchtbaren Boden gefallen zu sein. Das trifft besonders auf *Ohm Krüger* zu, einen gegen Großbritannien gerichteten Propagandafilm, der zu den aufwendigsten und zugleich beim Publikum erfolgreichsten NS-Produktionen zu zählen ist. Günther Roos sah ihn im April 1941: „Um 1/2 2 Uhr bin ich nach Köln gefahren. War in dem Film ‚Ohm Krüger'. Der Film war einfach großartig. Wenn man diesen Film gesehen hat, kann man kein Erbarmen gegen die Engländer mehr fühlen. Diese Schweinehunde!"

Insgesamt zeigen Günther Roos' Kommentare, dass er durchaus in der Lage war, zwischen reiner Unterhaltung, unterschwelliger Propaganda und einer massi-

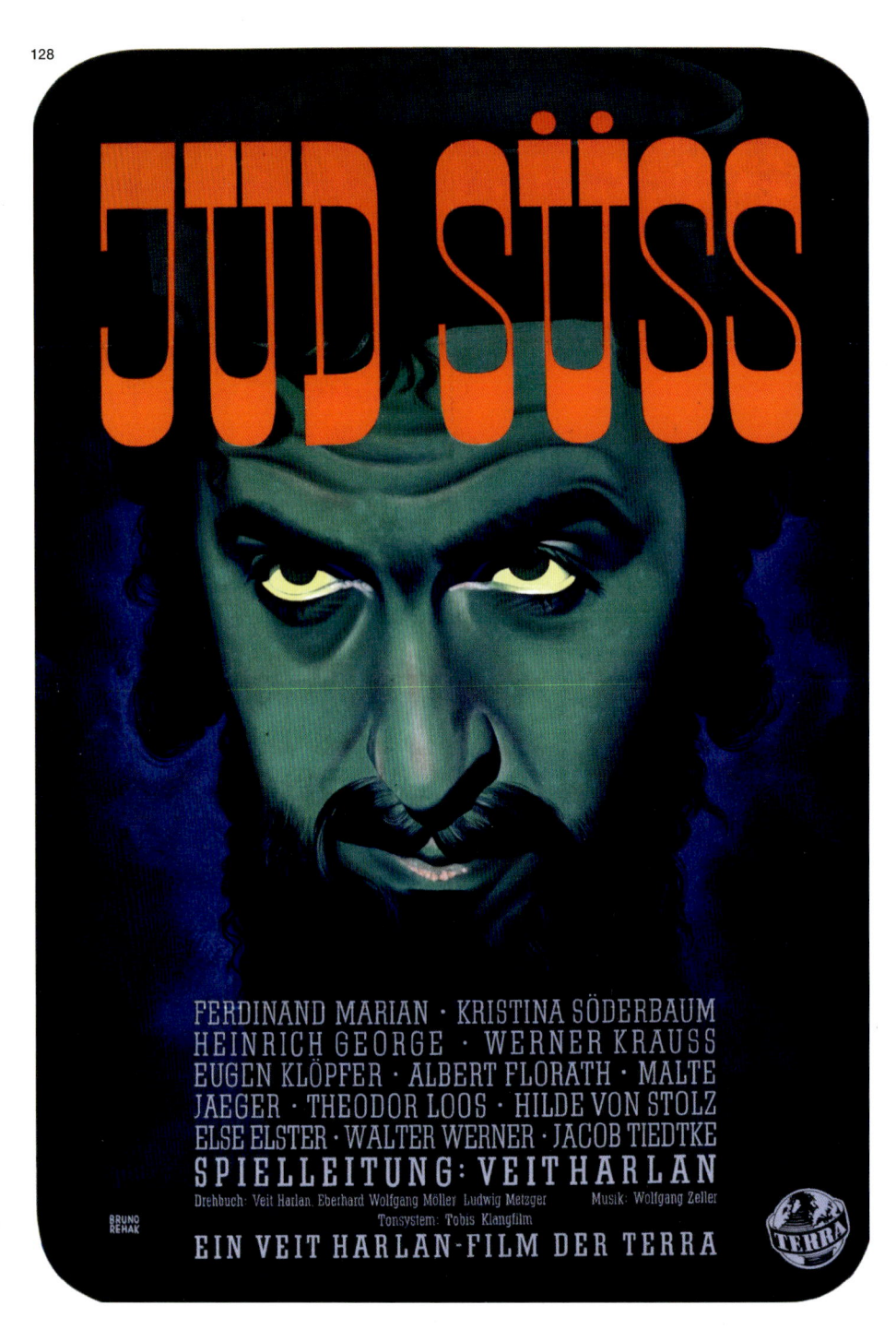

128 / Filmplakat zum antisemitischen Propagandafilm *Jud Süß*, 1940

ven, oft in Klischees verharrenden Darstellung reiner NS-Ideologie zu unterscheiden. So gern sich Günther im Rahmen seiner zahlreichen Kinobesuche (allein für die Jahre 1940 und 1941 zählt das Tagebuch 52 auf) auch unterhalten ließ, so war für ihn gerade auch der Besuch der vorgeblich historischen wie auch der eindeutigen Propagandafilme selbstverständlich. Die musste man einfach gesehen haben, allein schon, um im Kreis von Schulkameraden und HJ-Führern mitreden zu können. Aber nicht nur das. Der Heranwachsende ließ sich, selbst wenn er sie erkannte und sogar benannte, ganz offensichtlich von den ideologisch gefärbten Absichten der Produktionen erfassen und beeinflussen.

Hinsichtlich der zahlreichen Filme mit rassistischem Hintergrund hielt sich Günther Roos mit Tagebucheintragungen hingegen auffällig zurück, ohne dass er hierfür in der Rückschau eine Erklärung geben konnte. Natürlich zählte er zu jenen, die unbedingt den groß angekündigten antisemitischen Film *Jud Süß* sehen wollten. Als er am 24. November 1940, einem Sonntag, hierzu den ersten Versuch unternahm, musste er enttäuscht nach Hause zurückkehren, denn bezeichnenderweise war das Brühler „Apollo" dem Besucheransturm nicht gewachsen. Als er das Machwerk dann am folgenden Tag gesehen hatte, enthielt er sich aber jeglicher Kommentierung. Und auch, als er Mitte September 1941 – und damit mehr als ein Jahr nach dessen Uraufführung – die ebenfalls antisemitische Produktion *Die Rothschilds* besucht hatte, fiel Günther Roos' Tagebuchkommentar knapp und wenig begeistert aus: „War ganz gut, nur zu tendenziös." Ob er auch den pseudodokumentarischen Film *Der ewige Jude* gesehen hat, ist zwar wahrscheinlich, den überlieferten Unterlagen jedoch nicht zu entnehmen.

Andererseits betonte er im Rückblick aber immer wieder, wie tief greifend der Einfluss gewesen sei, den gerade die rassistisch orientierten NS-Filme auf ihn gehabt hätten. Insbesondere an *Jud Süß*, so erzählte Günther Roos im Jahr 2008, könne er sich in diesem Kontext gut erinnern: „Es wurde da in dem Film ja das gezeigt, was man innerlich empfunden hat." Überhaupt habe die gesamte antisemitische Propaganda „eine enorme Wirkung" gehabt, die – wie er besonders betonte – bei ihm noch sehr lange Zeit, bis in die 1970er- und 1980er-Jahre, angehalten habe. Auch wenn solche (Langzeit-)Effekte sicherlich nicht allein auf den Besuch entsprechender Filme zurückzuführen sind, sollten deren Auswirkungen gerade auf Heranwachsende nicht unterschätzt werden. Günther Roos jedenfalls zeigte sich noch 2012 zutiefst von der großen Wirkung des Kinos in der NS-Zeit überzeugt: „Die waren so eindrucksvoll, die Filme, da brauchte man nicht mehr drüber zu sprechen."

Das zeigt sich vielleicht am deutlichsten an einem anderen Propagandafilm, der im Tagebuch gar keinen Niederschlag fand, den Günther Roos aber definitiv gesehen hat: *Ich klage an*. Er wurde im August 1941 uraufgeführt und warb unter dem Deckmantel einer rührseligen Geschichte einer an multipler Sklerose erkrankten Arztgattin massiv für die „Euthanasie", indem die Erkrankte im Film ihren Mann inständig bittet, sie mit einer Überdosis an Medikamenten zu töten. Günther Roos wie fast die gesamte deutsche Öffentlichkeit setzte sich zu genau jener Zeit intensiv mit dem Thema „Euthanasie" auseinander. So wurde im nachmittäglichen Religionsunterricht, den er noch

129 / Filmankündigung in der *Brühler Zeitung*, 22. November 1940

130 / Titelseite des *Illustrierten Film-Kuriers* für den Film *Ich klage an*, 1941

immer auf freiwilliger Basis besuchte, am 20. Oktober 1940 „über die Euthanasie gestritten und über die Sterilisation". Die Positionen waren klar: „Ich war dafür", während der Pfarrer in den Augen des 17-Jährigen „keinen schlagenden Gegenbeweis" habe führen können. *Ich klage an*, so betonte Günther Roos 2012, sei ihm dabei damals eine wichtige Argumentationshilfe gewesen, weil der Film in seinen Augen eine „vernünftige Lösung" des Problems angeboten habe. Dessen Aussage habe er damals als „eindeutig", „sehr wirkungsvoll" und letztlich „beindruckend" empfunden.

Zugleich machte Günther Roos im Rückblick auf die Zeit deutlich, dass es in aller Regel nie eine Instanz oder gar ein Medium allein war, dass eine solch nachhaltige Beeinflussung auszulösen vermochte. Filme, so seine Einschätzung, konnten sicherlich gute und wirkungsvolle Transporteure ideologischer Inhalte sein. Ihre volle Wirksamkeit konnten sie jedoch nur dann entfalten, wenn die entsprechenden Themen auch im Alltagsleben – sei es in der Schule, im Jungvolk oder, wie sicherlich im Fall von Günther Roos, in der Familie – diskutiert wurden und dabei die NS-Propaganda zum Tragen kam. Verstärkend traten dann in Form von Zeitungen und Zeitschriften, Ausstellungen oder Radiobeiträgen noch weitere Medien hinzu.

Eine Sonderform propagandistischer Beeinflussung stellte die Vermittlung aktueller Nachrichten dar, der insbesondere in Kriegszeiten eine stetig wachsende Bedeutung zukam. Hierbei stachen neben den – an anderer Stelle bereits erwähnten – *Sondermeldungen* im Radio und in ganz besonderem Maße die *Wochenschauen* im Kino heraus. Sie hätten damals, so erinnerte sich Günther Roos im Jahr 2008, eine sehr große Rolle gespielt – „vor allem natürlich später im Krieg mit den Siegesmeldungen". Die jeweiligen Beiträge seien „ja doch äußerst geschickt gemacht" gewesen. „Man sah ja grundsätzlich keine deutschen Toten. Man sah nur Siege und Vormarsch, selbst wenn es zurückging. Also, die *Wochenschauen* hatten einen großen Einfluss auf unser Empfinden im Krieg." Gerade bei ihm, den es zur Wehrmacht und zum Fronteinsatz drängte, hätten die Wochenschauen häufig „etwas Hurra-Patriotismus" ausgelöst: „Wir sind die Größten! Und wir haben das Glück, den größten Feldherrn aller Zeiten zu haben."

Das Interesse an den in den *Wochenschauen* vorgeblich aus erster Hand angebotenen Informationen war zeitweise so groß, dass es den ursprünglichen Sinn des Kinobesuchs, den Hauptfilm, in den Hintergrund drängte. „Wollte ins Kino gehen, da noch nicht die neue Wochenschau lief, bin ich wieder nach Hause gegangen", notierte Günther Roos etwa am 19. Juli 1941 im Tagebuch. Und zwei Tage später hieß es: „War nachmittags in dem Film ‚Der Weg ins Freie' mit Zarah Leander. War ganz gut. Die *Wochenschau* war besser." Am 4. Dezember 1941 dann: „War dann in dem Unterhaltungsfilm ‚6 Tage Heimaturlaub'. Es war ein Unterhaltungsfilm. Die Wochenschau war besser." Seine Begeisterung für die *Wochenschau* rührte nicht zuletzt daher, dass der Krieg kurz zuvor mit dem deutschen Überfall auf die Sowjetunion in eine völlig neue Phase eingetreten war, wobei sich Günthers Bruder Gustav hierbei an vorderster Front in Russland befand.

Als der erhoffte – und von Günther sicherlich fest erwartete – Erfolg im Osten ausblieb, verschwanden auch die Äußerungen hinsichtlich der *Wochenschau* aus seinem Tagebuch. Als er dann mehr als ein Jahr später, am 20. Dezember 1942 – Günther selbst war seit Herbst 1942 Soldat, Bruder Gustav galt als vermisst und die Lage um Stalingrad spitzte sich zu – nach langer Zeit (und zum letzten Mal) wieder auf sie Bezug nahm, war von Euphorie keine Spur mehr: „Die Wochenschau hat mich erschüttert. Sie zeigte einen Schneesturm an der mittleren Ostfront. Sollte Gustav noch leben und sich noch in der Gewalt der Russen befinden, dann gute Nacht. Was mag er da alles mitmachen. Armer, armer Bruder. Wie vermisse ich dich."

Ohnehin kam Kinobesuchen und den Inhalten der Filme in dieser Zeit ein stark gewandelter Stellenwert zu, indem der reine Unterhaltungsaspekt eindeutig in den Mittelpunkt des Interesses rückte. Nachdem Günther Roos am 10. Dezember 1942 den Film *Musik für Dich* besucht hatte, notierte er: „Während des Films dachte ich plötzlich, was baumelt denn da an deiner Seite? Und da fiel mir ein, dass ich Soldat war und ein Seitengewehr hatte. Der Film war zwar Quatsch, aber lustig und so für den Soldaten richtig." Mehr als 45 Jahre später, im Jahr 1989, kommentierte er diese Situation so: „Das war im Kino wie ein Schlag mit dem Hammer auf den Kopf, als ich da so in den Film versunken saß und mir plötzlich klar wurde, dass ich nicht in Brühl im ‚Apollo' sitze, sondern im Soldatenkino auf dem Truppenübungsplatz."

131 / Kriegspropaganda in Form aktueller Nachrichten: Mit dieser Einstellung begann während des Krieges jede *Deutsche Wochenschau* in deutschen Kinos.

Kölnische Illustrierte

5. Oktober 1939
Nummer 40 / 14. Jahrg.
Druck und Verlag von M. DuMont Schauberg, Köln

Preis **20** Pfg.
Frei Haus durch den Zeitschriften-Buchhandel 22 Pfg.

Bilder aus Polen
Mit der Kamera unterwegs zur Front

*

Deutsche Heerführer im Osten

*

Friedrich Kayssler
Unser neuer Filmbericht

*

Merkwürdige Menagerie
Eine heitere Seite

*

400 verließen die Schiffe
Fortsetzung unseres Tatsachenberichts

Auf dem Marsch durch Polen
Zu unserem Bildbericht „Die Straße zur Front"

„Es lebe Deutschland!"

Tagebucheintrag von Günther Roos
1. September 1939

1939

Am 1. September 1939 ließ Adolf Hitler die deutschen Truppen in Polen einmarschieren. Die letzten hierfür notwendigen Voraussetzungen hatte er zuvor mit der Zerschlagung der sogenannten Rest-Tschechoslowakei und der Bildung des „Reichsprotektorates Böhmen und Mähren" im März sowie mit der uberraschenden Unterzeichnung des Hitler-Stalin-Paktes im August 1939 geschaffen. Damit hatte der Zweite Weltkrieg begonnen. In knapp vier Wochen schloss die Wehrmacht den Feldzug für sie erfolgreich ab. Zugleich begann die gewaltsame Umsiedlung der polnischen Bevölkerung aus den annektierten Gebieten in das „Generalgouvernement" genannte Restpolen.

Im Reichsgebiet selbst brachte der Krieg zahlreiche Änderungen und Einschränkungen: Lebensmittel und Textilien wurden rationiert, die Verdunkelung eingeführt, oppositionelle Regungen mit nochmals verschärften Strafen geahndet, Steuern angehoben und die berufliche Freizügigkeit noch stärker eingeschränkt. Diese Beeinträchtigungen wurden von der Bevölkerung weitgehend klaglos hingenommen.

Auch die Jugendpolitik wurde ganz auf den Krieg ausgerichtet. Bereits im März 1939 war mit Durchführungsbestimmungen zum HJ-Gesetz die Jugenddienstpflicht in Kraft getreten, mit der noch vor Kriegsbeginn der Dienst in der HJ als vierte Komponente verpflichtend neben die Schulpflicht, den Arbeits- und den Wehrdienst trat. Damit sollte nicht zuletzt sichergestellt werden, dass der Wehrmacht künftig bereits vorgebildete Rekruten zur Verfügung stehen sollten. In der Praxis wurde der HJ-Dienst dabei allerdings zunehmend durch einen eklatanten Mangel an geeignetem Führungspersonal beeinträchtigt, weil die meisten HJ-Führer zum Wehrdienst eingezogen wurden.

Mit Beginn des Jahres 1939 wurde Günther Roos zum Chronisten seiner Erlebnisse, der sein Tagebuch regelmäßig und gewissenhaft führte. Dabei lassen sich Einträge, in denen er knapp die Tätigkeiten und Erlebnisse des Tages auflistete – für das Jahr 1939 sind das die weitaus häufigeren –, von jenen viel ausführlicheren unterscheiden, bei deren Erstellung er abends sozusagen innehielt, um über die persönliche oder die politische Situation zu berichten oder zu reflektieren. Gerade die letztgenannten Eintragungen ermöglichen es, auch an der inneren Entwicklung des Heranwachsenden teilzuhaben, an seinem Suchen und Tasten, an seinen Ambitionen und Ängsten, vor allem aber an seinem zunehmend zielstrebig beschrittenen Weg in nationalsozialistisch geprägtes Fühlen, Denken und Handeln.

Aber auch die kurzen Tageseinträge des Jahres 1939 gewähren interessante Einblicke in den zunächst kleinstädtisch-beschaulichen Alltag eines 14-jährigen Gymnasiasten, der im Lauf des Jahres dann durch verschiedene tief greifende Veränderungen geprägt wurde. Dabei erlebte Günther das Frühjahr 1939 in einer eigentümlichen Mischung aus politisch-ideologischer Begeisterung, einem damit überraschenderweise einhergehenden Desinteresse am Jungvolkdienst, ausgeprägtem Lesehunger und der Verspieltheit eines allmählich in die Lebensphase eines pubertierenden Jugendlichen herübergleitenden Kindes.

Spiel, Spaß und Abenteuer

Die Sonntage der Wintermonate zum Jahresbeginn 1939 verliefen nach immer gleichem Muster. „Um 1/4 nach zehn bin ich heute in der Kirche gewesen. War nachmittags nicht raus. Habe gelesen. Abends habe ich gezeichnet und Aufgaben gemacht", heißt es etwa unter dem 15. Januar, und eine Woche später: „War um 8 Uhr in der Kirche. Habe kommuniziert. Bin danach in die Bibliothek gegangen. Habe noch nachmittags das Buch ausgelesen." Auch Günthers Wochenverlauf war jahreszeitlich bedingt ähnlich strukturiert, wobei neben die nachmittäglichen Hausaufgaben und das Lesen jener große Bereich trat, der sich wohl am ehesten mit „Spiel, Spaß und Abenteuer" umschreiben lässt. In vielen Punkten war er dabei noch ganz Kind. „Habe nachmittags auf der Straße mit dem Kreisel gespielt", notierte er Ende März, und kurz darauf vermerkte er das Spielen mit seinem Stabilbaukasten.

Mit großer Vorliebe durchstreifte Günther abends allein die oft verwilderten Gärten in der Nachbarschaft und fertigte später zu Hause Pläne über diese aus seiner Sicht abenteuerlichen Erkundungen an. Er sei sich dabei, so erinnerte sich der begeisterte Karl-May-Leser später, vorgekommen „wie Winnetou". Häufig ging er auch mit Freunden auf abendliche Streifzüge, die dann zumeist dazu genutzt wurden, im Schutz der Dunkelheit

132 / Wandertag der Schulklasse von Günther Roos (rechts) am 4. Juli 1939 zur Steinbachtalsperre in der Eifel

altersgerechte Streiche auszuhecken. „War mit Peter Wieland und zwei seiner Freunde im Lyzeum. Haben alle Türen zugebunden und danach die Klosett-Türen ausgehangen. Wir wurden aber gesehen und mussten fliehen", heißt es etwa am 18. Januar, und drei Wochen später: „War abends mit Reifferscheidt auf der Königstraße. Haben Raketen mit Zeitzündern vor die Haustüren gelegt und dann geschellt."

„Klingelmännchen", Stabilbaukasten und Brummkreisel: Die kindliche Welt von Günther Roos schien zu Beginn des Jahres noch völlig intakt. Zugleich kündigten sich aber erste Vorboten pubertären Verhaltens an, das sich zumeist an Älteren orientierte und den noch 14-Jährigen in einen Zwiespalt etwa zwischen seinem gleichaltrigen Spielfreund Kurt Fröhlich und jenen zunehmend zu Vorbildern werdenden Bekannten unter den Brühler Jungvolkführern geraten ließ. Zur Veranschaulichung kann hier folgendes kleines Beispiel dienen: Am Ostermontag besuchte Günther Freund Kurt, um „unsere gemeinsamen Streiche und Erlebnisse zu sammeln". Den Sonntag vor den Ostertagen hatte er hingegen in anderer Gesellschaft verbracht: „War nachmittags mit Peter Wieland und einigen anderen Jungen bei Backhaus Bier trinken."

Wenn auch offenbleiben muss, wie intensiv dieser, im Tagebuch übrigens erstmals erwähnte Alkoholgenuss ausfiel, so wird doch deutlich, dass sich Günther Roos in diesem Zeitraum immer weiter der Schwelle zum Jugendleben näherte, ohne dass er sich bereits entscheiden konnte, ob er sie auch tatsächlich überschreiten wollte. Das galt zugleich auch für den Umgang mit Mädchen. „War nachmittags mit Lindner in dem Film ‚Im Namen des Volkes'. Habe im Kino ein Mädchen kennengelernt. War danach bis halb acht in der Stadt", notierte er Ende Februar 1939 und fügte einen Tag später hinzu, dass er seine „Bekanntschaft von gestern" wiedergetroffen habe. Wiederum einen Tag später schaute er mit zwei Freunden einer Mädchengruppe in den Räumlichkeiten der Schlossbrauerei heimlich beim Turnen zu, um unmittelbar danach das Gelände des Mädchenlyzeums aufzusuchen, um dort weitere Streiche zu spielen. „Haben viel gelacht", lautete das Resümee dieses Abends.

Rückblickend, so fasste Günther Roos später seine frühen Erfahrungen mit dem anderen Geschlecht zusammen, müsse man feststellen, „dass die Nazizeit eine ausgesprochen prüde und den Sex verdrängende Zeit" gewesen sei: „Eine Aufklärung von berufener Seite fand überhaupt nicht statt. Meine Mutter machte einmal sonntags auf dem Weg zur Kirche einen entsprechenden Anlauf mit der Bemerkung, dass es keinen Klapperstorch gebe. Als ich erwiderte, dass ich das wisse, atmete sie erleichtert auf und meinte, dann sei ja alles in Ordnung. Auch in der Schule, im Biologieunterricht, wurde nur vage drum herumgeredet geredet. Kein Wunder, dass wir über den Geschlechtsverkehr, seine Folgen und Gefahren zum Teil abenteuerliche Vorstellungen hatten. Um zu erfahren, wie eine Frau aussieht, gab es nur zwei Möglichkeiten: Da war einmal der Ausstellungskatalog der Gemälde aus dem Haus der deutschen Kunst oder im Schwimmbad ein Blick durch Bohrlöcher zwischen den Umkleidekabinen." Oder, wie Günther Mitte Dezember im Tagebuch notierte: „Bin abends G. und Anneliese S. nachgeschlichen. Habe danach gelesen."

Betrachtet man das bislang Geschilderte, drängt sich der Eindruck eines zeittypischen, großenteils ungetrübten Alltags eines Heranwachsenden auf der Schwelle zum Jugendalter auf. So richtig eine solche Einschätzung einerseits sein dürfte, so muss andererseits festgestellt werden, dass sich das Leben des jungen Günther Roos zu diesem Zeitpunkt gravierend veränderte: Zum einen trat Vater Toni zum 1. April 1939 eine feste Stelle bei der Oberbauleitung der „Organisation Todt" in Trier an. Zwar hatte er Brühl bereits im Sommer 1938 in Richtung „Westwall" verlassen, kehrte aber an Wochenenden häufig zur Familie zurück.

133/ Gustav Roos' Schülerband im Jahr 1938. V.l.n.r.: Alex Wolff, Peter Juchem, Paul Baukmann, Willi Wimmer und Gustav Roos. Keines der Bandmitglieder sollte den Zweiten Weltkrieg überleben.

134/ Günther Roos (rechts) mit Kurt Fröhlich am 17. Juli 1938 „am Fabrikschornstein auf dem Dach der Teppichfabrik"

Nun deutete sich an, dass die räumliche Trennung zum dauerhaften Zustand werden würde.

Einschneidender und schmerzlicher dürfte zum anderen der Umstand gewesen sein, dass auch Bruder Gustav nach Ablegen seines Abiturs zum 1. April seinen Arbeitsdienst in Much antreten musste. Damit verlor Günther seinen engsten Vertrauten und in vielerlei Hinsicht auch sein um drei Jahre älteres Vorbild, das (Schlager-)Musik liebte und in einer Tanzband spielte, mit Jungvolk – dem er formal angehörte – oder HJ aber nichts im Sinn hatte. Wie nahe ihm dieser Verlust ging, den er im Tagebuch mit dem lapidaren Eintrag „Heute ist Gustav zum Arbeitsdienst gefahren" abtat, geht aus einem Brief hervor, den Vater Toni unmittelbar nach dem 1. April 1939 aus Trier an Sohn Gustav in Much richtete. Mit Blick auf den zumeist sehr ausgeprägten Abschiedsschmerz von Mutter Elisabeth konnte er ihm mitteilen, „dass die Diesbezügliche sich ganz gut geschickt hat und bis zu meiner Abreise kein Wasser durchgebrochen" sei. Mit Günther sah das hingegen offenbar anders aus: „Ich habe eher das Gefühl, als ob es deinem Herrn Bruder an die Nieren gegangen ist, denn er hat nun keinen mehr, womit er krakeelen kann." Angesichts der mehrfach belegten Tatsache, wie schwer Elisabeth Roos die Trennung von ihrem ältesten Sohn fiel, lässt sich das Ausmaß des vom Vater eher verharmlosten Trennungsschmerzes bei dessen Bruder Günther ermessen.

Ein weiterer Verlust trat kurze Zeit später noch erschwerend hinzu: Auch der beste und engste Spielkamerad, Kurt Fröhlich, Sohn eines Brühler Teppichfabrikanten, musste Brühl aufgrund nicht ausreichender Schulleistungen nach Abschluss des Schuljahres Mitte April verlassen, um nach den Osterferien auf ein

135 / Die Angehörigen des RAD-Lagers in Much. Gustav Roos 10. v. r. in der 4. Reihe

Reicharbeitsdienst (RAD)

Der Reichsarbeitsdienst ging aus dem „Freiwilligen Arbeitsdienst" (FAD) hervor, der als Reaktion auf die Wirtschaftskrise im Jahr 1931 ins Leben gerufen worden war und nach 1933 – allerdings unter deutlich veränderten Vorzeichen und Bedingungen – vom NS-Regime fortgeführt wurde. Mit Gesetz vom 26. Juni 1935 wurde schließlich die Arbeitsdienstpflicht eingeführt, die nunmehr für männliche und (ab Herbst 1939) weibliche Jugendliche zwischen 18 und 25 Jahren galt. Die Dienstzeit betrug ein halbes Jahr. Allein bis 1940 durchliefen mehr als 2,75 Millionen junge Männer den Arbeitsdienst.

Aufgabe des RAD, von Arbeitsdienstführer Konstantin Hierl als „praktisch angewandter Nationalsozialismus" definiert, war zum einen die Erziehung „der deutschen Jugend im Geiste des Nationalsozialismus zur Volksgemeinschaft und zur wahren Arbeitsauffassung, vor allem zur gebührenden Achtung der Handarbeit", zum anderen die „Durchführung gemeinnütziger Arbeiten". Hierunter wurden beispielsweise die Erschließung von Moor und Ödland oder Einsätze beim Autobahnbau verstanden. Nach dem 1. September 1939 kamen zunehmend kriegsbedingte Arbeiten etwa am „Westwall" hinzu.

Der ökonomische Nutzen der als „Ehrendienst am deutschen Volke" bezeichneten Arbeit war gering, was angesichts der – nach außen durch den allgegenwärtigen Spaten symbolisierten – vorindustriellen Arbeitsmethoden nicht anders zu erwarten war. Doch das war auch nicht das Ziel. Vielmehr sollte der RAD den „neuen nationalsozialistischen Menschen" schaffen: „Dieser von uns geschmiedete Typ des Arbeitsmannes ist das Ergebnis einer Verschmelzung von den drei Grundelementen: des Soldatentums, Bauerntums und Arbeitertums." Die gesamte Struktur des RAD war so angelegt, dass er optimale Voraussetzungen für den anschließenden Wehrdienst schuf. Gegen Kriegsende wurde dann fast nur noch militärische Ausbildung betrieben.

Internat nach St. Goarshausen zu wechseln. Damit war auch er weitgehend aus Günthers Blickfeld verschwunden und nur noch in den Schulferien verfügbar. Das alles zusammengenommen bedeutete nicht weniger, als dass sich der 14-Jährige im Frühjahr 1939 seiner zentralen Bezugspersonen beraubt sah und sich daher völlig neu orientieren musste.

Auf dem Weg zum Jungvolkführer

Nach diesen Einschnitten trat nun jene Gruppierung immer stärker in Erscheinung, der Günther bereits ab März 1933 angehört hatte: das Jungvolk. Seine Zeit im Jungvolk hatte er, wie bereits geschildert, nach anfänglicher Begeisterung eher lustlos absolviert. Er ging ausweislich seiner Tagebucheinträge zwar regelmäßig zum Jungvolkdienst, nahm dabei auch an Schießübungen, Werbemärschen oder Altmaterialsammlungen teil, ließ dabei aber nicht einmal im Ansatz Ambitionen auf einen Führerposten erkennen. Das weitgehende Desinteresse lässt sich allein schon daran ablesen, dass er, der ansonsten ständig Kontakt zu Gleichaltrigen und „Abenteuer" suchte, nicht an einem der zahlreichen Zeltlager teilnahm, die seitens der Brühler Hitlerjugend in jedem Sommer angeboten wurden. Er zog stattdessen das ruhige, durch exzessives Lesen geprägte Ferienleben in der elterlichen Wohnung, das Spielen mit Kurt und den Besuch des Schwimmbades vor. Aber auch während der Schulzeit blieb Günthers Engagement im Jungvolk sehr überschaubar. „War morgens in der Schule. Bin nachmittags zu Hause geblieben und habe gelesen. Bin um 5 Uhr antreten gegangen. Hatten Heimabend bis 7 Uhr. Habe danach gelesen", lautet der in dieser Hinsicht typische Tagebucheintrag vom 11. Januar 1939.

Allerdings taucht im Tagebuch verschiedentlich der Name von Peter Wieland auf, der hinsichtlich der weiteren Entwicklung von Günther Roos sehr bald eine wichtige Rolle spielen sollte, hatte er zu dieser Zeit doch als Stammführer die höchste Position im Brühler Jungvolk inne. Das war insofern von großer Bedeutung, als sich mit dem 20. April jener Tag näherte, an dem die zu diesem Zeitpunkt 14-jährigen Jungvolkangehörigen automatisch in die HJ überführt wurden, eine Tatsache, der sich Günther zunächst offenbar nicht recht bewusst war oder die er schlicht vergessen hatte. Die drohende Überweisung, so kommentierte Günther Roos Ende der 1980er-Jahre noch immer mit großem Unbehagen seine damalige Lage, sei für ihn dann „ein riesiger Schock" gewesen. Nicht nur der Umstand, dass ihm das Jungvolk in den sechs Jahren zuvor auch ohne weiter gehende Ambitionen rein gewohnheitsgemäß durchaus eine Art „zweite Heimat" geworden war, ließ ihn einen Verbleib dort anstreben, sondern vor allem wohl der Ruf „des primitiven Rabaukentums", der der HJ auch in Brühl anhaftete: „Da wollte ich auf keinen Fall hin." Dem Jungvolk, das weitgehend unter der Leitung höherer Schüler stand, habe der Ruch des Elitären angehangen, ergänzte Günther Roos 2008, während sich die HJ weit stärker im „politischen Tagesgeschäft" engagiert habe, wobei er insbesondere deren Teilnahme an den Zerstörungen während des Pogroms im November 1938 hervorhob.

Vielleicht war es der 20. März 1939, an dem ihm der bevorstehende Wechsel dann plötzlich bewusst wurde, denn er notierte – allerdings knapp und ohne weitere Kommentierung: „Bin heute sechs Jahre im Jungvolk." Unmittelbar danach scheint sich Günthers Engagement im Jungvolk beträchtlich verändert – sprich intensiviert – zu haben. Angesichts des drohenden Ungemachs gab es für ihn im Frühjahr 1939 wohl nur eine Option: Günther musste schnellstmöglich zum Jungvolkführer werden, denn diese blieben von einer Überweisung in die HJ verschont. Die Chancen standen keineswegs schlecht: Bedarf an solchen Führern gab es, gerade in Kleinstädten wie Brühl, praktisch immer, weil sich hier das Führungspersonal fast aus-

136 / Gebietszeltlager des Jungvolks in Nideggen vom 5. bis 25. August 1938, an dem auch Brühler Jungvolkangehörige teilnahmen. Die Inschrift am eigens hierfür errichteten Turm lautet: „Saubere Kerle – Junge Soldaten – Treue Kameraden".

137 / 1. Mai 1939 in Brühl: Abmarsch vom (früheren) Stadion an der Vochemer Straße. 3. v. r. (mit Mütze) Stammführer Peter Wieland. Rechts daneben Manfred Mammel

schließlich aus den Schülern des ortsansässigen Gymnasiums rekrutierte, die genug Zeit hatten, um Heimnachmittage abzuhalten. Die Volksschulabsolventen befanden sich in aller Regel in der Berufsausbildung und hätten angesichts der damals geltenden langen Arbeitszeiten einschließlich der Sechstagewoche selbst am Wochenende nur wenig Gelegenheit (und wohl auch Interesse) gehabt, den Jungvolkdienst zu leiten.

Daher setzte Günther nunmehr alles daran, seine Bekanntschaft mit Peter Wieland zu nutzen und engeren Kontakt zur Riege der örtlichen Jungvolkführer zu suchen. So traf er sich am 7. April, dem Karfreitag, nachmittags mit Wieland und weiteren Jungvolkangehörigen im Brühler HJ-Heim zum Tischtennisspielen. Bei dieser Gelegenheit verabredete er sich mit dem Stammführer nochmals für den Spätnachmittag des gleichen Tages in der Stadt. Schließlich stellte er sich am Abend des 20. April bei den lokalen Feierlichkeiten zum 50. Geburtstag Adolf Hitlers als „Fahnenbegleiter" zur Verfügung und ging daran anschließend mit Stammführer Wieland und den von ihm eingesetzten übrigen Einheitenführern ins Jungvolkheim, um dort gemeinsam die Radioübertragung von der Vereidigung der Politischen Leiter der NSDAP im Berliner Sportpalast anzuhören.

Eine Woche darauf war es Günther dann tatsächlich gelungen, die drohende Überweisung abzuwenden. „Habe mit Peter Wieland alles geregelt", notierte er ins Tagebuch, das in der Folgezeit dann zum aussagekräftigen Beleg dafür werden sollte, dass er nun im Jungvolk in der Tat eine „zweite Heimat" gefunden hatte. Nachdem Vater, Bruder und Freund Kurt seit April des Jahres nur noch sehr selten hierfür zur Verfügung standen, boten ihm die neuen „Kameraden" nun offenbar die Gesellschaft, die er suchte und brauchte. Das lange Desinteresse am aktiven Jungvolkdienst erforderte von Günther zunächst aber ein besonders großes Engagement, das Stammführer Wieland sicherlich zur Bedingung für die

Die Gliederung der Hitlerjugend

Die Hitlerjugend hatte – wie jede NS-Organisation – einen streng hierarchischen Aufbau. An der Spitze stand der Reichsjugendführer mit der Reichsjugendführung, einem weit verzweigten bürokratischen Apparat mit mehr als 1 000 Mitarbeitern. Darunter folgten die Einheiten von HJ und „Deutschem Jungvolk" (DJ) sowie BDM und Jungmädeln (JM), die streng nach Region, Alter und Geschlecht getrennt aufgebaut waren. Diese vier Gliederungen unterteilten sich ihrerseits in Einheiten, die hinsichtlich ihrer Größe genau festgelegt waren: Die größte organisatorische Einheit bildeten die Gebiete (Jungen) bzw. Obergaue (Mädchen) mit jeweils etwa 150 000 Mitgliedern, die kleinsten waren die „Kameradschaften" und „Jungenschaften" bzw. die „Mädelschaften" und „Jungmädelschaften" mit rund 15 Mitgliedern.

Das Jungvolk gliederte sich beispielsweise in folgende Einheiten:

1. Jungenschaft (etwa 15 Jungen, die drei fünfköpfige „Horden" bildeten)
2. Jungzug (etwa drei Jungenschaften)
3. Fähnlein (etwa drei Jungzüge)
4. Stamm (später: Jungstamm, etwa vier Fähnlein)
5. Jungbann (etwa sechs Jungstämme)
6. Gebiet (zehn bis vierzig Jungbanne des Jungvolks)

Jede dieser Einheiten unterstand einem Führer, dessen Dienststellung sich aus der Bezeichnung der jeweiligen Einheit ableitete. So wurde beispielsweise ein Fähnlein von einem „Fähnleinführer" geleitet. Diese Führer wurden nicht gewählt, sondern durch den jeweils übergeordneten Führer berufen und anschließend durch dessen vorgesetzten Führer bestätigt. Dementsprechend hatten sich die Führer jeweils den Vorgaben der höheren Instanzen völlig unterzuordnen, wobei sie ihrerseits den unteren Einheiten gegenüber weisungsbefugt waren. Daher bedeutete jede Beförderung einen erheblichen Zuwachs an persönlicher Macht. Bis zum Stammführer wurden diese Tätigkeiten ehrenamtlich, also in der Freizeit ausgeführt.

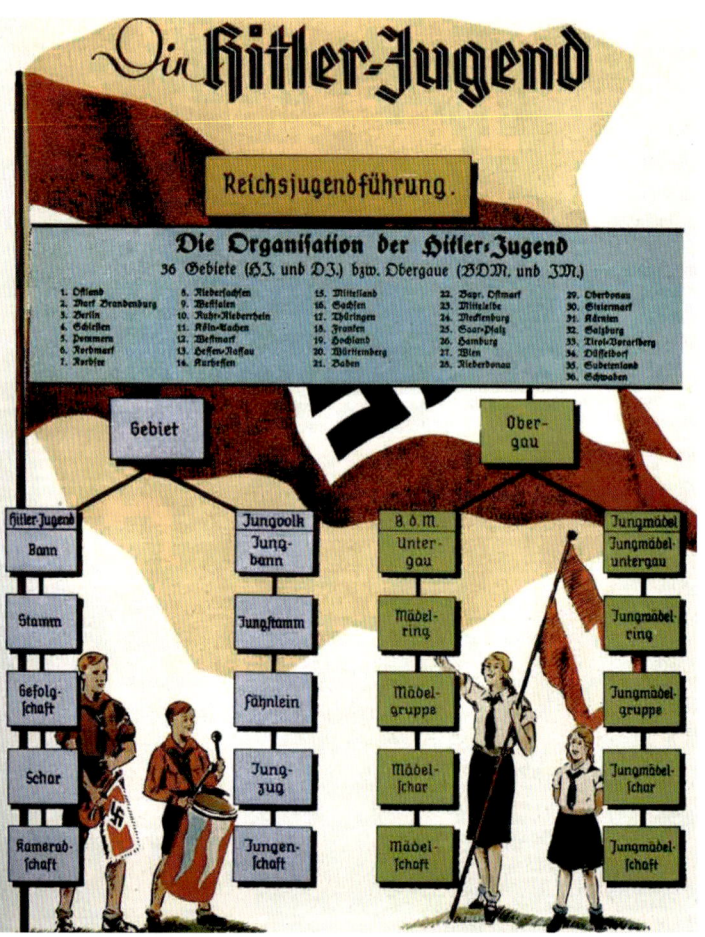

138 / Zeitgenössische Abbildung zur Gliederung der HJ, Quelle unbekannt

unbürokratisch-pragmatische Aufnahme ins Führerkorps des Brühler Jungvolks gemacht haben dürfte.

Der dringendste Nachholbedarf bestand ganz offensichtlich bei der Erlangung des „HJ-Leistungsabzeichens". Ab Mai 1939 war er ausweislich seines Tagebuches nun Tag für Tag unterwegs, um für die einzelnen Prüfungen zu trainieren und diese anschließend abzulegen: Turnen, „Gepäckmarsch", Schießen, 3 000-Meter-Lauf, Geländedienst, Schwimmen und die „weltanschauliche Prüfung" bildeten zeitweise den eindeutigen Schwerpunkt seiner außerschulischen Tätigkeiten. Im Eiltempo musste Günther nun nachholen, woran er jahrelang kein Interesse gezeigt hatte, denn obwohl das „Leistungsbuch", in das sämtliche Prüfungsergebnisse akribisch genau eingetragen wurden, bereits 1934 eingeführt worden war, hatte er bis zum April 1939 offenbar darauf verzichtet, dessen Existenz überhaupt zur Kenntnis zu nehmen, und erst recht, die Erbringung der darin geforderten Leistungen ins Auge zu fassen.

Da dem „Leistungsbuch" und den darin dokumentierten Prüfungen in der Hitlerjugend eine besondere Bedeutung beigemessen wurde, war es sicherlich un-

Dienst und Leistungsbuch

Der „Dienst" in der Hitlerjugend sollte die Jugendlichen „durch ständige politische Schulung zu echten, starken Nationalsozialisten" heranbilden und sie körperlich „zu Kraft, Ausdauer und Härte" erziehen. „Diese Jugend soll gehorchen lernen und Disziplin üben", hieß es unmissverständlich im „Organisationsbuch" der NSDAP, wobei der Dienst zugleich auch „die Grundlage zu wahrem Führertum" legen sollte. So wurden die Jugendlichen in ein festes Schema von Leistungsanforderungen gepresst, durch das sie körperlich trainiert und politisch indoktriniert wurden. Mindestens zweimal pro Woche war Dienst angesetzt, oft zusätzlich an einem weiteren Tag am Wochenende oder bei einer der zahlreichen Sonderaktionen. Viel Zeit für Freizeit blieb so für aufstiegsorientierte Mitglieder nicht mehr.

Jeden Mittwoch fand der Heimnachmittag bzw. -abend mit Singen, theoretischem Unterricht und weltanschaulicher Schulung statt. Am Samstag folgte das „Antreten" mit reichlich Sport, zu dem bei den Jungen auch die „Wehrertüchtigung" in Form von Schießübungen und der zumeist beliebten Geländespiele zählte. Zweimal im Monat sollte zudem eine Wochenendfahrt durchgeführt werden, bei der häufig das Marschieren in Kolonne, also „in der Zucht der Kameradschaft und des Gehorsams" geübt wurde.

Außerdem gab es zahlreiche Sonderdienste wie die Teilnahme an Eltern- und Werbeabenden, Kundgebungen, Appellen und Feiern. Zusätzlich wurden HJ-Angehörige im Rahmen ihres Dienstes als Erntehelfer eingesetzt oder mussten bei den zahlreichen Sammlungen des Winterhilfswerks und bei jenen von Altmetall, Heilkräutern, Eicheln oder Kastanien helfen. In den Kriegsjahren kamen noch die umfangreichen Kriegseinsätze hinzu, in deren Rahmen die Hitlerjugend Aufgaben etwa bei der Post, der Straßenbahn oder im Fernmeldewesen übernahm.

Die gesamten Aktivitäten der Hitlerjugend unterlagen einer einheitlichen ideologischen Ausrichtung. Hatte es in den Jugendverbänden vor 1933 einen großen Freiraum bei der inhaltlichen Gestaltung der Gruppenaktivitäten gegeben, mussten sich die Führer und Führerinnen der Hitlerjugend streng an die festen Vorgaben der Reichsjugendführung halten, die sämtliche Bereiche des Dienstes bis ins kleinste Detail und in Unmengen von Anweisungen bürokratisch genau regelte.

Die zentralen Inhalte des Dienstes wurden zudem ständig überprüft. So mussten die zehnjährigen „Pimpfe" und „Jungmädel" ein halbes Jahr nach ihrem Beitritt eine „Pimpfenprobe" bzw. „Jungmädelprobe" bestehen, um vollwertiges Mitglied in der Hitlerjugend werden zu können. Daran schlossen sich immer wieder sportliche und weltanschauliche Leistungsprüfungen an. Deren Ergebnisse wurden im „Leistungsbuch" festgehalten, in dem „alles, was für die geistige und körperliche Erziehung des jungen Nationalsozialisten von Bedeutung ist", verzeichnet werden sollte. So wurde dieses Dokument zu einer Art politischem Lebenslauf der 10- bis 18-Jährigen.

Aus dem Tagebuch von Günther Roos

17. Mai 1939: „Morgens bin ich in der Schule gewesen. Hatte nachmittags Antreten. Es hat scheußlich geregnet. Habe danach für das Leistungsabzeichen geturnt."

18. Mai 1939: „Hatten heute schulfrei. Haben vom Jungvolk aus für das Leistungsabzeichen einen 10-Kilometer-Gepäckmarsch gemacht. Sind zum Birkhof marschiert. Haben hier Geländedienst gemacht. Sind dann in Gruppen über Walberberg nach Hause gegangen. War danach nicht mehr raus."

19. Mai 1939: „Wegen der Volkszählung hatten wir heute schulfrei. Hatte nachmittags beim Nachrichtendienst Antreten. Mittags ist Mutter nach Köln gefahren. War abends turnen."

20. Mai 1939: „Heute Morgen bin ich in der Schule gewesen. War nachmittags für das Leistungsabzeichen Kleinkaliber schießen. Habe aber noch nicht erfüllt. War danach beichten. Habe abends gebadet."

21. Mai 1939: „War um 8 Uhr in der Kirche. Habe kommuniziert. Habe danach für das Leistungsabzeichen die Leichtathletik erfüllt, auch den 3.000-Meter-Lauf. War nachmittags mit Holzapfel im Park und in der Stadt."

22. Mai 1939: „Bin morgens in der Schule gewesen. Habe nachmittags Aufgaben gemacht. Hatte abends für das Leistungsabzeichen eine weltanschauliche Prüfung. War danach turnen."

23. Mai 1939: „Morgens bin ich in der Schule gewesen. Heute ist Gustav auf Urlaub gekommen. Hatte nachmittags Spielturnen. Haben Schlag- und Fußball gespielt. Hatte danach auf der Falkenluster Allee für das Leistungsabzeichen Geländedienst."

24. Mai 1939: „Ich war morgens in der Schule. Habe nachmittags mit dem Fernlenkauto gespielt. Hatte nachmittags im Nachrichtendienst Antreten. War danach in Pingsdorf das Kleinkaliberschießen erfüllen."

139/Auszug aus dem „Leistungsbuch" von Günther Roos

denkbar, dass jemand, der dieses zentrale Dokument nicht einmal besaß, Jungvolkführer werden konnte. Immerhin galt es für jeden Hitlerjungen als „Ausweis über seine Betätigung", weil in ihm alles verzeichnet wurde, „was für die geistige und körperliche Entwicklung und Erziehung des jungen Nationalsozialisten von Bedeutung ist".[67] Unmittelbar nach der Einführung des Leistungsbuches hatte auch die im Hause Roos gelesene NS-Tageszeitung *Westdeutscher Beobachter* im August 1934 klargestellt, „dass seine Anschaffung und Ausfüllung Pflicht eines jeden einzelnen Junggenossen" sei. Der Erwerb des Leistungsabzeichens wurde somit zur Selbstverständlichkeit erhoben: „Es muss deshalb die vornehmste Pflicht eines jeden HJ-Führers und Hitler-Jungen sein, diese hohe Auszeichnung vom Reichsjugendführer verliehen zu bekommen."[68]

Noch Jahrzehnte später konnte sich Günther Roos bis ins Detail an die schriftlich abzulegende „weltanschauliche" Prüfung für das nun dringend erforderliche „Leistungsabzeichen in Eisen" erinnern, in der all das abgefragt wurde, was den Heranwachsenden zuvor in der Schule und bei Heimabenden immer wieder vermittelt worden war: die wichtigsten „nationalen Feiertage des deutschen Volkes und der Bewegung", die „bedeutendsten Gestalten der nordischen und deutschen Götter- und Heldensagen" sowie die „großen Führergestalten der deutschen Geschichte". „Das waren Arminius, Otto der Große, Heinrich der Löwe, Friedrich der Große, Bismarck und natürlich Hitler." Die ideologische Zielrichtung solcher Schulungsarbeit lag klar auf der Hand: „Es waren alles Leute, deren Blick nach Osten gerichtet war."

Der Weg zum Jungvolkführer war für Günther zunächst durchaus steinig, denn allem Anschein nach musste er, der zuvor ja nicht die kleinste ihn dafür qualifizierende Leitungsfunktion ausgeübt hatte, zunächst eine Zwischenstation in einer der HJ-Sondereinheiten, nämlich der „Nachrichten-HJ", einlegen. Hier war er – offenbar zusätzlich zum normalen Jungvolkdienst – ab Mitte Mai 1939 aktiv und bestrebt, keine Dienste und Übungen zu verpassen. Das wiederum führte dazu, dass sich sein zuvor vom Lesen und Spielen bestimmter Lebensrhythmus grundlegend veränderte, was Auszüge aus seinem Tagebuch in aller Deutlichkeit belegen:

10. Juni: „Hatte nachmittags im Nachrichtentrupp Antreten."

11. Juni: „Hatte nachmittags Antreten. War Bannsportfest. Wir haben Freiübungen gemacht."

14. Juni: „War nachmittags antreten."

15. Juni: „Hatte um sechs Uhr Vorbeimarschüben für Sonntag."

16. Juni: „Hatte nachmittags auf der Bonnstraße Antreten. Haben wieder Vorbeimarsch [wohl für den Kreisparteitag der NSDAP Köln-Land am 18. Juni] geübt. War danach turnen."

17. Juni: „Hatte nachmittags beim Nachrichtendienst Antreten."

18. Juni: „War nachmittags auf dem Kreisparteitag in Köln."

Von diesem Zeitpunkt an, so beschrieb Günther Roos diese Zeit 1989 rückblickend, sei er vom Jungvolk „mehr und mehr vereinnahmt" worden. „Fast täglich war Antreten." Diesen Umstand, so betonte er zugleich, habe er damals aber keineswegs als Belastung oder als Beschneidung seiner Freizeit empfunden. Im Gegenteil: „Es war eine freudig erfüllte Pflicht." Und der galt es, klaglos nachzukommen, wie etwa am 25. Juni. Nachdem er wie jeden Sonntag zunächst um 8 Uhr den Gottesdienst besucht hatte, musste Günther direkt anschließend zum „Antreten": „War im Nachrichtentrupp an einer Sanitätsübung beteiligt. Haben aus einer Feldküche gegessen. Es hat schrecklich geregnet. Mussten in dem Regen die Leitungen abbrechen. Mussten zu Fuß von der Grube hinter Pingsdorf mit einem Handwagen bis nach Brühl gehen. Waren um neun Uhr [abends] wieder hier. War nass bis auf die Knochen."

Solches Engagement wurde nach einer Bewährungsphase schließlich – wie es zuvor mit Stammführer Wieland „geregelt"

Die Sonderformationen der HJ

Neben der allgemeinen HJ konnten sich Jungen auch für den Dienst in einer von deren „Sonderformationen" melden, während für Mädchen als Alternative allein die „Spielscharen" blieben. Die Wahlmöglichkeit bestand dabei zwischen Marine-HJ, Motor-HJ, Flieger-HJ, Nachrichten-HJ, Reiter-HJ (bis 1939), Feldscher-HJ, Spielscharen der HJ (ab 1936) und HJ-Streifendienst (ab 1938).

In diesen Sondereinheiten erhielten die Jugendlichen eine Spezialausbildung, die auf die Ansprüche der verschiedenen Waffengattungen der Wehrmacht abgestimmt war. Ab 1936 galten diese Sonderformationen dann auch offiziell als Nachwuchsorganisationen der Wehrmacht und wurden von ihr ab 1938 finanziell und durch Heranziehen zu kleineren gemeinsamen Übungen unterstützt. Es bestand allerdings kein Zwang, nach Abschluss der HJ-Ausbildung eine bestimmte Waffengattung zu wählen.

Der Dienst in den Sonderformationen wurde von vielen Jugendlichen als äußerst attraktiv empfunden, nicht zuletzt, weil er eine Alternative zum allgemeinen HJ-Dienst bot, der als eintönig galt. Hier konnten sie interessegeleitet wählen und sich mit Dingen beschäftigen, zu denen ihnen außerhalb der HJ vielfach die Möglichkeit fehlte, vor allem, wenn sie aus sozial schlechter gestellten Schichten kamen.

worden war – belohnt: Am 4. Oktober 1939 wurde Günther Roos zum „Hordenführer" ernannt, der untersten Führerstufe im Jungvolk. Damit, so erinnerte er sich später, habe seine „glorreiche Karriere im Jungvolk" ihren Anfang genommen. „Es begann mit meiner immer stärkeren Identifikation mit dem Nationalsozialismus und dem Gefühl, Macht zu besitzen und diese auch gegenüber anderen ausüben zu können."

Krieg mit Polen?

Günther war – wie bereits geschildert – allein schon durch familiäre und schulische Beeinflussung auch vor 1939 mit einer Affinität zum NS-Gedankengut aufgewachsen. Nun trafen aber zwei Entwicklungen aufeinander, die ihn endgültig zum überzeugten Nationalsozialisten werden ließen: Zum einen war dies der Beginn seiner Führerkarriere im Jungvolk. Zum anderen prägten ihn die „Erfolge" der aggressiven deutschen Außenpolitik: Nach der Etablierung des „Großdeutschen Reiches" im Vorjahr überschritten deutsche Truppen am 14. März 1939 die Grenze zur Tschechoslowakei, die tags darauf durch Proklamation Hitlers als „Protektorat Böhmen und Mähren" dem Reichsgebiet einverleibt wurde.

„Heute vor zehn Jahren sind wir in unsere jetzige Wohnung eingezogen. In der Tschechoslowakei marschieren die deutschen Truppen ein. Der Führer ist in Prag. Haben morgens in der Schule die Proklamation des Führers gehört. Habe nachmittags Mundharmonika gespielt. Bin danach auf der Post gewesen. Habe abends Aufgaben gemacht. Heil Hitler!" So lautete Günthers Tagebucheintrag für den 15. März 1939. Er glaube, so kommentierte er 50 Jahre später, die „letzten zwei Worte" würden seine damaligen Empfindungen „mehr als deutlich" wiedergeben. „Der jahrhundertealte Traum von einem Großdeutschland rückte greifbar nahe. Der Kampfruf ‚Ein Volk, ein Reich, ein Führer' wurde Wirklichkeit!" Ein solches Gefühl habe umso mehr Platz greifen können, als die aggressive Aktion gegen die Tschechoslowakei zuvor propagandistisch gut vorbereitet worden sei, „sodass uns ein Eingreifen des Führers durchaus natürlich erschien". Aber wohl nicht nur das: Es ist nicht unwahrscheinlich, dass der 14-Jährige hier höhere Mächte am Werk sah, die nun den weiteren unaufhaltsamen Aufstieg Deutschlands zementierten, der auch Günther und seiner Familie – zum zehnten Jahrestag des Verlusts der großen Wohnung in der Friedrichstraße und des damit auch nach außen sichtbar gewordenen sozialen Abstiegs – eine rosige Zukunft zu eröffnen schien.

Die Tagebucheinträge der folgenden Sommermonate zeichneten sich – wie bereits jene zum Jahresbeginn – durch eine eigentümliche Mischung von kindlichem Spieltrieb und altkluger politischer Kommentierung des Weltgeschehens aus. Kaum hatten am 26. Juli die Sommerferien begonnen, kehrte auch Freund Kurt nach Brühl zurück. Schon für den folgenden Tag hielt Günther fest: „War morgens bei Kurt. Haben mit der Eisenbahn gespielt und Krocket. Haben nachmittags Kirschen gepflückt und Eisenbahn und Krocket gespielt." Dieses ungezwungene kindliche Spielen, zu dem ebenso das als besonders abenteuerlich empfundene Bauen an einem „unterirdischen Lager" auf dem Fabrikgelände der Fröhlichs zählte, setzte sich in der vom Jungvolkdienst weitgehend befreiten mehrwöchigen Ferienzeit fort. Bemerkenswert erscheint es, dass der Jungbann 65, zu dem das Brühler Jungvolk zählte, zur gleichen Zeit ein großes Bannzeltlager im bergi-

140 / Übung der Brühler Nachrichten-HJ am 10. Juni 1939 auf der Falkenluster Allee. Günther Roos 2. v. l.

141

141 / Zeltlager des Jungbanns 65 vom 26. Juli bis 8. August 1939 in Brüchermühle

142 / Günther Roos (rechts) im Garten der Familie seines Freundes Kurt

143 / Freunde von Günther im Brühler Karlsbad

schen Brüchermühle durchführte. Da dies im Tagebuch des angehenden Jungvolkführers Günther Roos mit keinem Wort Erwähnung fand, ist anzunehmen, dass er über eine etwaige Teilnahme auch keine Gedanken verloren hatte.

Unterbrochen wurde das kindliche Idyll dann am 7. August 1939, als Günther seine „erste große Reise" nach Trier antrat, um gemeinsam mit Mutter Elisabeth den dort beschäftigten Vater Toni zu besuchen. Er sei, so erinnerte er sich noch Jahrzehnte später, von dieser Unternehmung alles andere als begeistert gewesen, weil er seine Zeit lieber weiterhin mit Kurt in Brühl verbracht hätte. Durch diesen zweieinhalbwöchigen Trier-Aufenthalt, den Günther vorwiegend mit Lesen und Ausflügen in die Umgebung verbrachte, hatte er jedoch genau in der „heißen" Vorkriegsphase ausschließlich Kontakt mit Erwachsenen, die als Mitarbeiter der „Organisation Todt" zudem einen recht einseitigen Blick auf die Ereignisse gehabt und den mittlerweile 15-Jährigen entsprechend beeinflusst haben dürften. Überraschenderweise gibt Günthers Tagebuch jedoch hierüber kaum Auskunft, einzig der Hitler-Stalin-Pakt war ihm eine kurze Erwähnung wert: „Heute ist der Nichtangriffspakt mit Sowjetrussland abgeschlossen worden. Das Ganze klingt wie ein Witz."

Kaum zurück in Brühl, widmete sich Günther wieder intensiv dem Spiel mit Kurt: „Morgens war ich bei Kurt. Habe an unserem unterirdischen Lager weitergebaut. Haben nachmittags im Garten gearbeitet. Haben dann die Lichtleitung für das Lager gelegt. Haben dann Krocket gespielt." Erstmalig schloss ein solcher sich auf Spiel und Freizeit beziehender Tagebucheintrag mit einem ansatzweise politischen Zusatz: „Gibt es Krieg? Man könnte es bald glauben." Und am nächsten Tag kommentierte Günther: „War morgens bei Kurt. War nachmittags schwimmen. Haben abends ausländische Nachrichten abgehört. Ob es Krieg gibt? So hört man überall fragen. Ich glaube nicht recht daran. Was will denn England überhaupt?"

Die in solch „halbstarken" Phrasen zum Ausdruck kommende politische „Analyse" scheint nicht recht zu den bisherigen Tagebucheinträgen zu passen, die doch eher kindliches Leben und Erleben schilderten. Vieles von dem, was Günther Roos in dieser Hinsicht kurz vor Beginn und anschließend in der frühen Phase des Krieges zu Papier brachte, dürfte daher eher von anderen im familiären, schulischen und kleinstädtischen Umfeld geäußert, von ihm aufgeschnappt und dann im Tagebuch verarbeitet worden sein. Allein die diesbezüglichen kurzen Äußerungen von Vater Toni in dessen Briefen an Sohn Gustav zeigen, in welchem Ton in Günthers Familie über die politische Lage in Europa gesprochen wurde.

Allgemein war das gesamte öffentliche, schulische und wohl auch das familiäre Leben – Bruder Gustav wurde mit Kriegsbeginn Soldat! – vom Thema des drohenden Krieges bestimmt. „Täglich hörten wir von Verfolgung und von Gräueltaten an Volksdeutschen in Polen", erinnerte sich Günther Roos später. „Das können wir uns doch auf die Dauer nicht gefallen lassen! Und die Gerüchteküche kochte. Die älteren Leute sprachen nur in großer Sorge über die Möglichkeit eines Krieges. Es herrschte eine dumpfe Stimmung."

Davon wurde die Spielkameradschaft zwischen Kurt und Günther offenbar nicht sehr stark berührt: „Haben morgens bei Kurt am Lager weitergebaut. Waren nachmittags in der Fabrik. Haben die Schuhe der Arbeiterinnen an der Decke festgebunden und haben dann an den Wänden entlang Girlanden aus Kaffeekannen aufgehängt. Haben wir gelacht!" Das war das übermütige Tagwerk am 26. August, und danach bestimmten – auch über den 1. September hinaus – weiterhin Krocketspiel, Lagerbau und Schwimmen Günthers Ferienalltag.

Deutsch-Sowjetischer Nichtangriffspakt

Im Lauf des Augusts 1939 wurde der deutsche Weg in den Krieg außenpolitisch vorbereitet: Nachdem am 19. ein deutsch-sowjetisches Handels- und Kreditabkommen unterzeichnet worden war, das der UdSSR einen Warenkredit in Höhe von 200 Millionen Reichsmark gewährte, folgte vier Tage später in Moskau zur allgemeinen Überraschung der Abschluss eines deutsch-sowjetischen Nichtangriffspakts und eines – der Öffentlichkeit naturgemäß unbekannt bleibenden – Geheimprotokolls zur künftigen Aufteilung der Interessenssphären in Osteuropa. Damit hatte das NS-Regime das letzte Hindernis auf dem Weg in den Krieg beseitigt.

Sowohl die deutsche Bevölkerung als auch die Weltöffentlichkeit sahen sich durch das Abkommen, das Hitler einige Tage später intern als „Pakt mit dem Satan, um den Teufel auszutreiben" bezeichnen sollte, plötzlich mit der von oben diktierten Übereinstimmung zweier grundsätzlich gegensätzlicher Gesellschaftssysteme konfrontiert. Um die Irritationen schnellstmöglich zu zerstreuen, wurde die deutsche Presse angewiesen, den Nichtangriffspakt als „sensationellen Wendepunkt" zu feiern. Was das Abkommen bedeutete, war aufmerksamen Beobachtern umgehend klar: „Wir sind also überspielt worden", notierte der französische Botschafter in Berlin und stellte fest: „Damit ist der letzte Faden, an dem der Friede noch hing, gerissen."

Aus den Briefen von Anton Roos
___ an Sohn Gustav

1. Juni 1939: „Krieg gibt es nicht. Wie ich aus gut unterrichteten Kreisen erfahren habe, hat Polen z. Zt. 2/3 seiner Kriegsstärke unter den Waffen. Ergo muss Polen innerhalb einer Zeit von 4–6 Monaten finanziell pleite sein. Von uns wird die Polackei dauernd beunruhigt, was zur Folge hat, dass die Polen nicht demobilisieren können."

20. Juni 1939: „In der Politik wird sich demnächst allerhand tun. Die Deutschenverfolgung in Polen geht programmmäßig weiter und auf einmal ist der Knall da. Krieg wird es nicht geben, da gemäß Programm England u. Frankreich in China stark interessiert sind und für die Polacken gegebenenfalls keine Zeit haben werden."

18. Juli 1939: „Dass es z. Zt. sehr stinkt, stimmt schon, hat aber nichts zu bedeuten. Die Polacken bekommen günstigstenfalls den Korridor genauso auf kaltem Wege abgenommen wie die Tschechen damals. […] Bei der 4. Teilung Polens werden Deutschland, Russland, Litauen u. Ungarn sich etwas nehmen. Es bleibt dann mal wieder ein Kongresspolen übrig. In die befreiten Gebiete werden wir sämtliche Deutschen aus Polen ansiedeln und alle Polacken herauswerfen (siehe Türkei mit den kleinasiatischen Griechen). Und wenn die Polacken in einem Jahr noch mal frech werden, kommen sie ganz an Russland. Die Ukraine bekommt Ungarn und damit Deutschland."

29. Juli 1939: „Die Polacken verbluten vorläufig finanziell […] Und dann kommt der Tag, sobald die Ernte herein ist, wo der Führer auf den Ruf der Danziger einmarschiert und zur Sicherheit auch den Korridor besetzt. Die Russen werden alsdann von der anderen Seite „zu Hilfe" kommen und das übrige Polen besetzen. Genau wie vor einem Jahr in der Tschechei. […] Es fällt genau keinem Staat ein, wegen den Polacken einen Weltbrand entstehen zu lassen."

15. August 1939: „Ich schätze, dass der Führer in 2 Wochen den Salat für reif ansieht und besetzt. Um die Sache zu beschleunigen, wird jetzt an der polnischen Grenze ein großes Truppenaufgebot gesammelt, sodass der Polack alles mobilmachen muss und dann ist der polnische Zusammenbruch da."

3. September 1939: „Hoffentlich ist der Spuk bald vorbei, denn ich glaube nach wie vor nicht an Verwicklungen im Westen, denn beide Völker wissen ja doch nicht, warum Deutschland u. Frankreich sich schlagen sollen, denn das sind die Polacken nicht wert. […] Politisch kommt es jetzt auf die Russen an, Ironie der Weltgeschichte, sehe ich Väterchen Stalin schon als Friedensengel. Die Parole von mir nach wie vor: England muss vernichtet werden, genau wie die Polackei."

13. Oktober 1939: „Die Parole ist nach wie vor: England muss vernichtet werden, eher gibt es keine Ruhe auf der Welt."

Kriegsbeginn

Natürlich rückte die sich zuspitzende Lage in Polen auch mit jedem Tag stärker in Günthers Wahrnehmung. Am Abend des 31. August saß er gemeinsam mit seiner Mutter bis Mitternacht gebannt vor dem Radiogerät und lauschte den Nachrichten. „Der Führer hat einen Vorschlag an Polen gestellt. Er ist abgelehnt worden. Ob es Krieg gibt?" Mit diesen Gedanken ging er zu Bett, und als er aufwachte, hatte der Zweite Weltkrieg begonnen: „Habe morgens die große Führerrede gehört. Es ist Krieg mit Polen. Der Führer ist der erste Soldat des Volkes. Er sagte, er gehe an die Front. Sein erster Nachfolger soll Göring sein, der zweite Rudolf Hess. Es lebe Deutschland!" Die Ausweitung des Krieges kommentierte Günther Roos am 3. September dann so: „Nachdem England uns ein Ultimatum stellte, das wir natürlich nicht annahmen, erklärten uns England und Frankreich den Krieg. Diese Schweine!"

„Es gab eine Kriegsbegeisterung in meiner Generation. Bei uns Begeisterung, bei den älteren Leuten Bedrückung." So beurteilte Günther Roos 2012 die Stimmung bei Kriegsbeginn rückblickend. Endlich habe die Ungewissheit ein Ende gehabt, hatte er bereits 23 Jahre zuvor zu Papier gebracht. „Der Krieg war da." Bereits am Nachmittag des 1. September seien die ersten *Sondermeldungen* „vom Vormarsch unserer siegreichen Truppen" ausgestrahlt worden, und im Schwimmbad habe er mit seinen Freunden darüber diskutiert, „ob der Krieg in sechs Wochen oder in drei Monaten beendet sei". Dabei zeigte sich, wie erfolgreich die permanente NS-Propaganda gerade in der jungen Generation gewirkt hatte. „In diesem Krieg war das Recht ganz klar auf unserer Seite. Nur der Neid auf die Erstarkung Deutschlands trieb England und Frankreich dazu, uns den Krieg zu erklären", umriss er die damalige Stimmungslage und skizzierte zugleich sein damals so empfundenes persönliches Dilemma: „Nun gut, wenn sie Krieg haben wollten, so sollten sie ihn haben. Das Ärgerliche daran war nur der Umstand, dass jetzt Europa und die Welt für die nächsten tausend Jahre neu geordnet wurden, und ich war zu jung, um dabei mitzuwirken!"

Verfolgen ließ sich das Kriegsgeschehen aufgrund der permanenten Berichterstattung in Presse, Rundfunk und den *Wochenschauen* sowie durch das genaue Studium der Wehrmachtsberichte im Schulunterricht hingegen sehr genau. „Im

Sondermeldungen

Während des Zweiten Weltkriegs unterbrach der „Großdeutsche Rundfunk" häufig sein Programm, um in sämtlichen deutschen Radiosendern „Sondermeldungen" über militärische Erfolge zu verkünden. Diese Beiträge wurden durch charakteristische Fanfarensignale angekündigt. Während etwa die 1940 während des Feldzugs gegen Frankreich verwendete Tonfolge dem Lied „Die Wacht am Rhein" entlehnt war, orientierte sich die ab Ende Juni 1941 gesendete „Russland-Fanfare" an einer Passage aus Franz Liszts „Les Préludes". Nach der Niederlage von Stalingrad zum Jahresbeginn 1943 wurden keine solchen Sondermeldungen mehr ausgestrahlt. An deren Stelle traten Durchhalteparolen.

„Heimatfront"

Die „Heimatfront" war ein Konstrukt der NS-Propaganda, um die angebliche Verbundenheit zwischen den an der Front kämpfenden Soldaten und den in der Heimat Zurückgebliebenen zu dokumentieren und zu verstärken. In den Reden Hitlers und der nationalsozialistischen Politiker spielte der Ausdruck eine große Rolle. Im weiteren Kriegsverlauf wurde der Begriff dann für den gesamten Arbeitseinsatz in der Heimat übernommen. Das Schlagwort wurde dabei gern im Zusammenhang mit dem vom NS-Regime beschworenen „totalen Krieg" mit seinem „Kampf an allen Fronten" verwendet.

144

·········· Alte Reichsgrenze bis 1918

144 / Von Günther Roos aus dem *Westdeutschen Beobachter* ausgeschnittene Karte, auf der er die Frontbewegungen einzeichnete

‚Westdeutschen Beobachter' wurden laufend Landkarten der einzelnen Frontabschnitte veröffentlicht. In diese Karten wurde dann von mir entsprechend den Wehrmachtsberichten mit Rotstift der Vormarsch unserer Truppen eingezeichnet", erinnerte sich Günther Roos später. Diese Tätigkeit wurde in seinem Tagesablauf zu einer derartigen Selbstverständlichkeit, dass er sie im Tagebuch nicht mehr eigens erwähnte. Nur wenn es eine neue Karte gab, die er auf Pappkarton aufziehen musste, fand er das – wie etwa am 9. Oktober 1939 – noch der Erwähnung wert.

Insbesondere von Angehörigen der Hitlerjugend wurde angesichts der zahlreichen Einberufungen und der dadurch entstandenen Lücken an der „Heimatfront" nach Kriegsbeginn aber auch ein aktives Mitwirken erwartet. Bereits am 8. September hatte Günther im Heim der Brühler NSDAP „Bereitschaftsdienst" abzuleisten, der unter anderem aus Botendiensten per Fahrrad – an diesem Tag

Bezugsscheinsystem

Noch vor dem Beginn des Krieges wurden mit der „Verordnung zur vorläufigen Sicherstellung des lebenswichtigen Bedarfs des deutschen Volkes" am 27. August 1939 Lebensmittel und Konsumgüter rationiert. Sie waren fortan nur noch bei gleichzeitiger Vorlage von Bezugsscheinen (v. a. Lebensmittelkarten wie etwa „Brotkarte", „Fleischkarte" oder „Milchkarte"), die strikte Mengenbeschränkungen auswiesen, zu kaufen. Ab November 1939 wurden auch Textilien rationiert („Reichskleiderkarte"), später noch Tabak („Raucherkarte"), Fahrradreifen und immer mehr Gegenstände des täglichen Bedarfs.

Dieses System sollte den Verbrauch von Waren senken, um die zu erwartenden kriegsbedingten Engpässe und Versorgungsschwankungen auszugleichen und zugleich Rohstoffe für die Rüstungsproduktion freizumachen. Außerdem sollte so auch die Kaufkraft der deutschen Bevölkerung gemindert werden, um die dadurch angesparten Gelder zur Finanzierung des Krieges verwenden zu können.

Die Höhe der Rationen richtete sich nach Leistungskriterien, aber auch nach sozialen Gesichtspunkten: Soldaten, Schwer- und Schwerstarbeitende erhielten ebenso Zulagen wie Familien, Schwangere oder Kleinkinder. Insgesamt war und blieb die Versorgung der deutschen Bevölkerung relativ gut – gerade im Vergleich zum Ersten Weltkrieg, in dessen Verlauf Versorgungskrisen die Kriegsbereitschaft der Bevölkerung geschwächt hatten. Eine solche Entwicklung versuchte das NS-Regime um jeden Preis zu verhindern.

Das wurde nicht zuletzt durch eine – insbesondere in Osteuropa brutal durchgeführte – rücksichtslose Plünderung der von der Wehrmacht besetzten Länder zulasten der einheimischen Bevölkerungen ermöglicht.

nach Kierberg und Vochem – bestand. Auch Altmaterialsammlungen und die Verteilung oder Abrechnung von Marken des neu eingeführten Bezugsscheinsystems bestimmten ausweislich seines Tagebuchs nun immer häufiger seinen Jungvolkalltag. Hinzu kamen Sammlungen für das Winterhilfswerk sowie der übliche Dienst in Form von Exerzieren, Werbe- und Ausmärschen oder Geländespielen. Angesichts der steigenden Anforderungen trat neben den Mittwoch und Samstag nun auch zunehmend der Sonntag als normaler „Dienst-Tag".

Günther verrichtete alle ihm übertragenen Aufgaben offenbar klaglos und mit großer Selbstverständlichkeit, galt es angesichts des Krieges doch, seinen „Mann zu stehen". Eine zusätzliche Motivation dürfte es für ihn gewesen sein, dass sich sein Bruder Gustav nach Ableistung des Arbeitsdienstes Anfang Oktober 1939 freiwillig zur Wehrmacht gemeldet hatte. Er sei damals, so legte Günther Roos 50 Jahre später nieder, „wahnsinnig stolz" gewesen, dass sein Bruder sich zu diesem Schritt entschlossen habe. Allerdings, so musste er rückblickend hinzufügen, seien dessen Beweggründe nicht, wie er damals wie selbstverständlich angenommen habe, „Begeisterung für den Krieg und den Nationalsozialismus" gewesen, stattdessen habe Gustav ganz einfach geglaubt, „sich einer Verpflichtung nicht entziehen zu können".

Der Krieg war zu diesem Zeitpunkt noch längst nicht im Rheinland „angekommen". Zwar beobachtete man die Erfolge in Polen mit zunehmender Begeisterung, sowohl Frankreich als auch Großbritannien verhielten sich trotz ihrer Kriegserklärungen jedoch überraschend ruhig. Weil dies aber keinesfalls den jugendlich-abenteuerlichen Erwartungen der Heranwachsenden an der „Heimatfront" entsprach, drohte die anfängliche Kriegsbegeisterung bei ihnen bald in Routine zu ersticken. Als Günther Roos etwa am 23. September 1939 samstags von 8 bis 20 Uhr für Dienste bei der NSDAP-Kreisleitung Köln-Land eingeteilt war, dominierte dort anscheinend Gemächlichkeit. „Haben uns morgens gelangweilt. Haben mittags in einem Restaurant

Aus dem Tagebuch von Günther Roos

25. Oktober 1939: „Ich bin morgens in der Schule gewesen. Habe nachmittags gelesen. War danach auf der Bonnstraße antreten. Es war saukalt. War mit Kamphausen und einigen anderen Kameraden bei Backhausen Korn trinken."

26. Oktober 1939: „Habe morgens Aufgaben gemacht. War nachmittags in der Schule. Habe danach mit der Einquartierung Schach, Mühle und Dame gespielt."

27. Oktober 1939: „Morgens habe ich Aufgaben gemacht. War nachmittags in der Schule. Habe danach mit dem Fernlenkauto gespielt."

28. Oktober 1939: „Habe morgens lang geschlafen. Habe morgens gelesen. War nachmittags beichten. War danach in dem wunderbaren Film ‚Robert Koch'."

29. Oktober 1939: „Um 7 Uhr bin ich schon in der Kirche gewesen. Hatte von 7–11 Uhr Antreten. Habe danach gelesen, Aufgaben gemacht und mit dem Stabilbaukasten gespielt."

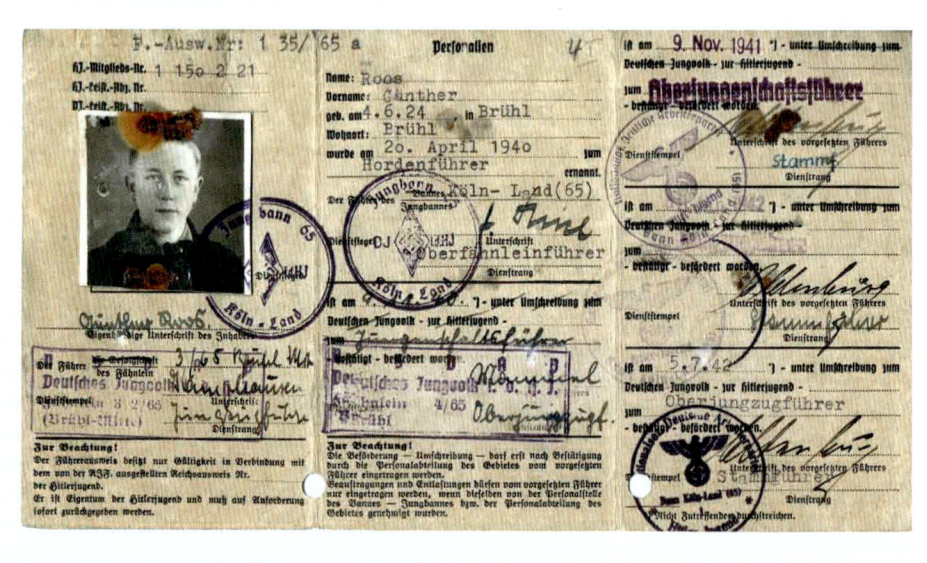

145 / „Führerausweis" von Günther Roos. In ihm wurden – beginnend mit der Funktion des Jungenschaftsführers bis hin zum Jungstammführer – sämtliche Verwendungen ebenso verzeichnet wie die Beförderungen.

ein Mahl zu uns genommen. Mussten nachmittags nach Knappsack Wein holen. Haben auch eine Flasche getrunken. Ich war mit Hugo Müller und noch einem. Hugo war ziemlich besoffen." Das waren also zunächst die Abenteuer, die der Krieg für Hitlerjungen bereithielt.

Deutlicher bemerkbar machte sich das kriegerische Geschehen hingegen im schulischen Bereich. Aufgrund zahlreicher Einberufungen von Lehrern und entsprechendem Ausfall von Unterrichtsstunden musste am Brühler Gymnasium die gesamte Organisation umgestellt werden. Nach dem Ende der kriegsbedingt verlängerten Sommerferien wurde der Unterricht dort bis in den Februar 1940 hinein schichtweise am Morgen und Nachmittag erteilt, was – zusätzlich zu dem Ausfall vieler Fachlehrer – den Lernerfolg nicht unerheblich beeinträchtigt haben dürfte. Den weitaus meisten Schülern hingegen dürften Lehrermangel und Unterrichtsausfall gefallen haben. Günther Roos jedenfalls kam nicht auf die Idee, sich in seinem Tagebuch hierüber zu beklagen.

Ab der zweiten Oktoberhälfte warteten ohnehin neue Aufgaben auf ihn. Nachdem der Beginn des Krieges auch in die Reihen des Führerkorps der Hitlerjugend große Lücken gerissen hatte, stieg Günther nur zwei Wochen, nachdem er zum Hordenführer berufen worden war, am 19. Oktober zum Jungenschaftsführer auf, womit er nun erstmals auch eine der begehrten „Führerschnüre" – nämlich jene in rot-weiß – tragen durfte. Mit der Beförderung waren jedoch auch konkrete Organisationsaufgaben verknüpft. Bereits am folgenden Tag holte er bei seinem Vorgänger das „Jungenschaftsbuch" ab, worunter man sich wohl eine Liste von rund 15 Mitgliedern mit deren Adressen, Beitragszahlungen und Anwesenheiten beim Dienst vorstellen muss. Leider sind solche Dokumente aus dem Jungvolkalltag nicht überliefert, und auch Günther Roos vermochte keine Angaben mehr über deren genauen Inhalt zu machen.

Worin seine neuen Aufgaben vorwiegend bestanden, ist aber seinem Tagebuch zu entnehmen. Noch am gleichen Tag, an dem er vormittags das „Jungenschaftsbuch" übernommen hatte, heißt es: „War nachmittags in der Schule. Habe danach meinen Jungen Bescheid gesagt und Beitrag eingesammelt." Zum Dienst wurde im Brühler Jungvolk also mündlich geladen, wobei er, so berichtete Günther Roos später, diese Gelegenheiten des persönlichen Kontakts stets dazu genutzt habe, die Eltern der „Pimpfe" zu ermahnen, dass ihre Kinder regelmäßig zum Dienst erscheinen würden. „Und das Verwunderliche war, dass meine Ermahnung von den Eltern ernst genommen wurde." Auch das war sicherlich eine Erfahrung, die dem 15-Jährigen seinen persönlichen Machtzuwachs durch das Einschlagen der Führerlaufbahn deutlich vor Augen geführt haben dürfte.

Aber trotz dieser ersten Erfahrungen mit persönlicher Machtausübung war Günther zunächst noch nicht bereit, seiner in weiten Teilen noch kindlich geprägten Welt vollends den Rücken zu kehren. Er verließ deren beschützenden Rahmen zu diesem Zeitpunkt offensichtlich nur dann, wenn der Dienst im Jungvolk und insbesondere der Kontakt mit anderen Führern ein entsprechend „erwachsenes" Verhalten verlangten. Diese Verschränkung von Kinder- und Jugendwelt lässt sich beispielhaft an den Tagebucheintragungen zwischen dem 25. und 29. Oktober 1939 ablesen. Trotz Beförderungen und Führerschulungen, trotz Kriegshilfsdiensten und Alkoholgenuss mit „Kameraden", trotz voranschreitender Pubertät und Kriegsgeschehen: Günther Roos versenkte sich auch zum Ende des Jahres 1939 immer wieder – und wie es den Anschein hat, auch sehr gern – in seine von Fernlenkauto und Stabilbaukasten bestimmte Spielwelt. Er und mit ihm wohl viele seiner Altersgenossen empfanden das damals durchaus nicht als Widerspruch.

Die Ausweitung des Krieges im Herbst, Winter und Frühjahr 1939/40 sollte für sie dann aber doch den Beginn des (erzwungenen) Abschieds von einer bis dahin als heil empfunden Welt mit sich bringen.

4. Januar 1940
Nummer 1 / 15. Jahrg.
Druck und Verlag von M.
DuMont Schauberg, Köln

Kölnische Illustrierte Zeitung

Preis **20** Pfg.
Frei Haus durch den
Zeitschriften-Buchhandel 22 Pfg.

Der OKW-Bericht bei den Abc-Schülern
„...und da liegt der Firth of Forth"

Aufnahme: Dr. Croy

„Es ist bald wie im Märchen. Deutschland wird siegen!"

Tagebucheintrag von Günther Roos
12. Mai 1940

1940

Das Jahr stand ganz im Zeichen der militärischen Eroberungen der Wehrmacht in Europa. Im Zuge zwei aufeinanderfolgender „Blitzkriege" besetzte sie von April bis zum Juni mit Dänemark, Norwegen, den Niederlanden, Belgien, Luxemburg und schließlich Frankreich sechs Staaten und brachte sie unter direkte deutsche Herrschaft. Den Höhepunkt stellte aus deutscher Sicht sicherlich der Abschluss des Waffenstillstandsvertrages mit Frankreich am 22. Juni dar. Nahezu ganz Europa war in den Kriegszustand versetzt, und Adolf Hitler galt in seinem Weltmachtstreben nun vielen Deutschen als „größter Feldherr aller Zeiten". Allerdings brachte das Jahr 1940 mit der gescheiterten „Luftschlacht" gegen England auch einen ersten militärischen Rückschlag. Innenpolitische Ereignisse und Veränderungen traten angesichts der militärischen Erfolge weitgehend in den Hintergrund, wobei es dem NS-Regime vorrangig darum ging, die „Heimatfront" ruhig zu halten.

Dabei war es bestrebt, seinen Einfluss im schulischen Alltag weiter auszubauen. Die Kriegsereignisse selbst wurden zum täglichen Lehrstoff, um so eine „bewusste, selbstsichere, wehrhafte und tatbereite Jugend voller Wagemut und Gefolgschaftstreue" schnellstmöglich und effektiv für einen Einsatz im Krieg vorzubereiten. Ab Mitte 1940 mussten in den Oberstufen der höheren Schulen täglich die Berichte des Oberkommandos der Wehrmacht besprochen werden. Zugleich waren die Schulen dazu aufgerufen, Kenntnisse über den Aufbau der Wehrmacht und deren Waffengattungen zu vermitteln sowie das Interesse der Schüler für militärische Belange zu wecken. Aufgrund des häufigen außerschulischen Einsatzes von Schülern und Lehrern – vorzugsweise in der Landwirtschaft und bei den zahlreichen Sammelaktionen wie dem des Kriegswinterhilfswerks – reduzierte sich die Zahl der Schulstunden erheblich. Außerdem beeinträchtigten Fliegeralarme, Kohlemangel und die kriegsbedingte Belegung von Schulraum den Schulbetrieb.

Das Jahr 1940 brachte nicht nur hinsichtlich des Kriegsgeschehens neue Entwicklungen, auch Günthers Leben erfuhr tief greifende Veränderungen. Das Jungvolk und seine damit verknüpften Ambitionen beeinflussten dabei zunehmend sein Denken und Handeln. Zunächst verlief das Leben in Brühl jedoch in weitgehend geordneten und angesichts des Kriegszustandes recht ruhigen Bahnen. Die ersten Monate des Jahres waren von Schule und Jungvolkdienst bestimmt, der ausweislich der Tagebucheintragungen immer häufiger durch „Führerschulungen" und „Führerbesprechungen" ergänzt wurde. Günther Roos verfolgte den einmal eingeschlagenen Weg eines Jungvolkführers also zielstrebig weiter. Am 20. März 1940 durfte er dann erstmals eigenständig einen Heimabend abhalten.

Das war zugleich der Tag, an dem die Osterferien begannen und der ihm die Sicherheit brachte, dass er in die nächste Klasse versetzt wurde. „Ob ich steige?", hatte er noch am 16. März notiert, um dann vier Tage später zu jubeln: „Hurra! Ferien! Bin gestiegen!" Das sollte im Übrigen das letzte Mal sein, dass sich Günther um seine Versetzung sorgen musste. 2008 äußerte er in dieser Hinsicht: „Die Jungvolkkarriere hatte zwei Folgen: Erst einmal wurde ich ehrgeizig und wollte mehr haben. Das hatte aber auch einen positiven Effekt: Ich wollte als Führer in der Hitlerjugend auch Vorbild sein und habe mich daher in der Schule sehr engagiert; ich wurde auch da strebsam." So konnte er zugleich die Sorge seiner Eltern, das Engagement im Jungvolk könne die ohnehin nicht übermäßig guten schulischen Leistungen noch weiter beeinträchtigen, zerstreuen. „Hoffentlich bleiben die Sterne seiner HJ-Führerlaufbahn nicht derart, dass ich als Vater mit Graus und Schrecken dem Weihnachts-Zeugnis entgegenschauen muss", schrieb Vater Toni noch im August 1940 an seine Frau. Zugleich erwachte in Günther nun aber auch in anderer Hinsicht das Streben nach Höherem, wie er später ausführte: „Die zwei Wege: einmal in der Schule und in der Hitlerjugend. Das war Ehrgeiz, das war reiner Ehrgeiz. Ich wollte was werden, und ich wollte Macht ausüben. Und das wurde natürlich gefördert."

Bei diesem Vorhaben sah er sich wieder auf sich allein gestellt. Nachdem Bruder Gustav im November zur Aufnahme eines Architekturstudiums vorübergehend von der Wehrmacht freigestellt worden war, absolvierte er vom 4. Dezember bis Anfang April 1940 ein Praktikum als Maurer bei der Firma Hochtief im benachbarten Knapsack und teilte sich in der elterlichen Wohnung wieder das Zimmer mit Günther. Anschließend zog er dann aber zum Studium nach Hannover, was für den jüngeren Bruder wieder einen harten Schlag darstellte.

146 / Günther Roos in Jungvolkuniform mit der rot-weißen Führerschnur eines Jungenschaftsführers. Dieses Passbild wurde am 20. Februar 1940 aufgenommen.

„Günther scheint sich sehr verlassen vorzukommen, schreibe ihm darum auch ab und zu mal, wird ihm gut tun", schrieb Vater Toni an Gustav unmittelbar nach dessen Übersiedlung nach Niedersachsen. Und Günthers Freund Kurt hatte nach einem kurzen Aufenthalt in den Osterferien Brühl wieder verlassen. „Am 15. ist Kurt gekommen. Wir sind jetzt schon 10 Jahre Freunde ohne Krach", hatte Günther am 16. März noch in seinem Tagebuch gejubelt und sich mit seinem Freund in den Tagen darauf häufig zum Eisenbahn-, Krocket- oder Wehrschachspielen, für Radrennen oder Kinobesuche getroffen. Doch das war am 15. April – erneut zeitgleich mit dem Abschied von Bruder Gustav – vorbei: „Abends ist Kurt weggefahren." Umso stärker engagierte sich Günther nun wieder im Jungvolk und suchte auch in der Freizeit immer engeren Kontakt zu dessen Führerkorps. „Von 5 bis 8 Uhr war ich mit Peter Wieland und anderen Kameraden vom Jungvolk bei Klaphack kegeln", lautete etwa der Tagebucheintrag vom 21. April 1940.

Kriegseuphorie

Zu dieser Zeit wurde Günther – wie wohl fast die gesamte deutsche Bevölkerung – von Fragen und Erwägungen bezüglich des weiteren Kriegsverlaufs umgetrieben. „Der März ist gekommen. Ob er uns etwas Neues bringt im Krieg gegen England und Frankreich? Hoffentlich; er ist doch der Monat der Überraschungen", notierte er am 9. März. Fast 40 Jahre später umriss er die damalige Stimmungslage folgendermaßen: „Wir warteten alle darauf, dass irgendetwas passiert. Der März war ein besonderer Monat: 1935 allgemeine Wehrpflicht, 1936 Rheinlandbesetzung, 1938 Anschluss Österreichs, 1939 Befreiung des Sudetenlandes. Der Führer hatte bestimmt auch dieses Jahr eine Überraschung für unsere Gegner parat." Plötzlich schien auf den so verehrten „Führer" kein Verlass mehr zu sein, wie Günther am 30. März seinem Tagebuch anvertraute: „Dieser Monat hat uns schwer enttäuscht. Wir hatten alle auf etwas gehofft.

Der März ist doch der Monat der Überraschungen." Das, so seine Hoffnung, müsse sich schnellstmöglich ändern: „Hoffentlich kommt bald etwas Schwung in den Krieg!"

Adolf Hitler enttäuschte seinen begeisterten Anhänger nicht: „War morgens in der Schule. In der Geschichtsstunde kommt Frl. Kornacker verspätet herein und ruft: ‚Unser Truppen marschieren in Norwegen und Dänemark ein! Norwegen

147 / Gustav Roos als „Springbrunnenfigur" im Brühler Park, Frühjahr 1940

148 / Schaufensterdekoration des Kölner „Kaufhofs" aus dem Jahr 1940, die auch Günther bei seinen zahlreichen Köln-Besuchen kaum entgangen sein dürfte

149 / Die damals weitverbreitete Schülerzeitschrift *Hilf mit!* brachte allen Schülerinnen und Schülern das kriegerische Geschehen aus NS-Sicht nahe. Hier eine Seite aus dem Aprilheft 1940

widersetzt sich.' Wir sind alle platt. An das haben wir nicht gedacht. Dadurch sind wir den Engländern um 10 Stunden zuvorgekommen." Vier Tage später, am 13. April, notierte er noch immer sichtlich beeindruckt: „Am 9. waren wir alle platt. Mit allem hatten wir gerechnet, nur nicht mit Norwegen und Dänemark. Den Engländern sind wir zuvorgekommen. Das macht Spaß!" Und auch im Rückblick resümierte Günther Roos 1989: „Das war natürlich ein Ding. Ein Glück, dass wir den Führer haben, der immer wieder dem Feind einen Schritt voraushat. Und nun begann gleichzeitig der Traum von einem Großgermanischen Reich Wirklichkeit zu werden." Was damit gemeint war, hatte Vater Toni in einem Brief skizziert, den er Ende April 1940 an Sohn Gustav in Hannover richtete. Norwegen, so malte er darin die deutsche Zukunft aus, sei für das künftige Deutschland „ein großes Siedlungsgebiet", in dem insbesondere jene „Auslandsdeutsche" unterkämen, die nunmehr aus den USA und Kanada nach Europa zurückkehrten und dort angesiedelt würden. „Denn selbstständig wird Norwegen nie mehr." Auch die jetzige deutsche Bevölkerung werde künftig von dem Landgewinn profitieren, denn, wenn der Krieg beendet sei, werde es „herrliche K.D.F.-Reisen nach dem Norden" geben.

Doch die deutsche Offensive in Nordeuropa stellte erst den Anfang dar, dem am 10. Mai der vorläufige Höhepunkt folgte: „Hurra! Ferien! Heute Morgen sind unsere Truppen in Holland, Belgien und Luxemburg auf breiter Front einmarschiert. Als wir es zuerst hörten, glaubten wir, es sei eine Falschmeldung. Wir konnten es gar nicht fassen. Es geht los, der Kampf wider den stärksten Gegner Frankreich beginnt. Wer Sieger bleibt, ist klar: Das sind wir! Wir sind wieder den Engländern, die durch Holland ins Ruhrgebiet einfallen wollten, zuvorgekommen. Holland und Belgien widersetzen sich. Ob sie glauben, einem Deutschland entgegentreten zu können?" Und als Günther nachmittags mit einem Freund eine Fahrradtour unternimmt und dabei stürzt, wird auch diesem Ereignis gleich eine höhere Bedeutung beigemessen: „Habe eine Narbe an der rechten Stirn bekommen. Sie wird für mich eine ewige Erinnerung an den heutigen, weltgeschichtlich bedeutungsvollen Tag sein." Zwei Tage später notierte er noch immer siegestrunken: „Es ist bald wie im Märchen. Deutschland wird siegen!", und kommentierte auch in den folgenden Tagen und Wochen das Kriegsgeschehen im Westen. Dabei dürfte ihm insbesondere der 4. Juni 1940 für die eigene Zukunft

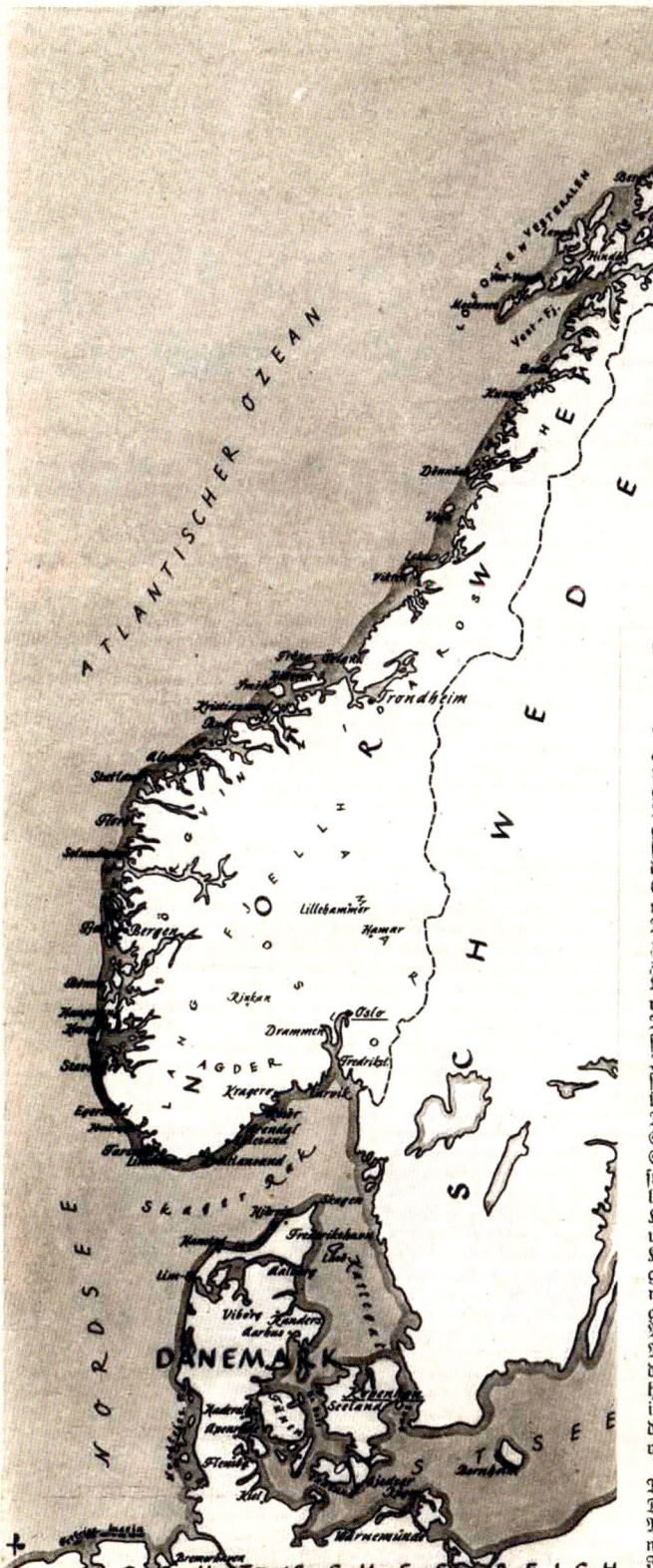

Dänemark und Norwegen
von deutschen Truppen besetzt

Ja, die Gesichter der Geldsackherrscher der Westmächte hätten wir wohl alle gern beobachtet bei dieser Nachricht. Wieder einmal hat Deutschland rasch ein Feuer ausgetreten, das unsere Feinde zu gern hätten brennen sehen. Dieser Schritt des Führers ist für unsere Feinde wieder ein gewaltiger Schlag. Nur um zehn Stunden kamen die deutschen Truppen denen der Westmächte zuvor. Am Morgen des 9. April rollten Panzerspähwagen über die dänischen Grenzen. Ihnen folgten die Kompanien und Bataillone unseres Heeres. An Norwegens Küsten aber wurden Truppen gelandet. Die Kriegsmarine übernahm den Schutz zur See, und die Luftwaffe sicherte den Luftraum. So vollzog sich in schneller Planmäßigkeit eine der gewaltigsten Leistungen der deutschen Wehrmacht. Blitzschnell waren die wichtigsten Ausfuhrhäfen Norwegens besetzt. Narvik, Trondheim, Christiansund, Bergen, Stavanger, Christiansand und die Hauptstadt Oslo befanden sich nach kurzer Zeit in deutscher Hand. Das will etwas heißen bei den schwierigen Verkehrsverhältnissen. Eisenbahn gibt es kaum. Überall durchziehen die unwegsamen Gebirge das Land. Die Luftwaffe aber übernahm schon am ersten Tage den Schutz des Landes gegen feindliche Einflüge. Nicht nur das. Sie griff von der norwegischen Küste aus feindliche Seestreitkräfte an, die nach der erfolgten Minenlegung Truppen landen wollten. Aber sie kamen zu spät. Sie mußten nach Hause kehren mit schweren Bombentreffern, die ihnen unsere Flugzeuge zugefügt hatten. Überall, wo feindliche Kräfte angreifen wollten, wurden sie empfindlich geschlagen. Die Engländer aber merken schon jetzt, wie unangenehm nah ihnen die deutsche Luftwaffe auf den Pelz gerückt ist. Mit der gleichen Schnelligkeit und Ruhe ging die Besetzung auch in Dänemark vor sich. Schon am frühen Morgen des 9. April befand sich seine Hauptstadt fest in deutscher Hand. Bald nach dem Einmarsch unserer Truppen herrschte wieder Ruhe im Lande, und die Menschen gingen ihrer Arbeit nach. Denn auch die Dänen werden froh sein, den Schutz deutscher Truppen zu genießen, als sich dauernd von englischen Fliegern mit Bomben bewerfen zu lassen.

Wieder einmal aber ist durch den Führer und seine Truppen der Friede erhalten geblieben. Norwegen und Dänemark sind kein englischer Kriegsschauplatz geworden. Mister Churchill, der englische Kriegsminister, aber hat eine neue Sorgenfalte auf der Stirn. Er hatte nicht mit dem Führer und dem deutschen Soldaten gerechnet. Er hatte sich verrechnet. Das wird er noch öfter einsehen müssen!

150

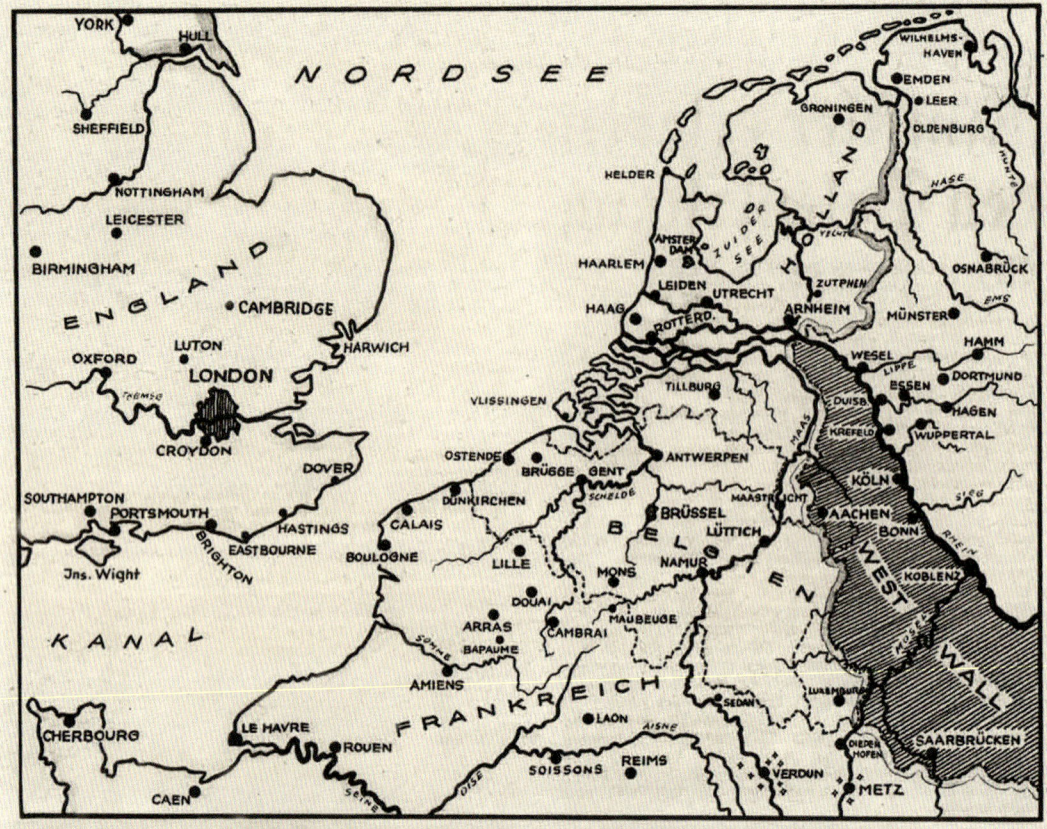

Wir werden siegen!

Am Morgen des 10. Mai 1940 ist die Stunde der Bewährung gekommen. Kein Volksgenosse, weder Mann noch Frau, weder Junge noch Mädel darf und wird diesen Tag vergessen. Der Entscheidungskampf für das nächste Jahrtausend hat begonnen. Der Führer und Oberste Befehlshaber schloß seinen Aufruf an die Soldaten der Westfront mit den Worten:

„Damit ist die Stunde nun für euch gekommen. Der heute beginnende Kampf entscheidet das Schicksal der deutschen Nation für die nächsten tausend Jahre.

Tut jetzt eure Pflicht!

Das deutsche Volk ist mit seinen Segenswünschen bei euch."

Am Morgen des 10. Mai begann der Entscheidungskampf. Das blitzartige Zupacken der deutschen Wehrmacht verhinderte den geplanten Aufmarsch der englischen und französischen Armee und den unmittelbar bevorstehenden Angriff auf das Ruhrgebiet über belgisches und holländisches Gebiet. Die deutsche Armee hat rechtzeitig diese Planungen mit Gegenmaßnahmen beantwortet. In der Erklärung des Reichsministers des Auswärtigen von Ribbentrop vor Vertretern der deutschen und ausländischen Presse hieß es: „Die deutsche Armee wird nunmehr mit England und Frankreich in der einzigen Sprache sprechen, die deren Machthaber zu verstehen scheinen, und mit diesen Machthabern endgültig abrechnen."

Unser Volk ist am 10. Mai zum Kampf für seine Zukunft angetreten. Der Führer ist an der Front. Das deutsche Volk steht geschlossen hinter ihm. Es folgt ihm in gläubigem Vertrauen. Er hat es zum Widerstand aufgerufen. Unter seiner genialen Führung wird Deutschland siegen. Soldaten und Arbeiter, Frauen und Jugend, Front und Heimat wissen, daß es jetzt ums Ganze geht. Der Führer hat befohlen, wir folgen.

Heute, wie vom ersten Tage des Polenfeldzuges an, ist der Führer bei seinen kämpfenden Soldaten an der Front. Er ist der erste Soldat des Reiches. Wenn seine Befehle jetzt den gewaltigen Einsatz aller Waffen leiten, wenn er große Opfer und Entbehrungen von allen Deutschen fordern muß, dann weiß er, daß sein Volk dafür Verständnis hat und ihm mit ganzem Herzen und allen Kräften in dieser Zeit der Entscheidung zur Seite steht. Er weiß, daß er sich auf sein Volk verlassen kann.

Eine Weltenwende hat begonnen. Noch niemals in der deutschen Geschichte war ein Kampf von so großer und entscheidender Bedeutung, wie der am 10. Mai begonnene. Unser Volk, jeder von uns, weiß, daß es um die fernste Zukunft des Reiches geht. Jetzt heißt es alle Kräfte anzuspannen. Der Sieg muß und wird unser sein, wenn wir hart bleiben und jedes Opfer für Deutschland auf uns nehmen. Deutschland steht in Abwehr gegen einen Angriff, der ihn tödlich treffen sollte. Die deutsche Armee führt ihre harten und gefürchteten Gegenschläge. Sie kämpft Schritt um Schritt die alten Feinde der deutschen Freiheit und Ehre nieder. Sie verteidigt die Einheit und Größe des Reiches.

Am 10. Mai 1940 gab Adolf Hitler den Befehl zum Entscheidungskampf. Dieser Kampf wird hart und opfervoll sein, aber er wird den Sieg an die deutschen Fahnen heften. Den Sieg, von dem der Führer sagte, daß er der größte Sieg aller Zeiten sein wird.

— 9 —

wegweisend erschienen sein, hatte er an diesem Tag doch Geburtstag: „Heute bin ich sechzehn Jahre alt geworden. […] Heute ist Dünkirchen gefallen. Mit der Eroberung Dünkirchens haben wir die größte Umfassungsschlacht aller Zeiten gewonnen. Der Sieg über Frankreich ist uns jetzt nicht mehr zu nehmen. Frankreich und Belgien sind praktisch schon besiegt!"

Die mit Beginn des deutschen Westfeldzuges einsetzenden nächtlichen Luftangriffe wurden angesichts der schnellen Erfolge der Wehrmacht als wenig bedeutsame Störmanöver abgetan. „Abends war Fliegeralarm", schrieb Günther etwa am 25. Mai und kommentierte altklug-überheblich, dabei aber wohl dem damaligen Stimmungsbild folgend: „Wenn Churchill meint, uns durch die Fliegeralarme zu zermürben, ist er stark auf dem Holzweg, oder will er damit den Vormarsch unserer Truppen aufhalten? Armer Churchill!" Mit dieser Sicht der Dinge betätigte er sich als Sprachrohr seines Vaters, der mit Blick auf einen der ersten, in seinen Augen völlig misslungenen englischen Luftangriffe in der Nacht auf den 12. Mai 1940 noch am gleichen Tag in einem Brief an Sohn Gustav in Hannover von einem „beschissenen Erfolg" schrieb, aus dem „Herr W. C. wahrscheinlich etwas ganz Tolles zusammenbrauen" werde. Drei Tage später ergänzte er – dieses Mal aus Trier: „Mensch, bekommen die Saures. Gestern u. heute ziehen Kolonnen über Kolonnen aller Waffengattungen hier durch gegen Westen, man macht sich gar keinen Begriff, zur Hauptsache motorisierte Einheiten und Infanterie." Der deutsche Aufmarsch nehme einfach kein Ende und die verfügbare Menge an Kriegsmaterial sei ungeheuer – „einfach fantastisch": „Verlass dich darauf, der Führer hat gut vorgesorgt." Man rechne, so schloss er seine Analyse, innerhalb von zwei Monaten mit der Niederlage Frankreichs, „und dann geht es nach England, wenn es noch existiert". Am 22. Mai versuchte er dann seine Frau Elisabeth zu beruhigen:

„Dass die Engländer auch mal zu spüren bekommen, was Fliegerangriffe sind, wirst Du schon in den nächsten Tagen zu hören bekommen. Dann geht es von uns aus los, aber wie. Verlass dich darauf, dass London in Schutt und Asche gelegt wird."

Auch den Juden in den von Deutschland künftig besetzten Ländern, daran ließen die solchem Tun zustimmenden Schilderungen von Anton Roos keinerlei Zweifel, drohe Böses. In Luxemburg, so teilte er etwa Sohn Gustav am 15. Mai mit, seien sämtliche Juden „sichergestellt" worden: „Die SS hatte allerhand zu tun." Und seiner Frau Elisabeth schrieb er fünf Tage später, die „Kinder Israels" seien bei der Besetzung des Herzogtums „unsanft aus dem Schlafe geweckt" worden: „Gott der Gerechte, können die Preußen organisieren, das ganze Gesocks ist schon in Arbeitsbataillonen zusammengestellt." – All diese überheblich-herablassenden Mitteilungen wird auch Günther Roos gelesen und aus vollem Herzen unterstützt haben.

Der Juni 1940 ließ den gerade 16 Jahre alt Gewordenen dann, das zumindest ist der Eindruck, den seine Tagebucheinträge vermitteln, kaum mehr zum Atmen kommen. Sieg auf Sieg wurde dort vermeldet, alles war in seinen Augen märchenhaft, Deutschland unbezwingbar. Insbesondere der schnelle Erfolg bei Verdun, so kommentierte er seine Notizen Jahrzehnte später, habe damals für ihn, wie für den größten Teil der deutschen Bevölkerung und insbesondere die Jugendlichen, einen „ganz besonderen Klang" gehabt: „Mit heißen Ohren hatten wir in Kriegsbüchern wie von Zöberlin und Beumelburg von den schweren Kämpfen im [Ersten] Weltkrieg gelesen. Und diese damals nie eroberte Festung fiel jetzt beim ersten Ansturm unserer siegreichen Wehrmacht!" Wer jetzt noch am „Feldherrengenie Hitlers" gezweifelt habe, so fasste er die damalige Stimmung zusammen, dem sei „wirklich nicht zu helfen" gewesen. Insbesondere „wir Jungen" seien restlos begeistert gewesen: „Wir vertrauten voll dem

150/ Eine weitere Seite aus der *Hilf mit!*, in diesem Fall aus der Ausgabe vom Juni 1940

Aus dem Tagebuch von Günther Roos

5. Juni 1940: „Heute sind unsere siegreichen Truppen zum neuen Vormarsch in das Herz Frankreichs hinein angetreten."

8. Juni 1940: „In der großen Schlacht in Flandern und Artois sind uns unheimliche Mengen an Material in die Hände gefallen und außerdem über eine Million Gefangene. Unser Sieg ist gewiss!"

10. Juni 1940: „Höre plötzlich, dass der Duce um 7 Uhr spricht. Ob es mit Italien losgeht? Ich habe immer fest daran geglaubt. Sehr viele haben immer daran gezweifelt. Und wirklich wird England und Frankreich der Krieg erklärt. Nun ist Englands Untergang nicht mehr abzuwenden! Abends war eine Großkundgebung auf dem Marktplatz. Nun wird Deutschland siegen! So oder so. Heute haben unsere Truppen Narvik besetzt. Norwegen hat kapituliert. Haakon ist in England. Nun stehen deutsche Soldaten bis zum Nordpol."

14. Juni 1940:

Heute sind unsere Truppen in Paris eingezogen. Der Feind ist in voller Flucht, der Sieg ist unser!

15. Juni 1940: „Unsere Truppen haben heute Verdun genommen und an der Saarfront die Maginot-Linie in breitester Front überschritten. Verdun ist uns! Verdun, wo im Weltkrieg fast eine halbe Million Deutsche gefallen sind und worum drei Jahre gekämpft wurde. Und diese Stadt fiel nach hartem, kurzem Kampf! Fast wie ein Märchen."

16. Juni 1940: „Unsere Truppen sind heute am Oberrhein zum Vormarsch angetreten. Nun ist jede Gefahr von Deutschland abgehalten. Deutsche Soldaten haben heute das Plateau von Langres erreicht. Sie sind im Herzen Frankreichs. Warum kämpft Frankreich überhaupt noch weiter? Warten sie auf ein Wunder? Nachts war Fliegeralarm."

17. Juni 1940: „Als ich beim Zahnarzt war, erfahre ich, dass Frankreich ein Waffenstillstands-Angebot an Deutschland gerichtet hat. Es wurde aber auch langsam Zeit! Wer hätte das voriges Jahr gedacht, dass Frankreich nach einem Monat um Frieden bettelt, und wo ist die unüberwindliche Maginot-Linie geblieben? Nun sind unsere Truppen frei gegen England. Auf gegen die Plutokraten! Heute ist außerdem Metz gefallen."

18. Juni 1940: „Belfort und Dijon sind in unserer Hand und genommen. Es ist kaum zu glauben, eine der größten Festungen einfach überrannt. Ganz Frankreich liegt wehrlos zu unseren Füßen! Heil Deutschland! Heil Hitler!!"

19. Juni 1940: „Straßburg ist wieder heimgekehrt, ist wieder deutsch! Nachts waren wieder die verdammten Engländer da."

20. Juni 1940: „Unsere Truppen sind heute in Brest einmarschiert, unsere Truppen stehen tief in der Bretagne. Man sollte es nicht für möglich halten."

21. Juni 1940: „Heute wurde bekannt, dass der Waffenstillstand in Compiègne unterzeichnet wird. Heute ist Lyon gefallen. Deutsche Truppen an der Rhone! Fantastisch! Nachts war Fliegeralarm."

22. Juni 1940: „Die französischen Truppen in Lothringen haben kapituliert. Heute wurde auch der Waffenstillstand mit Frankreich unterzeichnet. Er tritt nach der Unterzeichnung mit Italien in Kraft. Frankreich liegt am Boden. In knapp 2 Monaten ein Weltreich vernichtet! Kaum zu glauben! Es ist einfach toll! Aber nun auf gegen England!!"

24. Juni 1940:

Nun ist Frieden mit Frankreich. Auf gegen England!

Genie unseres Führers, der doch wieder einmal Weitblick und Entschlossenheit bewiesen hatte." Schließlich wählte der so vergötterte Adolf Hitler auch noch eine perfekte Inszenierung anlässlich des Waffenstillstands mit Frankreich: Die Unterzeichnung des Vertrages wurde nämlich im symbolträchtigen Eisenbahnwaggon vollzogen, in dem es im November 1918 zum Friedensschluss gekommen war – nun allerdings mit vertauschten Rollen.

„Fahrrad-Club" und Pubertät

Günther, da war er sich sicher, lebte in einer Zeit eines großen historischen Umbruchs zugunsten Deutschlands. Es war für ihn aber zugleich auch eine Zeit persönlicher Um- und Neuorientierung. Deshalb verabschiedete sich mit dem Abschluss des Waffenstillstands Ende Juni 1940 zunächst auch das Kriegsgeschehen aus seinem Tagebuch, in dem nun zwei andere, persönlichere Aspekte in den Mittelpunkt rückten: die ersten intensiveren Kontakte zum weiblichen Geschlecht und die Tätigkeit im bzw. für das Jungvolk, wobei ausbleibende Erfolge auf dem einen Gebiet offenbar das weiterhin zunehmende Engagement auf dem anderen befeuert zu haben scheinen.

Am 26. Juni war erstmals von einem „Fahrrad-Club" die Rede, dem neben Günther drei weitere Jungen – seine Freunde „Stetz", Dieter und Hans – sowie drei Mädchen angehörten. Die sieben Jugendlichen trafen sich im Sommer 1940 zunächst unregelmäßig, ab Oktober dann fast täglich zu heimlichen gemeinsamen Unternehmungen „unter der Brücke" und an anderen verabredeten Orten in der Brühler Umgebung, um so der Beobachtung und Kontrolle durch die kleinstädtische Gesellschaft zeitweise zu entrinnen. Dabei fand Günther schon früh eines der Mädchen besonders begehrenswert: „Heute habe ich im Schwimmbad das Schönste gesehen, nämlich Waltraud M.", vertraute er seinem Tagebuch am 6. Juli an und fasste einen Entschluss, den er eine Woche später notierte: „Ich habe es auf Waltraud M. abgesehen. Das wird einen Kampf mit Stetz geben. Bin gespannt, wer Sieger bleibt." Wiederum fünf Tage später hieß es hierzu voller Entschlossenheit: „Am Mittwoch habe ich gemerkt, dass ich Sieger im Kampf um Waltraud bin. Stetz hat eine Menge Abfuhren bekommen. War ja auch klar."

Doch was hier so selbstbewusst klingt, war wohl eher eine Form pubertärer Selbsttäuschung und entsprach keinesfalls Günthers tatsächlicher Stellung in der Gruppenhierarchie. 50 Jahre später analysierte er seine persönliche Lebenswelt im Sommer und Herbst 1940 in bemerkenswerter Weise: „Mein Alltag bestand eigentlich aus vier verschiedenen Bereichen. Da war einmal der brave Sohn, der zu Hause las, sonntags in die Kirche ging und mit der Oma ‚Mensch ärgere Dich nicht' spiel-

151 / Die freiwillige Tennis-AG des Brühler Gymnasiums im Juli 1940. Dieser von Studienrat Gluck geleiteten AG gehörte zwar nicht Günther Roos, wohl aber die übrigen männlichen Angehörigen des „Fahrrad-Clubs" an: Hermann M. (auf dem Stuhl sitzend, 2. v. l.), Hans I. (vorn links) und Dieter C. (vorn rechts).

152 / Von Günther Roos verfasstes Gedicht zum Thema „Liebe"

te. Und da war die zweite Person, die sich im Verhältnis mit Kurt zeigte. Unbewusst versuchten wir, nicht erwachsen zu werden und Kinder zu bleiben. Wir versuchten, so zu bleiben, wie unsere Freundschaft vor zehn Jahren begonnen hatte, als wüssten wir, dass die Freundschaft einschläft, wenn sich unser Verhaltensmuster ändert. Der dritte Bereich, der gerade in diesen Tagen begann, war das total verkrampfte Verhältnis zu den Mädchen. Ich hätte ja gerne gewollt, aber ich war voller Hemmungen. In dem Club, bestehend aus Waltraud M., Helmi E. und Annemarie Z. sowie Hans I., Stetz (= Hermann M.) und Dieter C. lief ich mehr oder weniger als fünftes Rad am Wagen mit. Und der letzte Bereich war die HJ. Hier war ich ‚King' und konnte mein Ego im Schikanieren von Untergebenen und bei Saufereien mit anderen Führern aufbauen."

Die Defizite in Bezug auf Beziehungen zu Mädchen, in dem einen seiner damals parallel geführten „vier Leben", galt es für Günther offenbar auf anderem Gebiet auszugleichen und für sich selbst durch konstruierte Erklärungen erträglicher zu machen. Auch hierfür musste Adolf Hitler – oder besser: das von der NS-Propaganda vermittelte Bild seiner Person – herhalten. „Wir wurden doch so erzogen", resümierte Günther Roos mit Blick auf den Aspekt „Pubertät und Nationalsozialismus" im Jahr 2012 rückblickend, „dass wir dem Führer nacheifern mussten, der ja auch auf Liebe und Frauen verzichtet hat und seine ganze Kraft nur dem Volke widmet". Der für Jugendliche daraus abgeleitete Tenor habe gelautet: „Wir müssen uns fit halten durch Sport und geistige Diszipiln, um später einmal dem Führer gesunde Kinder schenken zu können. Das war der Auftrag, den wir hatten." Die Betonung lag dabei ganz eindeutig auf „später", und so fanden in diesem Punkt damals geltende moralische Konventionen und NS-Ideologie einträchtig zusammen. „Es waren alles nur Schwärmereien ohne praktische Erfahrungen", fasste Günther Roos seine sexuellen Erlebnisse dieser Lebensphase zusammen und ergänzte: „Es gab eine Grenze: So etwas tut man nicht." All diese Vorgaben und Erwartungen hätten dann – zumindest mit Blick auf die eigene Person – eine Konsequenz gehabt: „Man kam gar nicht dazu zu pubertieren."

Deutlichen Ausdruck verlieh er seinem Denken, wohl weniger seinem Fühlen, in einem „Liebe?" überschriebenen Gedicht, das einen beredten Beleg für den Versuch darstellt, unerfüllte pubertäre Wünsche mithilfe der NS-Ideologie in ein positives Licht zu rücken:

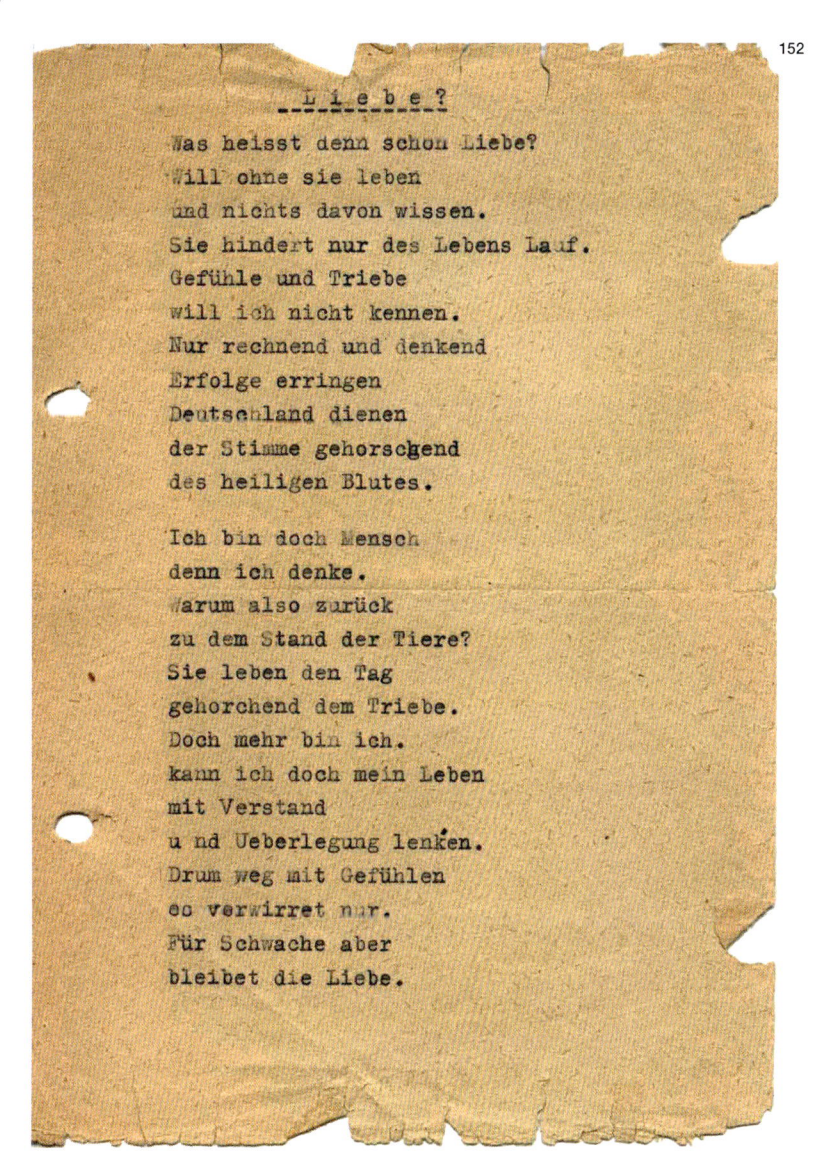

```
       L i e b e ?
--------------------
Was heisst denn schon Liebe?
Will ohne sie leben
und nichts davon wissen.
Sie hindert nur des Lebens Lauf.
Gefühle und Triebe
will ich nicht kennen.
Nur rechnend und denkend
Erfolge erringen
Deutschland dienen
der Stimme gehorschend
des heiligen Blutes.

Ich bin doch Mensch
denn ich denke.
Warum also zurück
zu dem Stand der Tiere?
Sie leben den Tag
gehorchend dem Triebe.
Doch mehr bin ich.
kann ich doch mein Leben
mit Verstand
u nd Ueberlegung lenken.
Drum weg mit Gefühlen
es verwirret nur.
Für Schwache aber
bleibet die Liebe.
```

NSDAP-Hitler-Jugend Brühl, den 15. Mai 1940.
Jungstamm I/65
Personalstelle

B e a u f t r a g u n g

Mit Wirkung vom 15. M a i 1940 wird der Jg. Günter
R o o s mit der K. Führung eines Jungzuges im
Fähnlein 1/65 beauftragt. Er wird hiermit zum
k. Jungzugführer ernannt.

Heil Hitler!
Der Adjutant des Jungstammführers
Jungstamm I/65 (Brühl-Süd)

Holzapfel
Jungzugführer

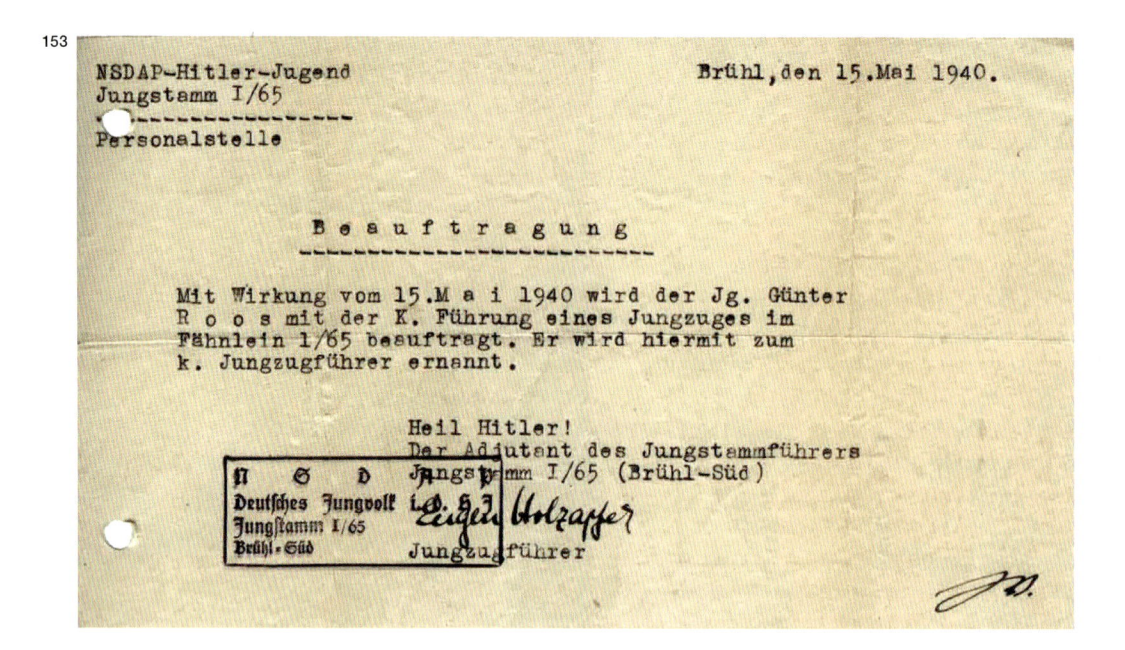

153 / Schreiben, das die Beförderung von Günther Roos zum Jungzugführer bestätigt, Mai 1940

Der Birkhof

Wohl nicht zuletzt aufgrund der ausbleibenden Erfolge bei Mädchen konzentrierte sich Günther Roos noch stärker als zuvor auf seine Arbeit im Jungvolk. Bereits im Mai 1940 war er erneut befördert worden. „Werde ich Jungzugführer oder etwa Hauptjungzugführer?", fragte er sich am 7. des Monats, um dann eine Woche später zu berichten, dass er nunmehr zum Jungzugführer aufgestiegen sei. Damit hatte sich nicht nur die Farbe seiner Führerschnur in Grün verwandelt, sondern seine Befehlsgewalt vergrößerte sich auf die 40 bis 50 „Pimpfe" eines Jungzugs.

Es war aber nicht dieser neuerliche Aufstieg in der Hierarchie der Brühler Jungvolkführer, der Günthers Trachten und Handeln im Sommer 1940 bestimmte, sondern der „Birkhof", der zu dieser Zeit unter seiner tatkräftigen Mitarbeit zum „Standlager" des Brühler Jungvolks ausgebaut wurde. Den alten, aufgrund des Braunkohleabbaus schon lange nicht mehr genutzten und daher heruntergekommenen Gutshof hatten Angehörige der Brühler Nachrichten-HJ anlässlich einer gemeinsamen Übung mit einer Wehrmachtseinheit bereits ein Jahr zuvor entdeckt. Besondere Attraktivität gewann er wohl nicht zuletzt deshalb, weil er weit entfernt von jeder Bebauung lag und den Heranwachsenden somit von Erwachsenen ungestörte Aufenthalte versprach. Es dauerte jedoch lange, bis das Gebäude – vermutlich durch das Engagement von Jungstammführer Peter Wieland – angemietet werden konnte. Bedingung für eine Nutzung durch das Brühler Jungvolk war es offenbar, dass die Jungen das marode Gebäude in Eigeninitiative renovieren mussten.

Als dann im Sommer 1940 eine Gruppe von Jungvolkführern die Renovierung in Angriff nahm, fand sich bereits am ersten Ferientag auch Günther Roos am Hof ein, um zu helfen. In den nächsten Tagen transportierte er Farben, verlegte Stromleitungen, spachtelte und strich Wände. Die Zeit drängte, denn bereits für den 5. August war dort ein Sommerlager für die Brühler „Pimpfe" angesetzt. Hierüber berichtete die *Brühler Zeitung* am 10. August 1940:

„Wer am morgigen Sonntag Zeit und Lust hat, wandere einmal die Pingsdorfer Landstraße hinauf bis über Schnorrenberg zum alten Birkhof. Dem Namen nach werden ihn die meisten Brühler kennen, aber gesehen haben ihn sicher die wenigsten. Wer ihn aber gesehen hat und kennt und wer ihn jetzt wiedersieht, der wird das bekannte blaue Wunder erleben! Vorne am Eingang der Zufahrtsstraße zu dem alten, zwar sehr schönen, aber leider auch sehr verkommenen Birkhof grüßt das Wappen des Jungvolks von tannengrünumkränzter Eingangspforte. Hier haben Brühler Pimpfe aus dem Jungvolk unter Leitung eines ihrer Jungvolkführer sich ein Sommerlager hergerichtet. Sie haben von der augenblicklichen Besitzerin des Birkshofes, der Preußischen Forstverwaltung, mehrere Räume in dem weiträumigen Gebäude gemietet. Dann gaben sie sich an die Arbeit, um diese ihre Unterkunft auch wohnlich zu gestalten. Wer den Birkhof kennt, weiß, was [das für] eine Arbeit war. Die Pimpfe aber, Jungen von 10 bis 12 Jahren, haben die Arbeit getan und man darf sagen, sie haben ganze Arbeit geleistet und sich hier ein Lager eingerichtet, das wirklich vorbildlich ist. Mit Schrubber und Besen, mit Pinsel und Farbe haben sie gearbeitet und geschafft, bis alles so ist, wie es sich für ein zünftiges Lagerheim gehört. Von hier aus werden dann in der herrlichen Umgebung, in Wald und Heide und See, die Übungen und Spiele unternommen, die den Jungen die Ferientage wirklich schön und abwechslungsreich gestalten. Dass dazwischen auch praktische und erzieherische Arbeit geleistet wird, ist ganz natürlich. Die Jungen, die das Glück haben, hier im Lager sein zu können, sind alle restlos begeistert und erleben herrliche Ferien."

Nach Abschluss des vierzehntägigen Lagers verfasste einer der Brühler Fähnleinführer einen Bericht über „Das Sommerlager des Jungstammes 1/65", der am 19. des Monats ebenfalls in der Lokalpresse abgedruckt wurde:

„Nachdem unsre Jungens nun 14 Tage voll Freude und Erholung in dem Lager des Jungstammes 1/65 erlebt haben, geht diese schöne Zeit seinem Ende entgegen. Am Montag, dem 19. August werden die Pimpfe wieder zu ihren Eltern in die elterliche Wohnung zurückkehren. Es wird wohl für manchen Pimpfen schwer sein, das Lager wieder zu verlassen, nachdem er dort mit seinen Kameraden ein paar Wochen verlebt hat, die keiner so leicht wieder vergessen wird. Denn was wird in so einem Lager nicht alles gemacht.

Da sind die schönen Geländespiele, wozu der das Lager einrahmende herrliche Wald die Jungens einlud. Dort konnte jeder seine Kraft auslassen, die er glaubte, zu viel zu haben. Es wurde exerziert, Sport getrieben, Unterricht abgehalten und vieles andere mehr. Es war von morgens 8 Uhr bis abends 9 Uhr ein reges Treiben, wie es sich ein richtiger Pimpf in einem echten Lager wünscht. Sogar die nächtlichen Beunruhigungen der Engländer konnten unsere Pimpfe nicht aus der Ruhe bringen. Sie standen in der Nacht auf, nahmen ihre Decken und wanderten in den Luftschutzkeller, wo dann die Zeit mit Humor vertrieben wurde. Es wurde dann ein Warnlied an Churchill gesungen, das ein Führer des Jungstammes 1/65 selbst geschaffen hat.

154 / Jungvolk-Sommerlager am Birkhof, August 1940

155/ „Wochen, die keiner so leicht wieder vergessen wird": Teilnehmer des Jungvolk-Sommerlagers am Birkhof, August 1940

Am anderen Tage merkte man den Jungens nicht an, dass die Flieger wieder da waren. Was könnte auch einen zünftigen Pimpfen schon erschüttern.

Für die Sauberkeit musste aber auch gesorgt werden. Da konnte jeder Pimpf beweisen, ob er mit Besen, Putzlumpen und Schrubber umgehen konnte. Sie haben es auch unter Anleitung ihrer Führer geschafft. Da mussten die Tagesräume, der Flur, das Treppenhaus gefegt werden, die Küche musste sauber sein, das Geschirr musste gespült werden usw. Alles wurde zur vollsten Zufriedenheit der Führer ausgeführt.

Die besten Zeugen unseres schönen Lagers werden wohl die Eltern der Jungens selbst sein, die am vergangenen Sonntag es sich nicht nehmen ließen, das Lager selbst zu besichtigen. Sie haben mit eigenen Augen gesehen, wie alles am Schnürchen klappte. Für Unterhaltung war auch gesorgt. Unter der Leitung des Nachrichtenführers Wolfgang Bier wurde eine Funkanlage geschaffen, die sich sehen lassen konnte. In allen Räumen hörte man Musik, teils von Schallplatten, teils vom Rundfunk selbst. Man konnte von einem Raum zum anderen telefonieren. Mit einem Wort: Das Lager war mit allen

Schikanen ausgerüstet, die zur Bequemlichkeit und Schönheit beitrugen. Vor allem gehört der Dank und die Anerkennung dem Führer des Jungstammes 1/65 Peter Wieland, dem es durch seine Tatkraft gelungen war, das Lager aufzuziehen. Die Pimpfe können es ihm nicht schöner danken als dadurch, dass sie gerne und oft an diese schöne Zeit im Sommerlager des Jungstammes 1/65 zurückdenken werden."

Das hier Geschilderte entspricht weitgehend dem, was in der historischen Forschung mit Blick auf von Jugendlichen selbst renovierte HJ-Unterkünfte als das nach außen vermittelte, also „propagandistisch angestrebte Bild der Organisation als einer ‚aktivistischen Gemeinschaft'"09 bezeichnet wurde. Zugleich aber seien gerade solche durch Eigeninitiative entstandenen Orte oft über die eigentlichen Dienstzeiten und offiziellen Veranstaltungen hinaus zu einem tatsächlichen Treffpunkt für die Jugendlichen geworden, an dem Abenteuerlust und der Wunsch nach gemeinsamer Freizeitgestaltung im Vordergrund gestanden hätten.70

Auch auf den Birkhof traf offenbar beides zu, denn das dort errichtete „Standlager" war geprägt von einer Mischung aus offiziellem HJ-Dienst und den Freiheiten, die ein solcher Aufenthaltsort weitab von jeder Aufsicht durch Erwachsene mit sich brachte. Das geht sehr anschaulich aus den Tagebucheintragungen von Günther Roos hervor, der am Nachmittag des 5. August 1940 in der elterlichen Wohnung seine Sachen packte, um anschließend auf den Birkhof umzuziehen, wo er für die zweiwöchige Lagerzeit als „Stubenältester" fungierte und innerhalb des Führerkorps Mitverantwortung trug. Das „Standlager" schien – wohl insbesondere aufgrund der kriegsbedingten Einschränkungen – etwas Besonderes zu sein, sodass sich während der zwei Lagerwochen zahlreiche hochrangige Gäste auf dem Birkhof die Klinke in die Hand gaben: Am 6. August besuchte „unerwartet" der Gebietsführer das Lager,

drei Tage später der Jungbannführer und wieder einen Tag darauf kam der Jungstammführer. Am 14. August reisten, nachdem die *Brühler Zeitung* bereits berichtet hatte, Mitarbeiter des *Westdeutschen Beobachters* an, am 17. August schließlich zwei „Gebietsärzte", wahrscheinlich um den großen gesundheitlichen Nutzen einer solchen Veranstaltung zu attestieren.

Über all das gibt Günthers Tagebuch ebenso Auskunft wie über Einzelheiten des Lageralltags. Neben dem üblichen Tagesablauf (Frühsport, Küchendienst, Sport, Freizeit) waren die Tage demnach auch von offensichtlich intensiver ideologischer Schulungsarbeit geprägt. „Politische Schulung und Arbeitsdienst" gab es am 7. August, „Wachexerzieren und politische Schulung" tags darauf. Wiederum einen Tag später wurde nach dem Besuch des Jungbannführers ein „Heimabend" abgehalten, am folgenden Abend wurden nicht näher definierte „Hetznachrichten fabriziert". Am 13. August wurde ein „Geländespiel" durchgeführt, dem sich ein „lustiger Abend" anschloss; am 14. gab es zunächst „weltanschauliche Schulung" und danach „Negermusik" in der Freizeit, die wiederum in einen „lustigen Abend" mündete. Am nächsten Tag wurde zunächst „Tischtennis gespielt und gefaulenzt", bis man abends als „Beduinen verkleidet und derart maskiert in der benachbarten Flak-Stellung einen Tanz" aufführte. Als überraschenden Kontrast zur Ideologievermittlung und Freizeitgestaltung hielt Günther für den Sonntag fest, dass das gesamte Lager den Gottesdienst im benachbarten Kloster Walberberg besucht habe.

„In dem Jungvolkferienlager ist es sehr schön. Besonders abends ist es immer wunderbar und romantisch. Wir leben von keiner Kultur beleckt", notierte Günther Roos am 10. August 1940 in seinem

156 / Fähnleinführer Manfred Mammel während einer Lesepause am Birkhof, August 1940

157/ Auch die Tätigkeit der Flak wurde den Kindern und Jugendlichen bereits in der Schülerzeitschrift *Hilf mit!* nahegebracht. Hier ein Foto aus der Ausgabe vom Juni 1940

158/159/ Brühler Jungvolkführer im „Standlager" Birkhof im Sommer/Herbst 1940. Mit dabei im hellen Hemd und mit Zigarette: Günther Roos.

Schwere Flakgeschütze beim Nachtschießen

157

Tagebuch und erinnerte sich noch Jahrzehnte später lebhaft an die Abende im Lager zurück, die „etwas ganz Besonderes" gewesen seien: „Hier saß man in großer Runde zusammen und sang so schwermütige Weisen wie ‚Jenseits des Tales', man sang Volkslieder, Landsknechtsweisen und natürlich auch Nazi- und Soldatenlieder." Wichtiger als Inhalte und Melodien sei dabei aber stets die Stimmung gewesen. „Wenn man so in der Dunkelheit singend zusammensaß, dann erzeugte dies ein ungeheures Gefühl der Zusammengehörigkeit." Und in einem Gespräch ergänzte er 2012, auf dem Birkhof habe es stets „zwei Welten" gegeben: den Jungvolkdienst und die Freizeit. Man habe sich dort, an diesem für Unbeteiligte abgelegenen Ort „einfach wohlgefühlt": „Das hat Spaß gemacht."

Der „Spaß" scheint während des offiziellen Sommerlagers in erster Linie wohl in der Zeit nach dem abendlichen „Zapfenstreich" stattgefunden zu haben, der je nach Aktivitäten zwischen 22 und 22:30 Uhr lag. Nachdem sich sämtliche „Pimpfe" anordnungsgemäß in die Betten verkrochen hatten, kam offenbar die Zeit des Führerkorps. „Um 10 Uhr war Zapfenstreich. Waren dann bis 12 Uhr bei Engels saufen", notierte Günther bereits am 6. August. Das setzte sich in den folgenden zwei Wochen fort. Kaum waren die „Kleinen" im Bett, gaben sich deren Führer besonders erwachsen, indem sie in einer der nahe gelegenen Gaststätten „soffen" oder die ebenfalls in der Nähe stationierte Flakstellung besuchten, wo sie am Horchgerät sitzen oder gar die Scheinwerfer bedienen durften. Auch wenn die jeweils konsumierten Mengen an Bier, Schnaps und Zigaretten nicht mitgeteilt werden, wird doch deutlich, dass die meisten der Brühler Jungvolkführer offenbar regelmä-

Flak

Eine der Maßnahmen zur Abwehr feindlicher Luftangriffe auf deutsche Städte, die ab Mai 1940 durchgeführt wurden, war die Aufstellung der Flugabwehrkanonen – abgekürzt: Flak. Um Flugzeuge besser treffen zu können, hatten diese Kanonen eine hohe Schussfolge. Sie wurden nach Kaliber (leichte, mittlere und schwere Flak) sowie nach Anzahl der Geschützrohre (Einling, Zwilling, Drilling oder Vierling) unterschieden. Die Geschosse waren zumeist mit Brand- oder Sprengstoffen gefüllt und mit Aufschlags- oder Zeitzünder versehen.
Die Flak wurde zumeist in Batterien eingesetzt, die zur Abwehr nächtlicher Angriffe mit starken Suchscheinwerfern ausgerüstet waren.

ßig und bedenkenlos Alkohol und Nikotin konsumierten – ohne dabei allerdings ihre Pflichten gegenüber den Jüngeren zu vernachlässigen. All das war auf dem abgelegenen Birkhof naturgemäß sehr viel einfacher möglich, sodass dieser für viele der Jugendlichen mehr und mehr zu einem Ort wurde, wo sie ihre sonst in vielen Teilen jungvolk- und kriegsbedingt recht streng reglementierte Freizeit nach eigenem Gusto und unter klarer Missachtung offizieller Vorgaben gestalten konnten.

Das zeigte sich bei Günther Roos auch an einem weiteren Punkt, der ihn augenscheinlich stark beschäftigte, zugleich aber mit den moralischen Vorstellungen und den entsprechenden Vorgaben der Reichsjugendführung nicht in Einklang zu bringen war. „War nachmittags auf dem Birkhof. Habe mit S. und D. ohne alles gebadet", hielt Günther Roos gleich für den ersten Renovierungseinsatz am 8. Juli fest. Dieses Nacktbaden blieb, solange die Jungvolkführer unter sich waren, ein fester Bestandteil der Birkhof-Aufenthalte. „Das war ein Wahnsinnserlebnis. Wir hatten Sport getrieben, und in der Nähe war ein See. Da sind wir dann splitternackt durch den Wald gelaufen und in den See gesprungen", erinnerte sich Günther Roos noch 2012 sehr lebhaft. Die Jugendlichen sahen sich auf dem Weg zum Erwachsenen und wollten dem – vielleicht auch mit einer Portion Gruppenzwang – äußerlich Ausdruck verleihen. „War mehrmals auf dem Birkhof schwimmen und zwar nackt. Es ist ein seltsames Gefühl, aber wunderbar. Bin ja auch schließlich kein Kind mehr, das sich darüber amüsiert", fasste Günther Roos die Bedeutung solcher Aktionen im Tagebuch zusammen. Dessen Inhalt für den Juli 1940 legt den Schluss nahe, dass die Möglichkeit des unbeobachteten Nacktbadens für ihn bedeutsamer war als die eigentlichen Renovierungsarbeiten. Insgesamt erlebten die Brühler Jungvolkführer den Birkhof als ihr ureigenes Refugium, das sie entdeckt und saniert hatten und in dem sie, nicht die weit entfernte Reichsjugendführung, die Regeln bestimmten.

Als das Sommerlager endete, notierte Günther Roos am 18. August entsprechend: „Schade. Das Leben hier oben war wunderbar." Und nachdem er mit anderen Führern das Gebäude dann nach zweitägigen Aufräumarbeiten tatsächlich verließ, hieß es: „Die schöne Zeit des Birkhofs ist nun endgültig vorbei", wobei der 16-Jährige gerade die beiden letzten „inoffiziellen" Tage mit vielen lustigen, alkoholgeschwängerten Erlebnissen ausdrücklich als die „schönsten" der gesamten zweieinhalb Wochen empfand. Jegliche Form von Dienst- oder Tagesplänen war außer Kraft gesetzt. So wurde am 20. August erst gegen 16 Uhr zu Mittag gegessen, danach geschlafen, um dann gut erholt und mit einem um 21 Uhr eingenommenen Abendbrot in einer Gastwirtschaft eine „Abschiedsfeier" zu veranstalten. „Habe zehn Bier getrunken. Schön war die Zeit …"

Als am Nachmittag des 21. August der Birkhof endlich geputzt war und sämtliche Möbel des Jungvolks in einem verschließbaren Raum untergebracht waren, kehrte Günther nach Brühl zurück. Und was tat er, der tags zuvor noch nackt gebadet, zehn Bier getrunken und ungezählte Zigaretten geraucht hatte, noch am gleichen Nachmittag? „Von 7 bis 8 Uhr war ich noch bei Kurt. Haben mit der Eisenbahn gespielt." – So eng lagen in diesem Jahr 1940 bei ihm Kindheit und Jugend, Spiel und politische Schulung, Frieden und Krieg beisammen!

Der Birkhof blieb fortan das Zentrum der Brühler Jungvolkführer. Während der normale Jungvolkdienst jungzug- und fähnleinweise in den einzelnen Stadtteilen stattfand, trafen sich die Einheitenführer regelmäßig zu gemeinsamen Besprechungen und Schulungen in ihrem „Standlager". Wenn hier sicherlich auch Ideologie vermittelt und Wehrertüchtigung betrieben wurde, blieb der Hof stets ein Ort, an dem die Jugendlichen die Freiheit fanden, ihre pubertären Bedürfnisse relativ frei auszuleben. „War abends auf dem Birkhof. Haben hier im Kreise der Führerschaft von Peter Wieland Abschied gefeiert. Das war eine Sauferei! In einer halben Stunde war alles leicht angesäuselt. Wolfgang B. und S. waren sterngranatenvoll. Waren dann noch zu fünf Mann bei Reusch in Pingsdorf einen heben. Um 12 Uhr war ich zu Hause", notierte Günther etwa am 2. Oktober 1940.

160

> Ihr seid ein schöneres Bild, als die Vergangenheit es uns geboten, ja gelehrt hat. Ein neuer Schönheitstyp ist entstanden. Nicht mehr der korpulente Bierphilister, sondern der schlanke, ranke Junge ist das Vorbild unserer Zeit, der fest mit gespreizten Beinen auf dieser Erde steht, gesund ist an seinem Leib und gesund ist an seiner Seele.
> Der Führer zur Jugend auf dem Reichsparteitag 1936

Über die „Lebenshaltung nationalsozialistischer Jugendführer"

Es erscheint im Rückblick erstaunlich, wie leicht sich Günther Roos und andere Brühler Jungvolkführer, die ihren Dienst gewissenhaft verrichteten, alle Aufgaben erfüllten und in ihrer Mehrheit ausgesprochen aufstiegsorientiert agierten, in ihrem Freizeitverhalten über Vorgaben hinwegsetzten, die in sämtlichen Medien, Veranstaltungen und Schulungen immer wieder als unverrückbar für „echte deutsche Jungen" propagiert wurden. Die Anfang 1936 von der Reichsjugendführung erlassenen Richtlinien zur „Lebenshaltung nationalsozialistischer Jugendführer" waren in dieser Hinsicht unmissverständlich und fanden ob ihrer Bedeutung Eingang in das „Vorschriftenhandbuch der HJ". Darin heißt es:

„Die nationalsozialistische Idee ist nicht nur das Glaubensbekenntnis der Uniformierten, sondern die Idee der Lebensausrichtung aller deutschen Menschen. Die Bewegung verlangt den ganzen Menschen. Es ist deshalb irrig, wenn da und dort noch angenommen wird, dass man sich lediglich im Dienst als Nationalsozialist zu gebärden habe, im Übrigen als Zivilist die Lebensgewohnheiten der Vergangenheit weiter pflegen dürfe. Gerade der nationalsozialistische Jugendführer muss Beispiel und Vorbild einer nationalsozialistischen Gesamthaltung sein. […] Der HJ-Führer muss ebenso in seiner eigenen Familie wie in seinem Verhältnis zu den Eltern seiner Gefolgschaft, wie zu Menschen, die in seinen engeren Lebenskreis treten, gleich ob er sich in seiner Wohnung oder in der Öffentlichkeit bewegt, eine verpflichtende Haltung und Form aufweisen. Das Reden von Haltung und Stil genügt nicht. Am Anfang müssen die eigene Haltung und die Tat stehen. Auf die Dauer wird nur der Jugendführer bestehen können, der das weiß und danach handelt.

Es ist nicht nur der Angehörigen der nationalsozialistischen Bewegung im Ganzen gesehen, sondern im Besonderen der

Angehörigen der Hitler-Jugend unwürdig, die Entspannung von harter Arbeit und Dienst nicht in den Kameradschaftsabenden unserer Bewegung, sondern in üblen bürgerlichen Bierabenden zu sehen. Die nationalsozialistischen Jugendführer werden sich daher nicht nur von Veranstaltungen, die ihrer Auffassung und Haltung nicht entsprechen, fernhalten, sondern auch dafür sorgen, dass in ihren eigenen Reihen keinerlei Entgleisungen möglich werden. Freude und Entspannung findet der Hitlerjunge in der echten Kameradschaft der Hitler-Jugend. Jeder HJ-Führer ist verpflichtet, an sich selbst den härtesten Maßstab anzulegen."

Kurze Zeit später wurde – wohl aufgrund vorliegender Berichte über Verstöße – ergänzt: „Der Alkohol- und Nikotingenuss ist in Zukunft für alle Teilnehmer an Reichsveranstaltungen der Hitler-Jugend, wie Reichsparteitag, Feiern des 9. November, ferner für Teilnehmer an Gebiets- und Bannveranstaltungen, wie Sportfeste, Aufmärsche, Kundgebungen, Führertagungen usw., verboten. Ferner ist es allen HJ-Führern verboten, in Zukunft im Anschluss an gemeinsame Veranstaltungen der Hitler-Jugend Bierabende durchzuführen. Ich weise bei dieser Gelegenheit darauf hin, dass es nicht der Art eines HJ-Führers entspricht, sogenannte Runden zu geben. HJ-Führer und Hitlerjungen, die gegen diese Anordnung verstoßen, haben schwerste Bestrafung zu erwarten."[71]

Damit war der Erwartungsrahmen klar umrissen. Dass das gewünschte Verhalten offenbar dennoch ausblieb, zeigt die Tatsache, dass sich die Reichsjugendführung drei Jahre später veranlasst sah, das Jahr 1939 zum „Jahr der Gesundheitspflicht" zu deklarieren und entsprechende Propagandamaßnahmen einzuleiten. Hierbei wurde zwar auf ein generelles Alkohol- und Nikotinverbot verzichtet, im Rahmen der als selbstverständlich vorausgesetzten Selbstdisziplin der HJ-Führer aber erwartet, „dass das Führerkorps nicht nur im Dienst, sondern auch privat weder raucht noch trinkt".[72] Jeder Jugendliche, darüber ließ auch der im Kölner Raum verantwortliche Oberbannführer Klein im Februar 1939 keinerlei Zweifel, habe seinen Körper „gesund und sauber zu halten". Durch den hierfür erforderlichen freiwilligen Verzicht auf Nikotin und Alkohol werde ein „starkes Geschlecht" herangebildet, „das den Führer einst zu noch größeren Aufgaben" befähigen werde.[73] Auch in der *Brühler Zeitung* wurde unter der Schlagzeile „Jugenderziehung gegen Alkohol und Nikotin" auf die „absolute Gesundheitserhaltung" als wesentliches Ziel der Jugenderziehung hingewiesen und zugleich betont, dass hierbei „die lebens- und leistungsmindernden Genussgifte Alkohol und Nikotin die stärksten Hindernisse" darstellen würden.[74]

Disziplin und Zucht

Diese zwei Worte stehen groß über unserer Jugend. Sie bedeuten nicht, daß wir nur noch mit ernst verzogenen Gesichtern, nur noch mit straff aufgerichtetem Körper oder wie Asketen und Weltentsager umhergehen und leben – das überlassen wir lieber anderen Leuten –, sondern Disziplin und Zucht bedeuten für uns das freiwillige Einordnen in die Gesetze der Kameradschaft und der inneren Zucht.

Disziplin und Zucht zeigen sich nicht nur im Dienst der Einheiten, beim Marsch oder im Lager. Dieses Gesetz wird erst dann von uns erfüllt und gelebt, wenn wir Zucht und Disziplin auch in unserem persönlichen Leben wirken lassen.

Das ist der Sinn der Neujahrsbotschaft unseres Reichsjugendführers, wenn er fordert, daß wir uns enthalten vom Genuß, besonders vom übermäßigen Genuß von Alkohol und Nikotin. Mancher mag sich darüber gewundert haben und fragen, was denn Rauchen und Trinken mit unserer Haltung als junge Nationalsozialisten zu tun haben.

Kameraden, das hat sehr viel mit unserer Haltung zu tun. Wenn wir dauernd und immer wieder von Härte, Disziplin und Zucht sprechen, wenn wir als neuen Menschentyp den harten, körperlich gesunden und einsatzfähigen Mann fordern – dann tragen wir auch dafür die Verantwortung, daß diese Forderung schon in unserer Jugend zur Tatsache wird. Denn wenn wir nicht in unseren jungen Jahren uns zur Härte und zur Selbstzucht erziehen, dann wird diese Forderung nach dem „neuen Menschen" niemals Wirklichkeit.

Wir wollen doch einmal ganz ehrlich vor uns selbst sein: Meistens tun sich diejenigen hervor, oder glauben wenigstens, daß sie die „Matadoren" sind, die die meisten Zigaretten rauchen oder die meisten Biere trinken. Demgegenüber sehen wir in dem Jungen ein Beispiel und Vorbild, der in seinen jungen Jahren Körper und Seele reinhält, sich selbst in Zucht nimmt und im Dienst, beim Sport oder im Lager und auf Fahrt seinen Körper trainiert und stählt. So hat es uns auch der Führer als Vorbild proklamiert, und auch hier gilt für uns genau wie auf allen anderen Gebieten unser Bekenntnis: Wenn der F ü h r e r befiehlt, dann ist das für uns Befehl!

Darum auch steht über diesem neuen Jahr die Forderung: D i s z i p l i n und S e l b s t z u c h t!

160/161/ Ausschnitte aus der HJ-Zeitschrift *Niederrheinische Fanfare*, März 1939

162 / Aufruf zum Nikotinverzicht aus der HJ-Zeitschrift *Niederrheinische Fanfare*, Februar 1939

zeiten „derartige Krankheitskeime nicht erneut erwachen zu lassen".[75] Auch in den Zeitschriften der Hitlerjugend fanden sich immer wieder entsprechende Aufrufe, in denen das Idealbild des „deutschen Jungen" – in oft ungelenken Versen – beschworen wurde:

Denn unsere Welt – das merke dir: / ist nicht der Qualm und nicht das Bier. / Beim Sport, im Lager und auf Fahrt, / da machen wir unsere Körper hart, / damit – wenn einst des Führers Ruf ergeht, / jeder als ganzer, straffer Kerl dasteht.

Bei den Brühler Jugendführern im Allgemeinen und Günther Roos im Besonderen scheinen solche Appelle offensichtlich nicht sehr viel Eindruck hinterlassen zu haben. Bei Letzterem waren Alkohol und Nikotin zu diesem Zeitpunkt ohnehin bereits zu selbstverständlich konsumierten Genussartikeln geworden. Als er in der zweiten Julihälfte 1940 seinen Vater in Trier besuchte, bereiteten die dort tätigen OT-Mitarbeiter ihren kriegsbedingten Abschied vor, da die Einheiten an den „Atlantikwall" nach Frankreich verlegt werden sollten. Anton Roos schrieb, dass sich in jener Zeit „Fete an Fete" gereiht habe: „Ein Klavierspieler sorgte für Unterhaltung und kräftige Seemanns- und Kampfzeitlieder brachten Stimmung in die Bude." Mittendrin befand sich der gerade 16 Jahre alt gewordene Günther, der in seinem Tagebuch vom allabendlichen „Saufen" berichtete: „Wenn es so weitergeht, bekomme ich noch viel Spaß." Und unter dem 24. Juli heißt es: „Abends bei Schu auf der Moselterrasse großer Kameradschaftsabend mit den Mädchen vom Inselkaufhaus. Es war einfach wüst. Da habe ich was gesoffen! Der Spaß hat bis 1 Uhr gedauert. Da habe ich was erlebt. Dieses Knutschen und dann das allgemeine große Kotzen. Es war einfach zum Schießen!" Vater Toni schritt nicht etwa ein, sondern fand am Verhalten seines Sohnes Gefallen: „Der verdammte Lümmel, dachte ich mir, wo hat er das her? Aber stille zog ich mich zurück, denn warum darüber nachdenken? Der Apfel fällt nicht weit vom Ross."

Das Thema blieb auf der Tagesordnung, woraus zu schlussfolgern ist, dass Anspruch und Realität in diesem Punkt weiterhin weit auseinanderklafften. So sah sich etwa der NSDAP-Kreisleiter des auch Brühl einschließenden Landkreises Köln im Rahmen einer Tagung der dort aktiven Jugendführer im März 1940 veranlasst, ausdrücklich auf die „versündigenden Giftstoffe" Alkohol und Nikotin hinzuweisen und an die HJ- und Jungvolkführer zu appellieren, gerade in Kriegs-

Günthers Entwicklung jedenfalls war im Hinblick auf die „nationalsozialistische Lebenshaltung" durchaus zwiespältig. Einerseits sah er sich im Lauf des Jahres 1940 zu einem ambitionierten Jungvolkführer aufsteigen, der das aktuelle Kriegsgeschehen mit Begeisterung verfolgte, immer stärker in den Bann des verehrten „Führers" geriet und es ebenso genoss, Macht auszuüben. Andererseits weigerte er sich – hierin bei Weitem keine Ausnahme –, den moralischen Vorgaben der Reichsjugendführung zu entsprechen, die sich auch auf den angeblich so asketisch lebenden Adolf Hitler berief. Günther Roos und seine Jungvolkfreunde empfanden das offenbar nicht als Widerspruch. Nach außen hin „funktionierten" sie ganz im Sinne der Reichsjugendführung, und viele von ihnen wuchsen auch zu ideologisch überzeugten Jungvolkführern heran. Dies fiel ihnen aber umso leichter, als sie beispielsweise mit dem Birkhof eine Ausweichmöglichkeit gefunden hatten, ihre altersgemäßen Triebe und Wünsche relativ ungestört ausleben zu können.

Dass Günther Roos sein Fortkommen im Jungvolk dennoch zielstrebig vorantrieb, machte sich besonders in einem Bereich bemerkbar, in dem er sowohl den Wünschen der Reichsjugendführung als auch insbesondere jenen seiner Eltern entsprach. Sichtlich überrascht berichtete Mutter Elisabeth Roos Anfang Dezember ihrem Sohn Gustav über die wundersame Wandlung des Schülers Günther: „Heute war in der Oberschule Elternnachmittag mit Sprechstunde, ich habe die Gelegenheit benutzt und mich bei Judokus nach Günther erkundigt. Er hat nun ein Loblied auf Günther angestimmt und hatte keine Klage über ihn. Er sagte mir, wenn er so weitermachte, könnte er sein Abitur mit Gut machen. Was sagst du nun? Günther hatte aber auch ein schönes Zeugnis, du wirst es ja sehen, wenn du nach Hause kommst. Er scheint dich in den Schatten stellen zu wollen, hoffentlich macht er nur weiter so." Tatsächlich machte Günther also Ernst mit seiner Ansicht, dass ein Jungvolkführer auch in schulischer Hinsicht Vorbild zu sein habe. Da dürfte die stets besorgte Mutter über den in der Familie ohnehin üblichen extensiven Nikotin- und Alkoholkonsum eher großzügig hinweggesehen haben.

Angesichts seiner Aufstiegsambitionen suchte Günther auch den Kontakt zum neuen Jungstammführer, der an die Stelle von Peter Wieland getreten war. Nach anfänglich aufgetretenen kleineren Reibereien mit ihm frohlockte er am 26. Oktober im Tagebuch: „Seit Samstag kann mich H. gut leiden. Er sagte mir, er hätte etwas Besonderes mit mir vor. Ich bin mir nur nicht im Klaren, ob das ein Witz war oder ob das ernst gemeint war." Jedenfalls nahm er nun regelmäßig und eifrig an den auf dem Birkhof abgehaltenen Wochenendschulungen teil – auch diese laut Tagebuch wiederum mit erheblichem Alkoholkonsum, aber erneut mit dem gemeinschaftlichen Kirchbesuch der anwesenden Jungvolkführer.

Günther beschritt den Karriereweg nun offenbar konsequent und suchte immer wieder den Kontakt zu den höherrangigen Führern, um etwaige Beförderungsmöglichkeiten nicht zu verpassen. Als er am 13. Dezember erfuhr, dass einer der Brühler Fähnleinführer sein Amt wegen Einberufung aufgeben würde, stellte er sich naturgemäß die Frage: „Wer wird nun das Fähnlein bekommen? Ob es S. bekommt?"

163 / Jungvolkaufmarsch am 9. November 1940 auf dem Brühler Marktplatz

Aus den Briefen von Anton Roos
an Sohn Gustav

14. September 1940: „Hier an der Küste geht es hoch her, unsere Kanönchen knallen, es ist eine reine Freude, alle 10 Minuten schöne Grüße nach London. Ob das Pack noch nicht den Arsch voll hat? Richtung London ist der Himmel noch immer blutrot erleuchtet, scheint ein schönes Feuerchen zu sein, welches Hermann [Göring] seine Jungen angesteckt haben. Aber hier gibt es nur zweierlei: Biegen oder Brechen, und verlass dich darauf, wenn die Jungelchen, die jetzt stehen, mal loslegen, bisher haben wir nur gespielt, dann gibt es Zunder. Sollte der Tommy mit Gas kommen, so kann ich dir eines sagen, dann bekommt er von uns ein Gas serviert, dass keine Fliege in ganz England mehr am Leben bleibt. Neu besiedelt wird es alsdann von uns. Wie fühlst Du Dich wieder in Hannover? Schon gut eingelebt? Ich führe hier beim Stab ein Hurenleben, so gut habe ich es in meinem ganzen Erdenwallen noch nie gehabt. Auto steht zu meiner dauernden Verfügung, werde morgens abgeholt, abends nach Hause gefahren, also ganz groß. Stellvertretender Chef der Verwaltung zur besonderen Verwendung beim Stab im Stabshauptquartier. Das heißt, alles geht durch mich. Kasse, Personal, Frontführung, Wagenpark (f. Personen), Küche, Kantine hört auf mein Kommando. 4 Ordonanzen stehen zu meiner Verfügung. Essen bekomme ich serviert wie im Hotel."

20. September 1940: „Was das Leben hier anbelangt, so lebe ich wie Gott in Frankreich. […] So allmählich ist alles da, nunmehr auch Tanks in rauen Mengen. Demgemäß müsste der Tanz bald losgehen. Italienische schwerste Bomber sind nun auch hier eingetrudelt. Obwohl wir von den Dingern unglaubliche Mengen selber hier haben, scheint man den Engländer wohl in den nächsten Tagen eine ganz besondere Freude bereiten zu wollen."

24. September 1940: „Ich habe Dir vor Anfang des Polnischen Krieges zu der Zeit, als ich Dir über die beginnenden Verhandlungen mit Väterchen Stalin berichtete, immer geschrieben ‚Britaniam esse delendam', nun ist es so weit, dass es London wie Karthago ergeht. Was ich hier sehe, sieht man nur einmal im Leben, zumal ich ja dauernd mit auf Fahrt bin, so zwischen Ostende und Étaples südlich Boulogne. Wenn Du mal nach Hause kommst (ich bekomme Urlaub so ab zwischen 15 u. 20. Oktober für 14 Tage), werde ich Dir mal erzählen, was sich hier getan hat, denn bis dahin ist alles zu Ende. Und dann geht der Kampf in Afrika gegen England los. Der Kampf um den Suezkanal u. Indien (was Russlands Sache ist). Die Regierung in England wird fliegen und Eduard der VIII. wird zum zweiten Male König von England und mit dem Führer verhandeln. Die Europäische Union unter Führung Deutschlands marschiert. Die Teilung der Welt erfolgt. Aber um den Judenstaat Amerika zu vernichten, brauchen wir einmal England. Darum wird der Führer es nicht ganz vernichten."

Wohl um die eigenen Chancen im Personalkarussell des Brühler Jungvolks zu verbessern, traf er sich noch am Nachmittag des Heiligabends mit dem über Weihnachten im Ort weilenden Peter Wieland, um den früheren und noch immer einflussreichen Jungstammführer bei einem Gaststättenbesuch von seinen Fähigkeiten zu überzeugen. – Noch sollte Günthers Machtstreben jedoch nicht den gewünschten Erfolg haben.

Selbstbedienung in Feindesland

Erfolge gab es hingegen auf anderem Gebiete zu vermelden, denn kaum hatte die „Luftschlacht um England" begonnen, schenkte auch Günther dem Kriegsgeschehen wieder größeres Interesse und kommentierte dessen wichtigste Ereignisse. „Heute ist es gegen London losgegangen", notierte er am 6. September und ergänzte martialisch: „Slagt al dot!" In gleichem Tenor hieß es tags darauf: „Das Strafgericht über London geht los! Hunderte von Bränden beleuchten die Stadt. Die Docks und Hafenanlagen sind zerstört. Eine Million kg Bomben wurden auf die Stadt abgeworfen." Unterstützung erhielt Günther in dieser Hinsicht von Vater Toni, der im Juli des Jahres an die französische Nordküste gewechselt war und die deutsche Luftoffensive sozusagen hautnah erlebte. Auch er kommentierte die Ereignisse und hielt sich dabei insbesondere mit abfälligen Äußerungen in Richtung Großbritannien nicht zurück.

Die Verlegung an die französische Kanalküste hatte für die gesamte Familie Roos sicherlich sehr positiv aufgenommene Folgen. Als Anton Roos hier eintraf, stellte er schnell fest, wie gut sich in Frankreich noch essen, trinken und einkaufen ließ, da es hier im Gegensatz zum Reichsgebiet keinerlei Rationierungen gab. Hiervon machte er – ganz siegreicher Besatzer – ausgiebig Gebrauch und schickte seine diesbezüglichen Erfolgsmeldungen regelmäßig an seine Frau Elisabeth nach Brühl. Seine Erfahrungen beim Einkaufen, die einer Art Selbstbedienungsmentalität nahekamen, schilderte Anton Roos in seinen Aufzeichnungen über den Frankreichaufenthalt so: „Da in Deutschland alles auf Bezugschein ging, war es besonders bei den billigen Franc-Preisen ein Vergnügen für uns einzukaufen." Niedrige Preise und gute Qualität habe zu einer „regelrechten Kaufwut" geführt. „Man sah keinen deutschen Soldaten, der nicht Päckchen und Pakete unter dem Arm hatte." Auch hinsichtlich des Essens und Trinkens in den zahlreichen Restaurants an der Kanalküste fühlten sich Toni Roos und der restliche OT-Tross sprichwörtlich wie „Gott in Frankreich", wobei sie nach seiner Angabe nie darauf verzichteten, mit „kräftigen Kampfzeitliedern Stimmung in die Bude" zu bringen. „Liköre und Champagner sorgten dafür, dass die Stimmung gesteigert wurde." – Gerade Günther Roos, der ja bereits die weitaus bescheideneren OT-Feierlichkeiten in Trier mit einiger Begeisterung erlebt hatte, dürfte von solchen Schilderungen kaum unbeeindruckt geblieben sein, erschien der Krieg unter solchen Umständen doch als etwas überaus Erstrebenswertes und Erfreuliches.

Das Jahr 1940 endete – letztmalig – in trauter Familienrunde. Vater Toni war über die Feiertage aus Frankreich, Bruder Gustav aus Hannover nach Brühl zurückgekehrt. Man besuchte die Angehörigen der Großfamilie, feierte in Gaststätten oder zu Hause und verlebte schöne Tage. Getrübt wurde die Stimmung jedoch am 29. Dezember, als es zwischen Toni und Gustav Roos zum Streit kam. Dem Vater war es aufgrund seiner Beziehungen gelungen, für seinen Sohn eine Dienstverpflichtung zur Oberbauleitung der „Organisation Todt" an der Kanalküste zu erhalten, die eine Freistellung vom Militärdienst bedeutet hätte. Gustav aber, so erinnerte sich sein Bruder später, habe diese Möglichkeit jedoch mit der Begründung abgelehnt, dass er kein Drückeberger sein wolle, der sich seinen Verpflichtungen als Deutscher und als Student entziehen würde.

164 / Anton Roos bei der Arbeit mit Armbinde der „Organisation Todt", vermutlich im Herbst 1940

Aus den Briefen von Anton Roos

Juli 1940 an Frau Elisabeth: „Zum Einkauf war ich Samstag früh in Boulogne u. Calais. Ich habe mich gut eingedeckt: 10 Paar Wollstrümpfe (reine Wolle) à 70 Pfg., 6 Krawatten (reine Seide) à 60 Pfg., 6 Popelinhemden beste Qualität à 2,50 RM, 2 Paar Schuhe à 5,50 RM, einen neuen Hut, federleicht 2,50 RM, etwas Seidenwäsche für Dich 10,- RM, schicke sie Dir mit der schmutzigen Wäsche. Strümpfe u. Schuhe werde ich Dir auch noch kaufen, muss aber deine Schuh- u. Strumpfnummer haben.

Heute kaufe ich mir in Boulogne Unterwäsche und Stoffe für Dich. Gib mir auch die Schuhnummer u. Halsweite von Gustav u. Günther. Anzug u. Mantel haben 50,- RM zusammen gekostet.

Welchen Brustumfang haben Gustav u. Günther bezgl. herrlicher Pullover Stück 1,50 reine Wolle? Also bitte so schnell als möglich. […] Die Abtlg. wird auf 10 Mann ansteigen, die meiner Leitung unterstehen. Wir werden als selbstständige Bauleitung für dauernd hier bleiben. In den nächsten Tagen siedeln wir nach Calais über, wo ein herrlicher Badestrand ist, das Leben ist dort normal, desgl. der Badebetrieb wie im Frieden, bin rot wie ein Krebs. Nach Kriegsschluss September sollen die Familien nach hier geholt werden. […] Hast Du sonst noch Sachen notwendig? Ich mache hier Folgendes: Ich lasse hier nicht waschen, sondern kaufe nur neue Sachen u. schicke schmutzige nach Hause, auf diese Art werde ich mich für etliche Jahre eindecken."

5. August 1940 an Frau Elisabeth: „Der Gesamtwert der bis 1. Aug. gekauften Brocken beläuft sich auf ca. 550,- RM, sehr niedrig eingeschätzt. Da ich hier fast kein Geld ausgeben kann, kaufe ich alle 14 Tage für ca. 100,- RM Waren ein. […]

> Wasser habe ich, solange ich hier bin, nicht mehr getrunken. Wir trinken nur Bordeaux – 50 Pfg. die Flasche ohne Pfand.

Hier gibt es auch wieder gutes Bier 3 Frs. der ½ Liter sind auf Mark gerechnet 15 Rpf. […] Dover, sagten uns die hier liegenden Stuka-Leute, sähe genau aus wie Dünkirchen, ein großer Schutthaufen. Heute haben die Stukas wieder in Gemeinschaft mit Flotteneinheiten eine Aktion im Kanal unternommen, waren auch schnell fahrende U-Boote dabei. Von engl. Schiffen keine Spur. Die See hier wird einwandfrei von Deutschland beherrscht, von der Luft ganz zu schweigen. […] Gestern waren wir auf der Rückreise von Calais in der Festung Gravelines und haben daselbst bei der Mademoiselle Paulette soupiert. Ich sage dir, wie bei Wiesch, Suppe, Vorspeise, I. junger Hahn mit Perlerbschen, alsdann II. Kalbsbraten mit Aprikosen u. div. Salaten, Nachspeise Obstpudding mit Biskuit in Weinsauce. Mokka mit div. Likören nach Wahl. Beim Essen gab es Beaujolais 1921er."

14. August 1940 an Sohn Gustav: „Tod ist fast dauernd hier, woraus Du ersehen kannst, dass sich hier etwas Großes tut. […] Schlimm sieht es in Dünkirchen aus. ¾ der 100 000 Einwohner zählenden Stadt ist dem Erdboden gleichgemacht, nur Schutthaufen, wo aber auch keine Mauer mehr steht. Der Rest der Häuser hat keine Dächer mehr, geschweige denn Fenster. […] Bei den Aufräumungsarbeiten in der Stadt findet man die in den Kellern eingeschlossenen und elend umgekommenen Einwohner, oft mit 20–30 und mehr, furchtbar, sage ich Dir. Auch heute nach 2 Monaten werden noch dauernd Leichen angeschwemmt, man schätzt die Zahl auf ca. 50–60 000, denn 35 000 hat man schon geborgen. […] Es erweckt den Anschein, als ob die ganze Strecke bis Boulogne deutsch bleiben würde, denn ich glaube kaum, dass wir die schönen Sachen für die Franzosen bauen. Wie das Volk aber auf belgischer Seite fleißig u. beängstigend sauber ist, so ist die franz. Seite faul u. schwierig wie Mist. […] Man braucht sich aber auch nicht zu wundern, dass Frankreich den Krieg verloren hat, denn die Franzosen sind in allem 50 Jahre zurück, egal auf welchem Gebiet. Eine Wohnkultur hat das Volk, fürchterlich, sage ich Dir, selbst in den besseren begüterten Bürgerhäusern nur Talmi u. Kitsch. Worin sie auf der Höhe sind, ist Damenwäsche u. Garderoben, die aber der Franzose nicht kaufen kann, da er kein Geld dafür verdient. Ich habe mich gut eingedeckt: 2 Mäntel, 3 Anzüge, 5 Paar Schuhe, 10 Hemden, 12 Binden, Bademantel, Unterzeug, Schlafanzüge, Strümpfe etc. Für Elisabeth habe ich Seide und Kombinationen, Strümpfe, 3 Paar Schuhe, Schlafanzüge u. Unterzeug aus reiner Seide gekauft; nun seid Ihr dran, zum Teil habe ich schon so z. B. Zephir für Schlafanzüge, Strümpfe u. Schuhe, das andere kommt noch."

Berliner Illustrierte Zeitung

Nummer 31 31. Juli 1941
Copyright 1941 by Deutscher Verlag, Berlin
50. Jahrgang Preis 20 Pfennig

Der deutsche Offizier Ruhig und klar gibt er weiter seine Befehle.

Eine Vorausabteilung ist in ein Dorf eingedrungen. [...] Soldaten feuern aus ihren Verstecken. Der Führer [...] verwundet. Das [...] herausgerissen, notdürftig verbunden [...]

PK. von Estorff

(Zu der Folge im Innern [...])

„Ein neues, starkes Volk wächst heran. Und ich bin dabei!"

Tagebucheintrag von Günther Roos
26. Oktober 1941

1941

Das Jahr 1941 stand im Zeichen zweier Ereignisse, die den militärischen Konflikt endgültig zum Weltkrieg werden ließen: dem deutschen Angriff auf die Sowjetunion im Juni und dem japanischen Überfall auf den US-Stützpunkt Pearl Harbor im Dezember, der die USA zum Kriegseintritt bewog und damit letztlich auch die Niederlage Deutschlands einleitete.

In Europa setzte das NS-Regime den 1939 begonnenen Eroberungskrieg fort. Anfang April überfiel die Wehrmacht Jugoslawien und Griechenland, deren Armeen innerhalb weniger Wochen kapitulierten. Anschließend orientierte sich Hitler auf das eigentliche Ziel seiner rassistischen Expansionspolitik: Am 22. Juni 1941 begann der als „Unternehmen Barbarossa" bezeichnete Angriff auf die Sowjetunion. Anders als im Herbst 1939 und im Frühjahr 1940 wurde die deutsche Bevölkerung auf diese neuerliche Ausweitung des Krieges, die die meisten mit sehr gemischten Gefühlen beobachteten, propagandistisch nicht vorbereitet. Schnell sollte deutlich werden, dass es sich hier um einen rassenideologisch begründeten Raub- und Vernichtungskrieg mit unvorstellbarer Brutalität handelte.

Der erneut als „Blitzfeldzug" geplante Überfall auf die Sowjetunion geriet jedoch bald zum Debakel, weil die Wehrmacht lediglich für einen dreimonatigen Sommerfeldzug ausgestattet war, der mit Beginn des Winters im Dezember 1941 kurz vor Moskau stecken blieb, während die Rote Armee gleichzeitig zur Gegenoffensive überging. Dennoch erklärte Hitler am 11. Dezember auch den USA noch den Krieg. Außerdem war die Wehrmacht ab Februar 1941 zusätzlich auf dem nordafrikanischen Kriegsschauplatz im Einsatz.

Unter solchen Vorzeichen spielte Familienleben im herkömmlichen Sinne im Reichsgebiet eine immer geringere Rolle: Die Männer waren an den Fronten, viele Kinder in der „erweiterten Kinderlandverschickung", Jugendliche in „Erntehilfen" und immer mehr Frauen in der Rüstungsproduktion oder anderen Kriegshilfsdiensten. Dabei mussten sich Letztere neben ihrer Berufstätigkeit in aller Regel auch um die Versorgung der Familien kümmern – angesichts der Engpässe in der Lebensmittelversorgung eine schwierige Aufgabe. Zugleich waren die psychischen Belastungen durch die stetig zunehmenden nächtlichen Luftangriffe erheblich.

Weitaus bedrohlicher aber war die Lage für die jüdische Bevölkerung. In Deutschland begann der systematische Mord an den Juden, der in den besetzten Gebieten im Osten schon seit 1939 stattgefunden hatte. Am 1. September wurde das Tragen des Judensterns im Reichsgebiet verpflichtend, am 23. Oktober ein generelles Auswanderungsverbot für Juden verhängt und mit den Deportationen in die Gettos im Osten begonnen.

„Das Jahr 1940 ist vorbei", notierte Günther Roos am Neujahrstag 1941 in sein Tagebuch, um dann begeistert Rückschau zu halten: „Deutschland hat Siege errungen, wie wir sie selbst in den kühnsten Träumen nicht zu erhoffen wagten. Norwegen und Dänemark besetzten wir durch einen Handstreich. Holland und Belgien kapitulierten nach kaum drei Wochen und das große Frankreich [...] wurde in Kürze vollkommen vernichtet. Ich bin stolz, dass ich Deutscher bin, und ich bin noch stolzer auf meinen Führer!" Vom neuen Jahr 1941 erhoffte sich der 16-Jährige „nur Gutes und vor allen Dingen den Sieg Deutschlands und damit den Frieden". Das hieß in den Augen des ambitionierten Jungvolkführers, dass endlich auch England niederzuringen war, um dann glücklich und zufrieden in einem allein von Deutschland dominierten und auszubeutenden Europa zu leben. Für die Zeit des Friedens hatten die Brüder Roos bereits konkrete Pläne geschmiedet, an die Günther Roos noch bis ins hohe Alter wehmütig zurückdachte: Der ältere und kreativere Gustav sollte in einem gemeinsam geführten Unternehmen als Architekt Baupläne entwickeln, die der „handfeste" und in Organisationsdingen geschickte Günther dann als Bauleiter in die Tat umsetzen würde. Dieses Vorhaben bekräftigten die Brüder auch in der Neujahrsnacht, als sie sich bis drei Uhr in der Früh „über allerlei Dinge" unterhielten. „Am Schluss haben wir uns versprochen, immer zusammenzuhalten", schließt der Tagebucheintrag.

Das Jahr 1941 sollte aber weder den Sieg noch Frieden bringen, sondern ganz im Gegenteil eine Ausdehnung des bis dahin auf Europa begrenzten Konflikts zum Weltkrieg – und damit zugleich auch die Familie Roos auseinanderreißen. Neben diesen weltpolitischen Entwicklungen und familiären Dingen bestimmten, wie schon im Jahr zuvor, Pubertät und Übergang zum Erwachsensein Günther Roos' Leben. Im Tagebuch schlägt sich dies in Eintragungen über erste intensiv erfahrene, mit Blick auf die eigene Person wohl überbetonte Schwärmereien nieder sowie weiterhin in ständigen – zumeist wohl ebenfalls übertriebenen – Eintragungen über Besuche von Gaststätten und häufigen Alkoholkonsum. Darüber hinaus besuchte er im Frühjahr und Sommer 1941 einen Tanzkurs in Köln.

Ganz wohl war dem 16-Jährigen beim Wechsel in die Welt der Erwachsenen jedoch nach wie vor nicht. Er gehe, so musste er in einem Tagebucheintrag am 1. April eingestehen, noch immer gern zu seinem Freund Kurt: „Wir sind doch jetzt schon über zehn Jahre Freunde. Mit Kurt habe ich ein ganz anderes Verhältnis wie mit meinen anderen Freunden!! Wenn wir zusammen sind, sind wir noch einmal richtige Kinder. Und gerade das ist so schön. Erinnerungen werden aufgefrischt und man sieht sich noch einmal, wie man vor 10 Jahren war."

Aufstiegsambitionen

Für solche Ausflüge in die heile Kinderwelt blieb jedoch zusehends weniger Zeit, denn Günthers Karriere im Jungvolk machte erhebliche Fortschritte, die ihm volles Engagement und ein entsprechend hartes, weil „führermäßiges" Auftreten abverlangten. Der offensichtliche Wunsch nach Macht und die damit notwendigerweise verknüpften Aufstiegsambitionen brachten es mit sich, dass Günther begann, in beide Richtungen, nach oben und nach unten, „auszuteilen", um seine Fähigkeiten als Jungvolkführer zu demonstrieren und damit seine weiter gehenden Ansprüche zu untermauern. Sein damaliger Fähnleinführer, so notierte er im Januar 1941 abfällig ins Tagebuch, sei zwar zwei Jahre älter als er, reiche ihm aber gerade „bis an die Brust". Trotzdem maße dieser es sich an, „uns durch einen großartigen Arbeitsplan etwas vorzumachen". Sofort stellte Günther seine Überlegenheit unter Beweis: „Habe ihn kurz mit dem Zustand des Jungzugs 1 abgetrumpft." Aber nicht nur das: Als am gleichen Tag der Jungbannführer wegen der anstehenden Neubesetzung der Führerstellungen im örtlichen Jungvolk in

Brühl erschien, nutzte Günther die günstige Gelegenheit zu einer als Meldung getarnten Denunziation: „Ich habe mich über M. beschwert." Und er hatte damit Erfolg: „Der Mann wurde darauf abgesetzt." Damit war ein Konkurrent um die hohen Führerstellen ausgeschaltet – ein Verfahren, das Günther Roos später noch häufiger anwenden sollte.

Ein Aufstieg in der Jungvolkhierarchie, das war ihm klar, erforderte zugleich aber gerade von ihm als „Spätstarter" auch den Nachweis von Führerfähigkeiten, die durch unbedingten Gehorsam und stramme Disziplin in den ihm unterstehenden Einheiten zum Ausdruck kommen mussten. Als die Jungen in dem von ihm befehligten Jungzug in Brühl-Pingsdorf Anfang Februar 1941 in genau diesen Dingen deutliche Nachlässigkeiten zeigten, sah sich deren „Führer" im Bewusstsein seiner Überlegenheit umgehend zum handfesten Handeln veranlasst: „Die Bauernlümmel werden langsam frech. Muss mich mal mit ihnen verkloppen."

Der Erfolg musste ihm sein Handeln als legitim erscheinen lassen: Am 21. Januar wurde Günther zum Hauptjungzugführer befördert und avancierte im Rahmen der auf dem Birkhof durchgeführten Schulungen nun vom Geschulten zum Schulenden, der den niederrangigen Jungvolkführern nun seinerseits beibrachte, wie ein Heimabend durchzuführen war. Da neben dem Jungstammführer ansonsten nur Fähnleinführer solche Funktionen übernahmen, war Günthers weiterer Aufstieg vorgezeichnet.

Das neue Selbstbewusstsein, das der 16 Jährige mit Blick auf seinen neuen Status im Jungvolk erlangt hatte, wuchs wohl parallel zum allgemeinen Überlegenheitsgefühl im Zusammenhang mit den für ihn so offensichtlichen Erfolgen des NS-Regimes. Ungefähr zu der Zeit, als die Pingsdorfer „Pimpfe" nicht mehr

165 / Der nächste Schritt: Mit Datum vom 21. Januar 1941 wurde Günther Roos zum Hauptjungzugführer befördert.

166 / Dienstplan für eine Wochenendschulung auf dem Birkhof, Januar 1941: „Jungzugführer" Günther Roos durfte hier die Schulung zur Heimabendgestaltung durchführen.

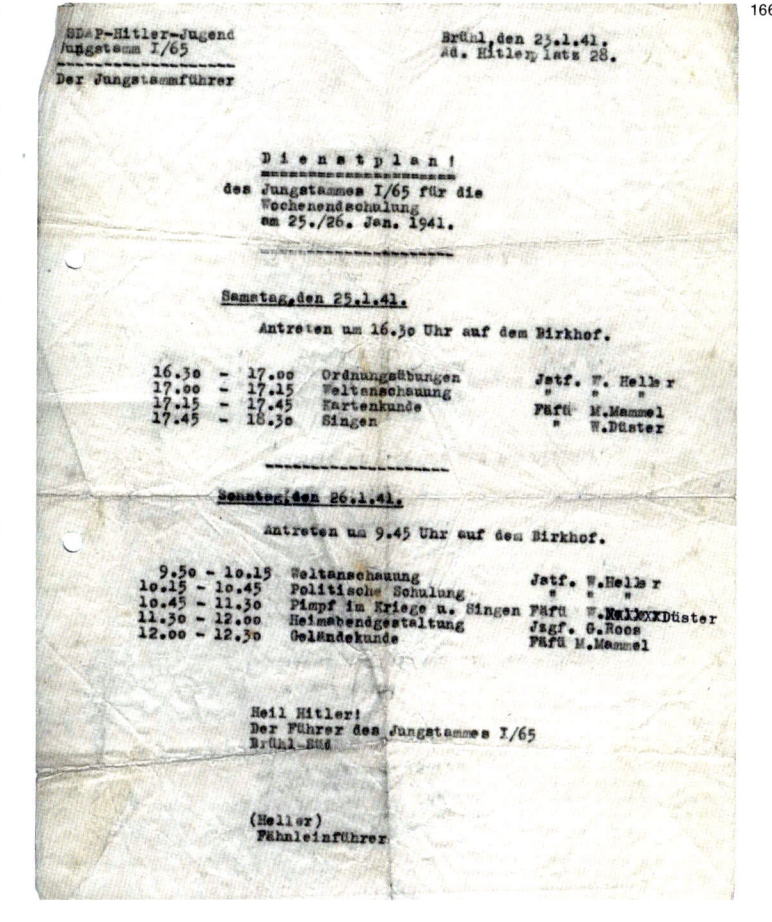

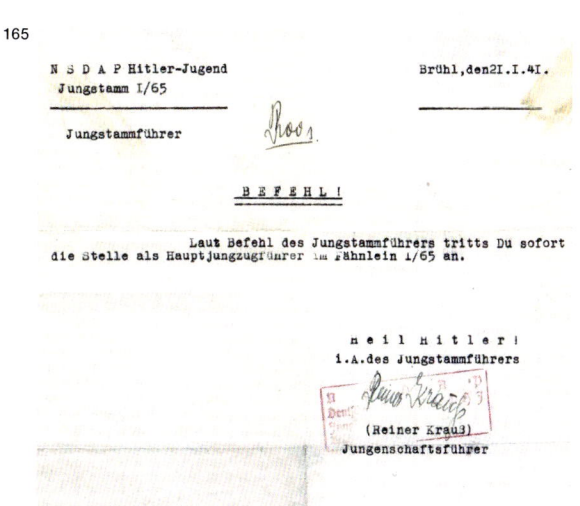

so parierten, wie er sich das als ihr Führer vorstellte, jährte sich der Tag der NS-Machtübernahme, dem er in seinem Tagebuch so begeistert wie vielsagend gedachte: „Heute vor acht Jahren kam Adolf Hitler zur Macht. Der Aufbau Deutschlands begann. Und was ist seit dieser Zeit alles geschehen! Deutschland, das damals machtlos und ein Spielball der anderen Nationen war, ist heute die Großmacht in Europa. Frankreich und bald auch England liegen ihm zu Füßen. Und das alles verdanken wir unserem Führer!" Die Rede, die Hitler am 30. Januar 1941 hielt, fand er „einfach großartig". „Der hat's mal den Engländern gegeben", notierte er und fühlte sich angesichts solch großer Worte und Taten offensichtlich inspiriert, mit den Angehörigen seines Jungzugs bald ähnlich zu verfahren.

Auf dem Weg in den Weltkrieg

In den folgenden Monaten traten Günthers persönliche Ambitionen in den Tagebucheintragungen dann aber deutlich hinter die sich überschlagenden Ereignisse auf den verschiedenen Kriegsschauplätzen zurück. Tatsächlich schienen sich dort alle durch die NS-Propaganda geschürten Hoffnungen zu erfüllen, und das Tagebuch liest sich wie eine schier unvorstellbare Erfolgsgeschichte, die es erlaubt, der wachsenden Begeisterung eines „deutschen Jungen" und dessen von Sieg zu Sieg größer werdenden Allmachtsfantasien zu folgen. „Habe die Führerrede gehört. Wir werden den Krieg gewinnen! Diese Zuversicht, die der Führer hat!", heißt es am 24. Februar 1941. Das gesamte Frühjahr war geprägt durch den schnellen Vormarsch der deutschen Wehrmacht auf dem Balkan. Entsprechend enthusiastisch fiel der Eintrag zum 20. April aus: „Führers Geburtstag! Heute hat der Retter Deutschlands Geburtstag."

Günther Roos und mit ihm der Großteil der jubelnden Deutschen ahnten zu diesem Zeitpunkt noch nicht, dass diese so gefeierten Erfolge der Wehrmacht lediglich der Vorbereitung eines weitaus gewagteren Schrittes dienten, der zur Jahresmitte 1941 das Kriegsgeschehen in eine gänzlich neue Dimension führen und die Bevölkerung in einen Zustand von Unsicherheit und Besorgnis stürzen sollte.

Er wuchs, das spürte Günther deutlich, in einer ungewöhnlich ereignisreichen Zeit auf, die keinen Raum mehr für Rückzüge in die ehemals so geliebte kindliche Spielwelt ließ. Das, was sich ereignete, war wahrlich kein Spiel mehr und beeinträchtigte zusehends und auf beunruhigende Weise auch das kleinstädtische Leben. Im männlichen Bevölkerungsteil lichteten sich die Reihen spürbar. Im Februar des Jahres hatte Bruder Gustav, der dem Rat seines Vaters zu einer Umgehung des Wehrdienstes nicht gefolgt war, seinen Einberufungsbescheid bekommen und musste sein Architekturstudium in Hannover aufgeben. Auch Vater Toni war wegen seiner Stationierung an der französischen Kanalküste praktisch nicht mehr in Brühl präsent. Anfang Mai machte Günther seinem Ärger darüber, dass sich das früher so wichtige Familienleben praktisch in nichts aufgelöst hatte, im Tagebuch Luft: „Wir haben jetzt schon 8 Tage nichts mehr von Gustav gehört. Wo mag er sein? Vater ist auch seit Weihnachten nicht mehr hier gewesen. Er ist jetzt schon seit Ostern am Kommen. Diese Woche soll er nun ganz bestimmt hier ankommen. Hoffentlich! Ist das nun nicht zum Kotzen? Das ist Krieg!"

In Brühl wurden ab Februar 1941 wie in nahezu allen urban geprägten Gebieten Westdeutschlands die Nächte immer unruhiger und gefährlicher. „Ich lag noch im Bett", so notierte Günther am 17. Juni, „da hörte ich zwei Bomben ziemlich nah heruntersausen. Ich auf und in den Keller. Ich saß gerade, da fing es an zu zischen. Ein furchtbarer Knall. Das Haus zitterte wie toll. Dann hörte man, wie draußen Gemäuer zusammenfiel. Die Flak schoss wie toll. Das Licht geht aus. Wir sitzen im Dunkeln. Ist unser Haus getroffen? [...] Als es etwas ruhig ist, gehen wir heraus und hören, dass es auf der Königstraße war. Wir hin. Es sieht

Aus dem Tagebuch von Günther Roos

2. März 1941: „Als ich nach Hause kam, sagte mir Mutter, dass seit heute deutsche Truppen in Bulgarien einmarschieren. Auf Wunsch der bulgarischen Regierung. Die sind auch mal wieder eine Nummer sicher. Da kann der Tommy auch nichts mehr machen. Also, ich bin einfach gebügelt. Wie das so ganz plötzlich kam. Einfach großartig!"

27. März 1941: „Jugoslawien: Werden bald dort einmarschieren. Was wollen die denn eigentlich? Glauben die vielleicht, Deutschland trotzen zu können?"

6. April 1941: „Unsere Truppen marschieren! Mit dieser Nachricht wurde ich heute geweckt. Der Führer hat befohlen. Könnte ich doch dabei sein! Wir haben Jugoslawien den Krieg erklärt. Die Zustände dort wurden ja auch langsam unhaltbar. Jugoslawien und Griechenland, die letzten Staaten, die es wagen, Deutschland zu trotzen, werden in den nächsten Tagen zerschmettert werden. Deutschland, Sieg Heil! Heute wurde schon Belgrad bombardiert."

9. April 1941: „Wie wir in der Tanzstunde ankommen, jagt eine Sondermeldung die andere. Saloniki ist gefallen. Eine griechische Armee hat schon kapituliert! Das ganze Gebiet ist in Kessel eingeteilt. Also, einfach toll. Ich bin geplättet. In 14 Tagen ist Schluss."

13. April 1941: „Soeben ertönt die ‚Prinz-Eugen-Fanfare'. Eine Sondermeldung! Das Oberkommando der Wehrmacht gibt bekannt: Seit heute morgen ½ 7 Uhr rücken unsere Truppen in Belgrad ein! Hurra! Deutschland, Deutschland über alles, über alles in der Welt. Die Fahne hoch, die Reihen dicht geschlossen, so kommt es aus dem Radio. Denn wir fahren gegen Engeland, ahoi! Belgrad ist besetzt! Die Hauptstadt Jugoslawiens ist in unserer Hand. Nach 8 Tagen Krieg liegt Jugoslawien am Boden. Dass es so schnell gehe, hatten wir nicht erwartet. Hier haben wieder einmal die deutschen Waffen gesprochen. [...] In Nordafrika haben unsere Truppen unter General Rommel Solum auf ägyptischem Boden besetzt. Wenn das so weitergeht, sind sie in 8 Tagen in Alexandrien. Mich kann nichts mehr überraschen."

schrecklich aus. Zwei Häuser vollkommen demoliert. Ein Baum liegt quer über die Straße. Die ganze Straße voller Schutt und Glas. Auf der Kölnstraße sind auch Bomben gefallen. Wir hin. Hier sieht es auch nicht besser aus. Sämtliche Schaufenster kaputt. Hier hat es auch Tote gegeben. Frau Krings mit zwei Kindern, ein Kind blind. Auf der Bahnhofstraße ein Kind tot. Der Blumes Junge ist verschüttet. Es ist einfach schrecklich!"

Auch sonst hielt das Frühjahr 1941 Ereignisse bereit, die bei allem Siegestaumel zugleich als erste Alarmzeichen gedeutet werden konnten und mit entsprechenden Kommentaren Eingang in das Tagebuch fanden. „Rudolf Heß, Rudolf Heß! Etwas anderes hört man nicht", heißt es etwa unter dem 13. Mai mit Blick auf den Flug des „Führer-Stellvertreters" Rudolf Heß nach Großbritannien. In der Schule seien „die tollsten Gerüchte" kursiert, bis im Radio mittags genauere Informationen über dessen Absprung über Schottland mitgeteilt worden seien. Günther Roos sah sich offenbar bereits ganz als NS-Führer und urteilte entsprechend derb und unerbittlich: „Der Kerl gehört auf den Scheiterhaufen. Die Folgen kann man noch gar nicht übersehen. Scheiße."

Rudolf Heß

Der am 26. April 1894 in Alexandria geborene Heß zählte 1920 zu den ersten Mitgliedern der NSDAP. Die besondere Vertrauensstellung, die er bei Hitler genoss, resultierte aus seiner Teilnahme am Putschversuch 1923 und der folgenden gemeinsamen Haftzeit, in der er seinem „Führer" beim Verfassen von *Mein Kampf* assistierte. 1925 wurde er dessen Privatsekretär.

Nach der Machtübernahme wurde Heß Reichsminister ohne Geschäftsbereich und Obergruppenführer der SS. Am 21. April 1933 wurde er zum „Stellvertreter des Führers" ernannt und beteiligte sich in der Folge am Aufbau von „Führerstaat" und „Hitler-Mythos". Er gewann erheblichen Einfluss auf die staatliche Politik, sodass zahlreiche Gesetzeswerke ab 1934 die Unterschrift von Heß trugen. Insbesondere bei der Annexion Österreichs und des Sudetenlandes 1938 spielte er eine wichtige Rolle im Hintergrund.

Am 10. Mai 1941 kam es zum Eklat, als Heß einen geheimen Flug nach Glasgow unternahm, wo er mit dem Fallschirm absprang. Anschließend wurde er in London interniert. Es ist bis heute nicht geklärt, ob er diesen Versuch, einen Friedenschluss mit England im Vorfeld des Überfalls auf Russland zu erreichen, auf eigene Initiative unternahm oder von Hitler dazu angeregt wurde. Die NSDAP-Führung distanzierte sich jedenfalls von ihm, erklärte ihn zum „Verräter" und für geisteskrank.

Heß wurde bis Kriegsende in England festgehalten und anschließend zu lebenslanger Haft verurteilt, die er bis zu seinem Tod am 17. August 1987 als letzter Häftling im Kriegsverbrechergefängnis in Berlin-Spandau absaß.

Kurz darauf ließen weitere Ereignisse den zornigen Jugendlichen aber wohl auch erahnen, dass der Kriegsverlauf auf Dauer kaum eine Einbahnstraße deutscher Erfolge bleiben würde. So wurde am 23. Mai über ein Vorkommnis berichtet, das den Tagebuchschreiber „leicht erschütterte": „Deutschlands populärster Held, der U-Boot Kommandant Prien, ist nicht mehr zurückgekommen. Es ist einfach schrecklich." Der Mythos der Unbesiegbarkeit Deutschlands bekam erste feine Risse, die aber zunächst noch schnell vom Glauben an die Genialität des „Führers" übertüncht werden konnten. Er habe gerade, so notierte Günther am Abend des 24. Mai, eine schier unglaubliche Nachricht gehört: „Deutsche Truppen sind auf Kreta gelandet und haben schon den westlichen Teil in ihrer Hand. Das größte Schlachtschiff der Welt, die ‚Hood' ist vom Kreuzer Bismarck versenkt worden. Eine Nachricht fantastischer als die andere. Eine Landung auf Kreta! Die Hood! Kaum zu glauben. Deutschland wird siegen!" Als die „Bismarck" ihrerseits drei Tage später versenkt wurde, empfand er das zwar als „schreckliche Nachricht" und Rückschlag, doch waren Günthers Machtfantasien zu diesem Zeitpunkt bereits derart ausgeprägt, dass Grenzen keine Rolle mehr spielten, wie ein weiterer Eintrag vom 25. Mai eindrücklich dokumentiert: „Es geht augenblicklich ein Gerücht um, unsere Truppen seien mit Einvernehmen Russlands durch den Iran nach dem Irak bzw. nach Indien marschiert. Adolf Hitler erinnert einen lebhaft an Alexander den Großen. Die Frage ist nur noch, ob das wahr ist." In dieser Zeit, so erinnerte er sich Jahrzehnte später, habe er begonnen, sich sogar über jeden weiteren deutschen Sieg zu ärgern, „weil er mir wieder eine Chance raubte, für Deutschland Heldenhaftes zu leisten".

Mit seiner Begeisterung stand der 16-Jährige keineswegs allein, sondern reihte sich in die große Schar deutscher Jugendlicher ein, die in der Schule und/oder zu Hause bunte Nadeln und Fähnchen in große Landkarten steckten, um die jeweiligen Frontverläufe und damit – zu jenem Zeitpunkt noch gleichbedeutend – deutsche Siege zu markieren. Bekannte Flieger wie Ernst Udet und

167 / Die Brühler Bahnhofstraße 1–3 nach dem Bombenangriff vom 17. Juni 1941

168 / Blick in die Klasse von Günther Roos (vorn, 2. v. r.) am Brühler Gymnasium, 1941

Werner Mölders oder „große" U-Boot-Kommandanten wie eben der im März 1941 ums Leben gekommene Günther Prien waren die Idole der Jugend und wurden seitens der NS-Propaganda in Wort, Bild und Ton in praktisch jedes deutsche Wohnhaus und in jedes Klassenzimmer getragen. Die Ideologisierung des Denkens und Handelns kannte gerade in Zeiten des Krieges keine Grenzen mehr und dürfte sehr viele Jugendliche – unter anderem durch das Programm der „Jugendfilmstunden" – erheblich beeinflusst haben. Und selbst der Tod solcher für Jugendliche unantastbaren Heroen führte nicht etwa zu Verunsicherungen, Nach- oder gar Umdenken, sondern zementierte, befeuert durch die unablässige Propaganda, die Kriegsbereitschaft in den jungen Köpfen.

Zumindest war das bei Günther Roos der Fall, der am 27. November 1941 in sein Tagebuch notierte: „Heute will ich einmal etwas über die Zeitgeschichte berichten. Am Samstag traf eine schreckliche Nachricht ein. Nachdem kurz zuvor Generaloberst Udet, der Waffenmeister des Heeres, bei der Erprobung einer neuen Waffe abgestürzt ist, stürzte jetzt Oberst Mölders, unser Mölders, der Sieger in 115 Luftkämpfen, tödlich ab. Wir verlieren in ihm ein Heldenideal. Aber ich hätte mir nicht vorstellen können, dass dieser Mann eines natürlichen Todes gestorben wäre. So lebt er als unbesiegter Held, als unser Siegfried oder Baldur ewig weiter."

Schock: Überfall auf die Sowjetunion

Die Wochen vor dem Überfall auf die Sowjetunion am 22. Juni 1941 waren von großer Unsicherheit und zahlreichen falschen Prognosen beherrscht. „Es wird allerhand von einem Krieg mit Russland gemunkelt", hatte Günther Roos bereits am 5. Mai in seinem Tagebuch festgehalten, zugleich aber betont, dass er solchen Gerüchten keinen Glauben schenke,

169/170/ Für die Trauerfeier am 21. Juni an der Karlshalle nahm sich Günther schulfrei: „Es war eine riesige Beerdigung. Ganz Brühl war auf den Beinen."

„denn die Leute" – also die sowjetische Regierung – könnten „nur etwas verdienen, wenn sie mit uns halten". In dieser Meinung wurde er auch von Bruder Gustav und Vater Toni bestärkt, die sich – zu diesem Zeitpunkt bereits beide im Osten stationiert – ähnlich äußerten. „An einen Krieg gegen Russland kann ich gar nicht glauben", hatte Gustav am 4. Juni an Mutter und Bruder in Brühl geschrieben. „Wir müssen abwarten!" Anton Roos berief sich in einem Brief aus Krakau vier Tage später sogar auf eine hochrangige Quelle. Er war in einem Rasthaus an der Autobahn zufällig mit Generalfeldmarschall Walter von Reichenau zusammengetroffen und hatte mit ihm einen Kaffee getrunken. „Dann unterhielten wir uns noch etwas über Politik und waren uns darüber einig, dass wir mit Russland in einem guten Verhältnis ständen und ein Krieg ausgeschlossen sei."

Trotz solcher gesichert erscheinender Mitteilungen blieb die Lage unklar, wobei zu diesem Zeitpunkt „Russland" zwar das zentrale, jedoch nicht das einzige Thema blieb, dass Günther beschäftigte. Der Alltag in Schule, Jungvolk und Freizeit verlief in weithin bekannten Bahnen; hinzu kamen aber der sich verschärfende Bombenkrieg und die allgemeine Unsicherheit hinsichtlich der Kriegslage, woraus ein Zustand angespannten Denkens und Wartens resultierte, der im Tagebucheintrag vom 21. Juni 1941 in verdichteter Form zum Ausdruck kam: „Habe mir morgens in der Schule freigefragt und bin dann zur Beerdigung der Opfer des Fliegerangriffs gegangen. An der Karlshalle waren sie aufgebahrt. Es war eine riesige Beerdigung. Ganz Brühl war auf den Beinen. War dann mit der Schule schwimmen. Nachmittags hatte ich um 3 Uhr Antreten. Um 5 Uhr bin ich schwimmen gegangen. Habe abends einen Brief an Gustav geschrieben. Nachts war Fliegeralarm. Im Luftschutzkeller sagte uns Herr Welter, er wüsste ganz sicher, dass die UdSSR nächste Woche dem Dreierpakt beitreten würde. Hoffentlich."

Die Hoffnung erwies sich jedoch bereits über Nacht als vergeblich. „Heute wurde ich von Mutter mit einer schrecklichen Nachricht geweckt, dass ich zuerst glaubte, es sei ein schlechter Witz oder ein Trick, um mich aus dem Bett zu holen", heißt es unter dem 22. Juni. „Aber es stimmte wirklich! Krieg! Krieg mit Russland!!! Diese Nachricht kam so unerwartet und ist so schrecklich, dass mir zuerst der Atem wegblieb. Jetzt am Abend kann ich es immer noch nicht fassen. Nie, nie hätte ich geglaubt, dass Russland gegen uns kämpfen würde. Sie können doch bloß bei uns etwas verdienen. ‚Aber der Hass des Bolschewismus gegen das Dritte Reich war größer als alle politische Einsicht', so heißt es in dem Aufruf des Führers. Deutschland, du hast einen verdammt harten Kampf zu führen. Und Gustav ist mitten in der Scheiße drin. Mutter wird noch wahnsinnig, wenn ihm etwas zustoßen sollte. Hoffentlich, hoffentlich passiert ihm nur ja nichts. Gott, beschütze

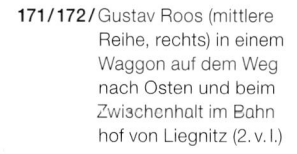

171/172/ Gustav Roos (mittlere Reihe, rechts) in einem Waggon auf dem Weg nach Osten und beim Zwischenhalt im Bahnhof von Liegnitz (2. v. l.)

meinen Bruder! Haben heute mit dem Jungvolk, der HJ und dem BDM eine Rheintour bis Honnef gemacht. Wenn man es so bedenkt, auch paradox. Wir versuchten uns zu amüsieren – ich konnte es nicht richtig, denn ich musste immer an Gustav denken – und im Osten schießen sie sich gegenseitig tot."

Bei aller Bedrückung dominierte angesichts der bis dahin vorzuweisenden Erfolge der Wehrmacht und der aufgrund andauernder öffentlicher Wiederholung mittlerweile als legendär geltenden „Weitsicht des Führers" aber auch in Brühl bald wieder die durch die NS-Propaganda angeheizte Siegeszuversicht. „Vom Nordkap bis zum Schwarzen Meer: Kampffront gegen den Bolschewismus", titelte noch am 22. Juni etwa der *Westdeutsche Beobachter* in einem Extrablatt. Und auch Günther Roos registrierte begeistert die schnellen Erfolge, die per Sondermeldungen an der „Heimatfront" verbreitet wurden: „Die sind ja schon tüchtig vorwärtsgekommen", notierte er beispielsweise am 29. Juni. „2 000 Panzer zerstört, 4 100 Flugzeuge und 40 000 Gefangene. Die Zahlen steigen dauernd." Solche Siege wirkten auch mit Blick auf das ungewisse Schicksal des Bruders beruhigend. „Brest, wo Gustav ist, Dubno, Grodno, Kowno, Wilna, Dünaburg und Minsk sind in unserer Hand. Fantastische Erfolge!!"

Zur Jahresmitte 1941 erfolgte Ende Juni das Angebot seines Schuldirektors, dass er und weitere Klassenkameraden als „Lagermannschaftsführer" in der „erweiterten Kinderlandverschickung" eingesetzt werden sollten. „Ich ginge ja gerne, aber Mutter!? Also bleibe ich hier." Und auch, als dieses Angebot im August erneuert wurde, blieb Günther standhaft. „Heute wurden wir zu 9 Mann aus der Klasse angenehm überrascht. Zeus erklärte uns, dass wir als Lagerleiter der Kinderlandverschickung eingesetzt würden. Das kann ja heiter werden. Ich soll

Kinderlandverschickung (KLV)

Die „erweiterte Kinderlandverschickung" wurde auf Weisung Hitlers im September 1940 eingeführt und von der Reichsjugendführung organisiert und geleitet. Damit trug die Hitlerjugend die inhaltliche Verantwortung und führte diese Maßnahme in Zusammenarbeit mit der NS-Volkswohlfahrt (NSV) und den Schulen durch. Der Zusatz „erweiterte" sollte dabei suggerieren, dass es sich bei diesen massenhaften Evakuierungen von Kindern aus von Bomben bedrohten Städten lediglich um eine Ausweitung bereits zuvor bestehender Erholungsmaßnahmen handeln würde.

Die kriegsbedingte Notlage wurde in eine ideologische Tugend umgewandelt: Die Kinder waren in der KLV zwar vor den Kriegsauswirkungen geschützt, getrennt von Elternhaus und Kirche aber zugleich der politischen Beeinflussung und dem paramilitärischen Drill durch die HJ ausgeliefert. Das galt natürlich in erster Linie für die 10- bis 14-Jährigen, die in KLV-Lagern untergebracht wurden, während die 6- bis 10-Jährigen in „Familienpflegestellen" Unterkunft fanden. Ab Mitte 1943, verstärkt dann 1944, kam es zur Evakuierung ganzer Schulen.

Die Lagerleitung und die Organisation des Schulunterrichts lag in den Händen von Lehrern, während die HJ und hier insbesondere die von ihr gestellten „Lagermannschaftsführer" die gesamte Freizeit der Kinder kontrollierten und – nicht zuletzt unter dem Aspekt der Wehrerziehung – bestimmten. Allgemein galt auch in den KLV-Lagern die HJ-Maxime „Jugend führt Jugend".

Insgesamt wurden rund 2,5 Millionen Kinder und Jugendliche im Lauf des Krieges im Rahmen der KLV in fremde Familien oder eins der etwa 5 000 Lager evakuiert. Sie lebten teilweise jahrelang in Schullandheimen, Jugendherbergen, Zeltlagern, Pensionen, Hotels, Klöstern usw. Nachdem die Kinderlandverschickung Anfang 1944 ihren Höhepunkt erreicht hatte, begannen Mitte desselben Jahres die Rückführungen, die sich bis in die ersten Nachkriegsmonate hinzogen. Vielfach gerieten die Kinder bei Kriegsende zwischen die Fronten.

von Weihnachten bis Ostern fortkommen. Wenn wir in ein Wintersportgebiet kommen, wäre ich zufrieden." Doch noch am gleichen Tag wurde entschieden: „Aber was macht Mutter? Dann hat sie keinen mehr zu Hause. Also werde ich hierbleiben." Immerhin blieb Günther eine verlockende Perspektive: „In einem halben Jahr werde ich ja hier das Fähnlein übernehmen." Tatsächlich sollte sich der nicht ganz freiwillige Verzicht mit Blick auf seine Jungvolkkarriere alsbald als glückliche Fügung erweisen.

Zunächst waren es jedoch die Ereignisse in Russland, die den nunmehr 17-Jährigen zwischen Begeisterung und Sorge um Bruder Gustav schwanken ließen. Zugleich entwickelte er sich – beeinflusst durch die Briefe von Vater Toni – wohl eher unbewusst, aber doch sehr nachhaltig zu einem ausgeprägten Antisemiten und „Herrenmenschen". Denn dass es sich bei der Auseinandersetzung mit der Sowjetunion in erster Linie um einen „Weltanschauungskrieg" handelte, kam in der innerfamiliären Kommunikation zunehmend deutlich zum Ausdruck.

Anton Roos war im Juni 1941 von der nordfranzösischen Atlantikküste, wo er als Angestellter der „Organisation Todt" nach eigenem Bekunden ein „herrliches Leben" geführt hatte, nach Osten versetzt worden. Nach drei Wochen im mondänen polnischen Kurort Zakopane folgte er mit seiner Baueinheit der deutschen Wehrmacht in die Ukraine und berichtete hierüber in langen Briefen an Frau und Sohn in Brühl. Was er aus Polen und der Ukraine schrieb, war in seiner menschenverachtenden Art so erschreckend wie abstoßend, dürfte aber eine tiefe Wirkung auf den zum Vater aufblickenden Sohn nicht verfehlt haben. Hierin kam ein glühender, mit „Herrenmenschentum" gepaarter Antisemitismus zum Ausdruck, wobei Anton Roos, der in den 1920er-Jahren noch gemeinsam mit Brühler Juden in einem Klub gekegelt hatte, auch nicht davor zurückschreckte, vor Frau und Sohn die an Juden verübten Massenhinrichtungen in all ihrer Brutalität zu schildern. Zugleich wurde die vorgebliche Überlegenheit der „arischen Rasse" über die polnische und russische Bevölkerung in einer Sprache zum Ausdruck gebracht, die in ihrem Zynismus und ihrer Unmenschlichkeit kaum zu überbieten ist. Dieses zwar ungerechtfertigte, aber in vollen Zügen ausgelebte Überlegenheitsgefühl, das sein Vater in seinen Briefen unverblümt zum Ausdruck brachte, faszinierte Günther, beeinflusste ihn nachhaltig und dürfte sich als Rechtfertigung für den von deutscher Seite initiierten zügellosen Vernichtungskrieg in seinem Denken verankert haben. Auch die immer wieder vorkommenden Spitzen gegen die Vertreter der katholischen Kirche in Brühl – in den Briefen als „Himmelswanzen" verunglimpft – wirkten auf den Jugendlichen und sollten auch bei ihm mit kurzer zeitlicher Verzögerung zu einem ausgeprägten Antikatholizismus führen.

173/174/ Zeichnungen des ambitionierten Hobbymalers Anton Roos aus der Ukraine, September/Oktober 1941

175/ Anton Roos (2. v. r.) in Zakopane, Juni 1941. Der Ort war bereits damals touristisch geprägt, der „Bär" in der Mitte könnte daher als Attraktion für Besucher gedient haben.

Aus den Briefen von Anton Roos

8. Juni 1941 aus Zakopane: „In Krakau waren wir einen Tag; schöne Stadt. Haben uns auch das Getto angesehen. So viel Juden habe ich noch nie auf einem Haufen zusammen gesehen. Hinter der Grenze fuhren wir durch ein Dorf, in dem nur Juden u. deutsche Polizei wohnen. Da konntest Du Fratzen sehen. Auf dem Lande läuft alles ohne Schuhe, Kleider tragen nur die Juden, die Polacken laufen in Lumpen herum, wie, kann man nicht beschreiben. Ich wohne hier in einer hochherrschaftlichen Villa mit allem Komfort, wie das in Jaroslau werden wird, ist noch nicht amtlich."

20. Juni 1941 aus Zakopane: „Das polnische Personal küsst einem bei jedem Scheißdreck die Hand. Bin im Augenblick dabei, ihnen das abzugewöhnen. Wie du weißt, kann ich es nicht vertragen, wenn mir ein Hund mit der Nase an die Hände kommt."

8. Juli 1941 aus Lemberg: „Nach der Einnahme Lembergs hat man die Bereinigung dieser Angelegenheit [gemeint: „Abrechnung" mit den ortsansässigen Juden] den Ukrainern und Polen überlassen. Wie mir gesagt wurde, soll es nicht mehr viele Juden von den 100 000, die da waren, geben. Ungeziefer habe ich bis heute noch nicht gehabt. Teu Teu."

10. Juli 1941 aus Trembola: „Die 120 km lange Strecke ist besät mit Tanks und Geschützen aller Kaliber. Maschinengewehre, Gewehre, Munition, Berge von Gasmasken, Automobile, Flugzeuge, Fuhrwerke, tote Russen und Pferde säumen die Straßen und liegen stellenweise in Haufen aufeinander. Bei der Hitze ein Gestank – kaum zu beschreiben.

Die Beerdigung der Russen wird von den Juden vorgenommen unter Aufsicht der ukrainischen Miliz, und wenn sie damit fertig sind, werden sie erschossen.

[…] Wenn das Pack [gemeint: die „jüdisch-marxistische Bolschewistenbande"] über uns gekommen wäre, dann hätte die allein selig machende Kirche einpacken können. Hier steht keine Kirche mehr; alle ausgebrannt oder in Kinos verwandelt. Ein ‚Kraft durch Freude'-Ausflug nach hier wäre für die Sorte Himmelswanzen, die wir so in Brühl herumstrolchen haben, bestimmt angebracht. […] Gestern haben wir eine Gans zu 4 Mann vertilgt, heute gibt es zwei Hähne mit Salat und Fritten, zum Nachtisch Wilderdbeeren auf Zucker mit Cognac. Als Vorspeise aus der Bataillonsküche Linsensuppe. Sieben polnische Jungfrauen sind um unser leibliches Wohl besorgt, morgens Stuben, Kleider und Schuhe putzen, Essen anrichten und mittags Erdbeeren pflücken im Walde."

11. August 1941 „aus dem Osten": „Der Kessel von Uman hat sich mit 103 000 Gefangenen ergeben, hättest das Kroppzeug mal sehen sollen, alle Typen Europas und Asiens und zur Hauptsache Kinder von 16–18 Jahren, die man in Uniform gesteckt und gegen uns losgelassen hat. […] Auch die Juden und Kommissare hat man hier schon aussortiert, wo es mit denen hingeht, kannst Du Dir denken. […] Wir haben beim Stab 6 Judenpiepelchen nur zum Fliegen töten, da wir andernfalls von den Biestern glatt aufgefressen würden. Die Weibsstücke hüpfen die Wände hoch nach einer Fliege; es ist eine Liebhaberei zuzusehen. […] Wenn das so weitergeht, schreibe ich noch mal aus Wladiwostok am Stillen Ozean."

25. August 1941 „aus dem Osten": „Da das Judenkroppzeug nicht arbeiten wollte, haben gestern die Holländer zur Abwechslung mal ein paar erschossen, jetzt geht es schon bedeutend besser. Das Schlimmste, was es hier gibt, ist die Juden- und die Fliegenplage, aber wir werden beide schon meistern."

12. Oktober 1941 aus Poltawa: „Die Judenfrage wird hier in den letzten Tagen radikal gelöst. In Uman und Kirowograd, wo wir lagen, sind Verbrechen der widerlichsten Art, von Juden an Ukrainern und Soldaten begangen, aufgedeckt worden, dass sich einem die Haare sträuben.

Man hat kurzen Prozess gemacht und alle Juden umgelegt. Erstens ist man diese Bestien samt Nachwuchs los, und zweitens fressen sie nicht mehr, und drittens übernehmen wir ein judenfreies Gebiet.

Hier in Poltawa war in den letzten Tagen auch etwas los. Der russische Sender hatte durchgegeben, Poltawa stände vor der Einnahme durch die Sowjetarmee. Schon wurden die Itzigs frech und machten Mauschelpropaganda. Daraufhin hat man Maßnahmen ergriffen, die ein Mauscheln unmöglich machen. Ich habe mir dies mal angesehen, wie so ein Dutzend umgelegt wurde. […] Wehe wenn Europa ohne die Kriegsführung Deutschlands und in erster Linie ohne die schaffende Kraft des Nationalsozialismus gewesen wäre, dann wäre es gekommen wie in Litauen, Lettland und Estland, Bessarabien, und im russischen Teil von Polen, wo die erste Handlung der Bolschewisten darin bestand, die gesamte Intelligenz abzuschlachten. […] Da würde Europa auch nicht das Gebet des Heiligen Vaters geholfen haben, denn dieser jüdische Sadismus hatte alles auf eine Karte gesetzt, und wenn der Führer jetzt nicht zugeschlagen hätte, wer weiß, ob es nicht in einem Jahre schon zu spät gewesen wäre. Diejenigen, die heute noch in Deutschland meckern, soll man nach hier schicken oder direkt an die Wand stellen."

Neben seinen antisemitischen und rassistischen Tiraden ließ Vater Toni in seinen Briefen keinerlei Zweifel an der unbedingten Notwendigkeit des einmal begonnenen Vernichtungskrieges und mahnte die Familienangehörigen zum optimistischen Durchhalten. Er habe, so rügte er Mitte September seine Frau Elisabeth, „in letzter Zeit allgemein, aber auch bei dir festgestellt, dass in jedem Brief das Gequatsche steht: ‚Wäre der Krieg doch vorbei'." Er sei in diesem Punkt durchaus ihrer Meinung, „aber er ist nun einmal notwendig geworden und muss vorerst mal gewonnen werden, denn wehe Europa, wenn das Plutokraten- und Bolschewistenpack obsiegen würde". Solch „ewiges Gewimmer" diene nicht gerade der Stabilisierung der Front, weshalb er solchen „Quatsch" nicht mehr hören wolle. Stattdessen gelte es die historische Stunde zu würdigen: „Heute haben wir bei Krementschug den Dnepr überschritten und z. Zt. entwickelt sich hier im Abschnitt wohl die größte Schlacht der Weltgeschichte, welche die Entscheidung für Europa auf 1 000 Jahre bringen wird": „Europa ist erwacht – und handelt."

Der zunehmend ungeduldig an der „Heimatfront" ausharrende Günther sah das ungeachtet aller Unsicherheiten genau wie sein Vater und sog gierig alles in sich auf, was dieser aus dem Osten mitteilte. Ebenso wie Toni Roos war auch sein jüngerer Sohn zutiefst davon überzeugt, Zeuge welthistorischer Vorgänge zu sein. Noch im hohen Alter musste er eingestehen, wie tief und einseitig dabei die offizielle und insbesondere auch die innerfamiliäre Berichterstattung sein Denken und schließlich auch Handeln beeinflusst hatten. Seine damalige Perspektive auf die Geschehnisse fasste er später wie folgt zusammen: „Und etwas Neues kam hinzu: Wir hörten von tierischen Grausamkeiten der Bolschewisten. Gerüchte liefen um von Kriegsgefangenen, die die Taschen voll hatten von ausgestochenen Augen. Und dann Bilder von Gefangenen. Das waren ja keine Menschen, das waren asiatische Bestien

176/ „Geschichte und Gegenwart. Wir überschreiten die Beresina, 8. Juli 1941", beschriftete Gustav Roos mit Verweis auf den Russlandfeldzug Napoleons und die Schlacht an der Beresina 1812 dieses Foto.

und Untermenschen! Dies war kein Krieg zwischen zwei Ländern. Dies war ein Kampf zwischen europäischer Kultur und Zivilisation und asiatischer Barbarei. Welch ein Glück für Europa, dass in diesem Schicksalskampf an der Spitze Deutschlands der größte Feldherr aller Zeiten, Adolf Hitler, stand. Die Briefe meines Bruders, der den Vormarsch im Mittelabschnitt bis nach Tula mitmachte, und die Briefe meines Vaters, der mit der OT in der Ukraine war, berichteten von trostlosen Zuständen im Arbeiterparadies. Mein Vater, der ja in der Etappe war, berichtete außerdem von Massenmorden an Juden. Erste heute, wo ich diese Briefe meines Vaters nochmals gelesen habe, ist mir das Ungeheuerliche der Judenmassaker bewusst geworden, damals hat man darüber als etwas Selbstverständliches und Normales hinweggelesen."

Der letztgenannte Aspekt überrascht ein wenig, denn Günther Roos hatte sich bis dahin in seinem Tagebuch nicht als glühender Antisemit gezeigt. Die zunehmende Bedrängnis der jüdischen Bevölkerung Brühls fand dort mit keinem Wort Erwähnung, was aber wohl nicht zuletzt darin begründet lag, dass er deren Schicksal angesichts der großen Ereignisse auf den Kriegsschauplätzen und seines steilen Aufstieges in der Jungvolkhierarchie einfach keine Beachtung schenkte, zumal die Zahl der in der Kleinstadt wohnenden Juden von über 100 im Jahr 1933 auf nur noch 28 Ende 1941 zurückgegangen war. Andererseits werden der stete Rückgang des jüdischen Bevölkerungsanteils und die zunehmende Ausgrenzung von Nachbarn und Bekannten aus dem gesellschaftlichen Leben ihm nicht gänzlich verborgen geblieben sein.

Weitaus stärker beschäftigte ihn jedenfalls das Schicksal seines Bruders Gustav. Trotz aller propagandistisch herausgestellten Erfolge wurde auch Günther zunehmend klar, dass der Krieg im Osten immer zahlreichere Opfer forderte. „Die Russen vernichtend geschlagen", notierte er am 6. August in seinem Tagebuch. „900 000 Gefangene. Ein Vielfaches an Toten. 13 150 Panzer, 10 400 Geschütze und 9 082 Flugzeuge. Die kühnsten Erwartungen übertroffen!! Fast Übermenschliches wurde geleistet!!! Der Vernichtungskampf geht weiter!" Fünf Tage später fügte er hinzu: „Es kommen jetzt viele Nachrichten von der Front. Aber alles traurige. Theo Schenk, Alex Wolff, Harry Gieraß, Leutnant bei Leibstandarte Adolf Hitler, sind gefallen." Zugleich machten sich erste vorsichtige Zweifel breit: „Noch ein Thema: Russland. Wie soll das hier eigentlich gehen? Ich vertraue felsenfest auf meinen Führer. Aber skeptisch betrachtet, kann die Sache faul werden. Wenn nun Russland von Sibirien aus weiterkämpft? Die Folge wäre ein Stellungskrieg."

Genährt wurden solche Zweifel in erster Linie durch die Briefe, die der in intensive Kampfhandlungen verwickelte Bruder Gustav schickte. Er schilderte ungeschminkt die Anstrengungen und Brutalitäten des Krieges, die so gar nicht mit den heroischen Propagandaberichten in Zeitungen und Wochenschauberichten übereinstimmen wollten: „Hoffentlich ist diese Scheiße dann auch bald zu Ende!", schrieb er bereits am 11. Juli und fügte am 16. August hinzu: „Unser täglicher Wunsch ist das: ‚Wir wollen heim, uns reicht's!'" Dabei verfolgte der ältere der Roos-Brüder auch das Ziel, den offenbar kurz vor der freiwilligen Meldung zur Wehrmacht stehenden Günther unbedingt von diesem Vorhaben abzubringen, indem er die beschwerlichen und gefährlichen Seiten des aktuellen Soldatentums schilderte. Am 4. September schrieb er ihm warnend: „Solch eine Nacht müsste eigentlich jeder mal vor seiner Freiwilligmeldung mitmachen." Zusehends desillusioniert folgte Mitte Dezember die in dieser Hinsicht deutlichste Warnung: „Und, mein lieber Knabe, wenn Du Dich mutwillig melden würdest,

177 / „Russen!", notierte Gustav Roos auf der Rückseite dieser Aufnahme, die im August 1941 entstand.

178 / Gustav Roos, Ende Juni 1941

Aus den Briefen von Gustav Roos

23. Juni 1941 an Mutter Elisabeth: „Na, ich möchte Günther eines sagen: Einen solchen Marsch muss er mitmachen, dann verzichtet er auf die Freiwilligmeldung und macht sein Abi. [...] Als wir nun in Richtung Bug marschierten, kamen uns schon lange Gefangenenzüge entgegen. Das ist also die berühmte „rote Armee". Sie sehen aus wie Idioten, vertiert, schlecht ausgerüstet, Tartaren, Mongolen, manche noch, wie man sie überrascht hatte, in Nachthemden und Unterhosen. Toll sahen sie aus."

30. Juni 1941 an Bruder Günther: „Ja, mein Sohn, lass Dir eines von einem ganz alten Landser sagen: Kampf ist schön! Aber das andere, ich nenne nur die Märsche, ist Scheiße! [...] Dann tagelang nur wenige Stunden Schlaf, manchmal keine Verpflegung, ganz wenig immer zu saufen, ja, das ist alles übel! Aber die Aussicht auf den Sieg und dann auf den Frieden lässt uns auch das aushalten. [...] Unsere Portionen sind ziemlich dünn. Für 3 Tage ein Kommissbrot und etwa 300–400 Gramm Wurst oder Käse. So sind wir auf uns angewiesen. Und darum habe ich Russisch gelernt. Das heißt, mein Sprachschatz besteht aus 3 Worten: Milch, Butter, Eier. Mit diesen und einem Karabiner bewaffnet betrete man ein Haus, und wenn sie etwas haben, haben sie zu geben. Meistens tun sie allerdings so, als ob sie nichts hätten. Dann wird gesucht. Die ersten Tage ist es mir schwergefallen, so etwas zu tun. Aber man muss; denn ohne zusätzliche Verpflegung käme man auf den Hund. Ich mache es heute noch nicht gerne und versuche mit den Leuten anständig umzugehen; Barbaren sind wir schließlich keine, trotzdem manche Kameraden sich so benehmen. C'est la guerre!"

2. Juli 1941 an Vater Toni: „Der Anmarschweg von Rozana, wo wir lagen, 12 km, war wohl das Schrecklichste, was man sich denken kann. Kolonnen der Russen waren von unserer Artillerie, Flak und Pak eingeholt und direkt beschossen worden. Die ganze Straße voll von zerschossenen Wagen, Inhalt wahllos zerstreut, ausgebrannte Tanks, Tote, zum Platzen aufgequollene Tierkadaver am Straßenrand, Trümmer von Dörfern, dann das Schrecklichste, Hunderte tote Russen, zerschossen, zu Skeletten verbrannt, furchtbar stinkend, oft in Haufen aufeinander. Wenn man diesen Weg gegangen ist, weiß man, was Krieg bedeutet, und weiß, was ‚Heldentod' ist! [...] Die Märsche sind, gerade um Mittag, eine Qual. Dann fängt einer an, von Bier zu reden, ein anderer überlegt, was er um diese Zeit zu Hause machte, besonders samstags hab' ich immer *dr Möb*, wenn ich an zu Hause denke!! Na, alles geht vorbei, auch dieser Feldzug!! Und dann wird wieder alles so sein, wie es früher war!!!!!"

15. Juli 1941 an Mutter Elisabeth: „Alles flucht, der Krieg, sprich Marschieren, kommt uns am Hals raus. Und dann ist kein Ende zu sehen; denn Russland ist groß. Immer weiter ...! [...] Es wird hier gesagt, bei jedem km, den wir hinter uns gebracht hätten, sähe man Wolken von Idealismus aus den Kolonnen aufsteigen und sich in nichts auflösen!

Das stimmt! Überflüssiger Idealismus vergeht uns hier. Aber trotzdem, ich fluche und bin es satt, auf der anderen Seite bin ich wieder stolz darauf, dass ich es aushalte und später einmal sagen kann: Ich war auch dabei!!

22. Juli 1941 an Mutter Elisabeth: „Nach 5 Wochen ein Lebenszeichen! Ich dachte schon, der Tommy habe Euch alle leicht lädiert! [...] Aus dem Brief von Günther musste ich unbedingt 2 Sätze vorlesen. 1. ‚Komm mir nur nicht ohne Ritterkreuz nach Hause!!' Kommentar der Kameraden: ‚Idiot, Hammel, noch kein Pulver gerochen, grüner Knabe, ist wohl noch nie getippelt!!' [...] Du siehst, mit Ritterkreuzen und Idealismus darfst Du uns nicht kommen. Das erregt nur noch!"

26. Juli 1941 an Mutter Elisabeth: „Russland!! Russland!! Hür mr op met Russland. Ich wollte immer einmal nach Russland, wenn auch nicht so. Heute kann ich nur sagen: Unsere Presse hat nicht übertrieben!!! Alle Kommunisten müssten hier mit sein! Sie wären kuriert! Bauer und Arbeiter ausgesogen und im Elend! Hier erkennst Du auch, was Hitler dagegen geleistet hat und was wir ihm zu danken haben!!"

6. August 1941 an Vater Toni: „In der Heimat denkt man bei diesem Wort [gemeint: „Einsatz"] an vorstürmende deutsche Truppen, rückwärts rennende Russen, an Eichenlaub und Ritterkreuze. Unsere Gefühle sind nun bedeutend anders. Ich glaube, von ‚Stimmung' kann man kaum noch reden. Jeder Angriff bedeutet Kampf bis zum Letzten. Der Russe wehrt sich zäh und verzweifelt. Was hat der Landser nun zu sagen? Er sieht nicht, dass es weitergeht, und er merkt nicht, dass er siegt. In Frankreich, Polen, da wusste er, noch 300 km, dann ist Schluss! Weiter geht es nicht, da setzt das Meer oder das Gebirge die Grenze. Russland aber ist riesengroß und arm. Die Strapazen und Entbehrungen haben uns körperlich ziemlich groggy gemacht, moralisch nicht; denn jeder weiß, dass er seine Pflicht zu tun hat und gehorchen muss. Aber wir sind es satt und sehnen das Ende dieser Scheiße herbei. Immer wieder kannst Du auch hören: ‚Mensch, gegen so was müssen wir nun kämpfen!' Polen, Griechen und Franzosen waren wenigstens noch Menschen und meist auch faire Gegner. Aber diese Russen, Asiaten, diese Halbmenschen, Idioten und Kretins, gegen die zu kämpfen, ist kein Vergnügen."

11. August 1941 an Mutter Elisabeth:

Ich habe auf jeden Fall die Nase voll!! Voll von Russland und voll vom Kommiss!!

Oh, ich kann Euch von beiden Liedchen singen, wenn ich heimkomme!! Näh, mich hat der Krieg nur enttäuscht!! All die schönen Worte, Heldentum, Kameradschaft!!
Wenn ich an die ‚Eiserne-Kreuz-Verleihung' denke, muss ich schon schwer an mich halten!"

23. August 1941 an Mutter Elisabeth: „Heute, wo's hinter mir liegt, kannst Du es ja wissen. Beinahe vier Wochen, es begann mit dem 19.7. und unser letzter Angriff war am 15. und 16.8., dauerte dieser Kampf. Von den 4 Funkern, die mit uns von Braunschweig gekommen waren, ist Theo Schäfer gefallen und Hermann Leydecker schwer verwundet. Jetzt bin ich mit Wolfgang Mölke noch alleine. Über diese 4 Wochen will ich weiter nichts schreiben, da sprechen wir drüber, wenn ich wieder zu Hause bin."

13. September 1941 an Mutter Elisabeth: „Heute, am Samstagnachmittag, muss ich Dir einmal wieder schreiben. Du weißt ja, dass dieser Nachmittag der schönste der ganzen Woche für mich war. Heute, in den Atempausen zwischen der Arbeit, hatte ich einmal wieder genug Zeit darüber nachzudenken. Ja, wenn ich mal wieder zu Hause bin, dann werde ich diesen Nachmittag wieder genießen! Wenn sich der Herdfegergestank verzogen hat, wenn ich gebadet habe, reine Wäsche und den Tangoanzug anhabe, dann setze ich mich an den Kaffeetisch. Du wirst mir, wie immer, die Geleebutterbrote schmieren, das Radio spielt, und dann wird ein alter Krieger Euch seine Taten berichten. Anschließend so'n kleiner Bummel durch Brühl, mit Ruhepausen bei Moll und Knott, und dann wieder gemütlicher Abend bei einer schönen Musik und einem guten Buch mit einer anständigen Zigarette hinter einem starken Kaffee und einem französischen Likör. Die Aussicht darauf, dass diese schönen Nachmittage einmal wiederkommen, lässt einem das Leben beim Kommiss in Russland noch ertragbar erscheinen. Ja, freuen wir uns heute schon darauf!"

18. Oktober 1941 an Mutter Elisabeth:

Wie anspruchslos und primitiv wir geworden sind. (...) Stumpf sind wir geworden, ja, wirklich, „graue Soldaten im Schrei der Granaten haben das Lachen verlernt"!

19. November 1941 an Bruder Günther: „Ich bin wohl überall dabei. Wenn ein Kessel erledigt ist, dann fragt man sich beim Oberkommando der Wehrmacht: ‚Wo ist bald wieder was los?' – ‚Ah! Bei Tula! Dann setzt mir sofort Gustav Roos dahin in Marsch, damit er nur ja nichts versäumt und die Nase so richtig voll bekommt!' Und Gustav Roos tippelte …"

4. Dezember 1941 an seine Eltern: „Hier haben wir nun wieder ein paar Wochen gelegen, haben angegriffen und verteidigt und, der Himmel möge es uns verzeihen, einen ‚siegreichen' Rückzug gemacht. Der Russe kämpfte immer ganz verbissen. Besonders seine Raketengeschütze machten uns viel zu schaffen. [...] Der Russe griff mit Panzerunterstützung an. Die Pak versagte, die meisten MGs bellten nicht – aus! Und ab durch die Mitte! Es war unser schwarzer Tag! Der Russe ist auch für den Winter bedeutend besser gerüstet als wir; denn unsere Winterbekleidung besteht aus einem Kopfschützer und einem Paar Handschuhen. Und außerdem ist unsere Verpflegung quantitativ ziemlich mäßig. Aus all diesen Umständen ergibt sich nun, dass die Stimmung nicht gerade glänzend ist!"

11. Dezember 1941 an seine Eltern: „Gerade haben wir die Rede des Führers gehört: Amerika!! Die Landser hier haben alle einen unerschütterlichen Optimismus. Mich aber überläuft es kalt, wenn ich an all das denke, was wir noch vor uns haben. Und wie lange mag die Scheiße noch dauern?!!"

16. Dezember 1941 an seine Eltern: „Ja, weißt Du, was ich möchte? Ich möchte einmal wieder nach Hause kommen. Ich sehne mich nach den Abenden, wie sie früher waren. Eine warme Stube, zuerst ein gutes Essen, dann eine feine Zigarette, einen guten Kaffee und einen oder auch mehrere Benediktiner. Dazu ein nettes Buch, oder noch besser, ich würde Euch erzählen, was ich in der Zeit, wo ich weg war, erlebt habe. Ich möchte aber auch einmal ganz alleine sein, auf der Chaiselongue liegen, schöne Musik hören und ‚dusseln'. Ja, alleine sein! Wie lange bin ich nicht mehr alleine gewesen, immer mit anderen zusammen, immer das mehr oder minder blöde Gequatsche der anderen mit anhören, das bin ich leid. Gemütliche Samstagnachmittage erleben, am Sonntagmorgen durch Brühl bummeln, bei Moll sitzen und Zeitschriften lesen, mit Euch einmal nach Köln fahren, im Café Wien eine ganz verrückte Tanzmusik hören, mein Gott, wie viele Wünsche!! Für Dich alles noch Selbstverständlichkeiten.

179 / Gustav Roos, Dezember 1941. „Zwischen beiden Bildern liegen fünf Monate und ein Russlandfeldzug", kommentierte Günther Roos später die Porträtaufnahmen seines Bruders (hier und auf Seite 166).

Aber ich gebe Dir einen Rat: Genieße jeden Augenblick, den Du noch zu Hause bei der Mutter sein kannst. Genießen, das heißt, sei Dir bewusst, wie gut Du es zu Hause hast!! Und noch einen guten Rat: Suche, solange es geht, zu Hause zu bleiben. Denn bist Du einmal draußen, ist's aus mit der Gemütlichkeit!

Und, mein lieber Knabe, wenn Du Dich mutwillig melden würdest, so wäre das für mich nur der Beweis für Deine geistige Unzulänglichkeit; denn frage mal einen der Freiwilligen, wie er heute über seine Meldung denkt. Er wird sich nur an den Kopf schlagen und bitterlich weinen. Er hat nur Enttäuschungen erlebt. Idealismus, sofern er welchen hatte, hat er bestimmt verloren. Er hat so viel von jener Kameradschaft an der Front gehört, jener Kameradschaft, die erst im Feuer der Granaten wächst, die erst auf dem Schlachtfeld fest und unlösbar zusammengeschweißt wird, von der Kameradschaft, von der man so schöne Geschichten liest und so viel Wunderbares im Radio hört. Und dann kam er hinaus und suchte sie. Aber er hörte immer nur:

‚Was Du hast, das haste, haste nix, dann gibt Dir auch keiner was!!' Das war die berühmte ‚Kameradschaft an der Front'.

Und so geschah ihm mit vielem, er sah, wie ‚Eiserne Kreuze' verteilt wurden, er sah, wie er lebte und die Offiziere, und oft hungerte er, schwitzte und fror und er kam endlich in den Kampf. Aber das, was man Kampf nannte, war kein Kampf, es war ein großes Massenmorden und -schlachten. Ein Morden mit den raffiniertesten Mitteln der modernen Technik, er sah das viele Blut, das floss, er sah die, die ihm am liebsten waren, fielen, er lag im Dreck, konnte sich nicht rühren, da bei der geringsten Bewegung die MGs zu bellen begannen. Er hörte die Verwundeten schreien und stöhnen und konnte ihnen nicht helfen. Und als er so dalag, da musste er sich fragen: „Wozu dies alles?! Wo bleibt hier Gott!!!? Und auf diese Frage gab es keine Antwort! Wie oft haben wir uns schon gefragt: War dieser Krieg nicht zu vermeiden? Die Antworten auf diese Fragen sind nicht zur Veröffentlichung in Presse und Radio geeignet!"

so wäre das für mich nur der Beweis für Deine geistige Unzulänglichkeit; denn frage mal einen der Freiwilligen, wie er heute über seine Meldung denkt."

Zwar sorgte sich Günther stets um Wohlergehen und Gesundheit des Bruders und hoffte inständig auf dessen baldige Rückkehr, Gustavs drastische und desillusionierende Schilderungen des Alltags an der Front und die damit verknüpften Warnungen verfingen bei ihm aber offenbar kaum. Der Kriegseinsatz erschien ihm weiter als Ziel aller Dinge, und mit jeder Sondermeldung steigerte sich deshalb Günthers Ärger über die erzwungene eigene Untätigkeit an der „Heimatfront": „Nicht wegen der herrlichen Siege, sondern weil jetzt ein historischer Kampf stattfand, der die Welt für die nächsten 1 000 Jahre veränderte. Und ich war zu jung, um aktiv an diesem weltverändernden Kampf teilzunehmen", erinnerte er sich 50 Jahre später an seine damaligen Gedanken. Die NS-Propaganda und die Briefe des Vaters aus der Ukraine wirkten offenbar weitaus stärker als die Mahnungen des Bruders.

Günther Roos war zu diesem Zeitpunkt endgültig auf die „Überholspur" jener gewechselt, die bedingungslos nach Macht strebten und die feste Absicht verfolgten, künftig einen hochrangigen Posten im NS-Staat zu bekleiden. Seine Karriere als Jungvolkführer hatte ihn sozusagen „auf den Geschmack" gebracht, wobei die Kriegsereignisse seinen Aufstieg erheblich beschleunigten. Hatte er am 23. August noch in sein Tagebuch notiert, dass er in einem halben Jahr das Fähnlein in Brühl-Pingsdorf übernehmen werde, hatte sich die Situation bereits drei Wochen später grundlegend gewandelt. Durch die hohe Zahl neuer Einberufungen zur Wehrmacht wurden im Jungvolk immer mehr hohe Führerstellen frei. Als am 15. September der bisherige Fähnleinführer, Günthers Bekannter und späterer guter Freund Manfred Mammel, zum Jungstammführer befördert wurde, rückte Günther unerwartet schnell auf dessen Position auf. „Endlich bin ich so weit, das grün-weiße Schnürchen zu tragen", heißt es hierzu voller Stolz im Tagebuch. Nach der offiziellen Übergabe des Fähnleins in Anwesenheit des Bannführers fünf Tage später ergänzte er: „Jetzt bin ich mein eigener Herr, endlich!"

Noch Jahrzehnte später erinnerte er sich sehr genau an das damalige Hochgefühl: „Ich war jetzt Fähnleinführer des Fähnleins Pingsdorf. Mir unterstanden etwa 100 Jungen, d. h. sämtliche Jungen zwischen 10 und 14 Jahren. Als Fähnleinführer war ich weitgehend selbstständig in der Gestaltung der Dienstpläne im Rahmen der bestehenden allgemeinen Anweisungen. Mit einem Wort: Ich war jetzt wer!" Und das konnte umgehend in aller Öffentlichkeit demonstriert werden. Als Ende September 1941

180/ Kommentar des älteren Günther Roos zu diesem Bild: „Das Fähnlein ist auf dem Feuerwehrhof zum Appell angetreten. Links mit erhobenem Arm steht Manfred Mammel, daneben – leicht nach rückwärts schauend – stehe ich."

181/ Günther Roos (vorn) als Fähnleinführer: „Einer von vielen Aufmärschen. Ich marschiere an der Spitze meines Fähnleins aus Pingsdorf über den Brühler Marktplatz."

der Geburtsjahrgang 1923 in die SA überführt wurde, fand auf dem Brühler Markt ein großer NS-Aufmarsch statt, an dem auch sämtliche Einheiten der Hitlerjugend teilnahmen. 1050 Jungen marschierten bei dieser Gelegenheit an Bannführer und Kreisleiter vorbei – und Günther Roos dabei erstmals an der Spitze seines Fähnleins.

Auch Vater Toni war überaus stolz auf die Karriere seines jüngeren Sohnes, dem er Mitte Oktober zu seiner Beförderung gratulierte. Er werde wohl „noch mal ein großer Bonze werden", dem eine rosige Zukunft winke, schrieb er zwar launig, aber sicherlich in ernster Absicht: „Wir können diese Leute sehr brauchen, denn hier in Russland ist viel Platz", und „was wir einmal haben, geben wir nicht mehr heraus". Gustav reagierte auf die Beförderung weitaus zurückhaltender. Immerhin richtete er Glückwünsche aus, bezeichnete den aufstiegsorientierten Bruder zugleich aber durchaus süffisant und treffend als „Kletteräffchen".

Günther jedoch war, weil sich ihm als Jungvolkführer nun neue, mit persönlichem Machtzuwachs verknüpfte Perspektiven eröffneten, künftig sogar noch ausgeprägter karrierebewusst. Dabei zeigte er sich, wie schon einmal geschehen, auch durchaus bereit, Konkurrenten – notfalls durch Denunziation – auszuschalten und sich sogar als Spitzel des Sicherheitsdienstes zu verdingen. Zunächst aber überwog der Stolz. Als am 26. Oktober 1941 ein großes Gebietsführertreffen in der Kölner Messehalle stattfand, war auch er eingeladen und entsprechend begeistert. „Die ganze Aufmachung war großartig. Mindestens 100 Fanfaren spielten. Wenn dann diese Jungen dastehen und gewaltige Märsche blasen, dann drängt sich einem unmittelbar der Glaube an ein neues, starkes Deutschland auf. Ein neues, starkes Volk wächst heran. Und ich bin dabei!!"

Sturmabteilung (SA)

Die NSDAP hatte ab 1920 einen Ordnerdienst zur gewaltsamen Auseinandersetzung mit politischen Gegnern bei Saal- und Straßenschlachten unterhalten. Aus bewährten Mitgliedern dieses Schlägertrupps entstand im November 1921 die braun uniformierte „Sturmabteilung" (SA), die bis zu ihrem vorübergehenden Verbot nach dem gescheiterten Hitler-Putsch vom 9. November 1923 von rechtsradikalen Offizieren der Freikorps ausgebildet wurde.

Die SA diente der NSDAP als Anlauf- und Sammelpunkt der verarmten und entwurzelten Massen, insbesondere für Jugendliche und junge Erwachsene. Sie widmete sich der „Eroberung der Straße" durch Gewalt und Terror. In der Endphase der Weimarer Republik, in der sie 1932 zeitweise verboten war, trug die zur paramilitärischen Massenorganisation gewachsene SA zum allgemeinen Klima der Angst und Unsicherheit bei, sodass sich Hitler erfolgreich als Garant der alten Ordnung darstellen konnte.

Nach der NS-Machtübernahme wurde die SA als Hilfspolizei eingesetzt. Sie entfesselte dabei eine Welle blutigen Terrors gegen politische Gegner und unterhielt eigene Gefängnisse und Konzentrationslager. Auch an gewaltsamen antijüdischen Aktivitäten war sie beteiligt. Allerdings wurde die Organisation, die mehr als vier Millionen Mitglieder zählte, der Führung der NSDAP und konkurrierenden Machtgruppen wie Wehrmacht und SS bald zu mächtig. 1934 wurde ein angeblicher Staatsstreich ihrer Führung („Röhm-Putsch") blutig niedergeschlagen und die SA weitgehend entmachtet. Fortan diente sie vor allem der vormilitärischen Ausbildung von Jugendlichen und veranstaltete Sammlungen. Eine vorübergehende Rückkehr zu ihrer alten terroristischen Aufgabe war ihre Teilnahme am Novemberpogrom von 1938. Gegen Ende des Krieges diente die SA als Reserve bei der Bildung des „Volkssturms".

Blick in die Messehalle während der Rede des Gauleiters   Aufn.: Radermacher

So endete das Jahr 1941 für die Brüder Roos sehr unterschiedlich. Hatten sie die Neujahrsnacht 1940 noch gemeinsam verbracht und sich dabei dauerhaften Zusammenhalt geschworen, so lag Gustav nun verwundet in einem Lazarett im polnischen Radom und versuchte, seine angesichts der erlebten Grausamkeiten in arge Unordnung geratenen Gedanken und sein gesamtes Weltbild zu ordnen. Er war sichtlich im Kern erschüttert und sicherlich auch traumatisiert, ohne in dieser Hinsicht aber auf Hilfe hoffen zu dürfen. Am 3. Januar 1942 schrieb er an seine Eltern: „Ich zündete eine Kerze an und schrieb. Zuerst Tagebuch. Ich rauchte und trank Likör, Rum und umgekehrt. Um 10 gab es für mich keine Probleme mehr. Was unseren Philosophen jahrhundertelang verborgen geblieben war, mir machte es keine Schwierigkeiten mehr. Aus Freude darüber trank ich die Likörflasche ganz leer. Die Folge davon war wieder, dass ich von der Philosophie zur Sentimentalität wechselte. Ich vergoss heiße Tränen über mich und mein hartes Schicksal und schrieb einen Brief an Euch. (Ein Glück, dass er nicht fertig wurde!) Kurz vor 11 verließen mich alle Gedanken, ich legte mich aufs Bett."

Gustav hatte wohl realisiert, dass er in einer Zeit lebte, die nicht seinen innersten Erwartungen und Hoffnungen entsprach. „Ich will nicht herrschen, ich will nicht dienen, aber frei will ich sein!!! Das heißt, mir allein gehorchen und mich allein beherrschen!" Das war weder unter

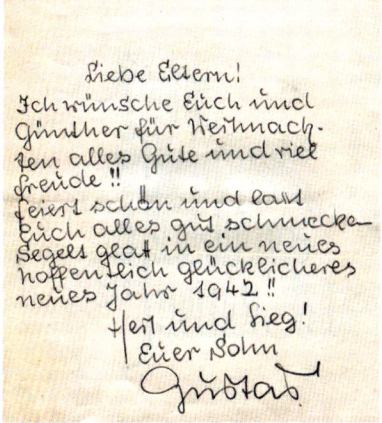

182/ Auszug aus dem *Westdeutschen Beobachter* zum „Gebietsführertreffen" am 26. Oktober in der Kölner Messehalle. Von ihm selbst später in der Mitte blau eingekreist Günther Roos

183/184/ Weihnachts- und Neujahrskarte von Gustav Roos an seine Eltern, 1941

Aus dem Tagebuch von Gustav Roos

„Silvester 1941 – Am letzten Abend des Jahres! Was hat mir nun das Jahr 1941 gebracht? [...]

Russland, ein großes Erlebnis. Anstrengungen, Strapazen, Mühen, Bekanntschaft mit fremdem Land mit fremden Mensch – und Bekanntschaft mit dem Tod. Die Märsche, die Strapazen, es war für mich eine Selbstverständlichkeit, dass ich sie aushielt, ich hätte es für eine große Schande gehalten, schlappzumachen. Und im Kampf. Selten habe ich Angst gehabt und wenn, dann hatte ich keine Mühe, drüber hinwegzukommen. Und eines kann ich heute sagen, nämlich, dass ich in diesem Jahre gesehen habe, dass ich etwas leisten kann, wenn ich will, und, dass ich Ehre im Leib habe, und ich habe gemerkt, dass mir nichts widerlicher ist, als vor anderen Leuten strammzustehen und Männchen zu machen. Das hat mir die meiste Mühe gemacht. Ich will nicht herrschen, ich will nicht dienen, aber frei will ich sein!!! Das heißt mir allein gehorchen und mich allein beherrschen!

Ich habe aber auch niemals im Leben Mutter, Vater und Bruder lieber gehabt als in diesem Jahr. Was Mutter und Vater bedeuten, habe ich erst jetzt richtig erkannt und das tut mir leid. Meinen Bruder, ja, ihn habe ich immer gern gehabt, ja, wenn ich nachdenke, sogar immer heimlich angehimmelt. Warum? Ich weiß es nicht. Als Lolo mich nach diesem Grund fragte, habe ich gesagt: ‚Ich glaube, dass Günther die 2. und verbesserte Auflage von mir ist, und er scheint mir immer wie ein Idol von mir.'

Und was ist mit ‚meinem' Gott? Ich habe alles hinter mir gelassen. An den ‚katholischen' Gott kann ich nicht glauben. Ich habe aber auch all das, was ich früher mir zusammengedacht habe, über Bord geschmissen. Dieser Gott war für den Kampf zu kompliziert. Ich glaube an Gott, nicht an den jüdischen, nicht an den christlichen, an Gott! Gott hat mich in die Welt gestellt, damit ich meine Pflicht tue. Das will ich! Ich glaube an ein Jenseits, ohne mir Gedanken zu machen, wie es aussieht. Und ich bin fest überzeugt, dass ich mit dieser Façon selig werde!!

Und wenn ich so auf das alte Jahr zurücksehe, dann weiß ich, dass es ein sehr hartes Jahr war, aber dass es auch das Gute hatte, dass ich mich und die Dinge um mich einmal richtig sah und richtig beurteilen konnte.

In das kommende Jahr trete ich mit dem Bewusstsein, dass es noch härter sein wird als das letzte, aber ich will durchhalten!!!"

den Bedingungen des NS-Regimes und erst recht nicht in Zeiten eines Vernichtungskrieges möglich, was dem allein im Lazarettschlafsaal liegenden 20-Jährigen schmerzhaft bewusst gewesen sein dürfte. Tragisch wirkt es da fast schon, dass er ausgerechnet in seinem jüngeren Bruder ein Vorbild sah: „Meinen Bruder, ja, ihn habe ich [...] immer heimlich angehimmelt. Warum? Ich weiß es nicht. [...] Ich glaube, dass Günther die 2. und verbesserte Auflage von mir ist [...]." Dessen größter Wunsch richtete sich zu diesem Zeitpunkt aber eben nicht auf Freiheit, sondern auf Macht. So sah Gustav – an Gott und der Welt zweifelnd – mit großer Skepsis dem Jahr 1942 entgegen, dessen Ende er nicht mehr erleben sollte.

Günther hingegen sah, seinem Naturell gemäß und durch vielfache Beeinflussungen entsprechend konditioniert, der Zukunft weitaus optimistischer entgegen. Gleich im Anschluss an die von ihm als „großartig" empfundene Rede Hitlers anlässlich der deutschen Kriegserklärung an die USA hatte er am 11. Dezember gejubelt, dass „ein neuer Weltkrieg" ausgebrochen sei: „Aber diesmal wird Deutschland siegen!!!" Zugleich war dadurch die Wahrscheinlichkeit, dass er nun doch noch selbst als Soldat „dabei sein" durfte, erheblich gestiegen. „Abends haben wir gelesen und wachend das neue Jahr erwartet. Voriges Jahr war noch Gustav bei uns. Nächstes Jahr werde auch ich wahrscheinlich fehlen", schrieb er an Silvester in sein Tagebuch. Er bedauerte zwar, dass Bruder Gustav zum Jahreswechsel erstmals nicht in Brühl war, weshalb man auf private Feierlichkeiten verzichtete. Ansonsten aber fand Günther auch in seinem rückblickenden Tagebucheintrag zum 1. Januar 1942 – im Gegensatz zum völlig desillusionierten Bruder und trotz dessen realistischer Schilderungen – weiterhin große, ideologiegetränkte Worte: „Drüben in Russland stehen unsere Soldaten und kämpfen für ein neues Deutschland und um die Erhaltung Europas. Das Jahr 1941 hat, wie der Führer sagte, die Entscheidung gebracht. Der Balkan wurde gesäubert, Kreta genommen und der Ansturm der Bolschewisten durch kühnen Angriff zerschlagen. Wenn sie auch Widerstand leisten, der letzte Bolschewik und Jude muss fallen. Dann Japan! Das Land der aufgehenden Sonne erklärte Amerika den Krieg und es wurde bisher dort Fantastisches geleistet. So steht das ganze neue Europa im Kampf gegen England und Amerika zusammen mit Ostasien. Wir werden siegen!"

Kölnische Illustrierte Zeitung

Preis 20 Pfg.
Druck und Verlag von M. DuMont Schauberg, Köln
Italien Lit. 2.— / Spanien Pes. 1.25
Nummer 51 / 17. Jahrgang
17. Dezember 1942

Schickt dieses Heft an die Front — es ist ein Heimatgruß

Er riegelte eine Einbruchsstelle ab
Unterscharführer Seitz hielt seine wichtige Stellung so lange, bis die zum Gegenangriff angesetzte Kampfgruppe eintraf. Das Ritterkreuz war der Lohn für sein tapferes Ausharren

„Macht will ich haben! Alle sollen mich lieben oder fürchten."

Tagebucheintrag von Günther Roos
19. April 1942

1942

1942 wendete sich das Kriegsgeschehen endgültig zuungunsten Deutschlands und seiner Verbündeten. Nachdem das Scheitern der von Hitler verfolgten Strategie des „Blitzkrieges" offenkundig geworden war, zeichnete sich mit der Landung der Alliierten in Nordafrika, dem Beginn der sowjetischen Gegenoffensive bei Stalingrad und den ersten Flächenbombardements auf deutsche Großstädte ein grundlegender Wandel ab. Ende 1942 waren die Armeen sämtlicher Alliierten auf allen Kriegsschauplätzen auf dem Vormarsch.

1942 war auch das Jahr, in dem die zuvor unvorstellbare Rücksichtslosigkeit, Brutalität und Unmenschlichkeit des NS-Regimes immer deutlicher wurden. Am 20. Januar auf der sogenannten Wannsee-Konferenz beschlossen, wurde ab März die in der Geschichte beispiellose systematische Ermordung der jüdischen Bevölkerung in den Vernichtungslagern mit brutaler Konsequenz in die Tat umgesetzt. Zum Synonym für den Terror der deutschen Eroberer in den besetzten Gebieten wurde der Name eines Bergarbeiterdorfes bei Prag: Lidice. Als Vergeltung für das Attentat auf Reinhard Heydrich ermordeten SS-Einheiten am 10. Juni die männlichen Einwohner des Dorfes, verschleppten Frauen und Kinder in Konzentrationslager und machten den Ort dem Erdboden gleich.

An der „Heimattront" wurde im Jahresverlauf die Überforderung der deutschen Kräfte immer spürbarer, woran die zunehmende Luftüberlegenheit der Alliierten einen erheblichen Anteil trug. Das britische Flächenbombardement von Lübeck Ende März und der erste 1000-Bomber-Angriff auf Köln Ende Mai bedeuteten eine neue Phase im Luftkrieg – mit der Zivilbevölkerung als Leidtragender. Am Ende des Jahres beherrschten die Alliierten den gesamten europäischen Luftraum.

Zugleich verschlechterte sich die Versorgungslage gravierend, und die Verknappung fast aller Nahrungs- und Genussmittel bestimmte den Alltag. Weil auch Frischgemüse und Obst nicht in ausreichenden Mengen beschafft werden konnten, war ein erheblicher Vitaminmangel zu verzeichnen. Stadtbewohner zogen zu Hamsterfahrten in ländliche Gebiete, um dort Fleisch, Eier, Speck, Kartoffeln und Gemüse gegen Wertgegenstände oder Geld einzutauschen.

Um der Wehrmacht noch schneller vorgebildete Rekruten zur Verfügung stellen zu können, wurden 1942 in Zusammenarbeit mit der Wehrmacht dreiwöchige Wehrertüchtigungslager der Hitlerjugend eingerichtet. An ihnen mussten alle männlichen Jugendlichen im Alter von 16 ½ Jahren aufwärts teilnehmen, gleichgültig ob sie HJ-Mitglied waren oder nicht, und dabei eine Schieß- und Geländeausbildung absolvieren.

1942 sollte für Günther Roos ein Jahr großer innerer Umbrüche und einer anstrengenden Suche nach seiner endgültigen Weltanschauung werden, die durch eine immer massivere ideologische Indoktrination flankiert wurde. Sein tastendes, dabei aber zugleich auch immer machthungrigeres und skrupelloseres Agieren fand deutlichen Niederschlag in seinem Tagebuch. Der Schrecken, der ihn mehr als 40 Jahre später beim erneuten Lesen seiner Tagebücher überkam, galt insbesondere den Eintragungen des Jahres 1942. Wie in der Einleitung bereits erwähnt, entschied er sich dennoch trotz aller Bedenken, seine Aufzeichnungen ungekürzt zur Verfügung zu stellen, weil er glaube, so stellte er seiner Transkription des Jahres 1942 voran, dass durch deren unverfälschte Fassung „viel deutlicher" werde, „wie ein junger Mensch in einer Diktatur für deren Ziele eingespannt und auch korrumpiert" werde. Diese massiven Beeinflussungen, die hierzu eingesetzten Mittel und deren erschreckende Folgen waren Teil eines Prozesses, der, um ihn verständlich und nachvollziehbar zu machen, auch in seiner gesamten komplexen Abfolge dargestellt werden muss. Insofern stellt die Darstellung des Jahres 1942 so etwas wie den „Höhepunkt" einer über mehrere Jahre verlaufenden Entwicklung eines jungen Menschen zum überzeugten Nationalsozialisten dar, was sich auch im Umfang dieses Kapitels niederschlägt.

Günther Roos' Entwicklung lag ganz auf der Linie und in der Absicht des NS-Regimes – genauer von Reichsjugendführung, Wehrmacht und SS, die allesamt die männliche deutsche Jugend vor ihrem Eintritt in den Wehrdienst auf diese Weise ausgerichtet und ausgebildet sehen wollten. Um diesen Weg, den Günther Roos im Lauf des Jahres 1942 ging, besser nachvollziehen und die regimeseitig intendierten Ziele verstehen zu können, sollen an dieser Stelle in einem Exkurs Aufbau und Durchführung der HJ-Wehrerziehung während des Krieges skizziert werden,[76] ehe dann wieder der Geschichte des Protagonisten dieses Buches gefolgt wird.

Exkurs

Die Wehrerziehung der Hitlerjugend im Krieg

Mit Beginn des Krieges wurde die Wehrertüchtigung in Jungvolk und HJ nochmals intensiviert. So wurde für die 16- bis 18-jährigen Hitlerjungen im Oktober 1939 eine zwölfmonatige Ausbildung im Kleinkaliberschießen und Geländedienst im Rahmen des allgemeinen HJ-Dienstes als Vorbereitung für den Dienst in der Wehrmacht obligatorisch. Dabei ließ auch die Reichsjugendführung nun die Maske fallen und räumte unumwunden ein, dass Ziel und Endzweck der bisherigen wie der künftigen Erziehung in der HJ „die Vorbereitung für den Krieg" sei. Obergebietsführer Schlünder als Verantwortlicher der Reichsjugendführung für Wehrerziehung machte zugleich deutlich, dass es der beständige Wechsel und die wechselseitige Durchdringung von unmittelbar praktischer vormilitärischer Ausbildung und „wehrgeistiger Erziehung" sei, die beide zusammen erst die

Wehrerziehung der HJ ausmachen würden und in ihrer Kombination „entscheidend für den Erfolg der Kriegsausbildung" seien.

Der HJ-Ideologe Gerhard Bennewitz betonte besonders den zweiten Aspekt der „Politisierung der Jugend", die gerade im Krieg „auf jede Weise" gefordert werden müsse. Es müsse dabei unter allen Umständen vermieden werden, dass die Jugendlichen die „Frage des ‚Warum?'" überhaupt stellen würden. Der angestrebte Verzicht auf jedwede kritische Nachfrage sei aber kein „Geschenk des Himmels", „sondern das Ergebnis einer jahrelangen, unermüdlichen Arbeit". Diese aber könne nicht von der Wehrmacht, sondern müsse lange vorher von der Hitlerjugend geleistet werden: „Wer nicht als junger begeisterter Nationalsozialist in die Kaserne einrückt, wird auch als Soldat nicht brauchbar sein." Daher sei es unumgänglich, die Jugendlichen zuvor ideologisch auszurichten, damit sie dann „mit einer festen weltanschaulichen Haltung" in die Wehrmacht eintreten würden.

Die Forderung nach unbedingter, nicht zu hinterfragender Gefolgschaftstreue erwuchs aus der radikalen Veränderung der Kriegsführung, die nach Überzeugung der NS-Strategen einen „modernen Soldaten" verlangte, der imstande sein müsse, den Belastungen der Materialschlachten stand- und beispielsweise „sechs Tage und sechs Nächte im Trommelfeuer" auszuhalten, „jede Minute damit rechnend, durch eine 30-cm-Granate in Atome zerfetzt zu werden".77 Solche Abhärtung habe die „geistige Wehrerziehung der HJ" anzustreben, auch, um gegen die Anfechtungen der feindlichen Propaganda immun zu machen. Als „stärkste Waffe" hierbei wurde „die Liebe zu Adolf Hitler" ausgemacht und daraus die Forderung abgeleitet, dass an der „dauernden Erhaltung dieser Waffe" alle arbeiten müssten, „die irgendwo in der Erziehung unserer Jugend stehen".

Wie bereits am Beispiel Günther Roos veranschaulicht, zählte auch das deutsche Schulwesen zu jenen Institutionen, die für die neue Form der Wehrerziehung verantwortlich zeichneten. Neben der HJ-Zentrale war – wie der Historiker Michael Buddrus in seiner Studie zum Thema darlegt – ebenso die deutsche Unterrichtsverwaltung bestrebt, die Schulen zu „Dienstleistungsunternehmen zur Ablieferung wehrmachtstauglicher Rekruten" umzuformen. Schon vor Beginn des Krieges hatte sich die von der Schule ausgehende wehrgeistige Erziehung mit der von der HJ getragenen vormilitärischen Ausbildung zu einer vollkommen im Systeminteresse liegenden, verhängnisvollen Wirkungseinheit ergänzt, der sich die Jugendlichen kaum entziehen konnten.

Nach Beginn des Krieges mussten Reichsjugendführung und Wehrmacht aufgrund des schnell wachsenden Personalmangels umgehend aktiv werden. Da die für die wehrpraktische Ausbildung zuständigen Schieß- und Geländewarte der Hitlerjugend selbst zum größten Teil eingezogen worden waren, mussten neue Wege beschritten werden, um eine ausreichende Wehrertüchtigung in den HJ-Einheiten zu gewährleisten. Daher wurden in Zusammenarbeit von Reichsjugendführung und Oberkommando des Heeres ab Winter 1940/41 „Reichsausbildungslager" der HJ eingerichtet, die einen fundamentalen Formenwechsel in der Wehrertüchtigung darstellten: Die Ausbildung fand nun nicht mehr an den Wochenenden statt, sondern erstmals in Form dreiwöchiger kasernierter Lehrgänge, die den Bedarf an Schieß- und Geländewarten sicherstellen sollten. So wurden nun die 16- bis 18-Jährigen für entsprechende Führungsaufgaben ausgebildet, denn immerhin warteten in den drei ältesten HJ-Jahrgängen mehr als zwei Millionen Jugendliche auf entsprechende Anleitung.

Die „Auslese" der nachrückenden Geländewarte erfolgte in den Bannen und Gebieten, woraufhin diese dann in den Reichsausbildungslagern von früheren HJ-Führern ausgebildet wurden, die sich zuvor bereits im Kriegsdienst „bewährt" hatten und zu diesem Zweck von der Wehrmacht beurlaubt waren. Nach Durchlaufen dieser Ausbildung sollte der geschulte Führernachwuchs in die HJ-Einheiten zurückkehren, um dort dann selbst die Wehrertüchtigung zu leiten. So wurden diese Lager die formale Spitze der gesamten vormilitärischen Ausbildung, für deren bestmöglichen Erfolg jedoch sämtliche Erziehungsträger – in erster Linie Schule, Hitlerjugend und Reichsarbeitsdienst – aufeinander aufbauend agieren sollten. Im Januar 1941 benannte der Vertreter der Wehrmacht beim Jugendführer des Deutschen Reichs den wichtigsten Programmpunkt der so konzipierten Wehrerziehung: Die HJ solle „den Jungen zum Nationalsozialisten erziehen"; mit dieser „totalen nationalsozialistischen Erziehung" schaffe sie „die besten Voraussetzungen für die Heranbildung tüchtiger Soldaten" und erschaffe damit den „Gesamttypus unserer Jugend".

Mit dem deutschen Überfall auf die Sowjetunion erwuchs der Hitlerjugend im Juni 1941 bei der vormilitärischen Ausbildung noch eine weitere Aufgabe, da nun auch der Offiziersnachwuchs der Wehrmacht aus ihren Reihen ergänzt werden sollte. Dieses Vorhaben wurde aus Sicht der Wehrmachtsführung derart gut in die Tat umgesetzt, dass sie dem System der HJ-Führerausbildung im Sommer 1943 attestierte, als Stätte nationalsozialistischer Erziehung und Selbstauslese beste Voraussetzungen für ein neues Offizierskorps zu schaffen. Und das Heerespersonalamt urteilte, „dass Offiziersbewerber, die in der Hitlerjugend eine Führungsstellung innegehabt hätten, den höchsten Eignungsgrad aufweisen" würden.

Dieses aus NS-Sicht positive Ergebnis bestätigte die Reichsjugendführung in ihren Maßnahmen. Mitte August 1941 hatte sie einen im Vergleich zu früheren Versionen vielfach radikalisierten Forderungskatalog

185/186/ Kölner Gymnasiasten im Wehrertüchtigungslager Mausbach bei Stolberg, August 1942. Das Gelände war kurz zuvor noch als Sammellager für rheinische Juden benutzt worden, bis diese am 15. Juni 1942 von Köln nach Theresienstadt deportiert wurden. Hiervon dürften die Jugendlichen allerdings nichts gewusst haben. Kurze Zeit später wurden sie zur Wehrmacht einberufen und an den Fronten in den Kampf geschickt.

Kommt der junge Rekrut zur Truppe, so muss er bereits weltanschaulich geschult und gefestigt sein. Die Grundfragen des Nationalsozialismus müssen ihm zum inneren Erlebnis geworden sein." Nur so sei der „Existenzkampf des deutschen Volkes" zu gewinnen.

Das war nichts anderes als die Forderung zu bedingungsloser Todesbereitschaft. Denn gerade die Angehörigen der Hitlerjugend hatten „dem Führer gegenüber dafür Garant zu sein", ihm in „unverbrüchlicher Treue" und mit „todesmutiger Einsatzbereitschaft an der Front ihren Mann" zu stehen, wie es bereits „ihre Brüder und Kameraden vor ihnen seit 1939" getan und diesen Einsatz mit „dem Letzten, mit der Hingabe ihres Lebens bewiesen" hätten. Die Reichsjugendführung selbst ging in dieser Frage noch einen Schritt weiter, als sie im Dezember 1941 erklärte, die Wehrertüchtigung künftig verstärkt in Kooperation mit der SS durchführen zu wollen, die in den Wehrertüchtigungslagern dann – nicht selten mit rüden Methoden – eine „Freiwilligenwerbung" für die Waffen-SS betrieb.

Obwohl bis Kriegsende beibehalten, erwiesen sich die Reichsausbildungslager allein bei der Schulung der benötigten „K-Übungsleiter"[78] als bei Weitem nicht ausreichend, zumal diese, kaum fertig ausgebildet, umgehend zum Reichsarbeitsdienst oder zur Wehrmacht einberufen wurden. Das System der schließlich zehn Reichsausbildungslager war somit zwar der erste unter Kriegsbedingungen unternommene Versuch, die für die Kriegsausbildung der HJ notwendigen Führungskräfte unter kasernierten Bedingungen heranzubilden, stellte sich aber auf Dauer als zu „unwirtschaftlich" heraus.

Angesichts der hohen Verluste an der Ostfront bestand ein ungeheurer Bedarf an möglichst vorbereiteten Rekruten, weshalb Hitler auf Vorschläge der Reichsjugendführung hin im März 1942 als erneuten radikalen Richtungswechsel die Einrichtung von „Wehrertüchtigungslagern der Hitlerjugend" befahl. Im Unterschied zu den Reichsausbildungslagern, deren Absolventen zwar zur vormilitärischen Ausbildung von Jugendlichen befähigt waren, in aller Regel aber bereits vor einem solchen Einsatz einberufen wurden und so wirkungslos blieben, sollten in den neuen Wehrertüchtigungslagern nunmehr sämtliche Jugendlichen eine dreiwöchige – stets von weltanschaulichen Schulungen ergänzte – militärische Ausbildung durchlaufen. Die Teilnahme hieran wurde zum festen Bestandteil der Jugenddienstpflicht, wodurch die Jugendlichen nun wie zur Wehrmacht „einberufen" werden konnten.

Um das Ausmaß der im Krieg seitens der Hitlerjugend betriebenen Wehrertüchtigung zu erfassen, sollen hier noch einige Zahlen genannt werden: Im April 1942 wurde das erste Wehrertüchtigungslager in Sauerberg bei Kaub am Rhein eröffnet. Bereits

zur Wehrerziehung veröffentlicht, die nunmehr „den ganzen Menschen in allen seinen Lebensäußerungen" zu erfassen hatte, weshalb neben die praktische Vorbereitung auf einen Kriegseinsatz gleichberechtigt die politische, weltanschauliche, kulturelle und berufliche Erziehung treten sollte. Mit anderen Worten: Neben die „Wehrfähigkeit" sollte nunmehr eine „Wehrfreudigkeit" treten. Das hing natürlich mit der veränderten Form des Krieges im Osten zusammen, der von Beginn an auch als Weltanschauungskrieg geführt wurde und entsprechend vorbereitete „osttaugliche" Rekruten verlangte. Ein hoher Wehrmachtsvertreter brachte das im Sommer 1941 im amtlichen Organ der Reichsjugendführung so auf den Punkt: „Ein besonders wichtiges Aufgabengebiet der geistigen Erziehung innerhalb der Hitler-Jugend ist die weltanschauliche Schulung.

im Juli zählte man 60, im November 1942 dann schon 162 dieser Lager. Allein zwischen Mai 1942 und April 1943 wurden in diesen Einrichtungen mit 245 278 HJ-Angehörigen etwa 37 Prozent der Angehörigen des Geburtsjahrgangs 1924 ausgebildet. Im Mai 1943 gab es bereits 194 HJ-Wehrertüchtigungslager, die für jeden der dreiwöchigen Durchgänge eine Ausbildungskapazität von 39 116 Plätzen aufwiesen. Bis zum Dezember 1943 waren dann bereits 226 dieser Einrichtungen in Betrieb, in denen unter Anleitung von 3 022 Ausbildern 514 972 Hitlerjungen und damit nunmehr 77 Prozent des Geburtsjahrgangs 1925 auf den Kriegseinsatz vorbereitet wurden.

Parallel wuchs der Einfluss der SS auf diese Lager. Schon Mitte April 1942 war mit der Reichsjugendführung vereinbart worden, in jedem HJ-Gebiet mindestens ein von SS-Ausbildern geführtes Wehrertüchtigungslager zu installieren. Obwohl die Waffen-SS lediglich drei Prozent der Gesamtstärke der Wehrmacht ausmachte, konnte sie unter solchen Prämissen bereits im November 1942 berichten, dass ihre Ausbilder in 42 von 162 Wehrertüchtigungslagern das Sagen hätten. Negativ fiel aus SS-Sicht hingegen ins Gewicht, dass sich von den fast 27 000 Jugendlichen, die zwischen Juni und Oktober 1942 ein von der SS betriebenes Wehrertüchtigungslager durchlaufen hatten, lediglich 4 482 als SS-Bewerber gemeldet hatten, von denen wiederum nur 2 264 tauglich waren. Das schlechte Ergebnis führten die Verantwortlichen darauf zurück, „dass wir bei der Reichsjugendführung bis zum heutigen Tage nicht erreichen konnten, dass wir in die Wehrertüchtigungslager nur Jungen bekommen, die rassisch tauglich sind [...]."

Schutzstaffel (SS) und Waffen-SS

Zum persönlichen Schutz Adolf Hitlers bei Veranstaltungen wurden im April 1925 „Stabswachen" eingerichtet, die wenig später in „Schutzstaffel der NSDAP" (SS) umbenannt wurden. Neben einer besonders engen Bindung an Hitler unterschied sich die SS von der Massenorganisation SA durch ihr Selbstverständnis als Elitetruppe der Partei, die die Schaffung des neuen „nationalsozialistischen Menschen" anstrebte. Besonders prägend wirkte in dieser Hinsicht der 1929 zum „Reichsführer SS" (RFSS) ernannte Heinrich Himmler, der eine sorgfältige „rassische" und politische Auslese der SS-Mitglieder einführte.

Nach der NS-Machtübernahme stellte die SS mit ihren besonders berüchtigten „Totenkopfverbänden" das Wachpersonal in den Konzentrationslagern. Die zunehmende Verschmelzung mit der Polizei schlug sich 1936 in der Ernennung Himmlers zum „Reichsführer der SS und Chef der Deutschen Polizei" (RFSSuChdDtP) nieder und mündete 1939 schließlich in der Gründung des Reichssicherheitshauptamtes (RSHA) als oberster deutscher Sicherheitsbehörde unter der Leitung von Reinhard Heydrich. Im Krieg spielte die SS dann eine zentrale Rolle in allen Fragen der Rassen-, Siedlungs- und Sicherheitspolitik, insbesondere bei der Ermordung der europäischen Juden und bei zahllosen weiteren Verbrechen gegen Menschheit und Menschlichkeit. So wurden sämtliche Vernichtungslager unter Regie der SS betrieben. Auch die berüchtigten „Einsatzgruppen", die vor allem im Osten hinter den Fronten zügellos mordeten, wurden aus den Reihen der SS und deren „Sicherheitsdienst" gebildet.

Wenige Wochen nach Beginn des Zweiten Weltkriegs führte Himmler im Oktober 1939 für die bewaffneten Einheiten der SS die Bezeichnung „Waffen-SS" ein, deren Stärke schnell wuchs und im Herbst 1944 mit über 900 000 Mann ihren höchsten Stand erreichte. Im Gegensatz zu den Wehrmachtseinheiten waren die zumeist voll motorisierten und daher äußerst mobilen SS-Divisionen bis Kriegsende personell und materiell bestens ausgestattet. Die Waffen-SS agierte autonom und war der Befehlsgewalt der Wehrmacht nur in der taktischen und operativen Kriegführung unterstellt. Durch die Opferbereitschaft ihrer Mitglieder erwarb sich die Waffen-SS den Ruf einer todesverachtenden Elitetruppe, die tatsächlich überproportional hohe Verluste von mehr als 300 000 ihrer Angehörigen zu beklagen hatte. Demgegenüber stand die Vielzahl grausamster Kriegsverbrechen der SS, die deren Mitglieder vor allem – aber nicht nur – in den besetzten Gebieten im Osten verübten.

187 / Die letzte gemeinsame Aufnahme der Familie Roos am 29. Januar 1942 beim Brühler Fotografen Neff. V. l. n. r.: Günther (mit HJ-Leistungsabzeichen), Anton (mit Parteiabzeichen), Elisabeth und Gustav

188 / „Vier abenteuerlustige Jünglinge auf dem Domvorplatz in Köln am 6. Januar 1942" kommentierte Günther Roos (im Bild links) dieses Foto.

Schmerzlicher Abschied und unverhoffter Aufstieg

Im Lauf des Jahres 1942 sollte Günther Roos mit den eben geschilderten Abläufen der Wehrerziehung konfrontiert werden. Der Jahresbeginn wurde jedoch von zwei anderen Ereignissen bestimmt. Das eine – wohl wichtigste – war für Günther der Besuch seines Bruders nach dessen Lazarettaufenthalt. „Gestern Abend ist Gustav gekommen. Hurra!! Bis 3 Uhr sind wir aufgeblieben. Haben uns dann noch bis 6 Uhr im Bett erzählt", notierte Günther am 19. Januar. Themen der langen Nacht und der folgenden Tage, so erinnerte er sich später, seien die Erlebnisse auf dem russischen Kriegsschauplatz gewesen – „vom Land, von den Kämpfen, von den Strapazen und vom schrecklichen Winter": „Gustav erzählt meist abends. Hochinteressant." Jede freie Minute versuchte Günther in den folgenden Tagen mit seinem Bruder zu verbringen; mit Gesprächen, gemeinsam mit dem ebenfalls in Brühl weilenden Vater in der Gastwirtschaft, in Köln, im Kino, im Café – kurz: wo immer es ging. Davon wurde er derart in Anspruch genommen, dass er sogar die Einträge ins Tagebuch vernachlässigte und nachholen musste. Selbst die großen Neuigkeiten, die sich für Günther zeitgleich im Jungvolk ergaben, fanden kaum Erwähnung, galt es doch die kurze Zeit mit dem Bruder möglichst intensiv auszunutzen. Am 29. Januar, kurz vor dem neuerlichen Abschied, ließ sich die Familie noch beim Brühler Ortsfotografen Neff porträtieren.

Dann aber war es so weit: „Um ½ 8 Uhr sind wir, d. h. die ganze Familie, nach Köln gefahren. Haben Vater und Gustav an die Bahn gebracht. Die Ärmsten, jetzt sind sie fort. Für Gustav, so glaube ich, war es besonders hart", heißt es unter dem 1. Februar 1942. Noch 50 Jahre später stand Günther Roos dieser Augenblick unmittelbar vor Augen: „Der Abschied von meinem Bruder fiel uns beiden sehr schwer. Er drückte mir noch einmal fest die Hand, umarmte mich und sagte zum Abschied: ,Mach's gut, Jünni. Ich fürchte, wir sehen uns nicht mehr wieder.' Als ich abwiegelte, sagte er noch, er habe so eine Ahnung, dass er nicht mehr zurückkomme. Mit schwerem Herzen und Tränen in den Augen stand ich noch lange auf dem Bahnsteig, schaute dem Zug nach und dann auf die leeren Gleise. Es war das letzte Mal, dass ich meinen Bruder sah."

Das zweite der oben erwähnten Ereignisse zu Jahresbeginn betraf unvorhergesehene Entwicklungen im Brühler Jungvolk, von denen Günther offenbar am 6. Januar erfuhr. Nachdem er am Nachmittag dieses Ferientages mit Freunden in Köln gewesen war, um im Brauhaus Früh „zu saufen und zu fressen", fuhr er zu einer Besprechung nach Bonn, wo ihm dann offenbar mitgeteilt wurde, dass er für die Dauer der Erkrankung des Brühler Jungstammführers Manfred Mammel dessen Funktion übernehmen sollte. Ende des Monats wurde diese überraschende Beförderung offiziell: „Ich führe jetzt den Jungstamm I, bis Mammel wieder gesund ist", notierte Günther ohne weiteren Kommentar am 30. Januar in seinem Tagebuch. In den drei Wochen zuvor hatte er zwar regelmäßig seine immer umfangreicher werdenden Pflichten erfüllt, dies aufgrund von Gustavs Anwesenheit aber auf ein Minimum reduziert. „War in Pingsdorf zum Fähnleindienst. Habe ihn kurz gemacht", hieß es dann, oder: „Hatte heute Führerdienst angesetzt. Antrittsstärke miserabel. Habe kurz gemacht und für nächsten Samstag neu angesetzt." An diesem 31. Januar wollte er seinem Bruder dann kurz vor dessen Abreise wohl doch etwas imponieren: „Nachmittags war von 3 bis 6 Uhr Führerschulung. Habe einen Marsch durch die Stadt gemacht." Günther Roos als Jungstammführer und damit ranghöchster Jungvolkführer Brühls marschierte dabei vorneweg.

Beide Ereignisse zu Jahresbeginn 1942 stehen für einen – von Günther Roos selbst wohl damals kaum bemerkten – Zwiespalt zwischen seiner gewohnten familiär-behüteten Umgebung und der sich vor ihm auftuenden ideologieüberfrachteten und machtversprechenden Welt der NS-Bewegung. Die mit Letzterer verknüpften Möglichkeiten ließen den 17-Jährigen bald endgültig in den Kosmos von Hitlerjugend, NS-Ideologie und Großmachtfantasien eintauchen.

Schon zum Jahresende 1941 hatte Günther Roos einen wichtigen ersten Schritt getan, der ihn aus der vergleichsweise überschaubaren und intakten Brühler Jungvolkwelt ein gutes Stück herausführte. „Bin jetzt im Streifendienst", schrieb er am 23. November 1941 in sein Tagebuch: „Der Streifendienstführer Hipp erklärte uns unsere Aufgaben." Er sei „natürlich sehr stolz" gewesen, ergänzte er sehr viel später, jetzt dem HJ-Streifendienst – „einer Art HJ-Polizei" – anzugehören. Zu diesem Zeitpunkt habe er zwar realisiert, dass der stets in Zivil auftretende Streifendienstführer Hipp „sehr großen Einfluss" gehabt habe, ohne jedoch dessen eigentliche Funktion erkannt zu haben. Die habe sich ihm erst etwa ein halbes Jahr später erschlossen, als er, zwischenzeitlich zu dessen engem Mitarbeiter geworden, zu Hipps Hochzeit eingeladen worden sei: „Die Hochzeit fand nach nationalsozialistischem Ritus statt und wirkte auf mich etwas lächerlich, als der Standesbeamte zu der Frau die bedeutungsvollen Worte sprach: Nun geh ein in die Sippe der Hippe!" Hipp selbst, so Günther Roos, sei zu dieser Gelegenheit erstmals „in großer Uniform" erschienen, weshalb es ihn „wie Schuppen von den Augen" gefallen sei: „Es war eine SS-Uniform mit einem Winkel auf

188

HJ-Streifendienst

Der Streifendienst der Hitlerjugend wurde 1934 – offiziell dann im März 1935 – eingerichtet und war eine Art „Jugendpolizei". Zunächst lediglich dazu gedacht, die innere Disziplin der HJ sicherzustellen, wurden seine Befugnisse ab Herbst 1935 ausgeweitet. Er kontrollierte nun auch das Verhalten sämtlicher Jugendlicher in der Öffentlichkeit und die Einhaltung von Jugendschutzbestimmungen in der Freizeit. Außerdem sollten HJ-feindliche Gruppenbildungen aufgespürt und als illegal geltendes Auftreten anderer Gruppen unterbunden werden. Damit wurde der HJ-Streifendienst zu einer Eliteeinrichtung, die sämtliche Jugendliche im Alter von 10 bis 18 Jahren überwachen sollte. Die Streifendiensteinheiten arbeiteten eng mit der Polizei – vorrangig mit Gestapo und SD – zusammen, ohne dabei jedoch über polizeiliche Befugnisse zu verfügen. Das hielt zahlreiche Angehörige des Streifendienstes aber nicht davon ab, sich solche Kompetenzen anzumaßen. Durch den Streifendienst wurde die Hitlerjugend zu einer maßgeblichen Institution sozialer Kontrolle.

Ab 1938 galt der HJ-Streifendienst offiziell als Nachwuchsorganisation der SS. „Da der Streifendienst der HJ ähnliche Aufgaben durchzuführen hat wie die SS für die gesamte Bewegung, wird er als Sonderformation zur Sicherstellung des Nachwuchses für die allgemeine SS aufgebaut, doch soll auch möglichst der Nachwuchs für die SS-Verfügungstruppen, Totenkopfverbände und Junkerschulen aus dieser Formation genommen werden", hieß es offiziell.

189 / Passbild, das sich Günther Roos am 25. November 1941 für seinen neuen Streifendienst-Ausweis anfertigen ließ

Sicherheitsdienstes (SD)

Auf Initiative des Reichsführers SS, Heinrich Himmler, wurde 1931 unter Federführung von Reinhard Heydrich ein Nachrichtendienst innerhalb der SS eingerichtet. Unter der Bezeichnung „Sicherheitsdienst" (SD) zählte es zu den zentralen Aufgaben dieser „Parteipolizei", innerparteiliche und äußere „Gegner" der NSDAP zu überwachen. 1934 stieg der SD zum alleinigen Nachrichtendienst der NSDAP auf, wobei Himmler die Arbeitsgebiete von SD und Geheimer Staatspolizei (Gestapo) festlegte: Der SD war für die Ermittlung von Gegnern des NS-Regimes zuständig, die Gestapo für die Gegnerbekämpfung.

Der SD, aus dem mehrere besonders radikale SS-Führer hervorgingen, entwickelte sich zu einem höchst effizienten Nachrichtenapparat mit 1944 etwa 6400 hauptamtlichen Mitarbeitern. Zusätzlich wurde ein Netz von schließlich rund 30000 Informanten (V-Männer) aufgebaut. Auf der Grundlage von deren Berichterstattung wurden regelmäßige Lageberichte zusammengestellt, die als „Meldungen aus dem Reich" die NS-Führung über die innenpolitische Lage und die Stimmungen in der Bevölkerung unterrichten sollten.

Alfred Rosenberg und sein *Mythus des 20. Jahrhunderts*

Der 1892 in Reval (heute: Tallinn) geborene Alfred Rosenberg kam Ende 1918 nach Deutschland, wo sich der glühende Antisemit der NS-Bewegung anschloss, ab 1921 beim Parteiorgan *Völkischer Beobachter* arbeitete und 1923 am gescheiterten „Hitler-Putsch" teilnahm. 1927 von Hitler mit der Gründung eines NS-Kulturverbandes beauftragt, schuf er den „Kampfbund für deutsche Kultur", der alles Moderne – etwa die Architektur des „Bauhaus", den Expressionismus oder die Zwölftonmusik – als „Kulturbolschewismus" bekämpfte. 1930 wurde Rosenberg für die NSDAP Mitglied des Reichstags, nach der NS-Machtübernahme „Reichsleiter" und Leiter des Außenpolitischen Amtes der NSDAP. Im Zweiten Weltkrieg raubte er mit seinem Einsatzstab in ganz Europa Kulturgüter, verfolgte als Leiter des Reichsministeriums für die besetzten Ostgebiete dort das Projekt der „Germanisierung" und engagierte sich bei der Gettoisierung und systematischen Ermordung der Juden. Im „Nürnberger Prozess" wurde Alfred Rosenberg zum Tode verurteilt und am 16. Oktober 1946 hingerichtet.

Von Beginn an galt Rosenberg auch als „Chefideologe" der NSDAP und wurde von Hitler 1934 zum „Beauftragten des Führers für die Überwachung der gesamten geistigen und weltanschaulichen Schulung und Erziehung der NSDAP" bestimmt. Hierzu hatte er sich insbesondere durch sein bereits 1930 erschienenes, bis 1942 mehr als eine Million Mal verkauftes Buch *Der Mythus des 20. Jahrhunderts* qualifiziert, in dem er – basierend auf den Rassetheorien des 19. Jahrhunderts – die Überlegenheit der „arischen" als der „Herrenrasse" behauptete. Rosenberg fabulierte von einer neuen „Religion des Blutes", die das von „jüdischen Einflüssen" durchdrungene Christentum ersetzen müsse. Er postulierte eine „Metaphysik der Rasse" mit einem ihr innewohnenden „kollektiven Willen" und forderte die rigorose Unterdrückung von jeglichem Individualismus. Im Gegensatz zur „teuflischen" jüdischen Religion wurden den „Ariern" göttliche Züge zugesprochen. Jesus mutierte folglich zu einer „Verkörperung der nordischen Rassenseele", weshalb er auch kein Jude gewesen sein könne. Außerdem vertrat Rosenberg die Meinung, dass der „Wille" keiner Moral untergeordnet sei. Wenn ein starker Führer Befehle gebe, seien diese in jedem Fall auch auszuführen. Das ebnete den Weg zu völlig skrupellosem Handeln, mittels dem andere Völker unterdrückt und eine „reine Rasse" gezüchtet werden sollten.

Die Lektüre des *Mythus* wurde im Februar vom Vatikan für Katholiken verboten. Ende 1934 veröffentlichten die deutschen katholischen Bischöfe zunächst in der Diözese Münster die anonym erschienene Schrift *Studien zum Mythus des 20. Jahrhunderts* als amtliche Beilage zum kirchlichen Amtsblatt, die sich kritisch mit Rosenberg auseinandersetzte. In seinem Hirtenbrief zu Ostern 1935 bezog dann der Münsteraner Bischof von Galen in scharfem Ton Stellung gegen die Thesen Rosenbergs und sprach dabei von „Götzendienst" und einem „Rückfall in die Nacht des Heidentums".

dem Ärmel. Hipp war ein Mitglied des SD, des Sicherheitsdienstes, und ich war, ohne es zu bemerken, ein Zuträger und Spitzel für die Gestapo geworden!"

Zumindest im Rückblick erscheint eine solche Blauäugigkeit erstaunlich, denn Günther wurde umgehend für Hipp aktiv – und zwar nicht nur im Streifendienst. Vielmehr besuchte er bereits am 2. Februar 1942 den freiwilligen Religionsunterricht, den Robert Grosche als Pfarrer im Ortsteil Brühl-Vochem erteilte. Im Rahmen dieser Religionsstunden wurde unter anderem Alfred Rosenbergs *Mythus des 20. Jahrhunderts* gelesen, weshalb seine Anwesenheit, so Günther Roos rückblickend, „dienstlicher" Natur gewesen sei: „Über den Inhalt musste ich dem Streifendienstführer Hipp berichten."

Günther Roos war in kurzer Zeit zu einer Art „Multifunktionär" geworden: Jungstammführer, aktives Mitglied des Brühler HJ-Streifendienstes und darüber hinaus noch – wenn vielleicht zunächst auch ohne das selbst zu realisieren – „V-Mann" des Sicherheitsdienstes der SS und somit Denunziant.

„Skilager" in Elsenborn

Seine neuen Brühler Tätigkeiten, auf die an späterer Stelle ausführlicher eingegangen werden soll, wurden kurz, aber abrupt durch seine erste Teilnahme an einem Wehrertüchtigungslager unterbrochen. Am Morgen des 17. Februar 1942 machte er sich mit seinen Klassenkameraden auf den Weg nach Elsenborn, wo die preußische Armee Ende des 19. Jahrhunderts einen Truppenübungsplatz angelegt hatte, der nach zwischenzeitlicher Nutzung durch die belgische Armee ab Mai 1940 der Wehrmacht als Ausbildungszentrum diente. Hier wurden normalerweise Rekruten geschult, ehe sie an den Fronten eingesetzt wurden. Zumindest im Winter 1941/42 diente das Lager darüber hinaus der unter schulischer Aufsicht stehenden jugendlichen Wehrerziehung, wobei ganz offenbar die Vorbereitung auf den Winterkrieg an der Ostfront im Mittelpunkt stand.

In Elsenborn sahen sich die meisten Schüler erstmals mit militärischen Strukturen und dem dazugehörigen Befehlston konfrontiert. Als man abends gegen 18 Uhr nach langer Fahrt und anschlie-

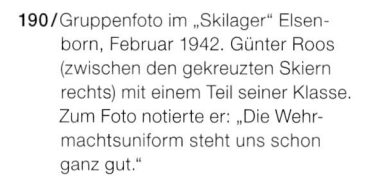

190 / Gruppenfoto im „Skilager" Elsenborn, Februar 1942. Günter Roos (zwischen den gekreuzten Skiern rechts) mit einem Teil seiner Klasse. Zum Foto notierte er: „Die Wehrmachtsuniform steht uns schon ganz gut."

ßendem Fußmarsch endlich auf dem Truppenübungsplatz angekommen war, wurde, so hielt es Günther Roos im Tagebuch fest, aus dem verantwortlichen Lehrer umgehend ein Hauptmann. Die Schüler wurden auf „Stuben" verteilt und nach dem „Zapfenstreich" zu Bett geschickt. Der folgende Tag diente zunächst der streng an militärischen Bezeichnungen und Funktionen orientierten Organisation, was damit begann, dass die Zivilkleidung gegen Militäruniformen getauscht wurde.

Die im Lager anwesenden Stamm- und Fähnleinführer des Jungvolks wurden bevorzugt behandelt, indem man sie von den übrigen Schülern trennte und mit Führungsaufgaben betraute. Günther wurde beispielsweise zum Führer von Zug 1 der 1. Kompanie „befördert". Damit verbunden waren neben Pflichten durchaus angenehme Begleiterscheinungen, denn das so entstandene militärische Führerkorps erhielt im Vergleich zu den Stuben der Klassenkameraden weitaus komfortablere Zweibettzimmer zugewiesen. Auch sonst bot das „Führertum" Vorteile: „Mit Stubensäubern habe ich jetzt nichts mehr zu tun. Das machen die anderen", notiert Günther in seinem Tagebuch, in dem er zudem darauf hinwies, dass jetzt nicht mehr vom Putzen die Rede war, sondern ganz im militärischen Jargon vom „Revierreinigen" gesprochen wurde.

Das, was sich auf den überlieferten Fotos eher wie ein jungengemäßer Skiurlaub ausnimmt, war nicht nur wegen der Uniformen und der Dienstbezeichnungen eindeutig – und für die Schüler auch als solche erkennbar – eine militärische Übung. Neben Unterweisungen im Skilaufen gab es Unterrichtseinheiten zu „Kartenkunde", „Orientieren im Gelände", „Unterkunftsbau im Winter" und „Spähtrupp". Insbesondere die für die Ausbildung zuständigen Unteroffiziere der Wehrmacht waren offenbar gezielt für diese Aufgabe ausgesucht und geschult. „Unser Unteroffizier erzählt uns dann immer von Russland", notierte Günther Roos mit Blick auf die Unterrichtseinheit „Orientieren im Gelände", die kaum Zweifel an den Zielen der vormilitärischen Ausbildung in Elsenborn aufkommen lassen konnte. Zugleich wurde im Rahmen „wehrgeistiger Erziehung" großer Wert auf die „richtige" ideologische Ausrichtung der Schüler gelegt, die man keineswegs den altvertrauten Lehrern überlassen wollte. „Abends um 20 Uhr war Heimabend. Ein Unteroffizier erzählte aus der Kampfzeit. Er hatte das goldene Parteiabzeichen und den Blutorden", heißt es im Eintrag zum 21. Februar 1942, als sich die einwöchige Lagerzeit langsam dem Ende zuneigte. Diese Personalie belegt, welche Bedeutung solchen Veranstaltungen nunmehr beigemessen wurde, denn das goldene Partei-

191 / „Zum ‚Lehrplan' gehörten Skifahren und Training für den Winterkrieg", kommentierte Günther Roos dieses Bild aus Elsenborn.

192 / „Zwei Wochen Vorgeschmack auf das Soldatenleben statt Schulunterricht. Hier sind wir mit der ganzen Klasse auf dem Marsch zum Truppenübungsplatz Elsenborn in Belgien", beschriftete Günther Roos dieses Foto vom Februar 1942.

193/ Günther Roos (rechts) kommentierte: „Als Jungstammführer wurde ich auch hier als Truppführer eingesetzt. Hier übe ich mit Josef L., wie man einen anschnauzt."

194/ Titelseite einer Ausgabe der *Waffenhefte des Heeres* zum Thema „Nebeltruppe", die sich im Besitz von Günther Roos befand

abzeichen der NSDAP erhielten nur die ersten 100 000 Mitglieder, den „Blutorden" gar nur jene, die am Marsch auf die Münchener Feldherrnhalle am 9. November 1923 teilgenommen hatten. Die meisten Jugendlichen dürften die Anwesenheit eines derartig ausgezeichneten Offiziers als große Wertschätzung empfunden haben. „Diese ‚Alten Kämpfer' waren für uns etwas ganz Besonderes, hatten sie doch während der Kampfzeit den Glauben an ein neues Deutschland hochgehalten", erinnerte sich Günther Roos noch 1989.

Wie weitgehend die Tagesabläufe jenen bei der Wehrmacht selbst angepasst waren, ging aus Günthers wohl ernst gemeinter Klage zur Wochenmitte hervor: „Das Militärleben hängt mir jetzt doch schon etwas am Hals heraus. Man ist nie sein freier Mann." Aber genau das sollten die Jugendlichen im Rahmen des Skilehrgangs erfahren. Nun waren die 17- bis 18-Jährigen, die kurz vor dem Abitur und der darauf folgenden Zeit beim Arbeitsdienst und der Wehrmacht standen, in einem ersten Schritt auf die dort auf sie wartenden Rahmenbedingungen vorbereitet, was die spätere Eingewöhnung und damit auch die Ausbildung erheblich erleichtert haben dürfte. Außerdem waren zwischenzeitliche Klagen über eine ungewohnte Behandlung und harte körperliche Anstrengungen ja durchaus intendiert und zudem nicht gleichzusetzen mit einer grundsätzlichen Ablehnung militärisch geprägter Strukturen. Im Gegenteil: Günther gab seiner Trauer über das Ende der vormilitärischen Ausbildung im Tagebuch mehrfachen Ausdruck: „Leider! Jetzt wurde es gerade schön", notierte er etwa am Abreisetag.

Intermezzo 1

Zurück in Brühl, wartete schon das nächste Ereignis auf Günther: Drei Tage nach dem Ende der vormilitärischen Ausbildung wurde er am 26. Februar in Köln für die Wehrmacht gemustert und für tauglich befunden. Bei dieser Gelegenheit meldete er sich zudem zur „Nebeltruppe", einer damals geheimnisumwitterten Waffengattung der Wehrmacht, die ursprünglich zur chemischen Kriegsführung aufgestellt worden war, dann aber vorwiegend als Raketenartillerie zum Einsatz kam. In jedem Fall unterschied sich die Nebeltruppe grundlegend von der Infanterie, zu der Günther Roos keinesfalls eingezogen werden wollte. „Einmal musste man zu viel marschieren", begründete er seine Entscheidung später, „zum anderen war mir auch die Luft zu bleihaltig". Zu dieser Einsicht war er, wie er selbst angab, nicht nur durch die Erzählungen der Ausbilder im Skilehrgang gekommen, sondern wohl in erster Linie durch die abschreckenden Erzählungen von Bruder Gustav. Er sei damals sicherlich bereit gewesen, „für Führer und Vaterland mein Leben einzusetzen – man musste es aber nicht auch noch forcieren". Als ihm der Musterungsoffizier dann die Nebeltruppe mit dem Hinweis auf eine sich dort eröffnende Offizierslaufbahn vorgeschlagen hätte, habe er spontan zugesagt, „ohne zu wissen, in was ich da hineingetreten hatte". Auch Erkundigungen bei Freunden und Bekannten sowie bei Gustav ergaben keine verlässlichen Informationen über Art und Ziel der Truppe. Die konkreteste Auskunft habe ein beim Wehrbezirkskommando in Köln tätiger früherer Lehrer des Brühler Gymnasiums gegeben, der seiner Mutter wenig beruhigend mitgeteilt habe, es handele sich um eine Geheimwaffe. Sie solle aber stets daran denken, dass ihr Sohn ja nur seine Pflicht tue. „So war ich gespannt, wo ich landete, und hatte gleichzeitig ein leicht mulmiges Gefühl im Magen."

Zunächst dominierten jedoch wieder Schule und Jungvolk Günthers Alltag, wobei er durch eine Ohrentzündung, die er sich in Elsenborn zugezogen haben dürfte, gehandicapt war. Das hinderte ihn aber weder an Treffen mit ranghohen HJ-Führern noch am Besuch eines „Kameradschaftsabends" der Brühler Hitlerjugend, an dem Führer und Führerinnen aus allen vier lokalen Gliederungen teilnahmen. Für diese geselligen Feste des HJ-Standorts wurden offenbar stets eigene „Bier-Zeitungen" erstellt, für deren Inhalte in erster Linie Günther Roos und Manfred Mammel zuständig zeichneten.

In mehr oder weniger gelungenen Reimen wurden in diesen launigen „Zeitungen" die Charaktereigenschaften von oder Vorfälle um einzelne der Anwesenden in bewusst überspitzter Art und Weise zum Besten gegeben. Bei aller Überzeichnung und Verzerrung dürften diese Strophen im Kern viel von dem widergespiegelt haben, was den Alltag der Heranwachsenden neben ihrer politischen Orientierung bestimmte. In diesem Punkt dürften sie sich kaum von Jugendlichen anderer Zeiten unterschieden haben, dominierten doch die beiden Themen „Verliebtheit" und „Alkohol" die jeweiligen Inhalte der nicht grundlos als „Bier-Zeitungen" bezeichnete Dokumente:

Zuerst haben wir zwei von besonderer Art, / sie lieben gemeinsam die Marianne Q. / Ich stelle sie den Herrschaften vor: / Willi R. und Theo F., flüstere ich euch ins Ohr. / Der Letztere ist schon mit ihr ganz intim / Sie putzt bereits seinen Heimraum mit Wasser und Vim. / Mein lieber Willi, jetzt musst du was drehn / sonst ist's um deine Marianne geschehen. […]

Ein hartes und auch bitteres Los hat Fäfü Roos. / Es ist fürwahr sehr schwer zu entscheiden, / welches von drei Mädel man kann am besten leiden. / Helmi E., Desi B. und Waltraud M. / ist die Auswahl, davon wird man nicht gescheiter. / Doch dass er auch noch mehr kann als lieben im Leben, / davon wird er gleich eine Probe geben. / Er kann vortragen und steppen ganz enorm, / Allerdings bei 20 Glas Bier ist er erst in Form.

Bei aller Belustigung und dem Aufzeigen von individuellen Schwächen, Vorlieben oder amourösen Verstrickungen

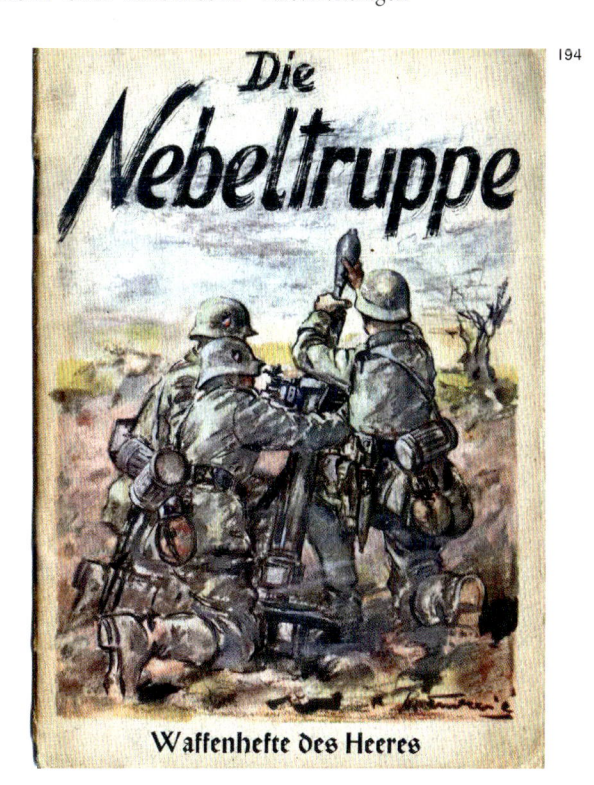

194

195/196/ Auch außerhalb der „Kameradschaftsabende" ein Unterhaltungstalent: Günther Roos bei einem pantomimischen Vortrag des Gedichts „Die Kapelle", um 1940/41

wurden der Ernst und die Bedeutung der Arbeit der Hitlerjugend nicht in Zweifel gezogen. So schloss etwa das auf den März 1942 zu datierende Exemplar:

So haben wir eure Schwächen kritisiert / und haben uns daran köstlich amüsiert / doch jetzt lasst uns reden ein ernstes Wort: / Zuerst müssen wir arbeiten immer fort / dann erst feiern wir frohe Feste / mit Musik, Vergnügen und lustigen Gästen: / Erst die Arbeit, dann das Spiel / das ist ein Wort, daran könnt ihr lernen viel. / Für die kommende Arbeit gilt uns die Weisung / und ihr sollt dafür sorgen, dass sie bleibt die Losung: / Der Bann 65 ist ganz groß, / doch im Standort Brühl ist am meisten los. / Es haben die Verse ausgedacht, / die ihr mehr oder weniger habt belacht: / Ein Jungstammführer und sein Genoss' / Manfred Mammel und Günther Roos.

Außerdem gilt es hinsichtlich der vorgeblichen Heiterkeit und Ungezwungenheit der „Kameradschaftsabende" der Brühler Hitlerjugend auf einen weiteren wichtigen Aspekt hinzuweisen. Auch bei solchen Gelegenheiten war im katholischen Brühl mittlerweile der Antisemitismus wie selbstverständlich präsent, wie aus den einleitenden, wieder von Manfred Mammel und Günther Roos gedichteten Versen einer weiteren dieser „Bier-Zeitungen" zu entnehmen ist. Vermutlich im Frühsommer 1942 hieß es:

Das heut'ge Fest mög' unserem Streben gleichen, / Ernst sei der Sinn und froh die Melodie, / Es steht in der Freude hehren Zeichen, / Es sei ein Fest der schönsten Harmonie. / Lasst in Freude uns genießen, / Was die Stunde Frohes bringt. / Nicht durch Sorg lass dich verdrießen, / Wenn dein Nachbar lacht und singt; / Denn wo Lieder froh erschallen, / War noch stets der beste Hort. / Dorthin kannst in Frieden wallen, / Böse Menschen treibt's da fort. / So, nun lasst uns froh beginnen. / Doch zuerst woll'n wir den Moses singen.

Mit der letzten Zeile ist jenes unsägliche, antisemitisch umgedichtete Lied gemeint, das bereits an anderer Stelle dieses Buches zitiert wurde.[79] Auf diese Weise wurde also in einer Zeit, in der praktisch vor aller Augen die Deportationen der jüdischen Bevölkerung durchgeführt wurden, eine sich fröhlich gebende Feier von Heranwachsenden eröffnet. Unter solchen Umständen wird es vorstellbar, dass diese am Schicksal ihrer früheren Nachbarn und Mitschüler tatsächlich keinerlei Anteil nahmen.

Günther Roos war, nicht zuletzt durch die antisemitischen Ausfälle in den Briefen seines Vaters aus der Ukraine, in dieser Frage ohnehin längst festgelegt und von der rassistischen Politik des NS-Regimes von tiefstem Herzen überzeugt. Diese Übereinstimmung brachte er auch bei einem anderen damals kontrovers diskutierten Thema zum Ausdruck. Bereits am 20. Oktober 1941 hatte er im Tagebuch notiert: „Nachmittags war ich im Religionsunterricht. Haben uns über die Euthanasie gestritten und über die Sterilisation. Ich war dafür. Er [der Pfarrer] konnte auch keinen schlagenden Gegenbeweis antreten."[80]

Im Frühjahr 1942 hatte sich zwar nicht Günthers Meinung in dieser Frage, wohl aber seine Funktion bei deren Behandlung erheblich verändert. Nun war er kein

„Euthanasie"

Als „Euthanasie" wurde während der NS-Zeit verharmlosend und verschleiernd die Tötung von als „lebensunwert" angesehenen Menschen bezeichnet. Dazu zählten neben Kindern und Erwachsenen mit Behinderungen auch Menschen, die an seelischen und Nervenkrankheiten wie Schizophrenie oder Epilepsie litten. Über 260 000 Menschen starben bei den Massentötungen, die in mehreren Stufen und unter verschiedenen (Tarn-)Namen nach dem sogenannten Euthanasiebefehl Hitlers ab 1939 verübt wurden.

In seiner ursprünglichen Bedeutung steht das Wort „Euthanasie" für den schönen, leichten Tod. Die Nationalsozialisten wandelten den Begriff in ihrer rassenbiologischen Ideologie in menschenverachtender Weise ab: Menschen, die für „lebensunwert" erklärt wurden, sollten sich nicht fortpflanzen, keine Kosten verursachen und daher beseitigt werden. Hitler erteilte Ärzten im Euthanasiebefehl daher die Befugnis, „unheilbar Kranken" den „Gnadentod" zu „gewähren".

In Heil- und Pflegeanstalten ermittelten Ärzte nach freiem Ermessen die Opfer. Mit Gas oder durch Injektionen brachte man die angeblich unheilbar Kranken anschließend in speziellen Einrichtungen um. Die Tötungen waren aber selbst nach dem Rechtssystem des Nationalsozialismus ungesetzlich und wurden geheim gehalten. Dennoch drangen zunächst Gerüchte und bald auch gesicherte Nachrichten an die Öffentlichkeit, in der insbesondere von kirchlicher Seite Widerstand artikuliert wurde. So wandte sich der Bischof von Münster, Clemens August von Galen, in einer berühmt gewordenen Predigt im August 1941 gegen die „Euthanasie". Bald darauf wurden die Tötungen zwar offiziell eingestellt; allerdings setzte man sie in Vernichtungslagern im Osten unter noch größerer Geheimhaltung fort. Auch in Heilanstalten fanden viele Kranke und Behinderte durch Spritzen oder den Entzug von Nahrung weiterhin den Tod.

---

offen erkennbarer Diskutant in Fragen der „Euthanasie" mehr, sondern ein versteckter Beobachter und Denunziant, der weiterhin den freiwilligen Religionsunterricht besuchte, um das Verhalten der Pfarrer und Teilnehmer gerade in diesem Kontext zu beobachten und weiterzugeben. „Um 4 Uhr war ich im Religionsunterricht. Er ist gemeingefährlich. Diese verdammten Pfaffen. Sie glauben wohl, jetzt sei ihre Stunde gekommen. Es tut sich nämlich in letzter Zeit allerhand", schimpfte er am 11. März und bezog sich dabei auf die illegale Verbreitung der Predigt des Münsteraner Bischofs von Galen, in der dieser im August 1941 eine eindeutige Position gegen die „Euthanasie" bezogen hatte. Nach Ende des Unterrichts erstattete Günther dem Brühler Standortführer Bechem Bericht über das Gehörte. Zwei Wochen später betätigte er sich erneut als Informant des Sicherheitsdienstes der SS, wobei der Religionsunterricht dieses Mal in seinen Augen jedoch enttäuschend verlief: „Nachmittags war ich im Religionsunterricht. Leider ganz harmlos. Ein anderer Pfarrer leitete den Unterricht." Trotz dieser Einschätzung besuchte Günther noch am gleichen Abend Streifendienstführer Hipp, um ihm verabredungsgemäß Bericht zu erstatten.

Bald wurde Günthers Spitzeltätigkeit jedoch erneut unterbrochen, denn, gerade zwei Wochen aus Elsenborn zurück, erhielt er am 12. März eine Einberufung in das Reichsausbildungslager Germeter. „In den Ferien! Prost!", war sein einziger, wenig enthusiastischer im Tagebuch festgehaltener Kommentar. Die fehlende Begeisterung rührte wohl auch daher, dass sich Günther neu verliebt hatte. „Hurra! Wir haben uns; nämlich Ruth F. und ich", jubelte er am 22. März und ergänzte eine

197 / Günthers Glückwunschtelegramm an seinen Bruder Gustav zu dessen Beförderung und Auszeichnung, März 1942

knappe Woche später: „Verdammt, ich glaube, ich bin verliebt." Das junge Glück konnte sich zunächst aber nicht weiterentfalten, denn „am Sonntag geht es ab nach Germeter". Er könne, so umriss er seine Stimmungslage, „doll werden", wenn er daran denke.

„Aber es muss durchgebissen werden."

Aus diesen Eintragungen darf jedoch nicht etwa auf eine nachlassende Begeisterung Günthers für alles Militärische geschlossen werden. Im Gegenteil war er, als am 16. März erfuhr, dass sein Bruder Gustav militärische Auszeichnungen erhalten hatte, mehr als begeistert: „Nachmittags kam ein Brief an aus Russland, dass Gustav zum Gefreiten befördert ist. Außerdem ist ihm das EK II [Eisernes Kreuz zweiter Klasse] und das Infanterie-Sturmabzeichen in Silber verliehen worden. Ich bin bald geplatzt vor Freude. Der Gustav!!! Ich bin richtig stolz auf ihn." Dem gab Günther am nächsten Tag auch dadurch Ausdruck, dass er ihn auf außergewöhnlichem Weg beglückwünschte. „Ich war noch immer stolz auf die Auszeichnungen meines Bruders und lief mit geschwellter Brust umher, als hätte ich die Orden erhalten", erinnerte er sich später noch genau an seine damalige Stimmungslage. Er sei dann zur Post gegangen und habe ihm per Telegramm zu Beförderung und Ordensverleihungen gratuliert.

Für den alten Freund Kurt hingegen blieb angesichts solcher Ereignisse und der zahlreichen anderen Aktivitäten nun kaum mehr Zeit. „Kurt ist auch hier. War kurz bei ihm", lautete am 23. März der einzige den Freund betreffende Tagebucheintrag für die gesamten Osterferien, die Günther in den Jahren zuvor fast Tag für Tag mit seinem Spielkameraden verbracht hatte. Die Kindheit war nun offenbar endgültig vorbei.

Reichsausbildungslager Germeter

„Heute beginnt für mich der Kreuzzug", heißt es unter dem 29. März, an dem das Reichsausbildungslager in Germeter begann. Es muss im Dunkeln bleiben, wie es zu der Einberufung in ein Wehrertüchtigungslager kam, die nach dem normalen Rhythmus erst im Herbst des Jahres angestanden hätte. Zu vermuten ist, dass entweder die Brühler HJ-Standortführung oder – wohl wahrscheinlicher – Streifendienstführer und SD-Mann Hipp die schnelle zweite Ausbildung lanciert hatte. Offenbar wollte man den willigen und aus NS-Sicht besonders fähigen Günther fördern und im Reichsausbildungslager möglichst rasch für Führungsaufgaben ausbilden lassen. Er selbst hatte durch ständige Kontaktpflege und willfährige Dienste als Denunziant in diese Richtung ja auch reichlich Vorarbeit geleistet. Allerdings hatte er damit nicht in erster Linie eine harte Wehrertüchtigung angestrebt, die dazu noch in den Ferien stattfand.

Der Anfang stand für ihn unter keinem guten Stern, was schon damit begann, dass er die Reise mit einer Magenverstimmung antreten musste, die ihn noch einige Tage plagte. Weitaus schlimmer empfand er aber die äußerst strenge Reglementierung des gesamten Tagesablaufs, die sich in täglichen eng getakteten Dienstplänen niederschlug. Solche Pläne kannte Günther zwar bereits von diversen Wochenendschulungen und auch aus Elsenborn, hier in Germeter wurden sie jedoch von den Ausbildern – nach späterer Angabe von Günther Roos sämtlich fronterfahrene und hochdekorierte Angehörige der Waffen-SS – in aller Konsequenz und Härte durchgesetzt. „Wir wurden gnadenlos gedrillt und massiv weltanschaulich ausgerichtet, besonders antiklerikal", erinnerte er sich 1989, als er die entsprechenden Passagen seines Tagebuchs transkribierte und kommentierte. Nicht ohne Grund ist aus diesen drei Wochen im ansonsten sehr reichhaltigen Nachlass nicht ein einziges Foto überliefert. Tag für Tag notierte Günther hingegen die Dienstpläne in sein Tagebuch, von denen hier beispielhaft jener vom 1. April 1942 wiedergegeben werden soll:

6.30	Wecken, Waschen, Reinigen
7.30	Frühstück
8.00	Flaggenparade
8.10–9.10	Unterricht (Kartenkunde)
9.15–12.00	Geländedienst, Kartenlesen und Gebrauch im Gelände, Zielansprache Tarnen
12.15	Mittagessen
13.45	Befehlsausgabe
14.00–15.30	Unterricht (Geländebeurteilung)
15.45–18.00	Geländedienst
18.15	Abendessen
19.00–20.30	Arbeitsstunde
22.00	Zapfenstreich

Schon nach zwei Tagen beklagte Günther große „Wut" und „Abgestumpftheit". So hatte er sich, der das ungezwungene Führerleben auf dem Birkhof ebenso liebte wie die damit verbundene Machtausübung, den so oft herbeigesehnten Militärdienst nicht vorgestellt. Einen Tag später hieß es: „Noch 18 Tage von 21 muss ich noch mitmachen! Ich darf nicht daran denken, sonst könnte es mir übel werden." Es war bezeichnenderweise nicht der militärische Drill, der ihn störte, sondern die Beschneidung seiner Individualität: „Hier ist es ja nicht übel, nein! […] Aber dass man keine Minute Privatmann ist und immer tun muss, was andere einem sagen, das hasse ich noch schlimmer als die Pest. Zwang ist für mich unerträglich. Jetzt hätte ich Ferien und nun sitze ich hier. Wie das werden soll, wenn ich zum Militär komme, das ist mir schleierhaft. Aber es wird mir noch verdammt hart werden."

Das blieb der Tenor von Günthers Tagebucheinträgen während der gesamten Zeit im Lager Germeter. „Herrgott! Freue ich mich wieder, wenn ich nach Brühl kann zur Mutter und zu all den Bequemlichkeiten komme", hieß es etwa am 13. April. „Es ist doch verdammt schwerer, als ich dachte. Was soll das erst geben, wenn ich zum Kommiss komme?" Und einen Tag später: „Noch vier Tage werden bis dahin vergehen und dann bin ich wieder frei, frei, frei! Dann ist nicht mehr der Tag streng eingeteilt und ich bin keine Maschine mehr, die nur das tut, was einer mir sagt. Ich brauche mir dann nichts mehr sagen zu lassen." Stattdessen, so betonte der machtbewusste 17-Jährige im gleichen Atemzug, könne er endlich „wieder selbst kommandieren und befehlen".

Aber Günther arrangierte sich gezwungenermaßen mit dem harten und als so unfrei empfundenen Lagerleben, was nicht zuletzt durch seine Aufstiegsambitionen und die dafür verfolgten Ziele erleichtert wurde: „Aber ich muss durchhalten und den Geländesportwart bekommen und zwar unbedingt. Wir werden das Kind schon schaukeln." Als das Lager dann mit einem „Kameradschaftsabend" am 17. April zu Ende ging, fiel sein Fazit im Vergleich zu seinen zuvor geäußerten Klagen dann auch recht versöhnlich aus – wohl auch deshalb, weil er entgegen seiner Befürchtungen die Prüfung zum HJ-„Geländesportwart" doch noch bestanden hatte: „Haben viel

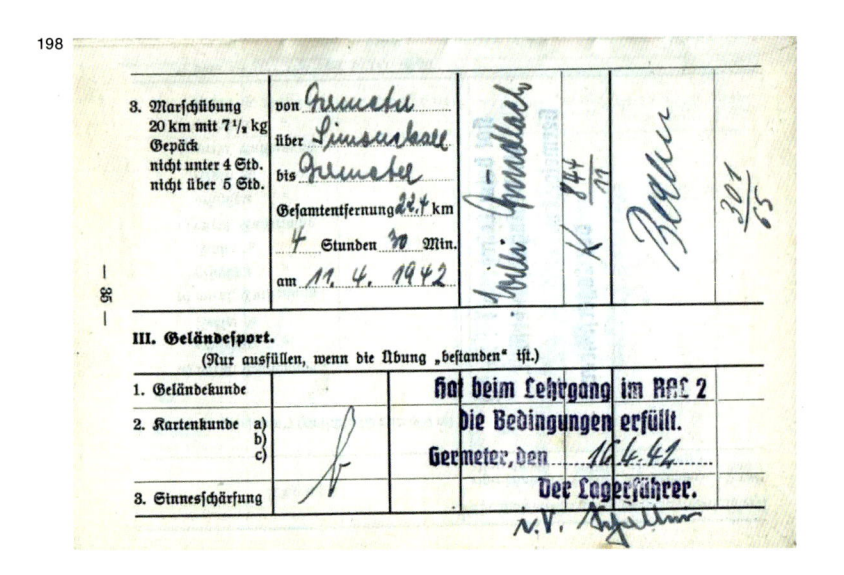

198 / Auf dieser Seite seines „Leistungsbuchs" wurde Günther Roos die erfolgreiche Ablegung der Prüfung zum „Geländesportwart" bescheinigt.

199 / Bestätigung über die Teilnahme am Reichsausbildungslager („RAL II") in Germeter im „Leistungsbuch" von Günther Roos

gelacht. Wenn man es jetzt überdenkt, war es doch ganz nett. Aber trotzdem möchte ich es nicht noch einmal mitmachen." Und gegen Ende des Reichsausbildungslagers war er zu einer differenzierten Beurteilung von dessen Inhalten durchaus in der Lage: „Sicher, der Lehrgang hatte Vorteile. 1.) Vorschule und Vorgeschmack fürs Militär. 2.) bin ich weltanschaulich verändert worden."

Mit dieser Einschätzung benannte er genau jene beiden zentralen Ziele, die Reichsjugendführung, Wehrmacht und Waffen-SS mit dieser neuen Form der Wehrertüchtigungslager intendierten. Ein Blick auf die Dienstpläne in Germeter zeigt, dass die Jugendlichen Aufbau, Funktion und Handhabung von Waffen bereits

sehr gut beherrschten, darüber hinaus sich im Gelände orientieren, Spähtrupps aufstellen und durchführen sowie „ruhende Einheiten" sichern konnten. All das konnte in der späteren Rekrutenausbildung der Wehrmacht als bekannt vorausgesetzt und im Fronteinsatz nutzbar gemacht werden. Ein noch wichtigerer und in seiner Langzeitwirkung kaum zu überschätzender Effekt dürfte in der ebenfalls von Beginn an intendierten weltanschaulichen Beeinflussung der Heranwachsenden zu sehen sein, die im von der SS geführten Reichsausbildunslager in Germeter besonders massiv ausfiel. Die Erkenntnis noch während der Zeit im Lager, dass er dort „weltanschaulich verändert" worden sei, war durchaus positiv konnotiert. Wie und in welche Richtung das geschah, zeigt etwa sein längster Tagebucheintrag der gesamten Lagerzeit am 12. April:

„Um ½ 9 war Wecken. Da das Brot noch nicht da war, haben wir mit Scharführer Busch philosophiert. Haben über die katholische Kirche gesprochen und über die Beichte. Dieser Lehrgang ist überhaupt sehr wichtig für mich in weltanschaulicher Richtung. Ich bin jetzt endgültig mit dieser Kirche gebrochen. Ein Erlebnis bleibt mir ewig in Erinnerung. Am Karfreitag waren wir im Gelände. Wir kamen vom Tarnen zurück, dreckig wie die Schweine. Es regnete. Wir zogen durch Vossenack an der Kirche vorbei. Da sangen wir das Lied: ‚Wir sind des Geyers schwarze Haufen', mit dem Refrain: ‚Setzt aufs Klosterdach den roten Hahn'. Als wir dieses Lied mit seiner fantastischen Weise sangen, da konnte nur unwillkürlich das Gefühl aufkommen: Hier bricht eine alte Zeit zusammen und eine neue, starke bricht an und marschiert! Ein starkes Deutschland ist da […].[81]

Offenbar dominierten offizielles SS-Liedgut und hier insbesondere eindeutig antiklerikale Stücke den Lageralltag, in dem – wie stets beim marschierenden Militär – dem Singen aufgrund seiner suggestiven Wirkung eine große Bedeutung zukam. Diese Wirkung wurde dann durch das Aufgreifen bestimmter Themen in Heimabenden und anderen Schulungsformen noch intensiviert.

Hinzu kamen gezielte Maßnahmen der Lagerleitung, zum Beispiel beim Thema Essen: Günther Roos notierte im Tagebuch stets auch genau, was im Lager morgens, mittags und abends zu den Mahlzeiten auf den Tisch kam. Dabei lässt sich eine deutliche Verschlechterung des Lageressens in den Tagen unmittelbar nach Ostern feststellen. Unter dem 7. April heißt es: „Morgens: Erbsensuppe, mittags: Weißkohlsuppe, abends: undefinierbare Suppe". Diese für die körperlich stark belasteten und daher stets hungrigen Jugendlichen sehr schmerzhafte Verknappung und Verschlechterung der Rationen wurde, so erinnerte er sich später sehr genau, seitens der SS-Lagerleitung dem örtlichen Pfarrer angelastet, der dem Lieferanten vor Ort angeblich verboten habe, das Lager weiterhin mit Lebensmitteln zu versorgen. „Hierdurch wuchs natürlich unsere Wut auf den Pfaffen", was die Wirkung des im Reichsausbildungslager verfolgten antiklerikalen Kurses erheblich verstärkt haben dürfte.

Intermezzo 2

Kaum aus dem Reichsausbildungslager zurückgekehrt, wurden Günther Roos in Brühl noch am gleichen Tag neue Perspektiven eröffnet: „Zu Hause habe ich mal zuerst gegessen und erzählt. Dann war ich am HJ-Heim. Kam gerade richtig. Es war Aufnahme der 10-Jährigen. Bechem sagte mir, dass ich eine neue Aufgabe erhielte. Welche wohl?" Und als ihm der HJ-Standortführer am nächsten Tag eröffnete, dass er Günther zu seinem Adjudanten zu berufen gedachte, war dessen Jubel groß: „So, jetzt habe ich das, was ich haben will, nämlich die Macht. Macht will ich haben! Alle sollen mich lieben oder fürchten." Sein ausgeprägtes Machtstreben hatte ihn eine weitere Stufe höher klettern lassen, die ihm jedoch noch längst nicht ausreichte. Er wollte auch offiziell zum Jungstammführer berufen werden und schreckte auf diesem Weg erneut nicht vor skrupelloser Verdrängung und Denunziation zurück. „Jeder der mich daran hindert, muss unauffällig verschwinden", hieß es am gleichen Tag im Tagebuch. „Fähnleinführer F., der mir zum Jungstammführer im Wege stand, habe ich heute erledigt. Er hatte auf einem Befehl zwei Buchstaben vergessen und zwar das i. V. Das genügte."

Die Tagebucheinträge der nächsten Tage und Wochen zeigen Günther Roos in einem wahren Machtrausch. Am 20. April hielt er fest: „Führers Geburtstag! Gott, beschütze den Führer! Und ich verspreche ihm, jederzeit für ihn einzutreten und für seine Sache zu kämpfen, wenn nötig brutal. Mag kommen, was will. Ehe ich falle, fallen 100 andere! Morgens war ich in der Schule. Nachmittags habe ich mir die Haare schneiden lassen. War dann bei Bechem, habe nochmals mit ihm verhandelt. Es ist jetzt alles klar. Ich habe sie jetzt, die Macht. Meine Hand liegt jetzt über der gesamten HJ Brühls. Jetzt wehe meinen Feinden und der schwarzer Pest! Sie sollen den Mann im Hintergrund noch kennen und fürchten lernen!"

Zwar blieb es in den folgenden Tagen zunächst weiterhin offen, ob er nun Adjutant des Standortführers oder Jungstammführer werden würde, doch das war Günther schlussendlich gleichgültig. „Das ist egal. Ich muss nur Macht haben!", bemerkte er hierzu am 29. April. Es war offenbar der Bannführer persönlich, der Günther das Amt des Jungstammführers verwehren wollte: „Weshalb, weiß ich nicht. Ich soll eine besondere Aufgabe bekommen. Handelt es sich um den Streifendienst? Na, wenn ich den bekomme, habe ich ja mein Streben nach Macht noch besser erfüllt. Ich werde sie bekommen, gleich wie." Insbesondere glaubte er offensichtlich, den in Germeter geschürten Hass auf die katholische Kirche und deren Vertreter, der seitdem fester Bestandteil von Günthers Denken war (und für lange Zeit blieb), vor Ort weitaus besser als HJ-Steifendienstler in Taten umsetzen zu können: „Die Schwarzen sollen mich fühlen. Ich habe mit ihnen noch manches zu begleichen!"

200 / Günther Roos, Mai / Juni 1942

Seiner Ankündigung ließ er schnell Taten folgen. Als ihm ein Freund am 8. Mai berichtete, am folgenden Sonntag sei in der Brühler Kirche ein „Jugendtag" anberaumt, weil ja sämtliche Jungvolk- und HJ-Führer zu einer Tagung in Frechen beordert seien und daher keine Dienste stattfänden, wurde er umgehend aktiv: „Während Mutter im Kino war, bin ich zu Hipp gegangen und habe mir hier den Befehl geholt, am Sonntag der Messe beizuwohnen und hierüber einen Bericht zu machen." Hierfür verzichtete Günther gern auf die Teilnahme an einer Führertagung in Frechen, geriet damit aber offenbar in einen Konflikt zwischen Bannführung und Sicherheitsdienst. Die Anweisung und damit verknüpfte Freistellung durch Hipp wurde tags darauf von Standortführer Bechem mit der Begründung aufgehoben, nur der Bannführer sei zu solchen Beurlaubungen befugt. Also machte sich Günther am 9. Mai notgedrungen mit auf den Weg nach Frechen, um, kaum angekommen, vom dort ebenfalls anwesenden Streifendienstführer Hipp wieder nach Brühl zurückgeschickt zu werden, wo Günther dann am nächsten Tag zu Beobachtungszwecken den Gottesdienst besuchte und noch am gleichen Abend hierüber Bericht erstattete. Aber nicht nur das: „Habe der Mutter zuliebe kommuniziert. Ich will sie in dem Glauben lassen, ich sei noch katholisch, aber ich kann es nicht mehr." Offenbar erkannte er die örtlichen Machtverhältnisse instinktiv und setzte auf jene Karte, die ihm den größten Einfluss und Machtgewinn versprach. „Bei Hipp habe ich eine prima Nummer und ich will sie behalten", vertraute er nach seinem Besuch bei ihm dem Tagebuch an.

Nachdem er für den darauffolgenden Sonntag, den „Jugendbekenntnistag" der katholischen Kirche, ausdrücklich eingeladen worden war, hatte er nichts Eiligeres zu tun, als diese Einladung dem Streifendienstführer zu präsentieren und sich zur erneuten Beobachtung und Denunziation verpflichten zu lassen. „Um 17 Uhr war ich in der Andacht mit Predigt zum Jugendbekenntnistag. Habe danach einen Bericht hierüber zu Hipp gebracht", heißt es knapp im Tagebuch. Schon in der Woche danach sah man Günther dann mehrfach im aktiven Streifendiensteinsatz, und am Sonntag nach seiner neuerlichen V-Mann-Tätigkeit konnte er bereits berichten, dass er die Gefolgschaft des Brühler HJ-Streifendiensts übernehmen solle, eine Aufgabe, die ihm nach Lage der Dinge nur Hipp angetragen haben kann. Und Günther war sich sofort sicher, dass er diese Aufgabe übernehmen werde, selbst um den Preis, dass er dann natürlich nicht Jungstammführer werden könne. Als Leiter des Streifendienstes, das hatten ihm ja kurz zuvor die Kompetenzstreitigkeiten zwischen Bannführer und Hipp deutlich vor Augen geführt, verfügte er über weitaus mehr Einfluss und Macht – und das war es, worauf es ihm letztendlich ankam.

Eine beobachtbare Veränderung in Günthers weltanschaulicher Ausrichtung seit seinem Aufenthalt in Germeter betraf auch das Verhältnis von Mann und Frau. Offenbar war ihm im Reichsausbildungslager in ideologischer Hinsicht neben einem ausgeprägten Antiklerikalismus ebenso die spezifische NS-Sicht zu diesem Thema nahegebracht worden. Jedenfalls schlug der zuvor noch frisch Verliebte nach seiner Rückkehr hier völlig neue Töne an. Zwar traf er sich nach wie vor mit Ruth, doch definierte er ihre Beziehung nun nicht mehr jugendlich-verliebt, sondern ideologisch vorbelastet mit einem Zitat von Friedrich Nietzsche: „Der Mann soll zum Kriege erzogen werden und das Weib zur Erholung des Kriegers: alles andere ist Torheit. Allzu süße Früchte, die mag der Krieger nicht. Darum mag er das Weib. Bitter ist auch noch das süßeste Weib", notierte er am 25. Mai unmittelbar nach einem Spaziergang mit Ruth im Tagebuch. Dabei wusste sich Günther Roos auf exaktem ideologischen Pfad, denn Nietzsches *Also sprach Zarathustra*, das Werk aus dem er zitierte, war neben Hitlers *Mein Kampf* und Rosenbergs *Mythus des 20. Jahrhunderts* im Grabgewölbe des während der NS-Zeit so verehrten Tannenberg-Denkmals niedergelegt worden, was seinen Stellenwert verdeutlichte. Zudem dürfte sich der machtorientierte 17-Jährige zu vielen Ideen Nietzsches hingezogen gefühlt haben, glorifizierte dieser doch – zumindest in der Lesart des Nationalsozialismus – insbesondere Stärke, Kampf, Herrschsucht und Krieg, also genau jene „Tugenden", die zu diesem Zeitpunkt auf der Prioritätenliste von Günthers Denken und Handeln ganz oben standen.

Auch hinsichtlich des Kriegsgeschehens steigerte sich Günther Roos immer stärker in eine von Phrasen der NS-Propaganda und unbedingter Führergläubigkeit bestimmte Sicht der Dinge. So schrieb er am 26. April: „Nachmittags sprach der Führer. War das eine Rede! Adolf Hitler hat jetzt die absolute Gewalt, jeden an seine Pflicht zu mahnen. England wird jetzt auch wieder Bomben kennenlernen. Es wird auch Zeit." Seine Wut auf die Briten steigerte sich Ende Mai nochmals erheblich, nachdem die britische Luftwaffe in der Nacht vom 30. auf den 31. Mai 1942 den ersten „1 000-Bomber-Angriff" der Luftkriegs-

„1 000-Bomber-Angriff" von Köln

Mit der Nacht zum 31. Mai 1942 begann mit einem schweren Bombenangriff der britischen Luftwaffe auf Köln eine neue Phase des Luftkriegs, deren Grundlage durch einen Beschluss des britischen Kabinetts am 17. Februar des Jahres geschaffen worden war. Danach sollten nunmehr alle noch geltenden Beschränkungen aufgegeben und der Luftwaffe befohlen werden, ihre Angriffe „auf die Moral der feindlichen Zivilbevölkerung, insbesondere der Industriearbeiter" zu richten. Durch die damit verbundene Zerstörung von Wohnvierteln sollte die Widerstandskraft des deutschen Volkes gebrochen werden – eine, wie sich später zeigen sollte, falsche Annahme.

Mehr als 1 000 Flugzeuge waren in England gestartet und warfen in mehreren Wellen ihre Bomben über Köln ab. Das Resultat dieses ersten „1 000-Bomber-Angriffs" der Luftkriegsgeschichte waren nach offiziellen Angaben nahezu 500 Tote und mehr als 5 000 Verletzte, wobei die tatsächlichen Zahlen höher gelegen haben dürften. Dass große Teile des alten Kölns mit seinen zahlreichen historischen Bauten und romanischen Kirchen in Schutt und Asche gelegt worden waren, traf die heimatverbundenen Kölner und Rheinländer besonders tief. Zudem wurden rund 12 800 beschädigte Häuser gezählt, wodurch mehr als 13 000 Wohnungen total und etwa 6 400 schwer zerstört waren, während knapp 23 000 leichte Schäden aufwiesen.

Mit dem 31. Mai 1942 begann für die Kölner eine neue „Lebensform" des Improvisierens und reinen Überlebens. Darüber hinaus saß jenseits aller materiellen Zerstörungen der Schock, den das Erlebte ausgelöst hatte, überaus tief und brannte sich in das „kollektive Gedächtnis" der Stadtbevölkerung ein.

201 / Szene aus Köln am Morgen des 31. Mai 1942. Die Frauen tragen Brillen zum Schutz gegen Rauch und Staub.

geschichte auf Köln geflogen hatte: „Nach fünf Wochen Pause hat der Tommy in Köln gewütet. Die ganze Luft war ein Brummen, der ganze Nordhimmel war ein Feuermeer wie noch nie", heißt es bereits unter dem 30. Mai, und nachdem Günther die benachbarte Großstadt Anfang Juni dann selbst in Augenschein genommen hatte, war er sichtlich erschüttert: „Es ist schrecklich, dieses Bild des Grauens in Köln."

Solche Ereignisse bedrückten Günther zwar, konnten ihm seinen unbedingten Glauben an den deutschen Sieg aber nicht rauben. „Heute ist ein Jahr Krieg im Osten. Was ist hier geleistet worden. Es ist ungeheuer. Russland muss fallen, so oder so!", heißt es unter dem 22. Juni im Tagebuch, und am 1. Juli jubelte er: „Sieg, Sieg!!! Im Radio erklingt das Deutschlandlied! Sewastopol, die stärkste Festung der Welt, ist gefallen. Über Stadt und Hafen weht die deutsche Fahne. Was das bedeutet, weiß ich noch nicht, aber ich fühle, dass hier etwas Ungeheures geschehen ist. Es lebe Deutschland! Es lebe der wunderbare Führer Adolf Hitler!! Es lebe die beste Wehrmacht der Welt!!!"

Zu diesem Zeitpunkt hatte sich bei ihm ohnehin ein weiterer innerer Wandel vollzogen, der wiederum durch äußere Veränderungen hervorgerufen oder zumindest beschleunigt worden war. Obwohl er, nachdem man ihn Ende Mai noch die Führung des HJ-Streifendienstes angeboten hatte, am 20. Juni doch offiziell mit dem Amt des Jungstammführers betraut worden war, ließen Elan und Engagement in dieser Richtung zusehends nach. Bereits am 4. Juni 1942 hatte er in seinem Tagebuch notiert: „Geburtstag! 18 Jahre alt. Gefeiert habe ich nicht. Warum? Dass ich so alt geworden bin und noch nichts geleistet habe? Ich möchte in den Krieg und, wenn es auch noch so schwerfällt, mir das Recht zu leben erkämpfen."

Dieser Anflug von Innehalten und Nachdenklichkeit mag angesichts seiner ja gezielt angestrebten Karriere in der Hitlerjugend und auch seines allgemein an den Tag gelegten Optimismus erstaunlich anmuten. Der Eintrag dürfte nicht zuletzt auf die Briefe zurückzuführen sein, die Günther zu dieser Zeit von seinem erneut an der Ostfront eingesetzten Bruder erhielt. Am 8. Mai hatte Gustav sich mit einem kurzen Stimmungsbericht erstmals von dort gemeldet: „Wenn ich mich auch nicht gerade glücklich fühle, so weiß ich doch, dass es sein muss, und wir müssen uns damit abfinden, so gut es geht!" Eine Woche später schilderte er Günther die Lage vor Ort dann ausführlicher und ungeschminkt:

„In R., wo wir ausgeladen wurden, traf ich unseren neuen Staffelführer. Der erzählte mir, was vorne bei uns los war. Ich vernahm und war erschüttert, mehr als erschüttert! Es erfolgte der Marsch, 120 km auf der Rollbahn gen Osten und dann war ich bei meinem alten Regiment. Ich konnte mich nun von allem selbst überzeugen und war noch erschütterter, wenn es das noch geben kann. Die Lage ist folgende: Südlich der Rollbahn [...] sitzt der Russe, bestrebt, diesen für uns und ihn lebenswichtigen Nachschubweg und die Angriffsbasis in die Hände zu bekommen. Wir halten die Stellung. Nördlich der Rollbahn haben Partisanen und Luftlandetruppen zum Teil sogar im Besitz von Panzern das gleiche Bestreben. [...] Man wundert sich immer wieder, was der Russe immer wieder, selbst nach einem solchen Winter, auf die Beine stellt. Nicht nur an Menschen, auch an Material. Seine neuen Divisionen kann er immer noch mit neuesten Ausrüstungen an die Front schicken. Über seine Artillerie kann man nur staunen. Täglich jagt er uns ein paar anständige Brocken zu, überfällt uns mit Pak und Ratsch-Bumm, belästigt uns mit seinen Granatwerfern und ab und zu lässt er einmal die ,Stalinorgel', sein Do-Gerät, alle Register ziehen. Seine neue Panzerkonstruktion, ein 34-Tonner, war eine peinliche Überraschung für uns; unsere Pak prallte ab wie Knallerbsen."

202 / Zeichnung, die Gustav Roos im Juni 1942 vom Bunker an der Front anfertigte, in dem er sich vorwiegend aufhielt

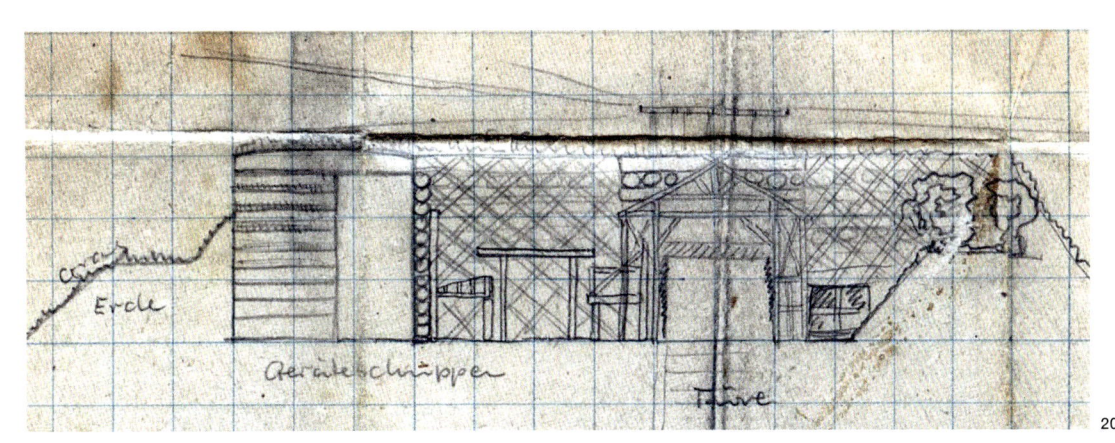

Das hörte sich wahrlich nicht nach den seitens der NS-Propaganda gebetsmühlenartig wiederholten Erfolgen an der Ostfront an. Noch beunruhigender dürfte in Günthers Ohren das Urteil geklungen haben, das sein Bruder mit deutlich sarkastischem Unterton über die diesbezüglichen Äußerungen der NS-Propaganda und von Hitler selbst abgab: „Und das alles, wo doch der Führer in seiner Rede im Oktober den Feldzug schon entschieden hatte und den Zeitungen nach mit Charkow und dem Donezbecken 60 Prozent der russischen Rüstungsindustrie in unserer Hand waren. Das scheint mir ein Versehen gewesen zu sein." Gustavs Brief ließ keinen Raum für Illusionen: „Wir sind ja nicht mehr in der Lage, tolle Angriffe zu machen, und heilfroh, wenn uns der Russe nicht angreift."

Günther Roos kommentierte diese Briefe seines Bruders weder im Tagebuch noch später, sodass offenbleiben muss, welche Wirkung sie auf ihn konkret ausübten. Auffällig ist jedenfalls, dass er weiterhin eindeutig auf die Karte der NS-Propaganda setzte. Seine oben zitierten Einträge vom 22. Juni und 1. Juli sind hierfür klare Belege. War er durch permanente Indoktrination bereits derart im Gedankengebäude aus Ideologie und Propaganda gefangen, dass er mit solchen euphorischen Äußerungen die skeptisch-realistische Sicht von Gustav, der ja ganz vorn in das Geschehen involviert war, ignorierte? Jedenfalls scheint Günther aus dessen ungeschönten Berichten den Schluss gezogen zu haben, dass es jetzt erst recht seine Aufgabe sei, bei der Lösung der angesprochenen Probleme in vorderster Linie – sprich an der Front – zu helfen. Der eigene Kriegseinsatz wurde für ihn daher nun – wie sein Eintrag zum Geburtstag am 4. Juni zeigt – zum wichtigsten Orientierungspunkt, hinter den die Funktionen in der Hitlerjugend und der damit verknüpfte Machtzuwachs erstaunlich schnell in den Hintergrund traten, ohne natürlich gänzlich aus seinem Kopf zu verschwinden.

Die Umorientierung und damit verbundene Loslösung von der zuvor so intensiven Tätigkeit in der Hitlerjugend wurde in Teilen sicherlich auch dadurch bedingt, dass der Reichsarbeitsdienst, den er vor dem Eintritt in die Wehrmacht noch zu absolvieren hatte, unmittelbar bevorstand. Am 8. Juni machte sich Günther in dieser Mission auf den Weg zum RAD-Meldeamt in Köln, wo ihm eröffnet wurde, dass er zum 1. Juli zum Reichsarbeitsdienst einberufen würde. „Ich bin fertig. In einem Monat bin ich weg und beim Arbeitsdienst. Es liegt wie ein Alb auf mir. […] Solche Stimmung habe ich noch nie gehabt." Er brauche dringende „Abwechslung vor dem Gespenst RAD", notierte er am folgenden Tag und fügte im Sinne seines neuen Frauenbildes hinzu: „Habe abends Ruth gesucht. Ich habe Verlangen nach ihr. Sie soll mich zerstreuen."

Die Hitlerjugend rückte angesichts der neuen Umstände nun immer stärker in den Hintergrund. „Dienst mache ich nicht mehr. Die letzten Wochen bis zum RAD muss man ausnutzen", äußerte Günther in dieser Hinsicht am 14. Juni, und obwohl er drei Tage später erfuhr, dass er den Jungstamm übernehmen sollte, notierte er am Abend des gleichen Tages: „Augenblicklich überlege ich mir, ob ich mich nicht als aktiver Offizier verpflichten soll. Großes will ich werden. So kann ich es erreichen." Das ausgeprägte Machtstreben also blieb, aber die Orientierung hatte sich deutlich verändert. Außerdem stand dem vom deutschen „Endsieg" vollkommen überzeugten Günther klar vor Augen, dass es nach gewonnenem Krieg für ihn unendlich viele Möglichkeiten geben würde, seine Ambitionen zu verfolgen und entsprechend hohe Positionen zu bekleiden. In welchem Bereich, war für ihn in der konkreten Kriegssituation aber zunächst zweitrangig.

Er konzentrierte sich nun völlig auf die vor ihm liegende neue Aufgabe. Als er am 21. Juni zu einer Besprechung des HJ-Banns Köln-Land nach Köln fahren sollte, kam er dieser Aufforderung ganz einfach nicht nach: „Konnte mich bremsen. War im Schwimmbad. Bin jetzt schon massig braun", lautete sein entsprechender Tagebucheintrag. Es mag auf den ersten Blick erstaunlich wirken, wie schnell die Funktionen in der Hitlerjugend bei Günther in den Hintergrund rückten, aber sie versprachen dem frischgebackenen Jungstammführer aktuell keinerlei persönliche Vorteile mehr. Seine Zukunft sah er zu diesem Zeitpunkt ganz eindeutig in der Wehrmacht.

Noch aber war Günther Gymnasiast, der vor Antritt des Arbeitsdienstes schnellstens aus der Schule zu entlassen war, was am 25. Juni auch geschah: „Heute war also für mich der letzte Schultag. Das Abitur bekomme ich Ostern." Am Tag darauf wurden er und weitere 17 vorzeitig entlassene Schüler im Gymnasium verabschiedet: „Der letzte Tag in der Schule. Wie oft war sie eine Qual, wie oft aber auch viel Freude! Das Zeugnis ging." Ohne jede Prüfung hatte Günthers Schulzeit damit ihr abruptes Ende gefunden. Bei dem Fest, dass sich der Zeugnisverleihung am Abend spontan anschloss, wollte nach seiner Schilderung keine rechte Stimmung aufkommen. Das führte er aber nicht auf die kriegsbedingten und mithin beängstigenden Begleitumstände des ja eigentlich erfreulichen Anlasses zurück, sondern auf eine mangelnde Verankerung vieler seiner Mitschüler in der ideologiegetränkten „Volksgemeinschaft": „Um 6 Uhr war bei Mazink unser Kommers. Stimmung war keine da, dafür sind zu viele Standesbewusste unter uns."

203 / Abschiedsfeier am 26. Juni 1942 (Günther Roos hinten rechts). Von den 18 Schülern sollten sieben nicht aus dem Krieg zurückkehren.

204 / Die Klasse von Günther Roos (1. Reihe, 3. v. l.) am Vormittag des 26. Juni 1942

205 / Das „Abgangszeugnis mit Reifevermerk" für Günther Roos, Juli 1942. Die eigentliche Zuerteilung der Reife erfolgte dann zum Schuljahresende auf der Rückseite.

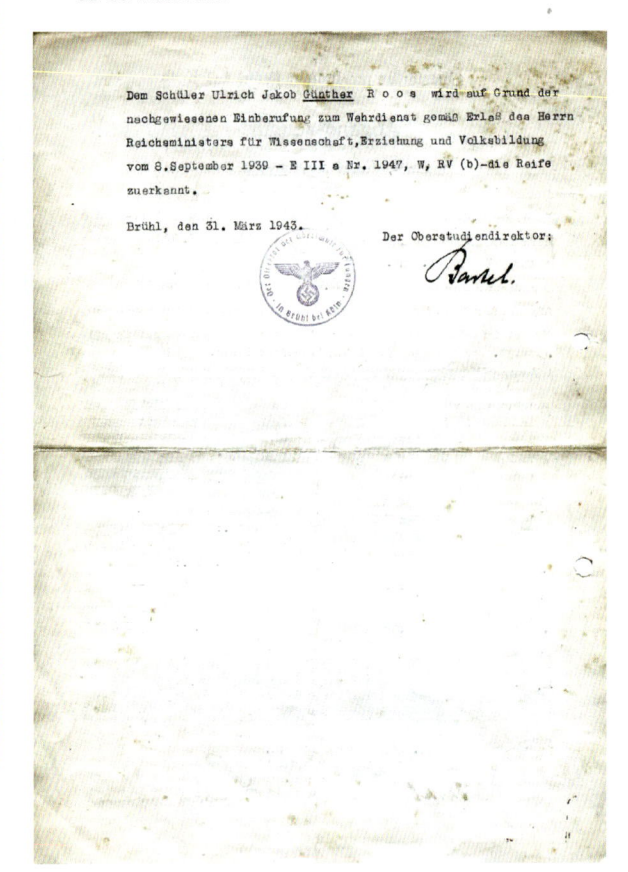

Notabitur und Reifevermerk

Das „Notabitur", das es auch schon während des Ersten Weltkriegs gegeben hatte, war die volkstümliche Bezeichnung für die Erteilung der Hochschulreife an Schüler vor Ablauf der regulären Schulzeit wegen ihrer Einberufung zu Arbeits- und Wehrdienst. Es wurde am 8. September 1939, kurz nach dem deutschen Angriff auf Polen, eingeführt. Ab 1940 galten die Regelungen zum Notabitur auch für die Oberschülerinnen.

Während das Notabitur tatsächlich noch auf der Grundlage von – wenn zumeist auch nur rudimentären und oft nur mündlichen – Prüfungen verliehen wurde, verzichtete man ab 1941 bei Schülern, deren Einberufung mehr als ein halbes Jahr vor dem Abiturtermin erfolgte, auf jegliche Abschlussprüfungen. Die zum Reichsarbeitsdienst oder zur Wehrmacht einberufenen Schülerinnen und Schüler erhielten dann lediglich einen „Reifevermerk", der die Erlaubnis für ein universitäres Vorsemester beinhaltete, um nach Ableistung des Dienstes die für ein Studium notwendigen Kenntnisse nachholen zu können. Ein Jahr später wurde diese Regelung dann sogar auf 17-jährige Schüler der 7. Oberschulklasse ausgedehnt und gegen Kriegsende zugunsten der Einberufung weit Jüngerer noch großzügiger gehandhabt.

Nach 1945 wurden Notabitur und Reifevermerke oft nicht anerkannt und sämtliche nach dem 1. Januar 1943 erteilten Reifevermerke für ungültig erklärt. Die hiervon betroffenen Schüler mussten das reguläre Abitur dann – so sie dazu überhaupt in der Lage waren und oft nach langer Kriegsgefangenschaft – in „Sonderlehrgängen" nachholen. Jenen, die das nicht wollten oder konnten, blieb ein Studium verwehrt.

Reichsarbeitsdienst

An seinem letzten Schultag erhielt Günther Roos zugleich auch seinen Einberufungsbefehl zum Arbeitsdienst nach Kamperfehn im Emsland. „Den Kopf lasse ich nicht hängen. Mit frischem Mut ran an den RAD", vertraute er am 25. Juni seinem Tagebuch an, um dann fünf Tage später, unmittelbar nachdem Freundin Ruth zu einem längeren BDM-Einsatz nach Beuthen abgereist war, zu ergänzen: „Ich bin mir jetzt bewusst, dass heute für mich ein neuer Abschnitt beginnt. Mit Ruth ist die schöne, sorglose Zeit der Jugend weggefahren. Jetzt steht RAD und Militär mit seinen Härten vor mir. Ich nehme mir aber vor, hier etwas zu leisten, es zu etwas zu bringen, für Deutschland, für meinen Führer!"

Nachdem er am 3. Juli noch seinen Ausstand als Führer der Brühler Hitlerjugend gegeben und zu diesem Anlass „Abschiedsbier gestiftet" hatte, machte sich Günther am 8. Juli auf den Weg gen Norden. „Ich bin jetzt Arbeitsmann Roos", lautet nach mehr als einwöchiger Pause am 12. Juli der erste Tagebucheintrag aus der neuen Lebensphase. Er habe sich, so berichtete er angesichts seiner gegenteiligen Erfahrungen in Germeter augenscheinlich selbst überrascht, „hier schon ganz gut eingelebt": „Damals wusste ich doch, dass ich nach drei Wochen wieder zu Hause wäre, wogegen ich doch jetzt überhaupt nicht weiß, ob ich überhaupt noch einmal Brühl wiedersehe." Diese dunkle Zukunftsperspektive beruhte auf der – wahrscheinlich nicht ernst gemeinten – Ankündigung eines Arbeitsdienstführers, „dass wir nur 3 bis 4 Wochen ausgebildet werden und dann abrücken in den Einsatz". „Toll, was? Ob nach Russland?", teilte Günther seiner sicherlich alles andere als erfreuten Mutter bereits nach drei Tagen im RAD-Lager mit.

Seinen streng geregelten Dienst absolvierte er jedenfalls von Beginn an „mit Lust": „Er ist für mich eine große Freude." Auch Verschärfungen im Tagesablauf oder Schikanen der Vorgesetzten nahm Günther nun zumeist klaglos und offensichtlich auch ohne inneren Groll hin. „Ab morgen ist um 5 Uhr Wecken. Demnächst fängt der Dienst bestimmt schon um Mitternacht an. Na, egal, ich fasse alles von der heiteren Seite auf. Nur lächeln", schrieb er etwa am 19. Juli. Das gelang ihm offenbar und er verwuchs im Lauf der Zeit – im Übrigen in schroffem Gegensatz zu seinem 1939 unter den RAD-Bedingungen schwer leidenden Bruder Gustav – ganz mit den im Lager gegebenen Bedingungen, was er in seinem Eintrag vom 25. Juli beispielhaft zum Ausdruck brachte: „Heute Morgen war Ordnungsdienst. Gegen Ende sind wir dann nach Elisabethfehn marschiert. Wenn mir dann die Füße schmerzen und ich trotzdem mitgehe, wenn die Spaten blitzen, alles dieselbe Uniform anhat, und wenn dann in den Sturm gesungen wird ‚Deutschland, Vaterland, wir kommen schon', dann habe ich immer ein seltsames, festliches Gefühl, mit dabei sein zu dürfen." Und weitere vier Tage später: „Heute vor drei Wochen. Was ist in dieser Zeit doch alles schon geschehen. Ein anderer Mensch bin ich geworden. Ja, jetzt bin ich ein richtiger Arbeitsdienstmann. Trotzdem geht es mir noch gut."

Rückblickend kommentierte Günther Roos, dass ihm die Eingewöhnung in den RAD-Alltag deshalb leichtgefallen sei, „weil ich mich mit dem Unvermeidlichen abgefunden hatte und versuchte, das Beste daraus zu machen". Hilfreich sei dabei aber auch der Umstand gewesen, „dass das ganze Lager fast nur aus Abiturienten" bestanden hätte. Jedenfalls bereitete es ihm nun offenbar keine Schwierigkeiten mehr, sich in vorgegebene Hierarchien einzufügen. Das in Germeter noch so heftig beklagte Fehlen von Freiraum empfand er nun nicht mehr als störend: „Die Vorgesetzten sind prima. Streng, aber gerecht. Wenn alles in Ordnung ist, sind sie die besten Kameraden." Tatsächlich entwickelte sich der 18-Jährige zu einer Art Vorzeige-„Arbeitsmann", der seine Aufgaben nicht nur pflichtgemäß erfüllte, sondern dabei ausgesprochene Genugtuung empfand: „Heute Morgen

206

war ein schöner Dienst. Hatten eine Stunde Ordnungsdienst und dann Unterricht und dann drei Stunden Leibesübungen. War prima. Da wurden die alten Knochen mal locker." Es folgte eine Zeit des Ausruhens, denn wegen einer Scharlacherkrankung wurde Günthers Stube für zwei Wochen unter Quarantäne gestellt. Während dieser Zeit beschäftigte er sich nach eigenen Angaben vorwiegend „mit Rauchen und Lesen". „Lese jetzt den Mythus. Man hat ja Zeit genug, darüber nachzudenken", notierte Günther am 16. Juli, ohne allerdings seine Gedanken zu Alfred Rosenbergs Buch im Tagebuch festzuhalten.

Auch sonst scheint er die von ihm als „gemütlich" charakterisierte Zeit der Quarantäne zum Philosophieren genutzt zu haben. So setzte er sich erneut mit Friedrich Nietzsche auseinander; dieses Mal mit einem Zitat aus dessen Fragment *Wissenschaft und Weisheit im Kampfe*: „Das geschwächte Griechentum, romanisiert, vergröbert, dekorativ geworden, dann als dekorative Kultur vom Christentum als Bundesgenosse akzeptiert, mit Gewalt verbreitet unter unzivilisierten Völkern – das ist die Geschichte der abendländischen Kultur."[82] Die in seinen Augen sicherlich sehr bedeutsame Fortsetzung des Zitats Nietzsches dürfte er zwar gelesen haben, in seinen Ausführungen gab er sie jedoch nicht wieder. Sie lautet: „Das Kunststück ist geleistet und das Griechische und das Pfäffische zusammengebracht. Ich will Schopenhauer, Wagner und das ältere Griechentum zusammenrechnen: es gibt einen Blick auf eine herrliche Kultur." Damit wird der antiklerikale Charakter der Passage noch deutlicher, der sich passgenau in sein damaliges Denken einfügte.

Entsprechend fielen seine eigenen, weitgehend auf NS-Linie liegenden Gedanken aus, die er über die zitierte Nietzsche-Passage zu Papier brachte. In der Kultur, so hieß es etwa, würden sich „die Seele des Volkes, die Werte seines Blutes" widerspiegeln. Das alte Griechentum aber sei durch „Rassengemisch" geschwächt gewesen, weshalb ihm „die einheitliche Volksseele" gefehlt habe. Das derart angeschlagene Griechenland sei dann von Rom und schließlich vom dort eindringenden Christentum übernommen worden, das ein „syrisch-asiatisch-jüdisch-negroides Völkergemisch" vorgefunden habe. Das Christentum, so fuhr der munter philosophierende Günther fort, habe zwar äußere Formen wie etwa jene der Basilika übernommen, sie aber mittels „nordischen Geistes" seinem „Wesen" angepasst und zur romanischen Kirche und dem gotischen Dom weiterentwickelt. Hier seien schließlich keine „griechisch-römisch-christlichen" Einflüsse mehr spürbar, sondern immer wieder breche „nordischer Geist durch die Fesseln". Daher, so seine Schlussfolgerung, baue das Abendland eben nicht auf christlicher Kultur, sondern auf deren konsequenter Verarbeitung und Weiterentwicklung durch besagten „nordischen Geist" auf.

„Also sprach Günther Roos", möchte man in Anlehnung an Nietzsches Werk formulieren, denn der frischgebackene „Arbeitsmann" nutzte seine RAD-Zeit, um den in Germeter initiierten Prozess zur Festigung seines NS-Weltbildes und seiner inneren Überzeugungen konsequent fortzusetzen. So las er neben Nietzsche und Rosenberg etwa die *Deutschen Thesen gegen den Papst und seine Dunkelmänner*, die unter zeittypischer Umbenennung eines Werkes von Oskar Panizza[83] 1940 in hoher Auflage erschienen waren. Auf seiner Literaturliste stand zudem der überzeugte Nationalsozialist und glühende Hitler-Verehrer Reinold Muschler, den Günther „ganz gewaltig" fand. Er war derartig beeindruckt, dass er während der Lektüre des Buches *Weg ohne Ziel* eine eigene Sammlung von Zitaten anlegte. Hierzu zählten etwa „Vergessen wir nie, dass das Denken nur dann einen Wert hat, wenn es dem Leben gilt, und dass es die Tragik der Wissenschaft ist, das Leben dem Denken unterordnen zu wollen. Damit gräbt sie sich selbst das Grab, denn Blut ist stärker als der Verstand" oder „Im Christentum ist Gott weniger Vater als Behörde".

Eine wesentliche Stütze bei der Entwicklung seines Weltbildes fand Günther in den drei Monaten des Arbeitsdienstes in Unterfeldmeister Knobloch, mit dem er hierauf zielende Fragen immer wieder diskutierte und sich so auf der Suche nach neuer Orientierung inspirieren ließ. „Heute Morgen war der Unterfeldmeister Knobloch bei uns", berichtete er etwa am 18. Juli. „Haben über Religion bzw. das Christentum gesprochen. Für ihn gibt es nichts außer seinem Vaterland, keinen Gott, kein Jenseits. Das ist nichts für mich. Für mich steht es außer Zweifel, dass es einen Gott gibt. Das ist aber weder Allah noch Jehova. Sie haben Züge, die mir nicht gefallen. Also gibt es für mich einen besonderen Gott." Über den hatte er sich bereits Gedanken gemacht:

„So ist mein Gott groß und schön, allwissend und allmächtig, allgerecht und treu. Er setzt mich auf die Welt, gibt mir mit dem Blut Gutes und Böses und sagt: ‚So, ich setzte dich mit allem Rüstzeug auf die Welt, siehe du jetzt, dass du dich bewährst, dass du dich meiner würdig erweist, und versuche mir nahezukommen.

206 / Abendliches Kartoffelschälen vor der Baracke während des Reichsarbeitsdienstes in Kamperfehn, Sommer 1942. Günther Roos ganz rechts

207 / Günther Roos (rechts) im RAD-Einsatz beim Umgraben des Gartens, Sommer 1942

Versuche das Böse in dir niederzuringen und das Gute für hohe Ideale einzusetzen, auf dass das Gute zum Guten werde!' Nun beginnt das Leben. Es beginnt das Ringen zwischen Gut und Böse. Es kommt der Einsatz für die höchsten Ideale, für Vaterland und Blut, und der Versuch, die Eigenschaften meines Gottes zu haben. Habe ich dann das Leben, das Ringen und Kampf, Suchen und Forschen war, beendet, dann trete ich wieder vor Gott. Er beurteilt mein Leben, denn nur er kann es. Habe ich nach seinem Auftrag gehandelt und gelebt, so nimmt er mich auf in die Seligkeit. Erfüllung des Lebens, das ist Seligkeit. Ich erkenne von höherem Standpunkt aus gesehen, dass mein Idol und mein Kampf gut war. Alle Rätsel und Fragen, sie werden klar. Auf jedes Warum folgt die Antwort. Ich sehe auf die Erde und sehe, dass meine Kinder gut sind, dass auf dem Fundament, das ich gebaut habe, weitergeschaffen wird. Das ist mein Weltbild, und ich versuche, nach ihm zu leben."

Demnach glaubte Günther Roos in dieser Zeit, dass er bei der Umsetzung seiner selbst definierten Ideale letztlich selbst in einen nahezu gottgleichen Zustand aufsteigen werde. Es muss dahingestellt bleiben, inwieweit solche Allmachtsfantasien nur oberflächlich angelesen oder Ausdruck seines von der Überlegenheit einer „nordischen Herrenrasse" geprägten rassistischen Weltbildes waren. Deutlich wird anhand dieser in eigenen Worten formulierten Weltsicht jedenfalls, dass die früh begonnene, in Germeter entscheidend intensivierte und im RAD-Lager dann fortgesetzte Indoktrination immer stärker von ihm Besitz ergriff. In Teilen zeitigte sie nach Günther Roos' eigenem Bekunden sogar eine bis ins hohe Alter andauernde Wirkung.

Er sah und „nutzte" seinen so definierten Gott aber auch ganz pragmatisch. Als er am 27. Juli erstmals in der RAD-Zeit „de Mopp" – sprich getrübte Stimmung – hatte, schrieb er durchaus ernst gemeint: „In der Verzweiflung habe ich zu meinem Gott gebetet, dass ein Ereignis eintritt, das mich aufmuntert. Schon geschehen. Es regnet und so wird die Leibeserziehung wohl ausfallen. Mein Gott ist stark und ich habe Vertrauen zu ihm." Eine solche Sicht half ihm auch danach immer wieder aus stimmungsmäßigen Turbulenzen. Als am 9. August drei Stubenkameraden zur Feuerwehr nach Oldenburg abkommandiert wurden und Günther bei dieser willkommenen Abwechslung nicht dabei sein durfte, glaubte er „vor Wut platzen" zu müssen. Doch schon nahte Hilfe: „Aber mein Gott wird es schon wissen, warum er mich hierbehält. Ich vertraue auf meinen Gott. Er wird mich leiten und führen zu Großem."

Bei all diesen Gedankenspielen und dem Tasten nach Orientierung war und blieb Unterfeldmeister Knobloch für Günther eine wichtige Orientierung. „Ich muss dann immer staunen. Er ist doch ein Mann, der rein gar keine ‚Bildung' hat und es auch offen eingesteht, und mir so schon imponiert. Aber er hat durch eine harte Lebensschule eine solche Erfahrung und Menschenkenntnis, dass ich immer wieder platt bin, und er wird mir immer Vorbild sein. Er hat mir sehr, sehr viel gegeben durch seine Gedanken über Gott, dass es sich dafür schon gelohnt hat, in den RAD zu kommen", beteuerte er gegen Ende der RAD-Zeit am 19. September, nachdem er mit Knobloch zuvor wieder einmal „über Gott debattiert" hatte. Auf welchem „Niveau" solche Gespräche geführt wurden, belegt ein weiterer Eintrag vom 10. September: „Nun mal zum Thema Gott. Für Knobloch gibt es nur Deutschland und sonst nichts auf der Welt und erst recht keine Katholiken." Er habe ihm, so Günther sehr angetan, „ein herrliches Beispiel für das Undeutsche dieser Richtung" gegeben, nämlich „die unbefleckt gebärende Maria". „Knobloch hat recht, wenn er sagt, dass das eine ungeheure Herausforderung ist. Denn das heißt, dass unsere Mutter durch die Geburt befleckt wurde! Eine deutsche Mutter ist befleckt, weil sie Nachkommen auf die Welt setzt!!! Das genügt schon, um den Katholizismus zu verdammen." So

208/ Unterfeldmeister Knobloch (links) und Vormann Brummerhof während des „Ordnungsdiensts" in Kamperfehn, Sommer 1942

überzeugt Günther auch war, so sehr suchte er in diesem Punkt doch noch immer nach eigener Orientierung und Sicherheit. Ihm fehlte in der Weltsicht Knoblochs eine Stütze, die er als inneren Halt zumindest zu dieser Zeit noch dringend brauchte – „und danach suche ich für mich". Anlässlich des Abschieds aus dem Reichsarbeitsdienst resümierte er bezüglich des verehrten RAD-Führers, der ihn in vielen Punkten wohl an Vater Toni erinnerte und daher eine Art „Ersatzvater" dargestellt haben dürfte, schließlich: „Nach dem Zapfenstreich kam noch Knobloch zu uns und verabschiedete sich. Diesem Mann habe ich unendlich viel zu verdanken, und ich werde seine Ideen immer in mir tragen."

Aber nicht nur mit seinem rigorosen NS-Weltbild, sondern auch durch seine markigen, oft unter die Gürtellinie zielenden Sprüche scheint der Unterfeldmeister imponiert zu haben. Einige dieser in ihrer Direktheit erschreckenden und einer Verrohung der jugendlichen Lagerinsassen sicherlich förderlichen Aussagen hielt Günther in seinem Tagebuch fest:

„Zaggisch in den Arsch treten." – „Sie nachgemachter Mensch." – „Sie vom Himmel geschissenes Fragezeichen." – „Ich schlage dich in die Schnauze, dass dir die Zähne sektionsweise aus dem Arsch marschieren." – „Ich spucke dir in den Rachen, dass dir der Sack platzt." – „Du stehst da wie ein christ-katholischer Arschkapuziner!" – „Du in den Arsch gevögelter Franziskanerpater!" – „Ich schleife euch, dass die Füße bis ans Zahnfleisch abnutzen." – „Sie haben wohl eine gute katholische Erziehung genossen, dass Sie so kalt lächelnd lügen können." – „Ihre Ohren sind so sauber wie die Unschuld einer katholischen Jungfrau."

Ihre Wirkung – insbesondere in antikirchlicher Hinsicht – dürften solche permanent wiederholten Äußerungen nicht verfehlt haben. Außerdem bereiteten sie die Heranwachsenden auf den rüden Ton vor, der in den meisten Einheiten der Wehrmacht an der Tagesordnung war.

An die bevorstehende Einberufung dachte Günther in Kamperfehn ebenso häufig wie an seine Zukunft im Allgemeinen. Vorläufig, so vertraute er seinem Tagebuch am 26. Juli an, gefalle es ihm beim Arbeitsdienst „ganz gut". Aber danach? „Ob es mir beim Militär auch so gut gefällt? Dann bleibe ich wahrscheinlich dabei", entwickelte er eine vage Perspektive. Aber auch was seine berufliche Zukunft anging, war Günther auf der Suche: „Was aus mir werden soll, ist mir jetzt noch schleierhaft." An einem allerdings ließ er keinerlei Zweifel aufkommen: „Ich will Großes, Riesengroßes leisten. Aber wie? Beim Militär ist die Möglichkeit, aber ehe ich hier was bin, bin ich alt. Ich will aber früh eine Familie gründen. Das Ganze macht mir oft Kopfzerbrechen. Entweder ich erreiche wirklich etwas oder ich werde eine verkrachte Existenz, oder ich bin mit mir ewig unzufrieden. Ich will aber alles daransetzen, dass ich etwas erreiche. Dazu helfe mir, mein Gott!"

Aufgrund der Entwicklungen an den Fronten kam während des Arbeitsdienstes zunächst jedoch keinerlei Zweifel daran auf, wo die nähere Zukunft liegen würde.

209 / Günther Roos' Entlassungsschein vom Reichsarbeitsdienst in Kamperfehn vom 21. September 1942

„Russland rückt näher", notierte Günther am 5. August und konstatierte zugleich große Veränderungen seiner Persönlichkeit: „Vier Wochen bin ich jetzt hier, und was ist alles in der Zeit geschehen. Aus einem Schuljungen wurde ein halber Soldat, wenn er auch oft an die schöne alte Zeit zurückdenkt." Beigetragen hatte zu dieser in seinen Augen positiven Entwicklung die offizielle Vereidigung vier Tage zuvor. „Der 1.8. bedeutet für mich einen großen Tag, denn heute wurde ich auf meinen Führer vereidigt." Die Feier, so fuhr Günther fort, habe ihn „tief beeindruckt": „Jetzt gehöre ich ganz und allein nur noch dem Führer und Deutschland, meinem Vaterland, für das ich mich einsetzen will."

Die im Arbeitsdienst verfolgten Absichten und die dabei tatsächlich erzielten Erfolge schätze er ebenso wie zuvor bereits sein Bruder sehr realistisch ein. Gustav hatte zu Beginn von Günthers RAD-Zeit an Vater Toni geschrieben, dass er glaube, diese würde seinem kleinen Bruder ebenso „gut tun" wie ihm selbst, „denn der RAD hat mir bestimmt dazu verholfen, die ganzen Strapazen in Russland ohne Wimpernklimpern auszuhalten". Zwei Monate später schrieb dann auch Günther vom Arbeitsdienst als „guter Vorschule für das Militär": „Ich fasse überhaupt den ganzen RAD als Vorschule auf. Die Grundausbildung, der Gewehrdienst, das Marschieren und der Baustellendienst, all das bereitet mich auf den Kommiss vor und stählt mich."

Bei allem Wandel, den Günther Roos während seiner RAD-Zeit durchmachte, blieb ein zentrales Motiv seines Denkens und Handelns doch unverändert: das Streben nach Macht. Dies brachte er am Abend des 25. August, als er „hundemüde" im Bett lag, zu Papier: „Ich habe aber das Bewusstsein, ein gutes Tagewerk verbracht zu haben im Dienst für Deutschland. Ich ahne, dass Deutschland in meinem Leben noch einmal eine Rolle spielen wird, aber nicht aus Idealismus, sondern damit ich zur Macht komme. Macht will ich haben. Ich habe den Wunsch, dass man mich einmal bewundert und fürchtet. Der Weg ist mir noch schleierhaft, aber ich glaube, dass er über das Militär geht, sofern ich noch zum Einsatz komme. Allerdings bin ich mir im Klaren, dass ich etwas wagen, dass ich mein Leben dafür einsetzen muss. Ich will es wagen, denn ich rechne mit dem Lohn, mit der Macht. Gott, helfe mir!"

In diesem Bewusstsein endete Günthers Zeit im Arbeitsdienst. „Es tut mir leid, dass ich hier weg muss", hatte er schon am 6. September geschrieben, und auch, als dann am 24. September die Entlassung unmittelbar bevorstand, zog er ein ausschließlich positives Fazit: „So schloss der RAD, die herrliche Zeit. [...] Denn das war der RAD, wenn er auch bloß drei Monate gedauert hat. Und er war ein sehr schöner Lebensabschnitt!"

Wehrmacht

Kaum nach Brühl zurückgekehrt, musste Günther bereits am 26. September auf dem Wehrbezirkskommando in Köln erscheinen, wo ihm mitgeteilt wurde, dass er voraussichtlich Mitte Oktober eingezogen würde: „Dunnawetta! Wenn ich es mir auch nicht eingestehen will, aber ich habe eine Heidenangst vor dem Kommiss." Diese Ängste galten jedoch keineswegs dem Fronteinsatz als solchem, sondern der zuvor zu absolvierenden Ausbildung, wusste Günther doch, dass er aufgrund seines lockeren Mundwerks und seiner chronischen Unordnung dazu neigte, häufig anzuecken. Aber auch in diesem Punkt legte er Gelassenheit an den Tag: „Na, auch das geht vorüber. Mein Ziel ist, möglichst bald Offizier zu werden."

210 / Exerzierdienst auf dem Kasernenhof während des Reichsarbeitsdienstes in Kamperfehn, Sommer 1942. Günther Roos 2. v. r.

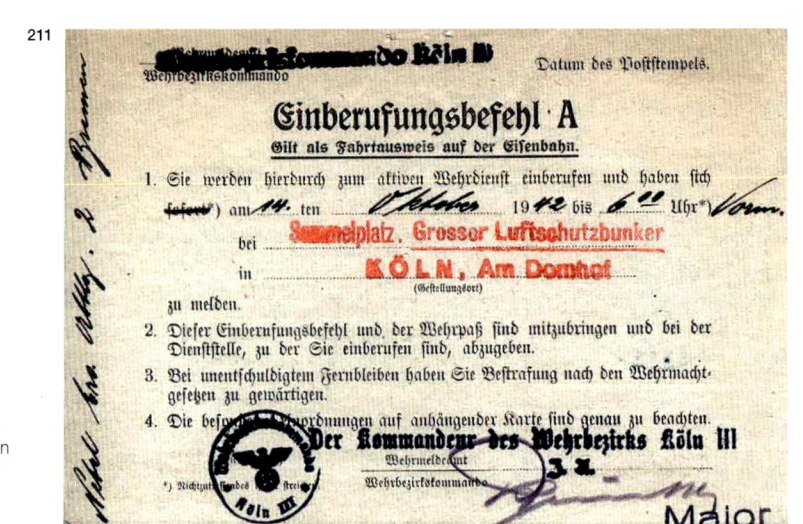

211 / Einberufungsbefehl für Günther Roos zum 14. Oktober 1942

212 / Vor dem Antritt seines Wehrdienstes wurde Günther Roos noch Mitglied der NSDAP. Mitgliedskarte vom 10. November 1942

213 / Die „geheimnisvolle und so wirkungsvolle Waffe", von der Günther Roos seinem Vater in einem Brief berichtete. Zeitgenössische Abbildung, entnommen aus der „Geschichte der Nebeltruppe" von Oberstleutnant a. D. Hans Rielau aus dem Jahr 1965

Die Wartezeit in Brühl nutzte er für einen in seinen Augen so selbstverständlichen wie wichtigen Schritt: „Augenblicklich habe ich auch wieder die HJ-Uniform an, denn heute werde ich in die NSDAP aufgenommen. Dann bin ich Pg [Parteigenosse]. Ich freue mich, dass ich das noch eher wurde, als ich zur Wehrmacht einrücke."

Ungeduldig wartete Günther nun darauf, eingezogen zu werden. Denn wäre er nicht binnen drei Wochen nach Abschluss des Arbeitsdienstes einberufen worden, hätte er, der sich ja nun erwachsen und in vielen Dingen bereits als „alter Hase" fühlte, in die Schule zurückkehren müssen. Als am 8. Oktober dann endlich die Einberufung zum 14. Oktober eintraf, hätten die Stimmungslagen im Hause Roos unterschiedlicher nicht sein können: „So kam es, dass ich, als mir meine Mutter heute früh die Einberufung ans Bett brachte, jubelnd hochsprang und Hurra schrie. Die Freude, nicht mehr in die Schule gehen zu müssen, war größer als das Verständnis für das Leid meiner Mutter, nun auch den letzten Sohn abgeben zu müssen." Elisabeth Roos gab ihren Sorgen in Briefen an den bereits seit acht Monaten ohne Unterbrechung abwesenden Ehemann Toni und an den an der Ostfront stehenden Sohn Gustav deutlichen Ausdruck. „Es ist mir diesmal furchtbar schwergefallen, dass ich Günther weggeben musste", schrieb sie etwa an Gustav, „viel schwerer als beim Arbeitsdienst, denn nun weiß ich, dass er auch jahrelang Soldat sein muss und dass ich jetzt immer allein bin und nun auch Sorge um zwei haben muss." Auch die Truppengattung, zu der ihr jüngerer Sohn eingezogen wurde, bereitete ihr Sorgen, „weil ich nicht weiß, was es ist". „Vielleicht kannst du mir etwas Näheres darüber schreiben, denn du weißt doch sicher, was es ist – Nebeltruppe."

Folgt man seinen Äußerungen im Tagebuch, machte sich Günther selbst in dieser Hinsicht keine Sorgen: „Alea iacta sunt. Habe heute meine Einberufung erhalten. Am 14.10. muss ich nach Bremen zur Nebeltruppe. Also, es geht los. Noch

6 Tage Freiheit und dann bin ich Soldat. Ich werde mich dort einsetzen und voll meine Pflicht erfüllen, um möglichst bald Offizier zu sein. Punkt, Schluss, aus." Dabei betrachtete er, noch immer auf der Suche nach einer beruflichen Perspektive, seine Lage durchaus auch unter sachlich-strategischen Gesichtspunkten. Zwei Tage vor seiner Abfahrt nach Bremen notierte er: „Hier habe ich die beste Möglichkeit, mein Ziel zu erreichen. Denn was soll ich sonst für einen Beruf ergreifen? Das Einzige wäre Architekt. Offen gesagt, verspreche ich mir hiervon nicht viel, denn gute Ideen habe ich selten und andere kopieren? Bei der Wehrmacht kann ich, wo jetzt Krieg ist, schon Hauptmann sein, wenn ich mein Studium gerade beendet habe. Ich werde mir also das Leben beim Militär ansehen und mich dann entscheiden."

Nach dem neuerlichen Abschied aus Brühl fand sich der in dieser Hinsicht im Verlauf des Jahres 1942 ja bereits mit reichlich Routine ausgestattete 18-Jährige schnell in seine neue Situation ein. „Jetzt schreibt der Soldat Günther Roos", heißt es im Tagebuch, „und ich bin stolz darauf." Als ihm am Ende der ersten Wehrmachtswoche sein Gewehr – „die Braut des Soldaten", wie er stolz schrieb – ausgehändigt wurde, war für ihn das Schlimmste bereits überwunden: „Heute vor einer Woche! Ja, jetzt habe ich mich wiedergefunden. Der Dienst macht mir jetzt, wo die Jagerei so langsam losgeht, Spaß. Der Trübsinn ist weg. Gott sei Dank! Ich werde mich anstrengen, dass ich KOB [Kriegsoffiziersbewerber] werde. Ich werde mich schon durchfressen. Die Schleiferei hat ja auch ihren Sinn. Man gewöhnt sich an Strapazen und wird hart. Das kann mir bestimmt nichts schaden. Also, mit frischem Mut ran an den Speck!!" Das fiel Gunther umso leichter, als sein Stubenältester wie er selbst auf eine aktive Zeit in der Hitlerjugend zurückblicken konnte und sogar das goldene „HJ-Leistungsabzeichen" erworben hatte, wie er respektvoll im Tagebuch festhielt. „So habe ich bei ihm eine große Nummer", was dazu führte, dass er Günther zu seinem Stellvertreter ernannte: „Ich habe also die besten Voraussetzungen, meine Ziele zu erreichen."

Ein besonders wichtiger Tag war für ihn der 26. Oktober, in seinen Worten „der höchste Feiertag in meiner Soldatenlaufbahn, nämlich die Vereidigung auf meinen Führer". Stolz legte Günther die Eidesformel in seinem Tagebuch nieder: „Ich schwöre bei Gott diesen heiligen Eid, dass ich dem Führer des deutschen Reiches und Volkes, dem obersten Befehlshaber der Wehrmacht, Adolf Hitler, unbedingten Gehorsam leisten, und als tapferer Soldat jeder Zeit bereit sein will, für diesen Eid mein Leben einzusetzen." Das war für ihn nicht nur leicht dahingesagt, sondern er empfand diesen Akt – wie bereits bei der Vereidigung im Reichsarbeitsdienst drei Monate zuvor – als absolute und unauflösbare Verpflichtung: „Er bindet mich für mein Leben", fasste er die Gefühle zusammen, die ihn bei der „wirklich ergreifenden" Zeremonie überkamen: „Deutschland, Führer, nun gehöre ich ganz euch, euch allein fürs ganze Leben!"

In den Tagen und Wochen danach richtete sich Günther Roos in seinem neuen Leben ein, das ihm immer besser gefiel. „Jetzt, wo die Geländeausbildung und die Spezialausbildung an den geheimnisvollen Werfern beginnen, macht es erst recht Spaß. Du ahnst gar nicht, was es für ein Gefühl ist, an dieser neuen, geheimnisvollen und so wirkungsvollen Waffe zu dienen", schrieb er an seinen Vater. Zugleich legte er ein eigenes – leider nicht erhaltenes – „Zapfenstreichbuch" an, in dem er seine Gedanken niederlegen wollte. Hierzu zählte nach wie vor die Suche nach „seinem Gott", über die er am 6. November auch im Tagebuch „kurz meine Meinung" äußerte: „Damals im RAD schrieb ich, dass ich meinem persönlichen Gott mich verpflichtet fühle." Offenbar hatte sich in diesem Punkt durch den Eintritt in die Wehrmacht und insbesondere

213
15 cm Nebelwerfer 41
in Feuerstellung

durch den Eid auf „seinen Führer" Grundlegendes verändert: „Dass es einen Gott gibt, bleibt bestehen. Jedoch bin ich nur noch Deutschland verantwortlich. Ob dieser Gott das Gleiche will, oder ob er Deutschland ist, ist mir gleichgültig. Es gibt aber äußere Umstände, eine Macht, die die Dinge herbeiführt, die ich nicht erwartet habe und die alles umwerfen. An die gleiche Macht kann ich mich aber auch in der Stunde der größten Not um Hilfe wenden, wenn ich aus eigener Kraft nicht mehr weiterkann. Diese Macht ist für mich Gott." Offenbar war sich Günther bewusst, wie diffus sein diesbezügliches Gedankengebäude, in dem er so weit ging, „Deutschland" mit „Gott" gleichzusetzen, noch immer war. „Wie lange ich an dieser Weltanschauung hänge", notierte er daher folgerichtig, wisse er noch nicht, „da ich immer noch suche". Sein politisches Weltbild und seine tiefe Verhaftung in der NS-Ideologie blieben von solchem Tasten und Zweifeln aber völlig unbehelligt. „Eines aber wird bestehen bleiben: Mein Kampf wider die katholische Kirche und der Glaube an Deutschland!"

In jedem Fall fühlte sich Günther Roos nun auch endgültig erwachsen, und neben Führergläubigkeit, nationalem Bewusstsein und Gottessuche war sein Denken vorrangig von Erwägungen über seine berufliche Zukunft bestimmt. „Nun will ich mal über meine Zukunft schreiben", notierte er am 5. November. Kriegsoffiziersbewerber wollte er nach wie vor „auf jeden Fall" werden. Alles andere war aber noch völlig offen. „Dann heißt es abwarten. Architekt oder Offizier? Scheiße ist beides. Es fragt sich nur, ob mein Idealismus für Deutschland erhalten bleibt oder ob ich das Zivilleben vorziehe." Unabhängig von solchen Fragen hatte in seinen Augen ein neuer Lebensabschnitt begonnen: „Das steht aber fest: Das gemütliche und sorgenlose Leben ist vorüber. Arbeit und Sorge stehen vor mir. Das ist zwar traurig, aber wahr. Nie kehrst du wieder, schöne Zeit, so frei und ungebunden!"

Der Tod des Bruders

Am 24. November tätigte Günther Roos einen irritierend-widersprüchlichen Tagebucheintrag: Einerseits betonte er, wie „prima" es ihm bei seiner Einheit gefalle und dass er glaube, „dass der Kommiss für mich meine Lebensaufgabe" darstelle. Andererseits berichtete er im gleichen Eintrag darüber, dass etwas „Schreckliches" passiert sei: Rudi, der ihm wohlgesinnte Stubenälteste, hatte nämlich seine Abordnung an die Ostfront bekommen. Allein diese beiden Mitteilungen sind ein vielsagender Beleg für die Lage, in der sich Günther und viele andere Altersgenossen befunden haben dürften. Man hatte gelernt, ohne kritische Nachfragen an „Führer, Volk und Vaterland" und natürlich an den deutschen Sieg zu glauben, wusste aber zugleich, was es bedeutete, als Soldat den Weg nach Osten antreten zu müssen.

Gerade Günther war über die zusehends aussichtslose Lage an der Ostfront durch die Briefe seines Bruders recht gut informiert, aber dennoch nicht in der Lage, hieraus die – aus heutiger Sicht – logischen Schlussfolgerungen zu ziehen. Der Sieg war ihm nach wie vor gewiss, weil „Deutschland" eben siegen musste. Vor allem ging es bei den meisten Soldaten seines Alters aber um eines: Pflichterfüllung. Selbst der desillusionierte und von Aufstiegsambitionen weitgehend freie Gustav schrieb hierzu, als ihm von seinem Vorgesetzten die Bewerbung als Offiziersanwärter nahegelegt wurde: „Ich habe mich deshalb dafür entschieden, weil es meine Pflicht ist, so viel zu geben und so viel zu werden, wie mir möglich ist." Außerdem riet ihm gerade der weitaus ambitioniertere Bruder Günther zu diesem Schritt, den Gustav dann tätigte, obwohl ihm die damit verknüpfte akute Lebensgefahr klar vor Augen stand.

In der Nacht vom 29. zum 30. Oktober kehrte Gustav dann von einem Einsatz an der vordersten Front nicht mehr zurück. „Er war erst wenige Tage in der Kompanie, aber wir haben unseren Kameraden doch lieben und schätzen ge-

Aus den Briefen von und an Gustav Roos

28. August 1942 an Bruder Günther: „Am 16. morgens in strömendem Regen zum Angriff an[getreten]. 3 Tage dauerte dieser Einsatz, ein harter Kampf um ein einziges, kleines Dorf. […] Der Russe hat gewaltige Verluste an Menschen und Material gehabt. Aber auch wir hatten nicht unerhebliche Ausfälle.

> Am 1. Angriffstag verloren wir innerhalb 24 Stunden 50% unserer Leute. Daraus magst Du ersehen, wie hart die Kämpfe waren.

Wir liegen im Abschnitt Wjasma-Rschew, das sagt ja auch einiges. Unser Rgt. wurde nach den ersten Tagen wieder einmal im Wehrmachtsbericht erwähnt. […] Trotz allem geht es mir noch immer ausgezeichnet. Uns kann eben gar keener, och nich eener!! Und wenn ich mich auch so nach allem sehne, was ich heute missen muss, ich möchte jetzt nicht hier heraus und bin stolz darauf, hier stehen zu dürfen! Und nach solchen Tagen, sie waren bestimmt die härtesten und schwersten meines Lebens, da weißt Du erst, was überhaupt Leben ist, und das ganze Leben ist hier so einfach und unkompliziert. Aber wie gesagt nur nach dem Kampf, im Dreck drin hört man nur ‚Scheiße' und unheimliches Fluchen! […] Mutter habe ich natürlich nur andeutungsweise von dem Ganzen erzählt."

3. September 1942 an Bruder Günther: „Nun ist die Lage hier ziemlich beschissen. Mit der Bewegungsfreiheit ist es nun fast ganz aus. Aber auch sonst, wir müssen täglich mit Angriffen rechnen. Der Russe hat das günstigere Gelände, er sitzt über uns und sieht uns tadellos ein. Dazu sind wir sehr schwach und haben trotzdem ein sehr großes Gebiet zu verteidigen. Ein Trost ist es, dass wir einen netten Haufen schwerer Waffen im Rücken haben."

22. September 1942 an Bruder Günther: „Lieber Günther! Du Glücklicher! Du kannst einmal wieder in dem herrlichen, märchenhaften Zivil rumrennen. Ich beneide Dich!"

15. Oktober 1942 an Vater Toni: „Im Übrigen ist meine O.-A.-Sache [Offiziersanwärter] nun spruchreif geworden. Vorgestern haute mich der Chef deswegen an. Bis morgen soll ich mich nun entschieden haben, ob ich Offizier werden will oder nicht. Ich will natürlich. Und selbst wenn ich nicht wollen wollte, müsste ich müssen. Der Knabe hat mir die Sache nämlich so serviert, dass von vorneherein ein ‚Nein' unmöglich war. Er hat an meine Ehre, Ehrgeiz, Pflichtgefühl als Soldat und Student appelliert. Na, und was kannst Du dagegen machen? Wie gesagt, die Folgen sind mir arschklar. Wahrscheinlich werde ich eine Gruppe in der Schützenkompanie übernehmen müssen und nach einiger Zeit dann irgendwohin zur Kriegsschule kommen. Schützenkompanie ist ja nicht gerade mein Ideal. Viele Annehmlichkeiten und Vorteile fallen da natürlich flach, die ich hier noch habe, ganz abgesehen davon, dass die Aussicht, angetötet zu werden, sich um einige Prozent erhöht. Aber das sind ja letzten Endes kleine Fische! Glück muss der Mensch haben! Wenn's gut geht, werde ich schnell befördert, und wenn die Möglichkeit besteht, werde ich Nachrichtenoffizier."

25. Oktober 1942 an Vater Toni: „Einige Tage vor meiner Reise nach Wjasma stellte mir mein Chef die Frage: Wollen sie Offizier werden oder nicht? Klare Entscheidung innerhalb 3 Tagen. Ich habe mir die Sache reiflichst überlegt, entschied mich aber trotz aller Nachteile zu einem Ja. Ich wusste ganz genau, dass ich mein verhältnismäßig bequemes Leben beim Stabe eintauschen musste gegen das Leben des Schützen Arsch vom linken Flügel in der Kompanie, dass die Luft vorne bedeutend eisenhaltiger ist und dass Du und Mutter Euch mehr Sorgen um mich macht. Ich möchte aber betonen, dass ich es nicht wegen der silbernen Schulterstücke und einer schöneren Uniform wegen getan habe, denn auch mir ist letzten Endes ein lebender Gefreiter lieber als ein toter Leutnant. Ich habe mich deshalb dafür entschieden, weil es meine Pflicht ist, so viel zu geben und so viel zu werden, wie mir möglich ist. Ohne größenwahnsinnig zu werden, bin ich der Ansicht, dass ein Student auch verpflichtet ist zu führen! Nebenbei hat Günther dieselbe Meinung und auch dadurch in gewisser Beziehung auf mich eingewirkt. Ich bin nun Offiziersanwärter und kam am 23.10. zu unserer 2. Kompanie. Vorläufig, bis ich mich eingearbeitet habe, bin ich nun stellvertretender Gruppenführer, in kurzer Zeit hoffe ich dann, selbst eine Gruppe übernehmen zu können und befördert zu werden! 8 Wochen Bewährung als Gruppenführer muss ich hinter mir haben, bevor ich zur Kriegsschule kommen kann. Vielleicht habe ich das Glück und komme zum nächsten Lehrgang (Januar-Februar) schon ins Reich. Wollen wir das Beste hoffen!"

25. Oktober 1942 an Mutter Elisabeth: „Am Tage knallen wir eifrig mit Zielfernrohrgewehr auf jeden Russen, der sich sehn lässt; ein todsicheres Verfahren!"

9. November 1942 von Mutter Elisabeth an Gustav: „Du kannst dir ja denken, dass Dein Brief mich zuerst erschüttert hat, denn als ich von Köln nach Hause fuhr, dachte ich nur, hoffentlich ist jetzt ein Brief von Gustav da. Und richtig, es lag ein Brief da, aber Du kannst Dir ja denken, wie mir wurde, als ich las, dass Du zur Kompanie versetzt bist, ich war so froh, dass Du beim Stab an der Vermittlung warst. Aber ich kann Dich voll und ganz verstehen, dass Du Dich entschlossen hast, Offizier zu werden, es war recht so, wie Du es gemacht hast, als Student musst Du Offizier werden. Ich habe nur nicht gedacht, dass Du zuerst noch an der Front eine Gruppe führen musst, ich dachte, Du würdest dann sofort ins Reich kommen auf die Kriegsschule. Dass ich mir jetzt mehr Sorge mache, ist ja klar, aber wo Du schon so lange an der Front warst, hast Du ja auch Deine Erfahrungen gesammelt, und wollen wir hoffen, dass Du auch weiter Glück hast, ich werde viel für Dich beten."

lernt und bedauern, ihn schon nach so kurzer Zeit verloren zu haben", schrieb der ihm vorgesetzte Offizier am 4. November an Familie Roos, um dann mit der üblichen Floskel zu enden: „Möge die Gewissheit, dass Ihr Sohn sein Leben für die Größe und den Bestand von Volk, Führer und Reich eingesetzt hat, Ihnen ein Trost in der Ungewissheit und dem schweren Leid sein, das Sie betroffen hat."

Es dauerte bis zum 28. November, bis Günther Nachricht von dem für ihn unvorstellbaren Ereignis erhielt: „Am Donnerstag bekam ich das Namenstagpaket mit einem Brief von Mutter, der das Schlimmste vermuten ließ. Habe nach Hause depeschiert, was los sei, und erhalte als Antwort: Gustav vermisst. Ich kann es noch nicht glauben. Gustav soll nicht mehr leben? Kann es nicht glauben, denn ehrlich gesagt, ich hoffe, aber ich glaube nicht daran, dass er noch lebt. Mein Gott, führe ihn wieder heim. Mehr kann ich nicht, als Gott zu bitten. Heute war ich draußen. In der Anlage an der Kaserne habe ich laut geheult. Richtig lachen kann ich nicht mehr und muss immer an Gustav denken. Gustav vermisst. Herr, führe ihn heim."

Am nächsten Tag war die Verzweiflung, die ihn ergriffen hatte, eher noch gewachsen: „Gustav! Was ist mit ihm geschehen? Gustav! Er sollte nicht mehr sein? Unmöglich! Wie habe ich mich immer mit ihm verstanden! Wie hat er mich ergänzt! Das weiß ich. Er hat mich entwickelt. Meine ganze Weltanschauung habe ich nur ihm zu verdanken. Der soll nicht mehr sein? Der soll nicht mehr sein, der meine Anschauungen kritisierte und mich auf den rechten Weg brachte? Unmöglich. Die herrlichen Stunden zu Hause, wenn wir disputierten, sollen nicht mehr wiederkommen? Vorbei? Nein!! Das darf nicht sein!!! Gustav muss leben! Er muss!! Und Mutter! Wie muss sie leiden. Hier muss und kann ich noch handeln. Für sie gibt es ein Mittel: der Christengott. Ihr kann er helfen. Sie darin zu festigen, ist jetzt meine Aufgabe, dass sie gut diesen Schicksalsschlag überwindet. Mir aber wird Gustav ewig vorschweben, göttergleich.

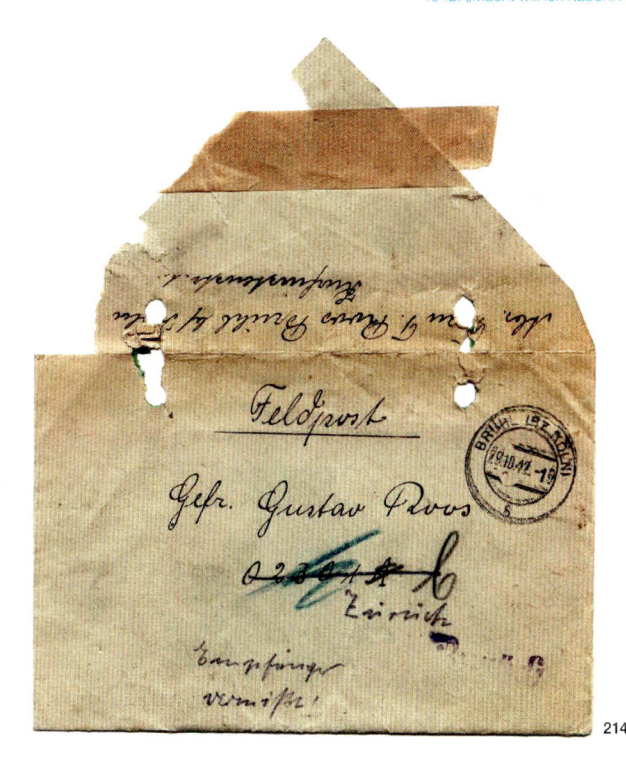

Und so will ich leben, dass ich mich immer frage: Kannst du das deinem Bruder gegenüber verantworten? Sein Kampf, denn tot darf er nicht und wird er für mich nie sein, soll in meinem Leben fortgesetzt werden. In meinem Leben für Deutschland, für das sich Gustav einsetzte. Deutschland – Gustav!"

Tatsächlich schrieb Günther umgehend an seine Mutter, um sie zu trösten und ihr Kraft zu geben. „Rege Dich nicht auf, denn ich habe heute die Gewissheit, dass Gustav noch lebt und dass ich ihn wiedersehen werde", teilt er ihr mit und gab ihr den Rat, „Zerstreuung" zu suchen: „Immer heraus aus der engen Wohnung und nie alleine bleiben. Ziehe zur Oma und reise zur Tante Agnes, nur bleibe nicht alleine! Und bete! Du kannst es noch. Darum bitte Gott. Er wird Dir bestimmt helfen. Du musst ihm nur das Vertrauen schenken und fest daran glauben. Dass er Dir hilft und Dir Gustav wiederbringt."

Zugleich aber zog Günther Schlüsse aus dem Verlust des Bruders, die seine Mutter kaum getröstet, sondern zusätzlich beunruhigt haben dürften: „Aber glaube nicht, dass ich das Leben beim

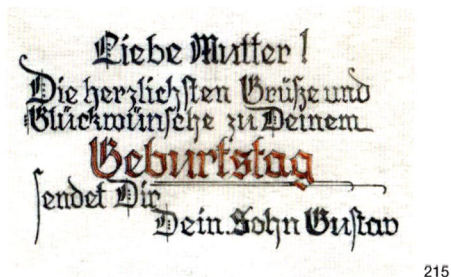

214/ „Zurück – Empfänger vermisst": Am 29. Oktober 1942, als Elisabeth Roos diesen Brief abschickte, machte sich ihr Sohn Gustav auf den Weg zu einem Einsatz, von dem er nicht zurückkehrte.

215/ Ein letzter Glückwunsch von Gustav an seine Mutter, Oktober 1942

Militär jetzt leid sei. Im Gegenteil, ich gehe vollkommen im Dienst auf. Ich glaube, ich passe nicht mehr ins Zivilleben hinein. Würde mich am liebsten heute am Tage verpflichten, und jetzt erst recht. Ich fühle mich Gustav gegenüber verpflichtet. Er stellte sich Deutschland ganz zu Verfügung, und soll ich hinter ihm zurückstehen? Neujahr 1939/40 versprachen wir uns, immer zusammenzuhalten, komme, was mag. So wollte ich auch Architekt werden, weil er es wurde. Jetzt weiß ich aber, dass er mir nur vorlebte, Soldat zu sein. Ich warte jetzt nur noch auf die Stunde, wo er mir seine Erfahrungen und Erlebnisse erzählen kann, um mich dann endgültig zu entscheiden." Am 6. Dezember ergänzte Günther in einem weiteren Brief an die Mutter: „Gustav ist mit seinem bedingungslosen Einsatz ewig mein Vorbild."

Der Verlust des Bruders und die anschließende Reaktion der Eltern stürzten Günther zugleich in eine tiefe Sinnkrise. Ohne ihn darüber zu informieren, hatte Toni Roos am 2. Dezember beim Wehrbezirkskommando in Köln den Antrag gestellt, seinen jüngeren Sohn aufgrund des Todes von Gustav „aus der kämpfenden Truppe" zurückzuziehen. Gleichzeitig riet er Günther selbst in einem Brief „dringend" vom Offiziersberuf ab, „indem er mir einmal den Offizier mit seiner Subordination dem freien Architekten gegenüberhielt". Zudem erinnerte der Vater seinen Sohn „an die Pflicht, als letzter Roos das Blut zu erhalten" und appellierte damit auch an dessen nationalsozialistisch geprägtes Bewusstsein: „Die heilige Verpflichtung meinem Blut gegenüber ist mir als Nationalsozialist mehr als einleuchtend, denn der Soldat ist jederzeit gefährdet." In seinem Tagebucheintrag vom 9. Dezember zeigte sich Günther zunächst ratlos: „Er [der Vater] wühlt hierdurch wieder alte Fragen und Zweifel in mir auf, die mich schon immer plagen. Was soll ich machen?" Zu diesem Zeitpunkt glaubte Günther nämlich nach wie vor nicht, ein guter Architekt werden zu können: „Mir fehlt das Schöpferische, das Gustav hatte." Im Offiziersberuf hingegen sah er die Möglichkeit, seinem „Idealismus" und seiner „fixen Idee" gerecht zu werden: „Ich will nun einmal später etwas Großes werden und Menschen erziehen." Hierin erblickte Günther zu diesem Zeitpunkt noch „eine schöne und lohnende Aufgabe". Noch also überwog, wie er hinsichtlich der im Tagebuch an den Tag gelegten „absoluten Offenheit" betonte, sein „verfluchter Idealismus und Machthunger". „Ich muss mir die Sache aber genau überlegen und nichts überstürzen."

Obwohl er auch in den folgenden Tagen weiterhin keinen Zweifel daran ließ, „Großes leisten und dabei Großes werden" zu wollen, nagten der nun wahrscheinlicher gewordene Tod Gustavs und die Einwände der Eltern so stark an ihm, dass er sich bereits am 18. Dezember grundlegend umorientiert hatte: „Heute drängt es mich dazu, hier zu schreiben, denn alles ist in mir umgeworfen. Ja, den berufsmäßigen Offizier habe ich aufgegeben, und der Architekt ist zum ersten Mal vor mir erstanden. Gestern Morgen kam es mir wie eine Erleuchtung, dass ich meinen Beruf erkannte. Ich glaube, dass mein Fehler in den bisherigen Überlegungen darin lag, dass ich den Offizier im Krieg und nicht im Frieden sah. Jetzt habe ich den einen Wunsch, nur zu schaffen, zu zeichnen, zu arbeiten, zu studieren. Herrgott, wie muss das schön sein!!! Hoffentlich bleibt dieser Entschluss endgültig. Bauen, schöpfen, Neues in die Welt setzen. Gustavs Erbe fortsetzen!"

Und einen Tag später hieß es: „Ich komme noch nicht über den plötzlichen Wandel in mir [hinweg]. Am Sonntag glaubte ich noch, zum Architekten nicht zu taugen, und jetzt drängt mich alles zu diesem Beruf. Zum ersten Mal ist mir die Zukunft hell, wo ich jetzt weiß, was ich werden will, und mit Begeisterung an den zukünftigen Beruf denke. Herrgott, muss das Studium schön sein. Lernen und später schaffen! Neues bilden!! Ich platze noch!!!"

Trotz solcher plötzlichen Euphorie nahm das so ereignisreiche Jahr 1942 für Günther ein trauriges Ende. Kurz vor Weihnachten bilanzierte er: „Armer, armer Bruder. Wie vermisse ich dich. Wie vermisse ich den fruchtbaren Briefwechsel, der mir immer so viel gab. Wen habe ich jetzt noch, der mich versteht, mit dem ich mich aussprechen kann? Keinen mehr. Keinen habe ich mehr, der mich bilden kann. Wie leer ist es jetzt um mich. Einsam war ich immer, aber jetzt liegt eine Wand um mich. Und so will ich ein anderer werden. Einsam, wie ich bin, will ich bleiben und als anständiger einsamer Mensch ein Leben für Deutschland und meinen Beruf, den Architekten, leben. Es lebe die Zukunft."

In dieser Stimmungslage erschien Günther erstmals auch das Leben beim Militär abstoßend und wenig erstrebenswert. „Weihnachten! Weihnachten beim Militär!", notierte er am 1. Weihnachtstag. „Eine größere Enttäuschung konnte es wohl beim besten Willen nicht geben. Gestern, auf Heiligabend, war eine Feier der Batterie, o weh! Es war eine Schande und grenzte an Kulturbolschewismus. Es wurde gesoffen, gegrölt und geschunkelt. Die Darbietungen appellierten an das Sexualleben der Muskoten und das Ganze nannte sich Weihnachtsfeier auf Heiligabend. Alles, mit Ausnahme einiger Geigensolos, passte zu Weihnachten wie die Faust aufs Auge. Von Weihnachtsstimmung absolut keine Spur. Komme mir nur keiner mehr mit Weihnachten beim Kommiss." Was ihm zum Jahresausklang blieb, war die Vorfreude auf den Heimaturlaub, den er dann am 29. Dezember antrat. „Vier Tage zu Hause. Das muss doch einfach herrlich sein. Hoffentlich kommt auch Vater. Dann wäre ja alles in Ordnung. Also: auf einen schönen Urlaub!"

Die Tagebucheinträge zum Jahresende zeigen also einen aufgrund des Verlusts des Bruders erstmals nachdenklichen Günther Roos. Diese Momentaufnahme darf aber nicht darüber hinwegtäuschen, dass er sich im Lauf des Jahres 1942 von einem zwar ambitionierten, in Teilen aber noch kindhaften Jungvolkführer zu einem machthungrigen und überzeugten Nationalsozialisten entwickelt hatte, der bereit war, jedes sich ihm in den Weg stellende Hindernis skrupellos zu beseitigen.

In mehreren Etappen hatte er einen Prozess körperlicher, insbesondere aber auch ideologischer Abrichtung durchlaufen, die ihn zu dem werden ließen, der er Ende 1942 war: ein antiklerikaler und rassistischer Fanatiker. Angefangen mit der als Skikurs getarnten einwöchigen Wehrertüchtigung mit der Schule im Februar in Elsenborn über das stark prägende, weil ideologisch hoch aufgeladene dreiwöchige Reichsausbildungslager der SS in Germeter und den auf drei Monate verkürzten Arbeitsdienst mit seiner ebenfalls massiv antikirchlichen Ausrichtung bis zum Eintritt in die Wehrmacht: In einem Jahr hatte er all jene Stationen durchlaufen, die das NS-Regime im Idealfall zur militärischen Ausbildung und politischen Indoktrination für Jugendliche vorgesehen hatte. Aus dem „Pimpf" war innerhalb weniger Monate der propagierte „wehrhafte deutsche Mann" geworden: körperlich trainiert, an der Waffe und im Geländedienst ausgebildet sowie bedingungslos führertreu, gehorsam und vom Nationalsozialismus überzeugt.

216 / Ausschnitt aus dem *Illustrierten Beobachter*, 1935

„Als Soldat gehöre ich nur noch meinem Führer!"

Tagebucheintrag von Günther Roos
4. April 1943

1943

Im Verlauf des Jahres gewannen die Alliierten an allen Fronten die Oberhand und führten ihre 1942 begonnenen Offensiven gegen die von der NS-Propaganda nun so bezeichnete „Festung Europa" zu einem erfolgreichen Abschluss: Anfang Februar kapitulierte die 6. deutsche Armee in Stalingrad, am 13. Mai ergab sich die deutsch-italienische Heeresgruppe Afrika. Und als die Wehrmacht Anfang Juni letztmals versuchte, die Initiative an der Ostfront zurückzugewinnen, musste sie ihre Offensive bereits am 13. Juli wieder abbrechen.

Nachdem drei Tage zuvor die Alliierten auf Sizilien gelandet waren, wurde der italienische Ministerpräsident Mussolini am 25. Juli entlassen; sein Nachfolger Pietro Badoglio unterzeichnete am 3. September einen Waffenstillstand mit den Westalliierten, die noch am gleichen Tag auf dem Festland landeten. Die Wehrmacht besetzte daraufhin umgehend große Teile Italiens, wodurch eine neue Front entstand. Auch der Seekrieg erlebte im Frühjahr eine radikale Wende, als die deutsche Marine am 24. Mai nach hohen Verlusten an U-Booten die Bekämpfung alliierter Geleitzüge im Nordatlantik abbrach.

Zur gleichen Zeit nahm die Intensität der alliierten Luftangriffe zu, die nicht zuletzt wegen des völligen Fehlens einer wirkungsvollen deutschen Abwehr ein bis dahin ungeahntes Ausmaß der Zerstörung verursachten.

Im Jahresverlauf fielen mehr als 200000 Tonnen Bomben auf das Reichsgebiet und damit rund viermal mehr als 1942. Zu den besonders schwer betroffenen Regionen zählten das Rheinland und das Ruhrgebiet („Battle of the Ruhr"), aber auch Hamburg und andere Hafenstädte sowie Berlin wurden zunehmend zum Ziel alliierter Bombardements. Für die deutsche Bevölkerung brachte der Krieg zudem immer neue und größere Einschränkungen, weil das NS-Regime rigoros versuchte, sämtliche menschlichen, materiellen und moralischen Reserven für die Fronten verfügbar zu machen. Den öffentlich wirkungsvollsten Ausdruck fand dieses Bestreben in der Rede, die Propagandaminister Joseph Goebbels am 18. Februar im Berliner Sportpalast hielt und in der er – unter dem tosenden Beifall des geladenen Publikums – den „totalen Krieg" verkündete.

Da wegen immer neuer Einberufungen zur Wehrmacht immer weniger Mannschaften für die Flugabwehr bereitstanden, wurde am 26. Januar die Verordnung zur „Heranziehung von Schülern zum Kriegshilfseinsatz der deutschen Jugend in der Luftwaffe" erlassen, nach der zunächst Gymnasiasten des Geburtsjahrgangs 1926, später auch der Jahrgänge 1927 und 1928 als uniformierte Hilfskräfte in Flakstellungen eingesetzt werden konnten. Viele der Luftwaffenhelfer kamen bei ihren Einsätzen ums Leben.

Nach dem in vielerlei Hinsicht bewegten Jahr 1942 verlief Günther Roos' Leben ab 1943 zunächst in weitaus ruhigeren Bahnen – soweit ein solcher Begriff angesichts der sich zuspitzenden Lage auf den immer zahlreicher werdenden Kriegsschauplätzen überhaupt erlaubt ist. Er richtete sich jedenfalls im unabänderlichen Soldatenleben ein – und fühlte sich wohl dabei.

Seine Ende 1942 gereifte Entscheidung, die berufliche Zukunft nicht bei der Wehrmacht, sondern in einem Zivilberuf zu sehen, stellte Günther in den ersten Monaten des neuen Jahres zwar noch einige Male auf den inneren Prüfstand, hielt letztlich aber an ihr fest. „Allerdings habe ich es endgültig aufgegeben, aktiv zu bleiben. Das Ziel ist Architekt", bekräftigte er seinen nunmehr eingeschlagenen Weg beispielsweise am 30. Januar und wich trotz mehrfacher Angebote und Werbeversuche von Vorgesetzten bis zum Kriegsende nicht mehr von ihm ab. „Ich warte jetzt nur noch auf den Tag, wo ich entlassen werde und studieren kann. Studieren, Ideen haben, sie zu Papier bringen und dann sehen, wie sie aus dem Chaos Form annehmen. Herrlich. Hoffentlich kann ich bald schaffen."

Das hieß aber nicht gleichzeitig, dass er nun plötzlich von allen früheren Ambitionen abgelassen hätte oder gar auf innere Distanz zum NS-Regime gegangen wäre. Seine modifizierte Sicht der Dinge brachte Günther Roos Anfang April auf den Punkt, als er im Tagebuch notierte: „Habe mir dann meine alten Tagebücher angesehen. Herrgott, war das eine Zeit. Interessant war im Jahr 1942 mein Machthunger. Als ich das RAD-Tagebuch las, war ich erschüttert. Welches Gottvertrauen hatte ich damals und wie steht es heute? Keine Stunde habe ich mehr an ihn, meinen Gott, gedacht. Kam es daher, dass mir die Zeit fehlte? Ich tat meine Pflicht meinem Vaterlande, Deutschland. Das ist Gottesdienst. Wenn ich ihm meine Pflicht tue, ist auch meine Pflicht Gott gegenüber erfüllt. Als Soldat gehöre ich eben nur noch meinem Führer."

Sprachrohr der NS-Propaganda

„Sein Führer", auf den er den Eid geleistet hatte, und „Deutschland", wie es von den NS-Ideologen definiert wurde, waren und blieben demnach Günthers unangetastete Leitwerte, denen er alles andere unterordnete und die sein Denken und Handeln bis zum Ende des Krieges bestimmen sollten.

Deutlich wurde dies bereits, als er nach seinem kurzen „Heimaturlaub" zur Jahreswende 1942/43 wieder zur Truppe zurückgekehrt war. Erst jetzt, so bemerkte er nach den beschaulichen und bequemen Tagen in der elterlichen Wohnung sarkastisch, merke man, „wie schön es bei der Wehrmacht" sei. Aber die

217/ Günther Roos im Januar 1943 auf dem Truppenübungsplatz Munsterlager in der Lüneburger Heide

218/ Schießübungen auf dem Truppenübungsplatz Munsterlager. Günther Roos war begeistert von der Wirkung der neuen Nebelwerfer. Am 21. Januar 1943 notierte er: „Donnerwetter, das ist was! Wie eine Weltraumrakete zwitschern die Dinger mit langem Feuerschwänz und viel Geheule los. Ich war einfach platt. Das ist eine Waffe! Ich bin, kurz gesagt, gebügelt."

mehrgliedrige Wehrertüchtigung des Vorjahres und die ersten drei Monate bei der Wehrmacht hatten ihn schon zu einem gleichmütigen „Landser" werden lassen: „Gott sei Dank bin ich etwas gefühllos, sodass ich mich ohne viel Lamento wieder in das Leben eingefunden habe."

Trotz des Verzichts auf eine Laufbahn als Berufsoffizier blieb Günther durchaus aufstiegsorientiert und meldete sich zum Jahresbeginn als „ROB", als Reserveoffiziersbewerber für nicht aktive Soldaten an. „Also auf ins feindliche Leben", kommentierte er diesen Schritt, um im nächsten Satz mitzuteilen, dass man durch einen Überläufer Nachricht über das Schicksal seines Bruders bekommen habe. Demnach sei er in einem russischen Lazarett an einer Kopfverletzung gestorben. „Armer Gustav. Arme, arme Eltern. Welche Opfer bringt ihr für Deutschland", lautete Günthers bereits formelhaft erstarrt wirkender Kommentar hierzu. Für seinen weiteren Weg war dieser kurze Eintrag aber bezeichnend: Gehorsamer und engagierter Soldat und ROB ohne überbordende Erwartungen, zugleich weiterhin überzeugter und gläubiger Nationalsozialist, der Adolf Hitler zutiefst vertraute. Inwieweit eine solche im Kern unerschütterliche Einstellung direkte Folge der langjährigen Indoktrination und insbesondere der mehrstufigen Wehrerziehung des Jahres 1942 war, muss zwar letztlich offen bleiben, doch die von der NS-Propaganda intendierten Effekte dürften bei Günther voll zum Tragen gekommen sein.

Am 31. Januar wurde er überraschend schnell zum ROB-Lehrgang nach Celle abkommandiert: „Also, ich hätte es geschafft. Was ich schon immer gewünscht habe und was mein Ziel war, ist einen Schritt näher gerückt." Zwar klagte er anschließend über den „sturen Rekrutendienst", doch blieb er vom „Kommiss" begeistert. Auch die dramatische, eine Wende im Kriegsverlauf einleitende deutsche Niederlage von Stalingrad Anfang Februar änderte daran nichts, sondern motivierte Günther eher, als dass sie ihn geängstigt hätte. Er gestand am 8. Februar zwar ein, dass die Vernichtung der 6. Armee auch für ihn einen „harten Schlag" darstelle, schlussfolgerte daraus aber, dass das Leben mit ihm offenbar noch „viel vorhabe". „Ich muss schon sagen: Das Leben ist so schön!", kommentierte er bereits drei Tage später nach einem „herrlichen Marsch" durch Celle. „Ein Gesang und eine Richtung und Haltung, die einfach toll ist, da jeder mit Herz und Seele dabei ist. Dann gehen die Fenster auf und der Kalk rieselt von den Wänden und das Volk bleibt stehen, wenn die ROBs kommen." – Das erinnert stark an Günthers Gefühl, als er voller Stolz auf „Führer und Vaterland" als Fähnleinführer vor seiner Jungvolkeinheit durch Brühl marschiert war.

Auch als die Lehrgangsteilnehmer am 15. Februar zu einem Skikurs in den Harz aufbrachen, empfand Günther das als

219 / Ab dem 31. Januar 1943 Günthers neue Unterkunft: die Seekt-Kaserne in Celle

„toll", und nach einer Skitour durch den tief verschneiten Wald schrieb er drei Tage später voller Inbrunst und Überzeugung: „Das ist Gottesdienst. Deutschland, du bist es wert, dass für dich gekämpft wird. Und wie wird augenblicklich gekämpft! In Russland ist etwas los. Wir gehen zurück. Der deutsche Soldat muss zurück. Hoffentlich hält nur die Heimat aus, denn wir Soldaten halten zum Führer, fanatisch bis zum Tod. Es lebe Deutschland, für das Gustav schon gekämpft hat!"

Als seine geliebte Oma Christina fünf Tage später starb, war das für ihren Enkel Günther zwar ein „schwerer Schlag", der „zentnerschwer" auf ihm lastete, doch war er mittlerweile so tief von der NS-Propaganda durchdrungen, dass er deren Phrasen immer häufiger als Ausdruck eigenen Empfindens reproduzierte: „Aber das Leben geht weiter. Muss weitergehen. So muss ich versuchen, möglichst schnell zu vergessen, um ungestört Dienst zu machen für Deutschland. Es ist keine Zeit da zum Trauern, sondern nur Zeit, um zu kämpfen." Und seiner Mutter, die ja nach dem Sohn nun auch noch ihre Mutter verloren hatte, teilte er gleichzeitig mit, sie solle den „Kopf hochhalten": „Wir können es uns jetzt nicht erlauben, die Hände in den Schoß zu legen und zu heulen. Wir Soldaten müssen unseren Dienst machen, und Ihr in der Heimat müsst, soweit Ihr könnt, arbeiten und Gott bitten, dass wir den Krieg bald siegreich beenden und alle gut überstehen."

Diese Sicht der Dinge dürfte Elisabeth Roos aber kaum geteilt haben. Man mache im Rheinland, so schrieb sie ihrem Sohn Mitte März, jetzt „eine schwere Zeit" durch, „denn fast jede Nacht kommt der Tommy, und was der alles abwirft, ist furchtbar, da kommt man wirklich ans Zittern". Köln, Essen und weitere westdeutsche Großstädte wurden im Rahmen der „Battle of the Ruhr" immer häufiger Ziele immer schwererer Angriffe. „Wenn der Tommy so weitermacht, wirft er noch das ganze Rheinland kaputt."

Günther blieb zunächst aber unverdrossen bei seiner verklärenden Sicht der Dinge, wozu die Ausbildung im ROB-Lehrgang offenbar noch erheblich beitrug. Leutnant Makrodt, so legte er am 18. März im Tagebuch nieder, der „eine interessante Erscheinung" und ihm persönlich „durch seine Brutalität und sein Wissen sympathisch" sei, habe „einen Vortrag über den Russen und Bolschewisten gehalten, der uns unsere herrliche Aufgabe in diesem Krieg vor Augen hielt", nämlich „hart sein und brutal gegen den Feind des Reinen und Klaren". Günther zog hieraus unmittelbar seine Schlüsse und war sich absolut sicher, dass es ihm kaum schwerfallen dürfte, „gegen den Russen brutal zu sein". Im Gegenteil: „Es freut mich jetzt schon, daran zu denken, mithelfen zu können, den größten Feind des nationalsozialistischen Deutschlands zu zerschlagen. Deutschland, dir will ich dienen!" Anlässlich des drei Tage später gefeierten „Heldengedenktages" ergänzte er: „In den Kasernen war eine nette Feier zu Ehren der Toten. Sie mahnen uns, ihr Tod ist uns Verpflichtung." Den beginnenden Frühling verstand Günther dahingehend als „symbolhaft" und betätigte sich als perfektes Sprachrohr der NS-

220/ „Es donnern die Motoren gen Osten ins Morgenrot, wir tragen in den Rohren das Feuer und den Tod." Weder am Gegner noch an der Absicht ließ das „Werferlied" irgendwelche Zweifel aufkommen. Liedseite aus den Unterlagen von Günther Roos

Kriegspropaganda: „Wie nach der Härte des Winters die Sonne hochsteigt und neues Leben wird, so gebiert ihr Heldentod, ihre Selbstaufopferung neues Leben, und ihr Andenken soll hoch am Himmel stehen und leuchten wie die Sonne. Sie soll uns an die Helden mahnen, die genauso licht und rein sind wie sie."

Erste Verunsicherung

Die Monate bis zum Ende des ROB-Lehrgangs am 31. Mai vergingen dann im Alltagstrott aus Unterricht, Exerzieren, Schießübungen und zumeist langweiligen Wochenenden. Günther zählte die Tage, folgte auf den Lehrgang doch ein zweiwöchiger „Heimaturlaub" in Brühl: „Man stelle sich vor: 14 Tage zu Hause. 14 Tage Mensch. Kein Dienst. Frei!! Gott, muss das schön sein!!!" Die Tagebucheinträge vor den abschließenden Prüfungen und Besichtigungen zeigen jedoch einen eher bedrückten Offiziersanwärter. „Natürlich, wie gewöhnlich, je mehr es dem Ende zugeht, umso pessimistischer wird es mir zumute", klagte er am 20. Mai. „Ich sehe mich schon mit Glanz und Gloria durch den Lehrgang segeln." Es waren aber keinesfalls Zweifel am eigenen Können, die Günther beunruhigten: „Im Wissen nehme ich es mit den meisten hier auf und sowohl in Unterrichterteilung als auch im Exerzierdienst, d. h. Kommandosprache erst recht. Hier fühle ich mich 100 Prozent." Es waren – die in großen Teilen vom Vater übernommenen – Wesenszüge, die ihn Schlimmes ahnen ließen, glaubte er doch, „dass man mir wegen meines Verhaltens gegen Vorgesetzte einen Strick dreht": „Die Ausbilder wirken bei mir nämlich öfter auf die Lachmuskeln." Offenbar war Günther nie um einen lockeren Spruch verlegen. Als er beispielsweise in der Kantine nach seinem Namen gefragt wurde, buchstabierte er „wie gewöhnlich": „R wie Rindvieh, zweimal O wie Ochse und S wie Sau." Das, so beklagte er im Tagebuch, habe man als „Frechheit" aufgefasst und darüber eine Meldung gemacht, die ihm dann als Strafe einen zusätzlichen Wachdienst bescherte. Alle Bedenken waren jedoch grundlos: Günther bestand den Lehrgang und trat – stolz, zugleich endlich auch zum Gefreiten befördert worden zu sein – seinen Urlaub an.

Seinen Aufenthalt in Brühl fasste er, weil er sein Tagebuch in Celle vergessen hatte, im Rückblick knapp so zusammen: „Es war herrlich. Zivil an, Ruhe, auf dem Sofa liegen und lesen und träumen, kurz, das Militär war für einige Zeit total vergessen." Dennoch kehrte er gern in die Kaserne nach Celle zurück. „Es ist eine Lust zu leben", hieß es hier am 21. Juni und zwei Tage später befand Günther, dass das „Leben mit jedem Tag schöner" werde. In solche Töne eines in der sicheren Kaserne stationierten Soldaten

221 / Günthers Mutter Elisabeth Roos (in der Tür links) im Luftschutzkeller in Brühl, 1943

222 / Die Teilnehmer des ROB-Lehrgangs in Celle, Ende Mai 1943. Günther Roos in der 2. Reihe, 5. v. l.

mischten sich plötzlich aber erste skeptische Töne. „Sonst geht alles seinen alten Gang", berichtete er am 27. Juni, um dann jedoch fortzufahren:

„Wie es einmal enden soll, ist mir schleierhaft. Es sieht nicht danach aus, dass dieses Jahr noch eine Offensive im Osten startet. Wir wollen uns darüber im Klaren sein, unsere Lage sieht augenblicklich nicht rosig aus. Während wir im Osten einem Gegner gegenüberstehen, der nicht daran denkt zu kapitulieren, wird der Engländer mit jedem Tag stärker. Während wir in Russland gebunden sind, legt er systematisch in Westdeutschland eine Stadt nach der anderen in Schutt und Asche und drängt im Mittelmeer planmäßig immer näher an Europa heran. Nach Frieden sieht es in keiner Weise aus. Frieden! Ich kann es mir kaum vorstellen, wie das ist, denn als der Krieg ausbrach, war ich gerade 15 Jahre alt, erwachte ich eben aus der Jugend. Es muss doch etwas Herrliches sein, der Frieden!!"

Mit „Frieden" benutzte Günther Roos hier erstmals ein Wort, das bis dahin in seinem Wortschatz keinen Platz gehabt hatte. Und dann wünschte gerade er, der begeisterte Soldat, ihn auch noch herbei! Die von ihm beklagte Zerstörung der westdeutschen Städte hatte allerdings erst begonnen, wobei insbesondere die schwere Angriffsserie auf Köln unmittelbar bevorstand. „Bisher noch immer keine Nachricht aus Brühl erhalten und werde langsam unruhig, zumal nach dem Angriff auf Köln. Was war los? Schreibt doch bitte sofort!", forderte er seine Mutter einen Tag nach dem verheerenden „Peter-und-Paul-Angriff" auf Köln am 29. Juni auf. Als er dann Näheres über die Zerstörungen und die hohe Opferzahl von fast 4 500 Menschen erfuhr, zeigte sich Günther am 3. Juli „erschüttert" und forderte „schreckliche Rache" an den Engländern. Es folgten in den Nächten zum 4. und 9. Juli jedoch zwei weitere schwere Bombardements, die aufgrund ausbleibender Nachrichten der Eltern seine Ängste noch steigerten und ihn veranlassten, um Urlaub nachzusuchen.

Es stellte sich zwar heraus, dass sich seine Eltern bei Verwandten in Bad Münstereifel in Sicherheit gebracht hatten, doch ein Besuch in der ihm so vertrauten und wichtigen rheinischen Metropole Köln hinterließ auf Günther einen nachhaltigen Eindruck. „Der Anblick von Köln hat mich erschüttert. Schildern kann man das nicht. Es ist eine tote Stadt. Ein großes Trümmerfeld. All die herrlichen Bauten in Schutt", schrieb er am Abend seiner Ankunft. „Das war einmal Köln. Eine moderne Großstadt wird zwar einstmals auf dieser Stätte emporwachsen, aber das Köln, das man unter diesem Begriff versteht, ist dahin." Als er sich nach seinem Köln-Besuch in der leeren Wohnung „noch einmal kurz wie früher auf das Sofa gewälzt, das Radio angestellt, gelesen und geraucht" hatte, wurde Günther bewusst, dass sich nicht nur seine Umgebung, sondern auch er selbst ver-

223/ Urlauber Günther Roos im Brühler Schlosspark, Juni 1943

224/ Rettung der letzten Habe aus einer zerstörten Wohnung in Köln, 1943

ändert hatte: „In solchen Stunden merkt man es. Die alte, herrliche, ruhige Zeit ist dahin. Unwiederbringlich dahin." Das galt erst recht, nachdem er die Schilderungen evakuierter Kölner über die „drei Schreckensnächte" gehört hatte. „Feuer und Sprengstoff muss vom Himmel geregnet haben. Wiedergeben kann man die Erzählungen nicht, aber wenn man in die Gesichter dieser Menschen sah, wusste man Bescheid." So hatte sich Günther den Kriegsverlauf nicht vorgestellt. „Genau neun Monate nach meiner Einberufung. Damals ahnte ich nicht, was mich noch alles treffen wird. Und was ist alles geschehen!", notierte er im Wartesaal des Kölner Bahnhofs, bevor er am Abend des 14. Juli wieder nach Celle zurückfuhr, wo ein neuer Lehrgang auf ihn wartete.

Die schlechten Nachrichten nahmen kein Ende. „Im Osten ist ja augenblicklich der Teufel los. Der Russe greift an der gesamten Front an", berichtete Günther am 23. Juli. Trotz „enormer Verluste" war die Rote Armee nicht aufzuhalten. „Es scheint, dass Iwan alles auf eine Karte gesetzt hat." Aber die Fronten bröckelten nicht nur in militärischer, sondern auch in politischer Hinsicht. „Das einzige Thema, das jetzt alle bewegt, ist der Regierungswechsel in Italien", hieß es vier Tage später. „Ich glaubte nicht recht zu hören, als in den Nachrichten gesagt wurde, dass Benito Mussolini zurückgetreten sei. Die Nachricht ist zu ungeheuer." Ohne Genaueres über die Ereignisse zu wissen, zeigte sich Günther erschüttert, dass gerade jetzt, „in einer der schwersten Stunden Italiens", der

Benito Mussolini

Der Gründer und Führer der faschistischen Bewegung in Italien wurde am 29. Juli 1883 in Predappio geboren. Gerade Volksschullehrer geworden, trat er 1901 in die Sozialistische Partei ein und schuf sich als Provinzsekretär eine eigene Machtbasis. Nachdem er 1914 den Eintritt Italiens in den Krieg gefordert hatte, wurde er aus der Partei ausgeschlossen und wechselte ins nationalistische Lager. Am 23. März 1919 gründete Mussolini zunächst in Mailand die Bewegung „Fascio di combattimento" (Kampfbünde), aus der sich der Begriff „Faschismus" ableitete, und 1921 dann die faschistische Partei PNF, die bald ins italienische Parlament gewählt wurde. Während Mussolinis Terrortruppen in Norditalien Gewalt verbreiteten, versprach er, die Krise, in der sich Italien seit dem Ende des Ersten Weltkriegs befand, zu lösen.

Mit dem „Marsch auf Rom" putschte sich Mussolini am 28. Oktober 1922 gewaltsam an die Macht und wurde zum Ministerpräsidenten ernannt. Anschließend errichtete er eine Einparteiendiktatur im zum Polizeistaat gewordenen Italien. Der „Duce" (Führer), wie Mussolini nunmehr genannt wurde, faszinierte als begabter Demagoge die Massen mit politischen Versprechungen von neuer imperialer Größe Italiens. Er initiierte staatliche Arbeitsbeschaffungen, eroberte 1935 Abessinien und verhalf General Franco zum Sieg im Spanischen Bürgerkrieg: Italiens Oberhoheit im Mittelmeerraum schien greifbar.

Am 10. Juni 1940 trat Italien, das seit 1936 mit Deutschland in der „Achse Berlin-Rom" vertraglich verbunden war, in den Zweiten Weltkrieg ein. Hitlers Hilfe im Balkan- und Afrikafeldzug band Mussolini dann noch stärker ans NS-Regime und damit an dessen sich seit 1942/43 abzeichnenden Untergang. Am 25. Juli 1943 wurde ihm vom „Faschistischen Großrat" das Vertrauen entzogen, kurz darauf wurde er verhaftet und Marschall Pietro Badoglio als neuer Regierungschef eingesetzt, der dann am 3. September ein Waffenstillstandsabkommen mit den Alliierten unterzeichnete. Neun Tage darauf befreiten deutsche Fallschirmjäger Mussolini, der noch im gleichen Monat in Norditalien die „Repubblica Sociale Italiana" ausrief und das Land damit endgültig in einen blutigen Bruder- und Partisanenkrieg stürzte. Bei dem Versuch, in die Schweiz zu fliehen, wurden er und seine Lebensgefährtin von italienischen Widerstandkämpfern ergriffen und am 28. April 1945 ohne Gerichtsverfahren erschossen.

225 / Günther Roos als „harter Krieger" auf der Nahkampfbahn in Celle, 1943

226 / „Rast der Krieger" in Celle, 1943. Günther Roos ganz vorn rechts

„Schöpfer der faschistischen Partei" zurückgetreten sei. Zwar gab er seiner Hoffnung Ausdruck, dass sich die militärische Lage für das Deutsche Reich nun günstiger gestalten würde, spekulierte aber zugleich über „die moralischen Folgen dieses Rücktritts in Deutschland": „Sie müssen ungeheuer sein." Aber nicht nur das: „Natürlich werden die Engländer und Amerikaner immer frecher." Die Zukunft sah nun auch durch Günthers zumeist positiv gefärbte Brille immer düsterer aus.

„Frontbewährung"

In dieser Zukunft, das stand Günther Roos klar vor Augen, würde er sehr bald eine aktivere Rolle spielen müssen – aus seiner Sicht wohl eher: dürfen. „Der Lehrgang ist zu Ende, und die Erfüllung des Soldatenlebens, der Krieg, steht greifbar vor mir. Gott helfe mir, dass ich diesen Abschnitt auch glücklich überstehe", hieß es am 4. August. Eines jedenfalls stand für Günther weiterhin völlig außer Zweifel: „Neues, Großes erwartet mich." In einem letzten Urlaub in Brühl bereitete er sich mental auf den ersten, im Wehrmachtsjargon als „Frontbewährung" bezeichneten Fronteinsatz als angehender Offizier vor: „Der Krieg, Russland liegt vor mir, und ich gehe gern hin." Jene überschäumende Begeisterung, die in früheren Zeiten mit Blick auf einen aktiven Kriegseinsatz an der Tagesordnung war, suchte man bei ihm nun aber vergeblich: „Soll ich schreiben, mit welchen Gefühlen und Gedanken ich jetzt ausrücke, so ist die Antwort schnell gefunden: mit gar keinen. Ich gehe eben, um meine Pflicht zu tun, und damit basta. Ich glaube, hier passt nur der eine Ausdruck, der für jeden Soldaten das Ideal bedeutet: stur, stur wie ein Panzerwagen. Und es muss und wird auch alles gut gehen. An eine andere Möglichkeit denke ich gar nicht." Zum Ende der Brühler Tage, am 22. August, notierte er dann, er sei „ernster und reifer geworden" und betrachte das Leben nunmehr „mit ganz anderen Augen". „Was vor mir liegt, weiß ich nicht. Ich vertraue meinem guten Stern. Es lebe die Zukunft!"

Als sich Günther am 26. August dann auf den Weg nach Osten machte, tat er das als stolzer Unteroffizier. Diese unerwartete Beförderung kurz vor der Abreise, so erinnerte er sich später, habe sein Selbstwertgefühl enorm gesteigert. Zugleich dürfte ihm aber auch recht flau gewesen sein, war sein Bestimmungsort doch genau jenes Brjansk, in dessen Nähe Bruder Gustav ein knappes Jahr zuvor ums Leben gekommen war. Er sprach sich selbst Mut zu: „Trotzdem es nach Russland geht, sage ich: Das Leben ist schön, es ist herrlich." Zugleich war ihm die dort anzutreffende Allgegenwärtigkeit des Todes nur zu bewusst, sodass er sein bisheriges Leben bilanzierte: „Und nun: Auf in den Kampf! Ich gehe mit der Gewissheit, etwas vom Leben gehabt zu haben, wenn ich auch nur einmal genippt habe. Das Leben ist doch schön. Heute weiß ich es, und ich will es noch bis zur Neige auskosten. Also: Auf in den Kampf!"

Während seines Einsatzes an der Ostfront sammelte Günther Roos dann erste direkte Erfahrungen mit dem Kriegsgeschehen. Hier wurde er allerdings, weil er „der letzte vom Stamme Levi" sei, zu seinem Bedauern nicht ganz vorn eingesetzt, sondern der „leichten Kolonne" zugeteilt. Dennoch aber war er dem Kampfgeschehen oft sehr nah. „Der Russe", so schrieb er am 6. September an seine Mutter, sei augenblicklich „sehr aktiv": „Wie verrückt greift er an und will durchbrechen." Immer dann, wenn der Druck zu stark werde, würden sich die deutschen Einheiten einige Kilometer zurückziehen und das gleiche Prozedere beginne dann erneut. „Iwan hat dabei riesige Verluste und erreicht nichts", kommentierte Günther und benutzte zugleich den harmlos klingenden Begriff des „elastischen Rückzuges", was nichts anderes hieß, als dass die Wehrmacht selbst zu keinerlei offensiven Aktionen mehr in der Lage war.

Das beeindruckte Günther zunächst nicht spürbar. „Die Stimmung hier ist tadellos", schrieb er der Mutter weiter, um danach – ganz im Jargon seines Vaters – heftige Kritik zu üben: „Jeder in der Heimat soll sich ein Beispiel an den Jungen hier nehmen. Den ganzen Tag sind sie im Einsatz, haben oft kaum Zeit zum Essen und Schlafen, aber meckern und am Sieg zweifeln tut hier keiner." Und erwartungsgemäß machte er auch in diesem Fall die Vertreter der katholischen Kirche als Hauptproblem aus: „Die ganzen Himmelswanzen, die zu Hause meckern, sollte man täglich mit dem Hinterteil unter die kalte Wasserleitung halten, damit sie mal zu sich kommen."

Auch vom Genie des nach wie vor hochverehrten „Führers" blieb Günther zutiefst überzeugt. Als er am 10. September von der Kapitulation Italiens erfuhr, kommentierte er das zwar mit einem ernüchterten „das fehlte gerade noch", sah dadurch aber offenbar keinerlei weiter reichenden negativen Konsequenzen für die deutsche Stellung im Kriegsgeschehen: „Hitler hatte jedoch die Situation wieder rechtzeitig erfasst und noch einmal alles zum Guten gewendet." Obwohl er zu diesem Zeitpunkt „noch nicht klar" sah, wie sich die Lage weiterentwickeln würde, ließ er sich von einer Gewissheit leiten: „Hauptsache, dass wir siegen, und das müssen und werden wir auch!" Diese Einstellung erfuhr für Günther noch am gleichen Abend durch eine Rede Hitlers zum aktuellen Geschehen ihre wichtigste und endgültige Bestätigung: „Die Siegeszuversicht, die dieser Mann hat, ist großartig. ‚Wir werden siegen', sprach aus jedem seiner Worte. Ich selbst aber bin stolz darauf, ein Kleines zu diesem Siege beitragen zu helfen, und Gott dankbar, in dieser großen Zeit leben zu dürfen."

Restlos begeistert und entsprechend zuversichtlich zeigte sich Günther dann am 14. September, als er von der Befreiung Mus-

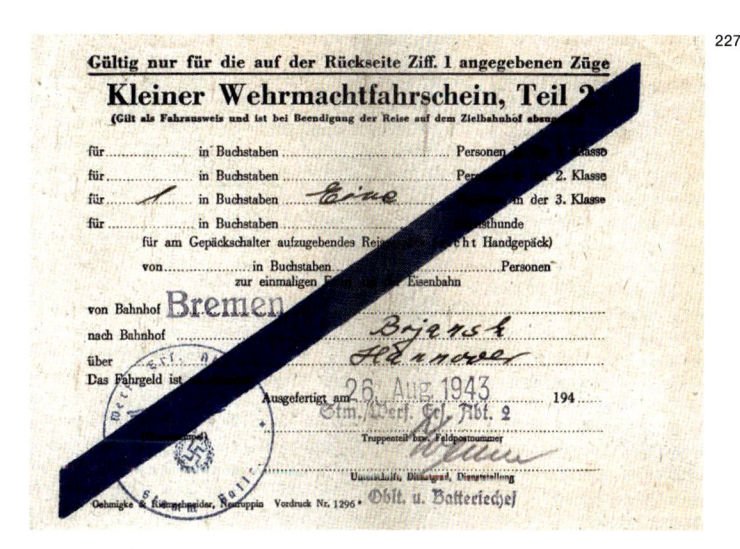

227 / „Kleiner Wehrmachtsfahrschein" für die Fahrt von Bremen nach Brjansk, 26. August 1943

228 / Schreiben des Batteriechefs von Günther Roos, wonach dieser an einem weniger gefährlichen Frontabschnitt einzusetzen sei, 26. März 1943

„Untermenschentum"

Die NS-Rassenideologie teilte die Menschheit in unterschiedlich „wertvolle" Kategorien ein. Danach waren die „germanischen Völker", auch als „nordische Rasse" oder „Arier" bezeichnet, und hier allen voran die Deutschen allen anderen als heroische „Herrenmenschen" angeblich moralisch, körperlich, intellektuell und kulturell überlegen.

Dem gegenübergestellt wurden die „Untermenschen", die vor allem aufgrund ihrer „Rasse", aber auch aus anderen, zumeist politischen Gründen als minderwertig eingestuft wurden. Mit ihren angeblich „niedrigen Instinkten" und einem daraus resultierenden „Zerstörungswillen" galten sie den NS-Ideologen als existenzielle Bedrohung, die es zu unterwerfen und – wie Ungeziefer – zu vernichten galt, sobald die Betroffenen für die „Herrenmenschen" keinen „Nutzwert" mehr hatten.

An erster Stelle wurden zu den „Untermenschen" „die" Juden gezählt, dann Polen und insbesondere Sowjetbürger sowie alle anderen slawischen, afrikanischen und asiatischen Völker, Sinti und Roma sowie – politisch motiviert – Kommunisten. So schloss sich der ideologisch konstruierte Kreis, wonach das „internationale Judentum" in Russland Kommunismus und Bolschewismus begründet habe, um die „arische Rasse" zu vernichten und die Weltherrschaft an sich zu reißen.

Der Begriff „Untermensch" und das damit verknüpfte Menschenbild wurden von einer allgegenwärtigen Propaganda über Reden, Zeitungen, Bücher, Schulunterricht, Hitlerjugend, Rundfunk und Filme zu beängstigenden Feindbildern verdichtet, unablässig verbreitet und so dauerhaft in den Köpfen vieler Deutscher verankert. „Rassenforscher" versuchten zudem immer wieder, diesen Lehren einen pseudowissenschaftlichen Anstrich zu geben. All das trug erheblich dazu bei, moralische Hemmschwellen abzubauen, die hätten verhindern können, dass an den Fronten in Polen und in der Sowjetunion, in Konzentrations- und Vernichtungslagern Menschen millionenfach Untaten begingen, die bis dahin unvorstellbar waren.

solinis erfuhr: „Eine herrliche Tat der Treue des Führers zu seinem Freund inmitten einer Welt des Hasses, Betrugs und Verrats." Besonders imponierte ihm dabei der Vergleich, den eine spanische Zeitung angesichts des gewagten Befreiungsmanövers zog: „Wie in der griechischen Sage, wo Männer vom Himmel herabstiegen, um den Freund aus den Klauen des erbarmungslosen Feindes zu retten. Man kann nur sagen: ‚Eine tolle Welt'." Günthers ausgeprägte Führergläubigkeit wurde durch die dramatischen Ereignisse in Italien jedenfalls keinesfalls beeinträchtigt, sondern eher noch gestärkt. Hitler war und blieb für ihn unantastbar und fast gottgleich, wodurch der deutsche Sieg trotz aller Probleme in letzter Konsequenz absolut sicher sein musste. Das bestätigte sich auch am 9. November, als er eine weitere Hitler-Rede im Rundfunk gehört hatte: „Man ist immer wieder erstaunt, welche Siegeszuversicht aus seinen Worten spricht, und fühlt sich immer wieder mitgerissen. Wir werden siegen! Und Tod jedem, der sich diesem Sieg in den Weg stellt."

Neben Kampferfahrung und Führerverehrung gesellte sich in Günthers Tagebucheinträge an der Ostfront aber plötzlich ein neues, vor allem wohl für ihn selbst überraschendes Element hinzu. „Das ist also Russland. Ich muss sagen, dass ich über das Land etwas enttäuscht bin. So viel Kultur hatte ich mir nach den Erzählungen gar nicht vorgestellt. Na, vielleicht kommt es noch. Immerhin, Flöhe habe ich schon. Wenigstens etwas", beschrieb er Anfang September seine ersten Eindrücke. Aufgrund der NS-Propaganda und wohl auch durch die entsprechenden Briefe und Berichte seines Vaters im Jahr

1941 hatte er mit klar umrissenen rassistischen Vorstellungen dessen, was ihn dort erwarten würde, seine Fahrt an die Ostfront angetreten. Nun aber machten ihn seine konkreten Beobachtungen doch zunehmend nachdenklicher, denn das Verhältnis zur russischen Bevölkerung, so erinnerte sich Günther Roos später, sei sehr gut und von großer Freundlichkeit geprägt gewesen: „Wir haben festgestellt, dass das ganz liebenswerte Menschen sind. Das war Quatsch, das mit dem ‚Untermenschentum'."

All seine neuen Eindrücke und Überlegungen, die in wesentlichen Punkten mit dem kollidierten, was ihm zuvor insbesondere in Lehrgängen und Lagern vermittelt worden war, mündeten offenbar in einen Prozess, in dessen Verlauf Günther vieles von dem, was ihm in seinen Jahren als Jungvolkführer so wichtig und erstrebenswert erschienen war, auf den Prüfstand und nicht selten dann auch infrage stellte. „Ich muss schon sagen, dass ich von Russland bisher angenehm enttäuscht bin", hieß es etwa am 7. September erneut. „Hoffentlich bleibt es so. Wenn ich mal so nachdenke, so muss ich schon sagen, dass ich mich doch gewaltig verändert habe. Mein Ideal ist es jetzt, möglichst bald zu studieren und als Architekt ein anständiges Leben zu führen. Nur ab und zu kommt mir mein alter Wunsch nach Macht und ähnlichen Dingen zum Vorbruch, um dann schnell wieder der Vernunft zu weichen. Ich glaube, man wird doch langsam ‚älter und reifer'."

Wera

Die nun zum Ausdruck kommende Veränderung seiner Einstellung verstärkte sich nochmals, als Günther Mitte Oktober bei der Beschaffung von Lebensmitteln in einem russischen Dorf eine für ihn sehr wichtige Bekanntschaft machte: „Lernte dann ein Mädel kennen. Schade, so schade, dass sie keine Deutsche ist." Ganz offenbar geriet Günthers durch die NS-Rassenideologie geprägtes Weltbild erheblich durcheinander, musste er sich doch eingestehen, in Brühl zuvor kein auch nur annähernd so „vernünftiges und sauberes Mädel" kennengelernt zu haben. Günther besuchte Wera, die als Dolmetscherin bei einem deutschen Wehrwirtschaftsführer tätig, nach seiner späteren Überzeugung aber eher eine sowjetische Agentin mit Kontakt zu den Partisanen war, abends nun häufiger. „Sie lehrte mich etwas russisch, und dann erzählte sie von Russland und ich von Deutschland", notierte er über die Treffen mit ihr am 17. Oktober im Tagebuch. „Wera, was mag aus dir werden?", fragte er sich besorgt. „Ja, ich hab sie lieb und sie mich auch. Herrgott, warum ist sie Russin und keine Deutsche? Dann wäre ja alles, alles gut."

229/ Günthers russische Bekanntschaft Wera, 1943

So sah sich der verliebte 19-Jährige mit den Barrieren konfrontiert, die die NS-Rassenideologie unüberwindbar vor ihm auftürmte: „Aber so trennt uns eine tiefe Kluft, die wohl nie zu überbrücken ist. Schade, so schade." Mit jedem dieser von ihm als sehr intensiv empfundenen Treffen mit seiner russischen Freundin steigerten sich Günthers Begeisterung und Verzweiflung. „Habe noch einmal schöne Stunden mit Wera verlebt", berichtete er drei Tage später. „Sie hat ein Feingefühl und hohes geistiges Niveau, verbunden mit einer Natürlichkeit, wie ich es bisher noch bei keinem deutschen Mädchen gefunden habe. Als ich dann endgültig Abschied nahm, fühlte ich, dass sie mir gerne noch etwas gesagt hätte, aber wir gaben uns nur die Hand und gingen. Wir verstanden uns ohne Worte: Der Krieg steht zwischen uns."

Diese verbotene Beziehung mitten im härtesten Krieg, so resümierte Günther Roos Jahrzehnte später, habe bei ihm einiges bewirkt. Wenn er sich „als Angehöriger einer ‚Herrenrasse'" auch nicht dazu habe durchringen können, seine Freundin „als russischen ‚Untermenschen' zu berühren" – die körperlichen Kontakte beschränkten sich auf wenige „heiße Küsse" –, so habe sie doch seine zuvor so fest gefügten Vorstellungen „stark ins Wanken" gebracht: „Das waren doch Menschen wie wir!"

Tatsächlich fiel eine Art Resümee seiner bisherigen Erlebnisse im Osten, das Günther dann Ende Oktober zog, erstaunlich positiv aus. Er wolle, so notierte er am 27. Oktober, „einmal etwas über Russland erzählen": „Die Eindrücke, die ich gewonnen habe, sind sehr unterschiedlich." Bis zu „den Tagen in Dubrowno", wo er Wera kennenlernte, habe er geglaubt, „ein sehr primitives, unglückliches und schmutziges Volk" vor sich zu haben. „Als ich jedoch in Dubrowno und in dem Nest, wo wir jetzt liegen, Klein-Korewo, einmal das Leben studieren konnte, wie es in Normalzeiten etwa war, habe ich einen ganz anderen Eindruck erhalten." Natürlich sei die Zivilisation hier „verhältnismäßig gering" entwickelt, räumte Günther ein, „aber in den abgelegenen kleinen Eifelnestern sieht es auch nicht viel besser aus". Wichtig war ihm etwas anderes: Die russische Bevölkerung würde einen „Nationalstolz" an den Tag legen, „wie er in Deutschland selten" sei. Gerade Wera habe ihm in dieser Hinsicht vieles erklärt und so nähergebracht. Insbesondere, so schloss er seine Reflexion, habe er zwischen Bolschewismus und Nationalsozialismus „viele Parallelen" entdeckt. „Die große Kluft ist erst bei der Rassenfrage." – So ließen diese neuen Erfahrungen einen sichtlich irritierten und nachdenklich gewordenen Günther Roos zurück.

Sehr schnell wurde er aber durch bedrohliche Neuigkeiten von solchen Gedankenspielen abgelenkt. „Der Knall kam heute Morgen", schrieb er am 6. November an Vater Toni, dem er mitteilen musste, „dass die Verfügung über die Zurückziehung einziger Söhne aufgehoben sei, falls der Vater noch lebe". Das bedeutete, dass Günther bereits an einem der nächsten Tage zur Gefechtsbatterie und damit unmittelbar an die Front versetzt werden würde. „Das ist natürlich weniger schön. Aber scheißegal, mich soll schon so schnell kein Russe schnappen." Im Tagebuch ergänzte er: „Na, so lerne ich doch noch den Krieg aus nächster Nähe kennen. Egal, ich werde mich schon durchfressen." Mutter Elisabeth habe er von dieser erschreckenden Neuigkeit vorläufig noch nichts mitgeteilt. Er wolle zunächst abwarten, wie lange er noch an der Ostfront bleiben müsse, und habe die Hoffnung, im Dezember wieder nach Deutschland zu kommen, noch nicht völlig aufgegeben.

Nachdem Günther Roos am 9. November tatsächlich zur Gefechtsbatterie abkommandiert worden war, kam der erste harte Einsatz schneller als befürchtet. „Der Iwan trommelt! Und nicht schlecht. 4½ Stunden lag das Feuer auf unserer Stellung. Die Erde bebte, die Luft dröhnte. Feuertaufe! Als ein Feuerkommando kam, ging ich mal raus, aber es war sinnlos, [den Werfer] zu richten. Ich werde aber nie vergessen, wie ich im Graben lag und um mich der Tod heulte", berichtete er über seine Erlebnisse am 14. November, an dem er sich zum ersten Mal unmittelbar mit Toten beider Seiten konfrontiert sah: „Hier im Graben hatte ich mein unangenehmstes Erlebnis. Im Graben lag ein toter Landser und wir mussten über ihn hinwegsteigen. Scheiße. Dann kam der Befehl von unserer Abteilung, zurückzukehren. Gott sei Dank! In der alten Feuerstellung sah es toll aus. Das ganze Gelände umgepflügt. Überall tote Sowjets. Jetzt sah man erst, was los war und welch ein Schwein wir gehabt haben." Günther war wohl zugleich glücklich und geschockt. „Das war meine Feuertaufe und mein erster Nahkampftag. Es war ein Erlebnis, das ich nie vergessen werde", schloss er den Tagebucheintrag für diesen 14. November. Stolz kam dann nachträglich noch auf, als die *Frontzeitung* eine Woche später dieser Aktion einen kleinen Artikel widmete. „Tadellos!", kommentierte Günther.

Hatte er diesen ersten direkten Feindkontakt mit viel Glück überlebt, so drohte ihm einige Tage später Gefahr von völlig anderer Seite: Günther hatte sich mit seiner wegen ihrer Fehleranfälligkeit in Soldatenkreisen spöttisch als „Heeresselbstmordgerät" bezeichneten Maschinenpistole MP38 versehentlich selbst in den Fuß geschossen. Es war zunächst aber nicht die Schusswunde, die Günther die größte Sorge bereitete, sondern der Umstand, dass ihm diese Verletzung als Selbstverstümmelung ausgelegt werden könnte. Er meldete sich daher umgehend bei seinem vorgesetzten Leutnant, der sich mit ihm eine plausible Geschichte ausdachte, wonach sich bei einem Sturz aus der umgehängten MP ein Schuss gelöst und Günthers Fuß getroffen hatte. Der tatsächliche Hergang, so berichtete Günther Roos rückblickend, sei weitaus banaler gewesen: Nachdem ihm sein Gewehr in den Schnee gefallen sei, habe er die Führungsrinne reinigen müssen und es daher einmal durchgeladen. Hierbei habe sich der Schuss gelöst. Sein Leutnant habe diese Geschichte aber angesichts der zunehmend strengeren Auslegung der rechtlichen Grundlagen zur Selbstverstümmelung für zu gefährlich gehalten. Wie bedrohlich beide die Situation einschätzten, geht allein daraus hervor, dass Günther selbst im Tagebuch die erfundene Version notierte, um zu verhindern, dass seine Aufzeichnungen in einem etwaigen Verfahren vor dem Kriegsgericht gegen ihn hätten als Beweismittel dienen können.

Das Täuschungsmanöver gelang jedoch ohne Zwischenfälle. Aufgrund der Verletzung wurde Günther sogar das Verwundetenabzeichen verliehen, das er anschließend mit großem Stolz an seiner Uniform trug. Die Wunde bereitete ihm dagegen noch längere Zeit Probleme und verurteilte ihn für den Rest des Jahres

230

Erfolg entschlossenen Handelns

Im Morgengrauen des 14. November setzten die Sowjets beiderseits der Autobahn Minsk—Smolensk nach mehrstündigem Trommelfeuer zum großen Angriff an. Dabei gelang den anrennenden fünf Sowjet-Divisionen und einer Sowjet-Brigade an einer Stelle ein örtlicher Einbruch. Der Batteriechef einer schweren Werferbatterie, Leutnant L., erkannte die Gefahr, ließ die geladenen Werfer direkt richten und feuerte mit ungeheurer Wirkung in die einbrechenden Sowjets. Die wenigen eingedrungenen Sowjets wurden im Nahkampf vernichtet, der Rest zurückgeschlagen.

230 / Ausschnitt aus der *Frontzeitung*, November 1943. An den hier geschilderten Kampfhandlungen vom 14. November war auch Günther Roos beteiligt.

Wehrkraftzersetzung und Selbstverstümmelung

„Zersetzung der Wehrkraft", kurz „Wehrkraftzersetzung" genannt, war die Bezeichnung für zumeist mit der Todesstrafe, zumindest aber mit langer Haft geahndete Verstöße gegen die kurz vor Kriegsbeginn am 26. August 1939 in Kraft gesetzte Kriegssonderstrafrechtsverordnung (KSSVO). Zu den darin aufgeführten wichtigsten Tatbeständen zählten Kriegsdienstverweigerung, „defätistische Äußerungen" und Selbstverstümmelung. Die weitgefassten Formulierungen im Gesetz sowie dessen Ausrichtung am „gesunden Volksempfinden" ermöglichten Urteile mit drakonischen Strafen.

In Paragraf 5 der KSSVO hieß es unter anderem, dass sich derjenige der Wehrkraftzersetzung schuldig mache, „wer es unternimmt, sich oder einen anderen durch Selbstverstümmelung, durch ein auf Täuschung berechnetes Mittel oder auf andere Weise der Erfüllung des Wehrdienstes ganz, teilweise oder zeitweise zu entziehen".

Über die insbesondere an der Ostfront große Gruppe der „Simulanten" und Selbstverstümmler ist bis heute eher wenig bekannt. Die überlieferten Akten legen den Schluss nahe, dass es vor allem einfache, junge und völlig verzweifelte Soldaten waren, die sich selbst verletzten, Krankheiten vortäuschten oder sich im Lazarett oder im Bordell absichtlich ansteckten. Manche Verzweifelte spritzten sich auch giftige Substanzen oder tranken sie, um krank zu werden. Viele von ihnen starben daran. Mit zunehmenden Verlusten an den Fronten wurde tatsächlicher oder angeblicher Selbstverstümmelung immer strenger nachgegangen. Das führte dazu, dass auch viele durch Feindeinwirkung Verwundete und schuldlos krank Gewordene als Simulanten und Drückeberger beschimpft wurden.

Die Zahl der Verurteilten ist bis heute unbekannt. Schätzungen gehen allein von 30 000 bis 35 000 Soldaten aus, die wegen „Wehrkraftzersetzung" zum Tode verurteilt wurden, unter ihnen rund 10 000 Selbstverstümmler.

231 / Nachdem er sich selbst versehentlich in den Fuß geschossen hatte, erhielt Günther Roos am 20. Januar 1944 das Verwundetenabzeichen.

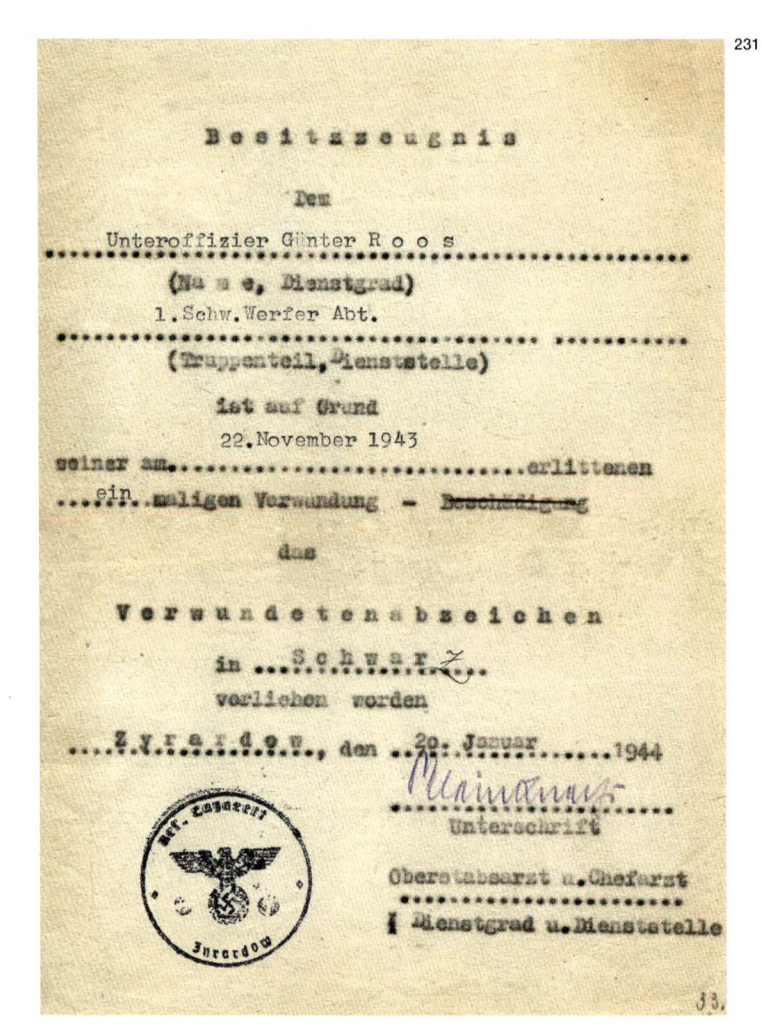

zu weitgehender Untätigkeit. „Es ist sowohl zum Kotzen als auch zum Heulen", schrieb er am 18. Dezember an seinen Vater. Nachdem er bereits wieder recht gut laufen konnte, hatte sich sein Fuß aufgrund eines Eiterherdes zwei Tage zuvor stark entzündet. Durch den neuerlichen Ausfall drohte Günther nun nicht nur ein Weihnachtsfest im Bett, weitaus schlimmer war es, dass er dem täglich erwarteten „Marschbefehl" zum Offizierslehrgang nach Deutschland vielleicht nicht würde Folge leisten können. „Und ich liege hier. Scheiße, Scheiße, dreimal Scheiße."

Der Marschbefehl kam tatsächlich noch vor Weihnachten, und ein bettlägeriger, nicht gehfähiger Günther machte sich über die Krankensammelstelle, in der er Weihnachten verbrachte, etappenweise auf den Weg nach Westen, der ihn zunächst nach Borissow führte, wo er den Jahreswechsel erlebte. Was ihn selbst angehe, so notierte er zu dieser Gelegenheit ins Tagebuch, könne er mit Blick auf den 14. November nur sagen: „Ich habe riesiges Schwein gehabt." Ansonsten gab sich Günther mit seiner persönlichen Situation ausgesprochen zufrieden. „Vom Kanonier zum Fahnenjunker-Unteroffizier. Ein schöner Weg", dessen Stationen er im Einzelnen aufzählte: „die teils harte, teils schöne Zeit in Celle, die herrlichen drei Wochen im Harz und dann das Große: Russland! Das Erlebnis dieses geheimnisvollen Landes, das Erlebnis der rätselhaften Menschen, und das Größte, das Erlebnis des Krieges". Das Fazit fiel entsprechend positiv aus: „Ich bin zufrieden mit dem Jahr 1943 und würde es, vor die Wahl gestellt, nochmals genauso durchleben. Es folgt das Neue, Unbekannte. Und es beginnt gut, es beginnt mit der Fahrt von Borissow, wo ich noch immer im Lazarett liege, nach Deutschland, der Heimat entgegen."

Und trotz allem blieb er in seinem Glauben an „Führer und Vaterland" unerschüttert: „Der Kreis schließt sich. Das Jahr geht zu Ende. Es ist so üblich, am letzten Tag zurückzuschauen. Was geschah in der Welt? Deutschland hatte harte Schläge auszuhalten. Zu Beginn des Jahres Stalingrad! Verpflichtung und Mahnung für uns alle. Dann der Verrat Italiens. Nun, auch hier meisterte der Führer die Lage. In der Heimat aber wird eine Stadt nach der anderen in Trümmerhaufen verwandelt. Und trotz allem: Wir lassen uns nicht unterkriegen! Wir werden siegen!!"

„Der Endsieg ist greifbar nahe gerückt!"

Tagebucheintrag von Günther Roos
9. Juni 1944

1944

1944 befanden sich weltweit mehr als 40 Staaten mit dem Deutschen Reich im Kriegszustand. Das zentrale Ereignis und der wohl entscheidende militärische Schlag stellte die Invasion der Westalliierten in der Normandie am 6. Juni dar. Auch wenn das NS-Regime nicht müde wurde, weiterhin Optimismus zu verbreiten, mehrten sich – auch in Wehrmachtskreisen – die Stimmen, die eine Niederlage des Deutschen Reiches für unabwendbar hielten. Nachdem Ende Juli die Front im Westen zusammengebrochen war, setzten die deutschen Verbände Mitte August der zweiten alliierten Landung in Südfrankreich kaum noch Widerstand entgegen. Am 25. August wurde Paris befreit, Anfang September folgten Brüssel, Antwerpen und Lüttich, während sich die deutschen Truppen an den „Westwall" zurückzogen. Am 21. Oktober fiel mit Aachen schließlich die erste deutsche Großstadt in die Hände der Alliierten. Etwa zur gleichen Zeit wurde die Reichsgrenze auch im Osten überschritten. Nach drei Großoffensiven im Januar, März und Juni 1944 marschierte die Rote Armee am 16. Oktober in Ostpreußen ein. Ein großer Teil der Bevölkerung begann, Habseligkeiten zusammenzupacken und sich in den Flüchtlingstreck gen Westen einzureihen.

Auch im Luftkrieg steigerte sich das Ungleichgewicht ins Extreme: Der von den Alliierten im Jahr 1944 abgeworfenen Bombenlast von 1 188 577 Tonnen standen auf deutscher Seite – einschließlich der geheimnisumwitterten „V-Waffen" – ganze 9151 Tonnen gegenüber.

Allein im ersten Halbjahr 1944 wurden in 55 Nächten und an 36 Tagen 102 größere Angriffe auf 36 deutsche Städte geflogen. Dennoch wurde, während die Alliierten bereits die zukünftige Aufteilung Deutschlands diskutierten, im Reichsgebiet immer noch der „Endsieg" beschworen. Allerdings regten sich in der von Bombenangriffen zermürbten Bevölkerung nach und nach erste Zweifel, und auch die lange erhofften „Wunderwaffen" konnten kaum noch über die nahende Niederlage hinwegtäuschen. Dennoch gelang es der NS-Führungsspitze unter Anwendung von Zwang, Terror und Propaganda immer wieder, die Menschen zum Arbeitseinsatz, zum Frontdienst und in den „Volkssturm" zu treiben.

Während große Teile der Bevölkerung die Niederlage noch nicht wahrhaben wollten, setzte sich diese Erkenntnis zumindest in Teilen der Wehrmacht durch. Erst jetzt entschloss sich eine Gruppe von Offizieren zu einem Attentat auf Hitler, um den Krieg zu beenden. Als das Attentat am 20. Juli 1944 scheiterte, nahm Hitler es zum Anlass, eine umfangreiche „Säuberungsaktion" durchzuführen. Hierbei zeigte sich das NS-Regime noch einmal von seiner brutalsten Seite.

Die ersten Wochen des Jahres 1944 erlebte Günther Roos im Lazarett im polnischen Żyrardów. Mit der Aussicht, dass ihm nach einem solchen ersten Eingriff eventuell noch ein zweiter Zeh amputiert werden musste, verbrachte er die Tage mit Lesen und Nachdenken: „Alles kommt mir so unwirklich vor. Wenn ich so über die Erlebnisse der letzten 1 ½ Jahre nachdenke, meine ich, jeden Augenblick müsste ich erwachen und alles Traum sein. Aber ich lebe doch und träume nicht." Eigentümlicherweise überkam ihn beim Gedanken an eine Rückkehr nach Deutschland nun plötzlich ein „leises Grauen", während er zugleich – „so absurd es klingt" – eine „Sehnsucht nach Russland" entwickelte: „Es gefiel mir dort, dieses Robinsonleben. War es nicht das Leben überhaupt? Hier hieß es: Lebe oder sterbe! Einen Kompromiss gab es nicht. Das Leben war Kampf und für das Leben musste man kämpfen." Besonders deutlich und eindrücklich stand ihm in diesem Zusammenhang wieder der 14. November des Vorjahres vor Augen: „Hundertmal sah man dem Tod entgegen." Erst abends in der Baracke sei ihm die Situation bewusst geworden – „dass ich lebe, und was es heißt ‚Leben'". Er sei dem Tod entronnen und habe sich das Leben „erkämpft": „Ich war abermals geboren, und dieses Mal bewusst. Das ist für mich Russland." Es war offenbar der pure persönliche Überlebenskampf, der Günther zu dieser Zeit faszinierte; allein auf sich gestellt und mit einfachsten Mitteln ums nackte Leben kämpfen: „Ja, das ist ein Unterschied zur Zivilisation, wo alles Tünche ist, wo der Mensch in Watte und Liebe eingehüllt wird und vor dem Kampf bewahrt wird. Hier entscheiden nicht das Geld, nicht ‚Bildung', sondern die körperlichen und geistigen Werte und Kräfte, das Können."

Die folgenden Monate verbrachte er in relativer Ruhe. Am 25. Januar wechselte er aus Żyrardów ins Lazarett nach Rollshausen, wo er als einziger Offizier eine Sonderstellung einnahm. Ende Februar schloss sich ein mehrwöchiger Urlaub in Brühl an, nach dessen Ende er in die Kaserne nach Celle zurückkehrte, um dort dann am 28. März einen Fahnenjunkerlehrgang zu beginnen. Hier passierte ausweislich des Tagebuchs nichts Außergewöhnliches. Günther wurde zum wiederholten Male gefragt, ob er nicht doch aktiver Offizier werden möchte, was er wiederum ablehnte und auf seinen Berufswunsch Architekt verwies. „Es geht mir tadellos, wenn auch viel Arbeit und Fliegeralarm ist", lautete am 1. Mai eine typische Passage in einem Brief an seine Mutter. Und als er ihr zwei Wochen später zum Muttertag gratulierte, tat er das eher knapp mit wenigen Worten: „Ja, und was soll ich sonst noch alles schreiben? Es ist so schwer und die Phrasen der Zeitungen möchte ich nicht abschreiben." Eine solche Phrase bemühte er in einem anderen Brief dann aber doch: „Bisher haben wir 5 Jahre durchgehalten, dann wollen wir doch nicht im Endspurt schlappmachen! Ich bin fest davon überzeugt, dass große Dinge in der nächsten Zeit geschehen werden. Die kurze Zeitspanne müssen wir eben noch durchhalten!" – Richtige Begeisterung klang sicherlich anders.

Seine im Tagebuch zum Ausdruck kommende damalige Gefühlslage fasste Günther Roos, der – verglichen mit seinen Äußerungen der Jahre zuvor – seit seinem Russland-Aufenthalt einen eher lethargischen Eindruck erweckt, anlässlich seines Geburtstags am 4. Juni zusammen: „Ja, heute ist der denkwürdige Tag, an dem ich 20 Jahre alt werde. Donnerwetter, bin ich schon ein alter Knabe. Hoffen wir, dass das Leben weiterhin so gut ist wie bisher! Ein gefühlvoller Rückblick und ein freudiger Blick in die Zukunft sind nicht nötig." Er befinde sich augenblicklich ohnehin auf einer „gefühlsvollen Tour", die mit einem verweigerten Pfingsturlaub ihren Anfang genommen habe.

Allein in Celle habe er am Sonntag daher einen abendlichen Spaziergang an der Aller unternommen, in dessen Anschluss er notierte: „Und hier kam das Grübeln. Um mich herum war eine herrliche, strahlende Natur. Alles grünte und blühte. Wie schön muss es jetzt in Brühl sein, wo auf der Kurfürstenstraße der Rotdorn glüht. […] Alles sieht nach Frieden, nach Ruhe aus. Und draußen ist Krieg! Herrscht der Tod!! Dann kommt einem das so fern, fast sinnlos vor. Man hat sich schon an diesen Gegensatz gewöhnt. Wie ist es, wenn einmal der Frieden kommt? Ja, ich kann es mir nicht mehr vorstellen, denn als er ausbrach, erwachte ich ja erst aus der Kindheit, wurde Mensch. So bin ich hineingewachsen in dieses Leben, und fühle mich sogar manchmal wohl. Nur komme ich mir manchmal so losgelöst, so einsam vor. Eine Frau fehlt mir. Ja, ich möchte heiraten, Kinder haben, eine Familie gründen, dass das Leben einen hundertprozentigen Sinn erhält. Aber dazu bin ich leider noch zu jung, kann noch keine Familie ernähren. Schade."

Invasion

Die an seinem Geburtstag geäußerten Überlegungen und Wünsche klangen nicht wie die eines entschlossenen und vom Sieg überzeugten Kriegers, sondern zeugten eher von Erschöpfung und Resignation. Das änderte sich dann aber nur zwei Tage später – sozusagen wie auf Knopfdruck – grundlegend, als mit der alliierten Invasion in der Normandie die alte NS-Gläubigkeit wieder in Günthers Denken zurückkehrte und es danach für lange Zeit bestimmen sollte. „Großes ist geschehen. Die Lage hat ein vollkommen neues Gesicht bekommen. Die Angloamerikaner haben die so lange erwartete Invasion gestartet", schrieb er am 9. Juni. Als drei Tage zuvor die Neuigkeit per *Sondermeldung* verbreitet worden sei, habe er seinen Ohren nicht getraut, fuhr er wie befreit fort. „Himmel, da möchte man dabei sein! Den Hunden würde ich

233

232 / Günther Roos (links) und Zimmergenossen im Lazarett Rollshausen, Februar 1944

233 / Günther Roos, März 1944

es geben. Hier fällt die Entscheidung! Da dabei sein dürfen! Der Endsieg ist greifbar nahe gerückt!! Und er wird auf unserer Seite sein!!!"

Nun erwachte wieder der Optimist und vom „Endsieg" überzeugte Nationalsozialist in Günther. „Unsere Führung soll den Tommy nur etwas hineinlassen, damit sie ordentlich den Arsch vollgehauen bekommen", tönte er nun und fand zusehends zu alter Zuversicht zurück. Als er Mitte Juni erfuhr, dass ein guter Freund aus der Arbeitsdienstzeit an der Front ums Leben gekommen war, wurde das mit einem kurzen „Ja, der Krieg ist grausam" abgetan, um im gleichen Atemzug von einem „Gegenstück" zu berichten, das sich ihm unmittelbar zuvor in Celle präsentiert hatte und das „einen jeden Zivilisten, wenn er nicht total verbohrt ist, ergreifen" müsse: „Ein Fanfarenzug zog durch die Straßen. Die Schläge der Landsknechtstrommeln hallten dumpf, und hell schmetterten die Fanfaren durch die Straßen. Unsere Jugend! Deutschlands Zukunft!!!" Und als er kurz darauf das HJ-Gebietssportfest in Celle besuchte, bot sich ein ähnliches Bild, das er ebenfalls euphorisch kommentierte: „Es kamen die Formationen des Jungvolks und der HJ. Ein Erlebnis! Wenn man die strahlenden, gläubigen Augen der Pimpfe sah, ja, dann weiß man wieder, wofür man kämpft. Das ist die Zukunft. Die Führerschaft waren zu 88 Prozent verwundete, ausgezeichnete Soldaten. Die einzig richtigen Erzieher der Jugend. Deutschland! Mit solch einer Jugend kannst du beruhigt in die Zukunft sehen!"

Günthers Glaube an „Führer, Volk und Vaterland" war – aus welchen konkreten Gründen auch immer – zurückgekehrt. Vielleicht war es ganz einfach Erleichterung darüber, dass es nun auf eine Entscheidung zuging. So schloss er beispielsweise, nachdem er am 25. Juni die aktuelle Lage an den verschiedenen Fronten durchaus realistisch rekapituliert hatte, seinen Tagebucheintrag: „Der Endspurt hat angefangen!"

Wie in den Jahren zuvor nach größeren Vorstößen der Wehrmacht oder ihm wegweisend erscheinenden Reden Hitlers wähnte sich Günther nun wieder als Zeuge und Beteiligter historischer Umbrüche. „Die Ereignisse überstürzen sich. Weltgeschichtliche Dinge geschehen", kommentierte er etwa am 17. Juni die Nachricht, dass mit der „V1" kurz zuvor erstmals die lang erwarteten „neuartigen Sprengkörper schwersten Kalibers" auf Südengland und London abgefeuert worden seien. Nun, so reproduzierte er die Aussagen der NS-Propaganda, habe „die erste Phase der Vergeltung mit einer neuen Waffe" begonnen. Der angehende Offizier jubelte: „England, deine Stunde hat geschlagen!!! Jetzt dabei sein dürfen! Endlich wird all das Elend, was der Feind bei uns verursacht, vergolten. Ich glaube, dass das Kriegsende mit England greifbar nahe liegt." Und abschließend die stets und nahezu autosuggestiv wiederholte Formel: „Der Sieg ist uns gewiss!!!"

Eine nüchterne Analyse der Kriegslage fand in Günthers Denken nun keinen Platz mehr. Jegliche negative Entwicklung wurde positiv umgedeutet und Rückschläge zu taktischem Kalkül stilisiert. „In der militärischen Lage wird sich ja bald manches ändern", teilte er beispielsweise seinem Vater im Juli mit. „Unsere scheinbaren Niederlagen im Osten (Fall von Lemberg, Brest, Dünaburg usw.), in Italien oder das scheinbare Fehlen eines Erfolges in Frankreich regt mich nicht auf. Ich habe das Gefühl und zum Teil auch die Gewissheit, dass neue, ungeahnte Waffen die Lage von Grund auf ändern werden. Mein Vertrauen zum Führer war nie größer als im Augenblick." Das für Günther unantastbare taktisches Genie Hitlers und die „Wunderwaffen" wurden nun zu den Hauptankern seiner durch jahrelange propagandistische Beeinflussung stabilisierten Zuversicht, die dann nach dem 20. Juli noch um den Faktor höherer Vorsehung wirkungsvoll ergänzt wurde.

Als er die Meldung vom Attentat auf Hitler gehört habe, sei er „erstarrt": „Das

Herz stand still. Wenn das Haus eingestürzt wäre, der Schreck hätte nicht größer sein können." Umso größer sei dann natürlich die Freude gewesen, als er vom Fehlschlag des Attentats gehört habe: „Mit jedem Wort der Meldung wuchs das Glück über die Errettung, wuchs der Dank zu Gott für das Wunder, wuchs die Wut über die Verräter! Ich wage gar nicht auszudenken, was alles hätte geschehen können. Aber der Führer lebt!!!" Schnell gewann er dem Ereignis positive Seiten ab und bezeichnete es „fast als Glück für Deutschland". „Denn nun wird reiner Tisch gemacht, wird aufgeräumt. Ein Schritt weiter zum endgültigen Sieg! Es lebe Deutschland!!" Gestützt wurde seine Sichtweise in dieser Zeit zunächst durch seinen mittlerweile in Paris stationierten Vater, der ihm von dort am 9. August schrieb, dass er als geborener Optimist „die Sache, obwohl sie z. Zt. toll verläuft, absolut nicht so schwarz" sehe. „Die Schweinebande Stauffenberg u. andere" sei „ja nun inzwischen aufgehängt worden". Er müsse sich zudem Günthers Ansicht anschließen, „dass der Führer weiß, was er will, und in dem Augenblick schon zuhaut – ob mit neuen Waffen oder mit alten –, wenn er es an der Zeit sieht. Also abwarten und Ruhe bewahren." Vor allem warte er gespannt auf den Einsatz der „V2": „Ich zähle die Minuten".

„Wunderwaffen"

Das propagandistische Schlagwort von den „Wunderwaffen", also die Hoffnung auf unerwartete, den Krieg entscheidende Waffenentwicklungen, sollte nach der Kriegswende 1942/43 in der deutschen Bevölkerung den Glauben an den „Endsieg" aufrechterhalten. Daher gab Propagandaminister Goebbels Anweisungen, Gerüchte über die Entwicklung und den kurz bevorstehenden Einsatz solcher „Wunderwaffen" zu streuen.

Tatsächlich gab es neue Waffen, die dann euphorisch als solche „Wunderwaffen" begrüßt wurden: Die Messerschmitt Me 262 war der erste operationsreife Düsenjäger der Welt. Außerdem verfügte die Wehrmacht in der zweiten Hälfte des Jahres 1944 über zwei neuartige Angriffswaffen: die „V1" (das „V" stand für „Vergeltung") als ferngesteuerten Flugkörper, der 1 000 Kilogramm Sprengstoff transportierte, und die „V2" als Großrakete mit Flüssigkeitstriebwerk, großer Reichweite und ebenfalls 1 000 Kilogramm Sprengstoff. Beide Waffensysteme wurden insbesondere gegen London und Antwerpen eingesetzt, wo sie große Schäden anrichteten. Gegen eine sich nähernde „V2" gab es wegen deren hoher Geschwindigkeit keine Vorwarnung.

In der deutschen Bevölkerung blieb die Begeisterung über die „Wunderwaffen" allerdings weit hinter den Erwartungen der nationalsozialistischen Führung zurück, da sie keine durchschlagende Wirkung zeitigten.

20. Juli 1944

Hinter dem Attentat auf Adolf Hitler standen Vertreter jener militärischen und national-konservativen Eliten, die 1933 und in den Jahren danach zunächst maßgeblich zur Machtübernahme und zur Machtsicherung der Nationalsozialisten beigetragen hatten. 1938 war es dann Generaloberst Ludwig Beck, der als Generalstabschef des Heeres versuchte, die deutsche Generalität dazu zu bewegen, Hitler die Gefolgschaft zu verweigern und zurückzutreten. Als er damit scheiterte, trat er aus Gewissensgründen selbst von seinem Amt zurück. Dennoch blieb Beck die treibende Kraft jener Militärs, die zum Staatsstreich entschlossen waren, und hielt engen Kontakt zu Carl Friedrich Goerdeler, dem Kopf des zivilen Widerstands.

Ab Herbst 1943 war Oberstleutnant Claus Schenk Graf von Stauffenberg in die Attentatspläne eingeweiht und als Attentäter vorgesehen. Nachdem bereits mehrere Versuche gescheitert waren, legte er am 20. Juli 1944 im „Führerhauptquartier Wolfsschanze" bei einer Lagebesprechung eine Bombe. Nach Hitlers Tod hätte eine zivile Regierung mit Generaloberst Ludwig Beck als Reichspräsident und Carl Friedrich Goerdeler als Reichskanzler eingesetzt werden sollen.

Der Attentatsversuch scheiterte jedoch, Hitler wurde nur leicht verletzt, und die von den Attentätern zur Übernahme der Macht geplante „Operation Walküre" misslang. Die Mehrheit der Verschwörer wurde verhaftet, mindestens 180 Personen wurden standrechtlich erschossen oder nach Schauprozessen hingerichtet. Das NS-Regime nutzte das Attentat als Auftakt einer Verfolgungswelle, die jegliche Opposition unterbinden sollte, weshalb beispielsweise die „Sippenhaft" für Familienangehörige politischer Gegner angewandt wurde.

Als sich Hitler unmittelbar nach dem Anschlag in der Öffentlichkeit zeigte, sahen sich große Teile der Bevölkerung in ihrem Glauben an die Unantastbarkeit des „vom Schicksal bestimmten Führers" bestätigt. Der wiederum teilte umgehend per Rundfunkrede mit, er sei völlig unverletzt, was er als „Bestätigung des Auftrages der Vorsehung" auffasse, sein „Lebensziel" in bisheriger Art und Weise weiterzuverfolgen. Nach Beobachtungen des Sicherheitsdienstes der SS atmete die Bevölkerung tatsächlich „erleichtert auf": „Fast durchweg ist die Bindung an den Führer vertieft und das Vertrauen zur Führung gestärkt worden." Folge sei „eine Erhöhung des Kampfgeistes und des Willens zum unbedingten Durchhalten". Das wollte man auch für die Wehrmacht erreichen, weshalb drei Tage nach dem Attentat auf Vorschlag von Hermann Göring dort der „Deutsche Gruß" eingeführt wurde.

Was Günther zu dieser Zeit ausweislich seines Tagebuchs am meisten störte, war der Umstand, dass er aufgrund des Offizierslehrgangs nicht an vorderster Front stehen konnte. „Besonders gerne", so notierte er etwa am 7. Juli, „möchte ich bei der Vergeltung mitmachen." Und als er am 21. August vor der zweiten Phase seiner Ausbildung stand, klagte er über die nunmehr wieder vor ihm liegenden „17 scheußlichen Wochen in Celle". „Dieses Leben in der Heimat kotzt mich an. Ich möchte wieder heraus, am liebsten zum Osten. Aber das ist ja gleich, nur in den Kampf! Mit dabei sein dürfen!!" Und wieder schloss er den Eintrag mit einer zuvor erlernten und von ihm seitdem häufiger benutzten propagandistischen Formel: „Wieder das Recht auf Leben verdienen!"

Gerade sein künftiges Leben, das heißt die Richtung, die es in dieser Hinsicht einzuschlagen galt, bereitete Günther in den ersten Tagen des neuen Lehrgangs aber offenbar erneut erhebliches Kopfzerbrechen. Seit einiger Zeit, so schrieb er am 28. August, sei in ihm „der Drang zu leben, leben! so groß", was ihn in einen Zwiespalt zwischen Kriegseinsatz und Zukunftsplanung brachte. „Leben und das Leben genießen! Geht's bald wieder raus? Hang und Gefühl drängen an die Front, nur der Verstand sagt mir, dass es hier besser ist. Und dann Mutter und Vater! Auf sie muss ich Rücksicht nehmen." Dabei versuchte nicht nur die verständlicherweise besorgte Mutter Elisabeth ihn stets zur Vorsicht und Zurückhaltung zu ermahnen, sondern auch Daueroptimist Toni Roos sah die Dinge mittlerweile eher düster. Es sei, so schrieb er seinem Sohn einen Tag nach der Einnahme von Paris durch die alliierten Truppen am 19. August, „ein Elend". „Alles ist Scheiße", der Nachschub habe „vollständig versagt", der deutsche Fuhrpark sei „auf dem Hund" und „wie sich die Sache entwickeln wird, weiß man nicht".

Günther saß derweil in Celle und grübelte. Seine aktuelle Sicht der Dinge, so versicherte er sich selbst, sei „keine Ausreden-Selbstnarkose", denn „warum sollte ich mich hier selbst belügen?". Ihm fehlte bei seinen Erwägungen ganz offensichtlich ein Gesprächspartner, der Vater Toni nicht nur wegen seiner nunmehr ins Schwanken gekommenen Weltsicht, sondern auch aufgrund seiner insgesamt unsteten, auf den leichten eigenen Vorteil bedachten Lebensweise längst nicht mehr sein konnte: „Hätte ich einen Menschen, der mich verstünde, mit dem ich mich besprechen könnte! Wäre doch Gustav da!!" „Mich kotzt das Leben an", äußerte der 20-Jährige auf der Suche nach Orientierung und fuhr fort: „Mit mir selbst bin ich uneins; weiß nicht wer und was ich bin. Weiß noch nicht mal, ob ich beim Militär bleiben soll oder nicht. Eins steht fest, im Einsatz, wo ich beweisen kann, ob ich Offizier bin oder nicht, werde ich mich entscheiden." Er habe wohl die schlechte Angewohnheit, dass er zu viel nachdenke und grüblerisch sei. „Aber muss ich mir nicht über mich selbst Klarheit verschaffen? Ich will leben, schaffen, Großes leisten, und nicht vegetieren. Aber wie soll ich dieses Ziel erreichen? Fragen, auf die ich nie eine Antwort finde." Die Tagebucheinträge im August 1944 zeigen Günther bei

234 / „General Roos – 26.5.1943": Dieses Porträt von Günther fertigte einer seiner Stubenkameraden beim Lehrgang in Celle an – wohl mit Blick auf dessen Auftreten und Aufstiegsambitionen in der Uniform eines Generals.

235 / Am 22. August 1944 begann für Günther Roos der zweite Teil seines Fahnenjunkerlehrgangs in Celle. Bescheinigung vom 31. August 1944

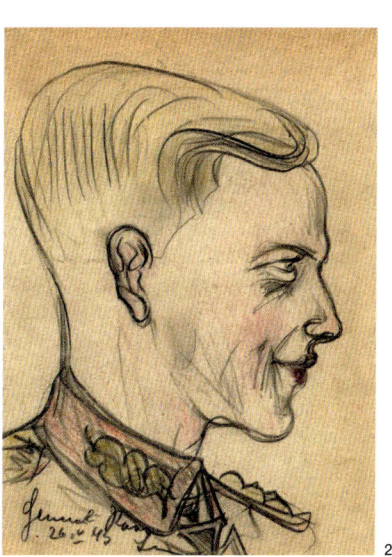

236 / Gruppenbild der Aufsicht 7 des Fahnenjunkerlehrgangs in Celle, Juni 1944. Günther Roos hinten, 2. v. r.

237 / Günther Roos' Beförderung zum Leutnant. Dokument vom Dezember 1944

aller fortbestehenden Überzeugung vom „Endsieg" wieder einmal in tiefen Zweifeln: „Oft male ich mir die schönsten Luftschlösser von Erfolg und Pflichterfüllung aus. Aber leider nur Luftschlösser!"

Seine vorübergehende Sinnkrise führte sogar dazu, dass er in einem Brief an seinen Vater den Alliierten am gleichen Tag strategisches Geschick zugestand. An der Westfront, so schrieb er, sehe es augenblicklich tatsächlich „beschissen, wenn auch nicht hoffnungslos aus". Vermutlich inspiriert durch entsprechende Analysen im Rahmen des Lehrgangs ging Günther – hierin schon ganz „General" – davon aus, dass bei den Alliierten wohl die Tendenz bestehe, „einmal an der Seine entlang, andersmal entlang der Rhone vorzustoßen, sich zu vereinigen und somit Südfrankreich abzuschneiden und unsere sich dort befindlichen Truppen zu kassieren". Das sei eine „sehr kluge und raffinierte Operation des Feindes!", gestand Günther ein. „Der Tommy hat doch sehr von uns gelernt." Dennoch schätzte er die deutschen Chancen nach wie vor sehr hoch ein: „Nach meiner Meinung steht und fällt der Angloamerikaner mit seiner ungeheuren Luftüberlegenheit. Gelingt es uns durch eine neue Waffe, diese zu vernichten, so ist die Lage schon durchsichtiger. Ich bin fest überzeugt, dass dieser Tag demnächst kommen wird. Es heißt für uns Zeit gewinnen. Der Engländer weiß das und setzt alles daran, uns noch vorher zu vernichten. ‚General Zeit' spielt jetzt für uns eine ungeheure, entscheidende Rolle."

Tatenlos in Kemme

„Hurra! Die Parole ist Wahrheit geworden", jubelte Günther Roos am 5. September. „Was ich nie geglaubt, aber immer gehofft habe, ist Tatsache geworden. Am Donnerstag geht's weg. Komme zur Ersatzeinheit." Hier würden die jungen Offiziere zunächst wohl als Ausbilder von Rekruten eingesetzt, mutmaßte er, ging aber hoffnungsvoll davon aus, dass dem alsbald der direkte Kriegseinsatz folgen würde: „Wo es an der Front so heiß hergeht, wird man uns wohl dort brauchen." An der Westfront, so Günthers unveränderte Einschätzung, sehe es „beschissen, aber noch nicht hoffnungslos" aus. „Wir hoffen alle auf die neuen Waffen. Wann kommen sie? Ich habe den festen Glauben, dass der Sieg dennoch unser ist, und den Wunsch, bei der Entscheidung mit dabei sein zu dürfen!!!"

So weit war es aber längst noch nicht, denn zunächst wurde der vier Tage später mit Wirkung vom 1. August zum Leutnant beförderte Jungoffizier nämlich nach Kemme bei Hildesheim versetzt, wo alles andere als der Krieg das Leben bestimmte. „Nun, hier ist es wahrhaft herrlich. Lebe wie ein Gott in Frankreich", berichtete er am 19. September. „Liegen im Privatquartier beim Kreisbauernführer, ein sehr nettes Haus. Essen herrlich, Arbeit keine, kurz, man kann es aushalten. Werden wohl noch drei bis vier Wochen hierbleiben."

Mit seiner Unterkunft, so erinnerte sich Günther Roos später, habe er „riesiges Glück" gehabt. Der Hausbesitzer sei der reichste Bauer des Ortes und zugleich Kreisbauernführer gewesen, dessen Bruder Gustav Behrens sogar Stellvertreter des Reichsbauernführers und erster Träger des „Ritterkreuz zum Kriegsverdienstkreuz". Man habe in Kemme „ein feudales Haus" geführt, wobei nichts an den gleichzeitig in seiner Endphase tobenden Krieg erinnert habe. „Das Essen wurde mit aller Form eingenommen. Das war zwar anstrengend, machte aber auch Spaß. So hieß es vor jeder Mahlzeit Dienstuniform aus und Ausgehuniform an." Samstags und sonntags sei die Dame des Hauses zum Essen gar im Abendkleid erschienen, und Donnerstag sei stets ein besonderer Tag gewesen, weil der Gauleiter von Hannover-Braunschweig und frühere Stabschef der Hitlerjugend Hartmann Lauterbach zum Doppelkopfspielen ins Haus Behrens gekommen sei.

„Es ist einfach herrlich. Ich fühle mich so sauwohl wie selten. Wir werden hier richtig verwöhnt", kommentierte Günther den außergewöhnlichen und ungewohnten Luxus am 23. September. Das Einzige, was ihn störte, war die von ihm als solche empfundene „Spießbürgerlichkeit" der Gastgeber, die verhinderte, dass er seine Zuneigung zu Helga, einer auf dem Gut beschäftigten

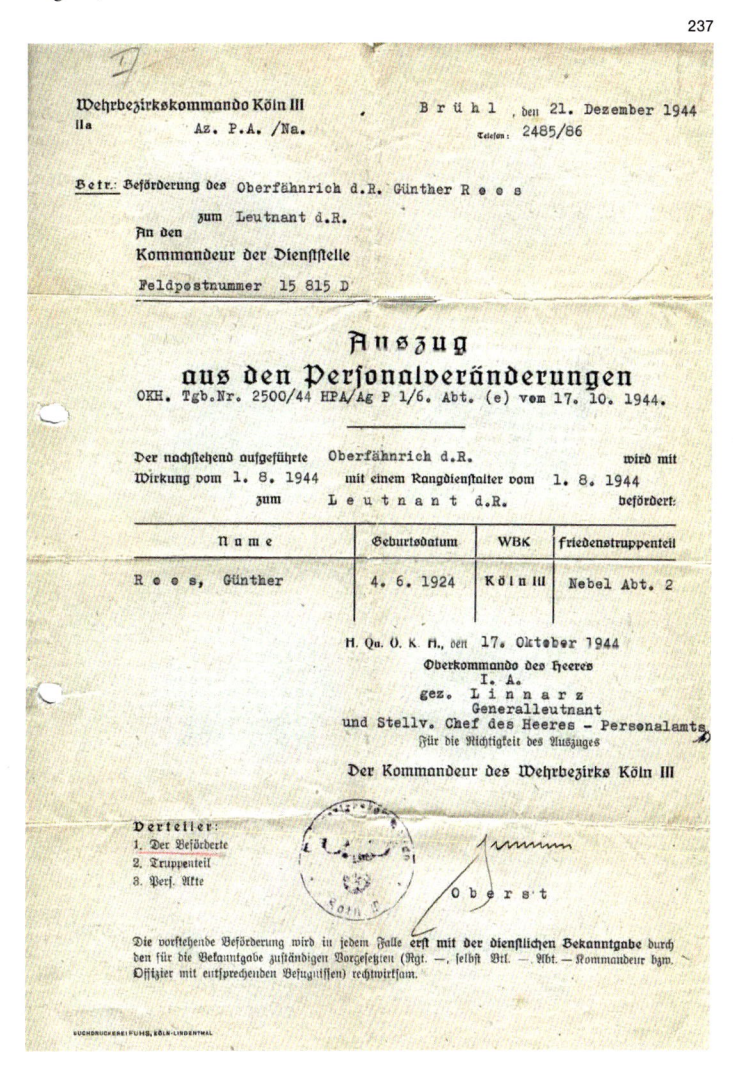

238 / Helga und Günther in Kemme, September 1944

Landwirtschaftslehrerin, nicht offen zeigen durfte: „Es ist mir unmöglich, mit ihr einmal auszugehen. Ich muss den Schein wahren, worauf hier sehr viel Wert gelegt wird."

Statt an der Front zu stehen, „fraß" sich Günther in Kemme durch die dortige große Bibliothek und las *Die Leiden des jungen Werther* von Goethe und *Lukrezia Borgia* vom jüdischstämmigen Alfred Schirokauer. Beide Bücher inspirierten ihn zu einem Tagebucheintrag: Der „Werther" habe ihn „sehr angesprochen", berichtete er, wobei ihn insbesondere das darin aufgeworfene „Selbstmordproblem" zu einer Stellungnahme zwinge: „Es ist nicht leicht, ja unmöglich, eine allgemeine Schablone anzulegen. Also spreche ich von mir. Dass ich aus Liebe oder ähnlich komischen Gefühlen Schluss machen würde, wirkt fast lächerlich auf mich, bei meiner Anschauung über Gefühle. Dass ein rettungslos Kranker sich das Leben nimmt, ist mir klar, ich würde es auch tun. Und sonst? Es kann Feigheit sein, aber auch letzte Konsequenz einer Tat. Hierzwischen ist aber nur schwer zu entscheiden." Günther zog ein konkretes Beispiel aus eigenem Erleben heran: „Aber damals, als ich die Fußverletzung hatte, stand ich vor dieser Frage. Wenn ich vor das Kriegsgericht gekommen wäre, ja das Leben wäre vorbei, meine Ehre nach außen hin befleckt gewesen. Vor mir selbst jedoch war ich rein. Ich hätte mich durchfressen müssen. Tod wäre hier Feigheit und Schuldbekenntnis gewesen. Hätte ich mich aber selbst verstümmelt, wäre dann nicht der Selbstmord die einzige richtige Folgerung gewesen?"

Auch hinsichtlich der Figur des machtbewussten und als skrupellos geltenden Cesare Borgia geriet Günther Roos ins Grübeln. Aus seiner Lektüre von Schirokauers Buch zog er schließlich folgende Schlüsse: „Der Erfolg allein rechtfertigt und entsühnt. Auch Augustus war durch Blut zum Kaisertum geschritten; Augustus wie alle großen Eroberer." Hier sah er offenbar eine Lösung auf der Suche nach Rechtfertigungen für die ihm zumindest in Teilen bekannten Gräueltaten des NS-Regimes: „Der letzte Schritt entschuldigt und tilgt den Frevel aller früheren, wenn das Ziel erreicht wird. Dann sieht die Welt und Nachwelt nur den ruhmreichen Sieger. Dann wird plötzlich für Zeitgenossen und Nachfahren aus dem Mörder und Verräter der Heros der Geschichte." In einer solchen Der-Zweck-heiligt-die-Mittel-Mentalität sah Günther angesichts eines noch immer erhofften Sieges einen möglichen Ausweg. „Wahrhaftig, nur der Erfolg entscheidet. Angenommen, wir verlören diesen Krieg, dann wäre Hitler der größte Bluthund der Geschichte, von dem man nur mit Schaudern spricht. So aber ist er der Erretter Europas."

Zweifel versuchte der seit Jahren systematisch indoktrinierte Günther erfolgreich im Keim zu ersticken und mittels permanent aufgeschnappter Propagandafloskeln zu vertreiben. So nahm er

Volkssturm

Bereits am 17. September hatte Propagandaminister Goebbels über den „Volkskrieg um unser Leben" geschrieben, der „eine Sache unseres ganzen Volkes" sei: „Die Schwachen mögen dahinsinken, aber die Starken bleiben." Acht Tage später, am 25. September, wurde dann durch einen Erlass Hitlers der „Volkssturm" ins Leben gerufen und damit die Erfassung aller noch nicht einberufenen waffenfähigen Männer zwischen 16 und 60 Jahren zur Verteidigung des „Heimatbodens" angeordnet. Sie sollten „zur Verstärkung der aktiven Kräfte unserer Wehrmacht und insbesondere zur Führung eines unerbittlichen Kampfes überall dort, wo der Feind den deutschen Boden betreten will", eingesetzt werden.

Gemeint waren damit alte Männer und Jugendliche, die ohne Ausbildung mit völlig unzureichender Ausrüstung in zufällig zusammengestellten Kampfgruppen dem hochgerüsteten und entsprechend überlegenen Feind entgegentreten sollten. Nach wenigen Stunden improvisierter „Schulung" erhielten die „Volkssturm"-Angehörigen eine entsprechende Armbinde und ein Soldbuch, wodurch sie zu regulären Soldaten der Wehrmacht wurden. Alle verfügbaren Greise, Kranken und Kinder sollten mit alten Gewehren und verrosteten Panzerfäusten ohne Munition in den Krieg ziehen und ihn zugunsten Deutschlands entscheiden! Betroffen waren von dieser Zwangsmaßnahme immerhin rund sechs Millionen Männer und Jugendliche, deren Kampfkraft minimal war und blieb.

Viele der Volkssturmmänner und -kinder verloren insbesondere im Osten beim Kampf gegen die sowjetische Armee ihr Leben. Nach Kriegsende galten 175 000 von ihnen als vermisst. Im Westen zeichnete sich der Volkssturm dagegen eher durch eine immense Zahl von Deserteuren aus, die angesichts der nahenden alliierten Truppen ungeschoren untertauchten.

natürlich auch die von markigen Worten begleitete „Ausrufung des Volkssturms" ausweislich seines Tagebucheintrags vom 19. Oktober mit Begeisterung auf: „Alles, was Waffen tragen kann, wenn es Not tut, auch die Frauen, werden die Heimat verteidigen. Ein totaler Krieg! Eine wahrhaft große, überwältigende Zeit. Wir werden siegen, denn dieser Glaube ist nicht zu vernichten. Wenn auch alle Grenzen berannt werden, am Ende sind wir doch oben."

Als dann am 26. Oktober der Marschbefehl Richtung Front in Kemme eintraf, kannte Günthers Pathos endgültig keine Grenzen mehr. „Morgen geht es los. Der Krieg beginnt", kommentierte er die Aufgabe der als so angenehm empfundenen Unterkunft beim Kreisbauernführer. Ihm sei, „als bräche ich sämtliche Brücken hinter mir ab, als mache ich Schluss mit dem Leben". Er sei natürlich aufgeregt und „das Herz klopft bis zum Hals", aber Angst? Sein „Instinkt" und Gefühl wehre sich zwar gegen Krieg und Sterben, er selbst aber freue sich darauf, „meinem Vaterland dienen zu können": „Und so ziehen wir froh hinaus." Mit einem „Batterieabend mit großer Sauferei", so war sich Günther sicher, würde „Abschied genommen vom bisherigen Leben" und ein neues werde beginnen. Dieser Wechsel fiel auch mit dem Abschluss einer Kladde für seine Aufzeichnungen zusammen: „Und damit möchte ich auch dieses Buch beschließen, das mit dem Unteroffizier begann, der vor dem Abmarsch nach Russland ein schönes, großes Erlebnis hatte, bis zu dem jungen Leutnant, der mit frohem und dankbarem Herzen hinauszieht, dem Vaterland zu dienen."

Bevor der „Krieger" Günther Roos „ins Feld" ziehen konnte, bezog seine Einheit allerdings „Ortsunterkunft" bei Xanten am Niederrhein, wo sie wiederum rund fünf Wochen tatenlos ausharrte. Es mutet eigenartig an, dass sich in Zeiten, in denen ein nahezu unbewaffneter „Volkssturm" mit alten Männern und halben Kindern die deutschen Grenzen verteidigen sollte, ein perfekt ausgebildeter und hochgerüsteter Teil der schlagkräftigen Nebeltruppe langweilte. Günther, der Kemme mit dem festen Vorsatz verlassen hatte, „bis zum Letzten meine heilige Pflicht zu erfüllen", äußerte nach drei Wochen am 21. November in einem Brief an seine Mutter, er „glaube fast, dass man uns total vergessen hat". Er sah sich vorwiegend in der Rolle eines interessierten Zuschauers: „Draußen ist es das schönste Schauspiel. Die Flak schießt wie toll. Dazwischen zieht die V2 ihre feurige Bahn. Jedes Mal ist es wie eine Beruhigung für uns und eine Mahnung für den Tommy." Seine Zuversicht blieb ungebrochen: „Genauso wie V1 und V2 kommen, so wird auch unsere Luftwaffe mit neuen, besseren Typen kommen. Dann armer Tommy, wie werden wir dich jagen! Ihr könnt ganz beruhigt sein, bis nach Köln kommt er nicht mehr. In einem Jahr ist Siegesfeier! Die haben wir uns dann ja auch ehrlich verdient!"

Den Glauben an den „Endsieg" forderte er nun auch nachdrücklich von seinen Eltern ein. „Ich weiß gar nicht, was mit Euch los ist", schrieb er am 28. November nach Brühl. „Wenn man Eure Briefe liest, könnte man fast meinen, der Krieg wäre schon verloren. Verlasse Dich darauf, bald kommt der Tag, an dem wir wieder in Paris einmarschieren. Ihr müsst in der Heimat nur Vertrauen auf den Führer und den festen Glauben zum Sieg haben. Das Andere machen wir Soldaten schon. Dies wenige müssen wir aber von Euch schon erwarten, ja verlangen! Also, Kopf hoch!" Besonders störte es den frischgebackenen Offizier offenbar, dass er von Mutter Elisabeth, aber auch von Vater Toni permanent zur Vorsicht, ja – aus seiner Sicht – gar zur Feigheit aufgefordert wurde: „Dann gibst Du mir den ‚guten Rat', zwar meine Pflicht zu tun; mich aber nicht nach vorn zu drängen. Meine Pflicht werde ich schon tun; und als Offizier ist es meine Pflicht, auch nach vorn zu drängen, Vorbild zu sein." Günther sah sich zu dieser Zeit wieder ganz als „Führer und Vaterland" verpflichteter Fels in der Brandung, der einen Eid geschworen hatte, auf dem „Feld der Ehre" auszuharren. Eine solche Einstellung erwartete er auch von seiner Mutter, die ja immerhin bereits einen Sohn verloren hatte: „Und um eins bitte ich Dich: Mach Dir keine Sorgen um mich! Froh und voll Stolz, einen Sohn draußen zu haben, so will ich, dass an mich gedacht wird, und nicht anders!"

Es ist wohl ein typisches Phänomen in Zeiten des Krieges, dass markige, durchaus ernst gemeinte Worte mit den Realitäten des Soldatenalltags kollidieren. So auch im Fall von Günther Roos. Er war in dem niederrheinischen Ort privat bei der Witwe eines Wehrmachtssoldaten untergekommen, über deren ausgeprägten Katholizismus er sich insbesondere gegenüber seinem in dieser Hinsicht ja ihm gleichgesinnten Vater lustig machte. Ob Kruzifixe und Heiligenstatuen als äußere Symbole oder strenge moralische Vorstellungen als innere Einstellung, deren Einhaltung von ihr streng überwacht wurde: Seine Wirtin erschien Günther als Zumutung – insbesondere, wenn er Freunde und Freundinnen mit ins Haus brachte: „Dann setzten wir uns gemütlich zusammen, tranken etwas und klönten bei tollster Jazzmusik. Draußen in der Küche saß Frau H., entrüstete sich über die unmoralische Jugend und passte auf, dass nichts passierte."

Aber dennoch sah sich Günther selbst in Zeiten des nahenden Kriegsendes weiterhin in seinen Augen überkommenen Verhaltensregeln verpflichtet. Nachdem er im Nachbarort die nähere Bekanntschaft eines Mädchens gemacht hatte, galt es am 6. Dezember einen regelrechten „Schlachtplan" auszuhecken, wie es zu arrangieren sei, dass seine Bekannte die Nacht in seinem Zimmer verbringen konnte, ohne dass die Hausherrin hiervon etwas bemerken würde: „Bis zwölf Uhr nachts saß ich mit Inge noch unten im Gastzimmer. Mit viel List und Tücke schmuggelte ich sie dann auf mein Zimmer, brachte sie zum Schein nach Hause, d. h. ich machte einen kleinen Spaziergang durch die alte Stadt, während Inge bei mir auf dem Zimmer saß. Inzwischen hatte man die Haustür abgeschlossen, damit man kontrollieren konnte, ob ich auch alleine zurückkomme. Ich kam alleine, denn sie war ja noch oben. Man war beruhigt. Um fünf Uhr morgens schmuggelte ich Inge dann ebenso raffiniert aus dem Haus heraus." Angesichts der Lage am Niederrhein Anfang Dezember 1944 eine fast skurriles Geschehen.

Ardennenoffensive

Zwei Tage nach seinem amourösen Abenteuer konnte Günther Roos endlich vom lang ersehnten Marschbefehl berichten, der seine Einheit in die Eifel beorderte, wo sie nach drei Tagen zunächst Kyll, dann Ulmen und weitere zwei Tage darauf Preischeid an der luxemburgischen Grenze erreichte. Es sei „seltsam", so schrieb er hierüber, „wie emsig es nach Anbruch der Dunkelheit auf den Straßen in der Eifel" sei: „Truppen rollen und rollen. Irgendetwas Großes ist im Gange? Der

Ardennenoffensive

Am 21. Oktober war Aachen als erste deutsche Großstadt von amerikanischen Panzerverbänden erobert worden – ein Ereignis, dem ein hoher symbolischer Wert zukam, denn damit war der angeblich so uneinnehmbare „Westwall" überwunden. Alliierte Truppen drangen immer weiter vor, so am 2. Dezember in das Saartal, während sich die Wehrmacht am 13. des Monats aus dem Nordelsass zurückzog.

Umso überraschter waren Amerikaner und Briten, als am 16. Dezember mit der Ardennenoffensive der letzte – und vergebliche – Versuch der Wehrmacht begann, den alliierten Ring im Westen zu durchbrechen. Hitlers Plan sah vor, von den unwegsamen Ardennen aus über die Maas vorzustoßen und Brüssel einzunehmen, um anschließend Antwerpen zurückzuerobern.

Nach Anfangserfolgen an der 100 Kilometer breiten Vormarschlinie erlahmte der deutsche Vorstoß aber schnell. Nachdem die Wetterlage ab dem 23. Dezember wieder den Einsatz alliierter Luftstreitkräfte zuließ, erklärte Generalfeldmarschall Gerd von Rundstedt am ersten Weihnachtstag die Offensive für gescheitert. Hitler hingegen lehnte dessen Forderung nach einer Rücknahme der Wehrmachtsverbände auf die Linie des „Westwalls" ab und forderte seinerseits, das aussichtslose Unternehmen fortzusetzen, wozu aber sowohl Material als auch Soldaten fehlten.

Von der Landung der Alliierten am 6. Juni 1944 bis Weihnachten waren allein im Westen 800 000 deutsche Soldaten gefangen genommen worden. Am 16. Januar 1945 schlossen sich schließlich britische und amerikanische Truppen im Zuge ihrer Gegenoffensive in Ostbelgien zusammen, um die deutschen Truppen bis zum Monatsende wieder auf deren Ausgangsstellung vom Dezember 1944 zurückzudrängen. Die kriegsverlängernde Ardennenoffensive kostete 20 000 deutschen und 30 000 alliierten Soldaten das Leben.

239 / Günther Roos mit Bart, um die Jahreswende 1944/45. Er selbst schrieb hierzu mit Blick auf den Beginn der Ardennenoffensive: „Zum Andenken an diesen Tag rasiere ich mir nicht mehr die Oberlippe und trage so einen prachtvollen Schnurrbart, zum Entsetzen aller Herren der Abteilung."

herbeigehoffte Gegenschlag? Das Wunder? Wir alle fiebern vor Erwartung auf das Kommende." Günther war begeistert: „Hier wimmelt es vor Truppen. Alles ist vollgestopft", und vor allem: „In den Wäldern Panzer über Panzer." Endlich schien das „Große", was er und mit ihm viele andere seit Langem sehnsüchtig erwarteten, einzutreten. „Am Tage eine unheimliche Ruhe, in der Nacht eine noch unheimlichere Geschäftigkeit. Was ist los? Was wird gespielt?"

Die Auflösung des Rätsels erfolgte durch den am 15. Dezember erteilten Einsatzbefehl: „Am 16.12. soll es losgehen. In einem Befehl von Generalfeldmarschall Model – der Name bürgt für Qualität – wird die Angriffsparole bekannt gegeben: ‚Vorwärts zur Maas, über die Maas nach Antwerpen!' Der Plan der Offensive ist zu fantastisch, um wahr zu sein. In kürzester Zeit Durchstoß nach Antwerpen, Trennung der Engländer von den Amerikanern. Ein Wort beherrscht alles. Vorwärts, vorwärts!! Angriff!! Schärfste Befehle kommen: ‚Wer plündert und damit den Vormarsch verzögert, wird erschossen.' ‚Wer Stockungen verursacht, kommt vors Kriegsgericht, ebenfalls der Offizier, der sich nicht sofort um die Beseitigung der Stockung kümmert.' ‚Vorwärts zur Maas über Mons nach Antwerpen!' usw. Weihnachten wollen wir am Meer feiern. Alles schwärmt in Siegeshoffnung." In der Nacht vom 15. zum 16. Dezember brachte sich Günthers Einheit in die befohlene Stellung: „Als wir dann in der Nacht vorrückten und die endlosen Kolonnen von Fahrzeugen und Panzern sahen, stieg unsere Begeisterung und Siegeszuversicht von Stunde zu Stunde. Es geht wieder nach vorne! Das ist die lang ersehnte Wende! Das ist der Anfang vom Endsieg!!"

„Und dann kommt endlich DER Tag, der 16.12.1944. Bei Eisenbach überschreiten wir die Our und gehen zu den Gefechtsvorposten jenseits des Flusses. Infanterie geht bereits in Bereitstellung. Auf einer Höhe ist der Gefechtsstand. Kaum sind wir dort, geht auch der Feuerzauber schon los. Die ganze Front wird lebendig. Ein dumpfes Dröhnen und Brausen ist in der Luft. Plötzlich ein Flammenmeer, ein infernalisches Heulen. Unsere Werfer schießen!!! Die Brigade hat den ersten Feuerschlag ausgelöst. Dann zuckt es blutig drüben in Hosingen auf – immer und immer wieder. Sechshundert Schuss kommen in neunzig Sekunden nieder. Die Hölle!" Günther Roos war begeistert und erlebte, wie er seinem Vater einen Tag später brieflich mitteilte, den ersten Tag der deutschen Offensive als wahre „Wonne": „Unsere Salven schossen alles zu Brei, und dann ging es fast wie beim Manöver vorwärts. Vorwärts, stell Dir das einmal vor! Ich bin davon überzeugt, dass nun alles in bester Butter ist, wie ich Dir schon immer schrieb." Im Tagebuch beschrieb er den 16. Dezember so: „Es wird Tag, ein nebliger Wintertag. Dann kommen die ersten Toten. Sieg! Beim ersten, der von einem Artillerietreffer zerfetzt ist und verlassen im Gelände liegt, packt einen doch das Grauen. Aber dann denkt man noch: ‚Pech gehabt' und geht weiter. Krieg!" Ein grausamer und verlustreicher Vormarsch hatte begonnen, der – entgegen Günthers Überzeugung – nicht „der Anfang vom Endsieg", sondern der Anfang vom endgültigen Ende sein sollte.

Er selbst wurde beim ersten Vorstoß durch einen Streifschuss amerikanischer Scharfschützen leicht am Rücken verletzt, konnte aber – wie er es ausdrückte – „beim Haufen" bleiben. Schnell verkehrten sich die übergroßen Hoffnungen aber in Zweifel und Ärger, denn für Günthers Truppe war der Vormarsch bereits wieder beendet. Erneut begann die Zeit des nervenzehrenden Wartens auf neue Einsatzbefehle – „aber man brauchte uns nicht". Also suchte er sich im evakuierten Preischeid ein geeignetes Haus als Unterkunft. Was folgte, so Günther Roos später, sei „ein recht merkwürdiger Krieg" gewesen: „Wir blieben nämlich einfach in Preischeid liegen, während wir uns ärgerten, jetzt, wo die Wende des Krieges begann, nicht dabei sein zu dürfen." Meldungen, die seine Einheit in dem kleinen

400-Seelen-Dörfchen über den weiteren deutschen Vormarsch erhielt, hätten aber immerhin einen „Siegesrausch" verursacht: „Wir schlossen Wetten ab, wann wir wieder in Paris einmarschieren würden." Erst lange nach dem Krieg habe er dann Näheres über die erzwungene Untätigkeit erfahren. Sie sei das Werk des Regimentskommandeurs Oberst Krause und dessen Stabsoffiziers gewesen. Weil beide klar erkannt gehabt hätten, dass der Krieg verloren sei, hätten sie ihre Hauptaufgabe darin gesehen, das Regiment möglichst aus den grausamen Kämpfen herauszuhalten, was schließlich auch weitgehend gelungen sei.

Hieraus resultierte, wie Günther Roos seine Empfindungen später beschrieb, ein „merkwürdiger Krieg". Er habe sich in den ruhigen Preischeider Tagen mit deutscher Geschichte, dem Lernen von etwas Französisch und der Lektüre von Rosenbergs *Mythus des 20. Jahrhundert* beschäftigt, fasste er den Verlauf dieser Tage zusammen. „Hier fand ich aber auch nicht das, was ich suchte. So verging die Zeit. Im Inneren waren wir zufrieden, noch ein so ruhiges Leben führen zu können, aber täglich redeten wir uns vor, dass wir uns auf den Einsatz freuten, die Ruhe verfluchten und den Tag der Bewährung herbeisehnten, bis wir es selbst glaubten und hiervon überzeugt waren. Langsam kam Weihnachten." – Besser lässt sich die täglich größer werdende Diskrepanz zwischen propagandistisch erzeugter Gläubigkeit und der realen Entwicklung kaum auf den Punkt bringen.

Man verlebte in Preischeid inmitten der tobenden Ardennenoffensive „in den letzten Tagen des Jahres noch eine schöne Zeit". Nachdem Günther am Nachmittag des 24. Dezember eine organisatorische Aufgabe erledigt hatte, kam er ins Preischeider Bauernhäuschen, das er sich zwischenzeitlich als „Junggesellenheim" eingerichtet hatte, zurück, badete und feierte dann den Heiligabend. „Nach dem Bad machte ich einen Spaziergang über die Höhe", schrieb er seiner Mutter am ersten Weihnachtstag. „Vor mir lag die Eifel mit ihren weißen Tannenwäldern, ein strahlend blauer Himmel über dem Land. Weihnachten!" Über die Weihnachtsfeier der Batterie berichtete er, dass man nach der Bescherung „einige Lieder" gesungen und die Goebbels-Rede im Rundfunk angehört habe. „Anschließend saß ich dann noch bis Mitternacht mit den Leuten in den Quartieren zusammen. Um 12 Uhr kam der Chef und Leutnant Gerlach in meine Wohnung, wo wir noch die gute Flasche [Wein] von zu Hause wie versprochen tranken. Das war mein Weihnachten."

Laut Tagebuch verlief der Abend hingegen weniger gemeinschaftlich: „Wir saßen alle friedlich mit der ganzen Einheit zusammen, sangen einige Lieder, der Chef hielt eine unpassende Rede, und dann erzählten wir bei etwas Wein von zu Hause und von früher. Anschließend war beim Chef ein fantastisches Abendessen, und dann soffen wir noch etwas. Dann ging ich noch einmal zum Batterietrupp und legte mich dann, ehe ich den Moralischen bekommen konnte, ins Bett." Günthers Stimmung war also offenbar stark von Wehmut geprägt: „Weihnachten! Was alles liegt in diesem Wort! Friede, Ruhe, Heimat und Kindheit. Man sieht, wie man als Kind ungeduldig die Stunden bis zur Bescherung zählte, wie man staunend vor dem Baum stand, die Geschenke betrachtet, wie man dann abends in die Christmette ging. All das steht wieder auf bei dem Wort Weihnachten."

Der Alltag beim Militär gestaltete sich im Vergleich zu diesen sentimentalen Erinnerungen hingegen völlig anders. Auch am ersten Weihnachtstag ergab sich Günther mit einigen anderen Offizieren „dem stillen Suff", der auch die folgenden Tage und den Jahreswechsel in erheblichem Maße mitbestimmte: „Schön feierten wir auch Neujahr. Es begann mit einem herrlichen Hühneressen beim Chef. Dann ging das große Besäufnis los. Alles war total blau. […] Dann startete ich zu einer Rundreise zu den einzelnen Staffeln. Morgens um vier Uhr landete ich bei der II. Batterie. Hier bot sich ein Bild

240 / Erste Seite des „Weihnachtsbriefs" von Günther Roos an seinen Vater, Dezember 1944

des Grauens. [...] Als ich in den Saal kam, wo die Oberschlesier hausten, war hier die Hölle los. Die ganzen Kumpels waren blau und schlugen nach alter Landessitte Krach. Ich musste schließlich zur Pistole greifen, um Ruhe zu schaffen. Gleich am nächsten Tag ging die wüste Sauferei bei den Fahrern weiter. [...] Abends veranstaltete die Nachrichtenstaffel Tanz mit den Dorfschönen." – So gestaltete sich also der Jahreswechsel beim Werfer-Regiment 85 an der umkämpften Westfront!

Einige Monate später verfasste der in amerikanischer Gefangenschaft befindliche Günther im irrtümlichen Glauben, sein Tagebuch über diese Zeit in der Eifel verloren zu haben, ein „Gedächtnisprotokoll", in dem er die Jahreswende anders erinnerte: „Im Forsthaus feierten wir noch ein herrliches Silvester. Und eine Frage bewegte uns alle in dieser Stunde: Was wird das neue Jahr bringen? Kommt die versprochene Wende? Kommt der Sieg??"

Preis 20 Pfennig

DONNERSTAG, 11. JANUAR 1945
20. JAHRGANG ∴ FOLGE 2

Mit herzlichen Heimatgrüßen
an die Front von:

JB Illustrierter Beobachter

VERLAG FRANZ EHER NACHF. G.M.B.H. MÜNCHEN 22

Panzerschreck nach vorn!
Gegen den Dorfrand sind bolschewistische Panzer vorgestoßen. Bewährte Einzelkämpfer eilen nach vorn, um die Gefahr mit Panzerschreck und anderen Waffen abzuwehren.
PK-Aufnahme: Kriegsberichter Uecker (PBZ).

„Man muss schon fanatisch sein, und das bin ich ja, Gott sei Dank."

Brief von Günther Roos an seinen Vater
14. Februar 1945

1945

1945 brachte das Ende des Weltkriegs. Zuvor vergingen in Europa aber noch mehr als vier, in Asien gar acht Monate, die ungezählten Menschen das Leben kosteten. Insgesamt schätzt man, dass durch Kriegseinwirkung weltweit 65 Millionen Menschen ums Leben kamen, etwa die Hälfte von ihnen Zivilisten. Außerdem lagen weite Teile des europäischen Kontinents – insbesondere die Großstädte – in Trümmern.

Auf dem europäischen Kriegsschauplatz dauerten die Kämpfe bis zuletzt mit unverminderter Härte an. Mit den vorrückenden sowjetischen Armeen brach für die im Osten wohnende deutsche Zivilbevölkerung eine neue Katastrophe ungeahnten Ausmaßes herein. In endlosen Trecks versuchten die Menschen – zumeist Frauen, Kinder und Greise – bei eisiger Kälte nach Westen zu gelangen. Währenddessen drangen die Westalliierten über den Rhein bis zur Elbe vor, wo sie am 25. April mit sowjetischen Einheiten zusammentrafen. Außerdem wurden die schweren alliierten Bombardements auf Städte, Industriezentren und Verkehrsknotenpunkte im gesamten Reichsgebiet mit hoher Intensität fortgesetzt.

Trotz der unabwendbaren Niederlage versuchte die NS-Führung bis zum Schluss mit allen Mitteln, die Bevölkerung zum Durchhalten zu motivieren, ohne den Vormarsch der alliierten Truppen dadurch aufhalten zu können. Adolf Hitler entzog sich schließlich am 30. April im Bunker unter der Reichskanzlei in Berlin durch Selbstmord jeglicher Verantwortung. Zur gleichen Zeit hissten sowjetische Soldaten auf der Ruine des Reichstages die Rote Fahne.

Nach und nach offenbarte sich nun das ganze Ausmaß der nationalsozialistischen Verbrechen in den Vernichtungs- und Konzentrationslagern, bei deren Befreiung sich den Soldaten ein Bild des Grauens bot. Im Rahmen der Nürnberger Prozesse wurde bekannt, dass allein bis zu sechs Millionen europäischer Juden ermordet worden waren.

Die Unterzeichnung der deutschen Gesamtkapitulation zwischen dem 7. und 9. Mai besiegelte die militärische, politische und moralische Niederlage Deutschlands, das in Besatzungszonen aufgeteilt wurde, von denen jede der Siegermächte eine übernahm. Die entscheidenden Weichenstellungen für die Nachkriegszeit erfolgten auf Konferenzen, auf denen sich die Siegermächte darauf einigten, das besiegte Deutschland zu demilitarisieren, seine Bevölkerung zu entnazifizieren, die Rüstungswirtschaft zu entflechten und die Deutschen zur Demokratie zurückzuführen.

Das öffentliche Leben kam unter Aufsicht der Besatzungsmächte nur langsam wieder in Gang. In den Städten wurde mit der Beseitigung der materiellen Trümmer begonnen, während die psychischen Deformationen noch lange Zeit Spuren hinterlassen sollten. Die Hauptlast der Arbeit lag zunächst bei den Frauen, weil die Männer entweder an den Fronten umgekommen oder in Kriegsgefangenschaft geraten waren. Über elf Millionen deutsche Soldaten befanden sich bei Kriegsende in alliiertem Gewahrsam. An einen Wiederaufbau Deutschlands war unter solchen Umständen kaum zu denken.

Das neue Jahr begann, wie das alte geendet hatte: „Mit dem Einsatz war es wieder einmal nichts. So langsam glaube ich an nichts mehr. Nun liegen wir seit Angriffsbeginn in dem blöden Eifelnest", schrieb ein empörter Günther Roos am 3. Januar 1945 an seinen Vater. Seinen (Zweck-)Optimismus hatte er sich zwar bewahrt: „Bin ja jetzt nur einmal gespannt, wie lange der Amerikaner noch unseren Vormarsch bremsen kann." Doch auch zehn Tage später hatte sich an seiner Lage nichts geändert: „Unsere Hauptbeschäftigung besteht darin, dass man wunderbare Spaziergänge durch tief verschneite Eifelberge machte oder auf Pirsch zog. Also mehr oder weniger ein Winter-Kuraufenthalt."

Auf dem Weg zum „Endsieg"?

In den folgenden Monaten durchlief Günther eine bemerkenswerte Entwicklung, denn zumindest seine im Tagebuch und in Briefen überlieferten Äußerungen erwecken den Eindruck, dass er sich, je deutlicher sich die deutsche Niederlage abzeichnete, umso überzeugter vom „Endsieg" zeigte. Einen ersten Beleg für diese Tendenz stellt ein Brief dar, den er am 22. Januar an Vater Toni richtete und diesen darin – den überlieferten Schriftstücken zufolge erstmals – massiv kritisierte. Ausgangspunkt der heftigen Schelte war ein Brief des Vaters vom 21. Dezember des Vorjahres, der leider nicht erhalten ist. Als ihn dieses Schreiben mit einmonatiger Verspätung erreicht habe, so Günther in seiner Antwort darauf einleitend, sei die damit verbundene Freude bei der Lektüre schnell verflogen und er sehr enttäuscht gewesen. Zur Erklärung skizzierte er mit Blick auf seine Mutter zunächst ein Frauenbild, das vermutlich aus einer Kombination der Vorbildfunktion des Vaters mit Versatzstücken der NS-Propaganda entstanden war. „Wenn Mutter ultraschwarze Briefe schreibt", so der Sohn mit Bezug auf deren Kirchennähe, so kümmere ihn das wenig. „Sie hat keinen politischen Blick, plappert mehr oder weniger nur das nach, was ihr die christ-katholischen Geister vorreden. Sie sieht nur den engen Rahmen der Familie und kann es nicht begreifen, dass es auch noch etwas Höheres gibt, wofür man ‚Freiheit', Bequemlichkeit, ruhiges und gutes Leben, und wenn nötig auch die Kinder opfern muss, nämlich das Volk." Das entspringe aber keinesfalls einem „bösen Wille" von Elisabeth Roos, sondern belege nur, dass sie durch „Erziehung und Verwandtschaft" gefesselt sei. Deshalb nehme er die von ihr verfassten „pessimistischen Briefe" auch „nicht für Ernst", würden diese doch keinesfalls deren „ureigenste Meinung" widerspiegeln.

Dann setzte Günther zu einer Art Frontalangriff auf seinen wenige Monate zuvor noch vom deutschen Sieg überzeugten Vater an, der unter dem Eindruck der Aufgabe von Paris und dem hektischen Rückzug viel von seinem politischen Glauben eingebüßt hatte. Es sei „etwas ganz anderes", wenn er ihm solche Briefe schreibe: „Von Dir könnte ich etwas ganz anderes erwarten. Du bist ein Mann, von dem ich bisher annahm, einen Weitblick für das politische und militärische Geschehen zu haben, und der vor allen Dingen als alter Nazi fest an unsere Sache und an den Sieg glaubt, mag da kommen, was da will. In guten Zeiten Nationalsozialist zu sein und an den Führer glauben und auf unsere Kraft zu vertrauen, ist leicht. Das kann jeder kleine Geist. Da war sogar Onkel Jupp begeistert. Das aber jetzt in Krisenzeiten zu tun, ist nicht einfach." Er würde es sehr bedauern, wenn sein Vater eine solche Überzeugung nun nicht mehr aufbringen könne; „in diesem Fall würdest Du mir leidtun". Entscheidend sei auch in diesem Krieg „die letzte Schlacht, und die gewinnen wir!!" An der Front jedenfalls glaube man weiterhin „fest an den Sieg, und [wir] lassen uns durch nichts erschüttern". Auch wenn im Osten „der Russe überall in Deutschland" eindringe, sei dessen Stunde noch nicht gekommen. „Und sie wird kommen! Verlasse Dich darauf!!"

Diese im Brief geäußerte Sicht blieb fortan die felsenfeste, an Stärke eher noch zunehmende Überzeugung eines jungen Offiziers, der immerhin einen gewissen Überblick über die aussichtslose Lage an den Fronten hatte. Entsprechend unnachgiebig wurde gekämpft und getötet. „Zwei Tote, ein Verwundeter. Am Abend erster Angriff auf den Brückenkopf. Wirksame Unterstützung der Werfer beim Kessel. Siegesfeier mit Oberstleutnant von Holunder", skizzierte Günther am 29. Januar beispielsweise in aller Kürze einen Vorgang, den er 1989 dann ausführlicher kommentierte. Demnach hatten die von ihm befehligten Werfer mehrere genaue Salven auf eine amerikanische Stellung an der Our abgefeuert, woraufhin deutsche Fallschirmjäger und eine Sturmgeschützabteilung „mit Hurra-Rufen einen Gegenangriff" unternahmen und – unter Inkaufnahme zahlreicher Toter – die Amerikaner „weit hinter ihre Ausgangsstellung" zurückdrängten. „Die anschließende Siegesfeier artete in ein schreckliches Besäufnis aus", so Günther Roos rückblickend. Wenn die Ardennenoffensive auch längst zusammengebrochen und die allgemeine Lage mithin vollkommen aussichtslos war, wurde jeder noch so kleine Erfolg als Kriegswende gefeiert.

Wie überzeugt zumindest Günther dabei weiterhin vom „Endsieg" war, belegt seine Schilderung der Ereignisse, die er am 1. Februar in einem Brief an seinen kurz zuvor wegen fehlender Überzeugung so stark kritisierten Vater darlegte. Er sprach darin mit Blick auf den Angriff von einer „wundervollen Zeit". Da Munition „in rauen Mengen zur Verfügung" gestanden habe – bei der Wehrmacht längst keine Selbstverständlichkeit mehr –, habe er „klotzen" und den Brückenkopf „gegen 100-fach überlegenen Feind" halten können. Günther war angesichts der eigenen Leistung begeistert: „120 Mann boxten täglich mehrmals die Masse einer Division zurück. Was unsere Infanteristen dort geleistet haben, davon kann sich nur schwer einer eine Vorstellung machen. Mehrmals am Tage zurückgeworfen, stürmten sie immer wieder, mit Unterstützung unserer Werfer, mit brüllendem Hurra! vorwärts und warfen sich wider den Ami." Dann entfaltete er eine Durchhaltepropaganda, wie sie Goebbels und sein Ministerium kaum besser hätten formulieren können: „Wenn man solches Heldentum, und es war wirkliches Heldentum, miterleben konnte, dann kann man nur an den Sieg glauben. Solche Soldaten sind nicht kleinzuzwingen, und der Sieg muss letzten Endes ihnen sein." Auch wenn der 20-jährige Leutnant eingestehen musste, dass es „im Augenblick wahrlich nicht rosig" aussehe und „der Iwan" bereits in Küstrin, Schwerin und Frankfurt stehe, sei es unumgänglich, gerade „jetzt stark zu bleiben": „Wir dürfen den Kopf nicht hängen lassen, sondern höchstens noch höher halten. Jetzt in der Krisis erst recht!!" Er selbst jedenfalls sei „wirklich unendlich froh, jetzt im Einsatz stehen zu können".

An seiner Euphorie änderten auch die Eindrücke nichts, die Günther Roos vom 7. bis zum 10. Februar im Rahmen einer Dienstreise bei einem kurzen Aufenthalt in Brühl sammeln konnte. „Mutter ist nur noch ein Nervenbündel", berichtete er Vater Toni hierüber vier Tage später: „Jeder LKW, der auf der Straße aufbrummt, bringt sie an die Grenze des Wahnsinns, da sie annimmt, es seien Flieger." So würde sich aber die gesamte verbliebene Brühler Bevölkerung verhalten – „total verrückt". Daher sei er froh gewesen, Brühl verlassen und wieder „zum Haufen" fahren zu können. „Die miese Stimmung, die dort herrscht, kotzt einen ja an", beklagte er sich, um im schroffen Gegensatz dazu seine innere Einstellung zu skizzieren: „Man muss schon fanatisch sein, wenn man nicht angesteckt werden will, und das bin ich ja, Gott sei Dank."

Das galt erst recht, als Günthers Einheit am 18. Februar in die Nähe von Meckenheim in unmittelbarer Nachbarschaft zu Brühl verlegt wurde. Nun, da er „durch einen Dunstschleier in der Ferne die 12 Apostel des RWE und das Gruhlwerk" sehen konnte, ging es ihm „einfach blendend": „Was ich mir immer gewünscht habe, ist Wahrheit geworden. Ich bin so froh, gerade hier eingesetzt zu sein. Nun kann ich wahrhaft die Heimat verteidigen und mein Teil dazu mittragen, dass der Amerikaner nicht zu uns nach Hause kommt." Die hierfür „notwendige Wut" habe er bei seinen Besuchen in Brühl angesichts der dortigen Zerstörungen ja längst angesammelt.

Bald sollte Günther aber demonstriert werden, dass auch sein „Heldenmut" und seine „Wut" angesichts der erdrückenden alliierten Überlegenheit nichts auszurichten vermochten. „Tag von Güsten. Batterie überrannt. Tross in Oberembt zerschlagen", lautet der kurze, aber bedeutungsvolle Tagebucheintrag vom 25. Februar. Was war geschehen? Günthers Einheit war zwischenzeitlich in Welldorf bei Jülich stationiert, wo sie am 23. Februar von den zügig vorrückenden US-Streitkräften mit schwerem Trommelfeuer belegt wurde. Unmittelbar darauf machte er dann die Bekanntschaft mit alliierten Tieffliegern, die er selbst rückblickend noch immer mit einer Mischung von Angst und Erstaunen schilderte: „Auf dem Weg zurück musste ich mit dem Batterietrupp einen circa 500 Meter langen Acker überqueren. Da tauchten auch schon drei Jabos auf. Wenn wir geglaubt hatten, die würden sich für uns vier Mann nicht interessieren, so hatten wir uns gewaltig getäuscht. Als sie uns auf dem Acker erspäht hatten, flogen sie eine Kurve und setzten zum Angriff an. Auseinander und volle Deckung! Dann starteten sie auf uns arme Würmchen einen Bombenangriff nach dem anderen. Als sie alle Bomben abgeworfen hatten, beharkten sie uns bei immer neuen Anflügen mit den Bordwaffen. Wir krallten uns in die Ackerfurchen, und wenn wir ein Mauseloch gefunden hätten, so wären wir da auch hineingekrochen. Endlich hatten sie wohl alle Munition verschossen und drehten ab." Günther Roos erinnerte sich später, dass er neben aller Freude, dem Angriff unversehrt entkommen zu sein, besonders über die „Materialverschwendung" der Amerikaner erstaunt gewesen sei: „Während wir uns vor jedem Schuss genau überlegen mussten, ob er sich auch lohnt und eine große Wirkung hat, konnten die es sich erlauben, auf vier Figuren ein Übungsschießen zu veranstalten."

Die geschilderte Überlegenheit der alliierten Truppen wurde ihm dann zwei Tage später nach einer Verlegung ins benachbarte Güsten nochmals eindrücklich vor Augen geführt, denn hier erlebte er, wie er es später ausdrücken sollte, einen „rabenschwarzen Tag". Die US-Armee habe mit einer solchen Macht angegriffen, dass eine Gegenwehr überhaupt nicht möglich gewesen sei. Stattdessen habe die Wehrmacht viele Tote zu beklagen gehabt; allein aus seiner Batterie seien bei dieser Gelegenheit 18 Soldaten ums Leben gekommen. „Drei Worte sagen alles: Ich lebe noch! Mehr brauche ich nicht zu schreiben. Glück muss man als Soldat eben haben, und ich habe mehrmals riesiges Schwein gehabt", schrieb er drei Tage nach diesem dramatischen Erlebnis an seinen Vater. Nach den Ereignissen der Tage um den 25. Februar, dem „Kampf um Jülich", so Günther Roos rückblickend, sei auch ihm klar geworden, dass die Wehrmacht „militärisch am Ende" gewesen sei. Die „Hoffnungslosigkeit der Lage"

241 / US-Truppen beim Einmarsch in Köln, 6. März 1945

aber, so fasste er seine damalige Stimmungslage zusammen, habe er, „frei nach Morgensterns ‚Weil nicht sein kann, was nicht sein darf', einfach nicht zur Kenntnis nehmen" wollen – oder können. „Und so glaubten wir gern der Propaganda, die die Wende und den ‚Endsieg' versprach."

Letzte Einheit in Köln und Kapitulation im Ruhrkessel

Am 5. März wurde Günther Roos mit seiner Einheit, die tags zuvor den Rhein bereits überquert hatte und bei Leverkusen haltgemacht hatte, zu dessen Verteidigung zurück ins linksrheinische Köln beordert, das unmittelbar vor der Besetzung durch US-Truppen stand. 45 Jahre später erinnerte er sich: „Wir fuhren dann zur Neusser Straße durch eine menschenleere, gespenstische Trümmerwelt." Zunächst kam es jedoch nicht zum militärischen Einsatz, sondern zu von Untergangsstimmung geprägten Feiern: „Am Morgen erreichten uns zwei Meldungen, eine gute und eine schlechte. Wir erfuhren, dass ein Verpflegungslager im Rheinauhafen zur Räumung freigegeben sei. Wir hin. Es war sagenhaft, was hier noch lagerte. Wir deckten uns bis zum Kragen ein mit Frontkämpferpäckchen, Zigaretten und Sekt. Besonders der Sekt tat gute Dienste, da die zweite Meldung ankündigte, dass gegen 12 Uhr die Hohenzollernbrücke gesprengt würde, für uns die letzte Möglichkeit, nach dem rechten Rheinufer zu gelangen. So wurde reichlich Sekt verteilt, und als dann kurz vor 12 Uhr die Hohenzollernbrücke in die Luft flog, waren wir alle mehr oder weniger beschwipst und schrien ‚Hurra!'." Man habe sich in dieser Atmosphäre, die Günther Roos später als „Mischung aus Weltuntergangsstimmung und Karneval" bezeichnete, „unbemerkt von Soldaten in Landsknechte" verwandelt, die vom Krieg lebten. „Kinder, genießt den Krieg, der Friede wird grausam sein!", habe damals das geflügelte Wort gelautet, das täglich die Runde gemacht habe und „für unsere Verfassung bezeichnend" gewesen sei.

Seine kleine, chancenlose Truppe hatte zu diesem Zeitpunkt Stellung im Riehler Schwimmbad bezogen, von wo aus sie noch zwei amerikanische Panzer beschoss. „Und das war es", lautete die nüchterne spätere Zusammenfassung der militärischen Aktionen. Was folgte, glich weit mehr einem gespenstischen Schauspiel und dem Abgesang auf ein untergehendes Regime als einem insbesondere von Goebbels immer wieder beschworenen „Endkampf": „Am Abend hörten wir dann in den Nachrichten, dass ‚der Trümmerhaufen Köln nach heldenhaftem Widerstand dem Feinde überlassen' wurde. – Und wir standen noch immer in Riehl."

Hier verharrte Günther Roos noch bis in die frühen Morgenstunden des 8. März, bis es ihm und den ihm unterstellten Soldaten gelang, ein Sturmboot aufzutreiben und aus Munitionskisten ein Floß zu bauen. 45 Jahre später fasste er bei der Kommentierung seiner Tagebücher

242 / Blick auf die Kölner Innenstadt, 7./8. März 1945. In der linken Bildhälfte die tags zuvor von deutschen Pionieren gesprengte Hohenzollernbrücke

die Lage so zusammen: „Um 6 Uhr begannen wir dann mit dem Dauerfeuer in den Grüngürtel. Mit den letzten Wurfkörpern sprengten wir dann unsere Werfer, und dann begann unser Rückzug über den Rhein. Hier wunderten sich total verdatterte Volkssturmmänner, wo wir noch herkämen. Sie hatten mit einer Landung der Amerikaner gerechnet."

Günther gab sich aber nach wie vor kampfbereit und optimistisch. „Mit Recht und reinem Gewissen kann ich behaupten, einer der Letzten gewesen zu sein, die das linke Rheinufer verließen", teilte er seinem Vater am 8. März mit, um dann fortzufahren: „Nun liege ich beim Tross und ruhe mich einmal aus und warte auf neue Werfer." Ihm gehe es „nach wie vor blendend", zumal er – wie er ironisch hinzufügte – keinerlei Sorgen mehr habe: „Der Großteil der Privatklamotten auf dem Fahrzeug verbrannt, die Wohnung ausgebombt, am Heimatort der Feind." Dennoch dachte der 20-Jährige nicht an Aufgabe: „Und trotzdem: Jetzt erst recht! Es muss noch klappen!" 45 Jahre später kommentierte Günter Roos: „Wir sahen, dass wir bei der erdrückenden Übermacht der Amerikaner militärisch am Ende waren, wollten aber diese Tatsache einfach nicht zur Kenntnis nehmen. Deutschland besiegt? Das konnte doch einfach nicht wahr sein! Und so warteten wir auf die große Wende."

Die Wende kam natürlich nicht. Dagegen aber leitete Günther – in einer solchen Lage kaum vorstellbar – vom 18. bis zum 21. März einen viertägigen Unteroffizierslehrgang. Direkt im Anschluss daran betätigte er sich nochmals und völlig unnötig als Todbringer, wobei die Szene, die er im Nachhinein schilderte, in ihrer Gegensätzlichkeit nahezu surreal erscheint. Der 25. März, so schrieb er 1989, sei „ein selten schöner Frühlingstag" gewesen, den er auf den Höhen bei Hennef erlebte, um die von Süden anrückenden US-Truppen aufzuhalten: „Mittags lagen wir friedlich mit Badehosen in der Sonne." Als er dann nachmittags zur Beobachtungsstelle gegangen sei, habe er auf der Autobahn einen riesigen amerikanischen LKW-Konvoi entdeckt: „So ein Leichtsinn musste einfach bestraft werden! Also Alarm und Feuerbereitschaft! Ich wartete, bis sich die LKWs in der Abfahrt nach der B8 befanden und so ein breites Ziel boten, dann gab ich den Feuerbefehl. Die Salve saß haargenau, die Wirkung war katastrophal, da der größte Teil der Fahrzeuge offensichtlich mit Munition beladen war und einer nach dem anderen in die Luft flog." Entsprechend viele alliierte Soldaten dürften bei dieser militärisch sinnlosen Aktion ihr Leben verloren haben.

Anschließend zog Günthers Einheit Richtung Siegen, wo sie am 1. April erfuhren, dass sie nunmehr „K.i.K." seien – „Kamerad im Kessel". Die Bewegungen seiner Einheit im umkämpften „Ruhrkessel", so erinnerte er sich später, seien ein „Tanz auf dem Vulkan" gewesen. Aber noch immer blieb Zeit für militärischen Formalismus, denn am 13. April wurde Günther Roos – nunmehr am bergischen Honsberg bei Lennep liegend – hochoffiziell mit ordnungsgemäßer Urkunde das „Eiserne Kreuz 1. Klasse" verliehen, eine Auszeichnung, die ihn mit großem Stolz erfüllte. Am nächsten Tag, so notierte er im Tagebuch wohl mit etwas Wehmut, gab er an der an seinem Standort vorbeiführenden Autobahn eine letzte Salve mit seinen Werfern ab, um anschließend zum Infanteristen zu werden. Bei dieser Gelegenheit ereignete sich ein für diese letzten Tage des NS-Regimes nicht untypischer Vorgang, den Günther Roos allerdings lediglich aus der Rückschau schilderte. Als man bei Remscheid in Stellung gegangen sei, habe sich bei seinem Vorgesetzten ein Trupp von etwa zwanzig Pimpfen im Alter zwischen 12 und 14 Jahren unter Leitung ihres Fähnleinführers zum militärischen Einsatz gemeldet. „So brüllen und toben habe ich unseren Oberst Krause noch nie gehört", der den

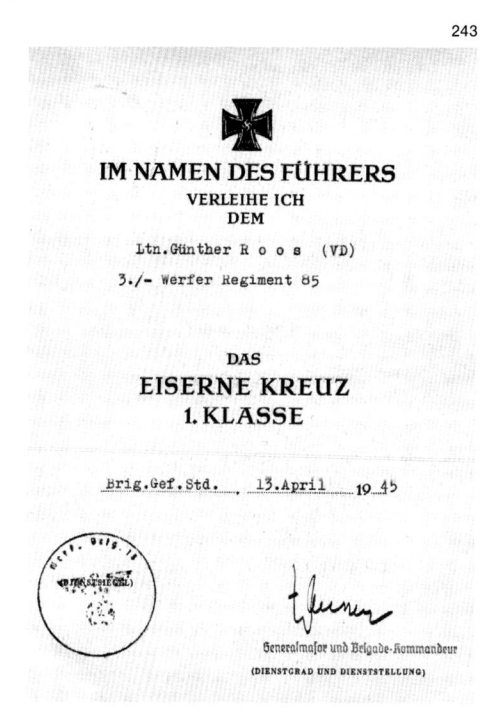

243 / Militärische Auszeichnung kurz vor Kriegsende: Urkunde zur Verleihung des Eisernen Kreuzes an Günther Roos, 13. April 1945

Jungen einschließlich ihres Führers angedroht habe, „ihnen den blanken Arsch zu versohlen". „Leicht geknickt und mit hochrotem Kopf zog der Fähnleinführer mit seinem Trupp wieder zurück nach Remscheid" – und überlebte so wahrscheinlich den Krieg.

„Das Werfer-Regiment 85 hat aufgehört zu existieren", notierte Günther am 16. April, nachdem ihm tags zuvor und nur drei Tage nach der formal so perfekten Verleihung des „Eisernen Kreuzes" die provisorischen Entlassungspapiere aus der Wehrmacht ausgestellt worden waren. Doch er wollte die offensichtliche Niederlage nach wie vor nicht wahrhaben: „Mit Kommandeur, dem Chef, einem Fahnenjunker und einem Unteroffizier bin ich auf der Flucht aus dem Riesenkessel. Soll das das Ende Deutschlands sein? Ich kann es einfach nicht glauben. Noch immer hoffe ich auf das Wunder, auf die Wende. Um diesen Tag noch zu erleben und hieran mitzuhelfen, dafür werde ich mich nach Osten durchschlagen, dafür muss die Heimat zurückstehen. Es lebe Deutschland!" Jahrzehnte später las sich das dann so: „Das Ende war sang- und klanglos. Am 15.4. kapitulierte der Ruhrkessel, d. h. was noch davon da war. Wir erhielten eine Bescheinigung, dass wir aus der Wehrmacht entlassen seien, und das Regiment zerstreute sich in alle Winde. Es erfüllte uns eine tiefe Verzweiflung. Sollte alles umsonst gewesen sein? Die Reaktionen waren unterschiedlich. Während ich den Entschluss fasste, mich nach Berlin durchzuschlagen, um dem Führer zu helfen, erschossen sich zwei meiner Offizierskameraden, weil sie dieses schmachvolle

Ruhrkessel

Nachdem den Alliierten bereits am 7. März 1945 die Ludendorff-Brücke bei Remagen in die Hände gefallen war und die 9. US-Army von da an über das Sieger- und Sauerland in Richtung Ruhrgebiet vordrang, überschritten britische, kanadische und US-Truppen am 23. und 24. März 1945 auch im Raum Wesel-Dinslaken auf breiter Front den Rhein. In einer Zangenbewegung sollten die deutschen Einheiten umschlossen und eingekesselt werden. Das alliierte Oberkommando rechnete mit heftigen Straßenkämpfen in den Ruinen der Städte und in den Höhenlagen des Sauerlandes, zumal mit Generalfeldmarschall Walter Model ein fanatischer Anhänger des Nationalsozialismus den Oberbefehl innehatte. Trotz einiger schwerer Kämpfe erwies sich die Eroberung des Ruhrgebiets für die alliierten Truppen aber als überraschend einfach.

Am 1. April 1945 trafen die Alliierten bei Lippstadt zusammen und schlossen damit den „Ruhrkessel". Etwa 300 000 deutsche Militärs – von regulären Verbänden der Wehrmacht bis zu Einheiten des „Volkssturms" – befanden sich nunmehr in einem Gebiet vom Rheinland bis Westfalen, das immer enger gezogen und am 14. April 1945 bei Hagen in zwei Teile gespalten wurde. Der kleinere östliche Teil kapitulierte angesichts der Sinnlosigkeit weiteren Widerstands bereits am Tag darauf, während der westliche Teilkessel im Bergischen Land und bei Düsseldorf und Duisburg unter dem Befehl Models noch bis zum 18. bzw. 21. April 1945 schwachen Widerstand leistete. Ganz im Gegensatz zu bis zuletzt von regionalen NS-Führern verkündeten „Endsieg"-Parolen blieb ein blutiger Endkampf aus. Stattdessen wurde der alliierte Vormarsch an Rhein und Ruhr zumeist von weißen Fahnen der Bevölkerung begleitet.

Oberbefehlshaber Model erschoss sich am 21. April 1945 in einem Wald bei Duisburg, nachdem er bis zuletzt jedes alliierte Kapitulationsangebot abgelehnt und an den unbedingten Kampfeswillen seiner Soldaten appelliert hatte.

Ende nicht überleben wollten. Andere besoffen sich einfach und warteten auf die Gefangennahme."

Die beabsichtigte Rettung von „Führer und Vaterland" fand jedoch ein schnelles Ende. Nachdem die kleine, aus Major Mitscherling, Oberleutnant Körner, zwei Unteroffizieren und Günther Roos bestehende Truppe, die sich tagsüber in Wäldern versteckte und in Nachtmärschen gen Osten bewegte, am 19. April die Wupper-Talsperre erreicht hatte, blieb man hier zunächst bis zum 20. April, an den sich Günther Roos zeitlebens gut, aber mit sehr gemischten Gefühlen erinnern sollte: „20.4., Führers Geburtstag. Wir hörten Radio. In einem ausländischen Sender sagte ein Sprecher: ‚Nun sitzt Hitler in seiner Reichskanzlei und hört die Trümmer seines Tausendjährigen Reiches über sich zusammenbrechen.' – ‚Quatsch', sagte ich und schaltete den Reichssender ein. Es lief gerade das deutsche Volkskonzert mit Liedern wie z.B. ‚Oh, Deutschland hoch in Ehren'. Und dann sprach Goebbels! Unter anderem sagte er: ‚Es mag noch so fantastisch klingen, wir siegen doch!!' Und ich war wieder felsenfest vom Endsieg überzeugt!"

Kriegsgefangenschaft

Angesichts seiner neu entflammten Zuversicht, empfand Günther es als einen umso härteren Schlag, als er am nächsten Tag erfuhr, dass sich seine beiden Vorgesetzten Major Mitscherling und Oberleutnant Körner den Amerikanern gestellt hatten. Er dachte weiterhin nicht an Aufgabe, musste sich der aktuellen Lage aber umgehend anpassen. „Verwandlung in einen Pimpf", hieß es hierzu unter dem 21. April im Tagebuch, während Günther Roos die Erklärung für diese Metamorphose später nachlieferte: Die Wupperbrücke, die er unbedingt überqueren musste, sei bereits von amerikanischen Posten bewacht gewesen, weshalb er sich eine kurze Hose besorgt und angezogen, seine Feldbluse hingegen ausgezogen und sich so „mit klopfendem Herzen" dem amerikanischen Posten genähert habe. „‚Stop! Where are you going?' – ‚To my uncle, to get something to eat.' – ‚Poor german boy!' – und ich konnte passieren." Mit dieser Lüge endete der Weg nach Osten für Günther Roos und damit auch die NS-Zeit. Denn durch das kleine Erfolgserlebnis „frech geworden", sei er weiter über die Straße marschiert, wo dann ein Jeep der Militärpolizei neben ihm angehalten habe: „Einer der Soldaten sagte: ‚Come on!', ich protestierte, er zog seine Pistole und damit war meine Freiheit zu Ende."

Über Hückeswagen gelangte Günther zur Gefangenensammelstelle bei Marienheide, wo er mit zahlreichen weiteren deutschen Soldaten auf einer abschüssigen Wiese „dichtgedrängt bei strömendem Regen, ohne Unterkunft, ohne Verpflegung" zwei Tage lang ausharren musste: „Und das mit kurzer Hose! Aber das spielte auch keine Rolle mehr. Ich war stumpf und apathisch,

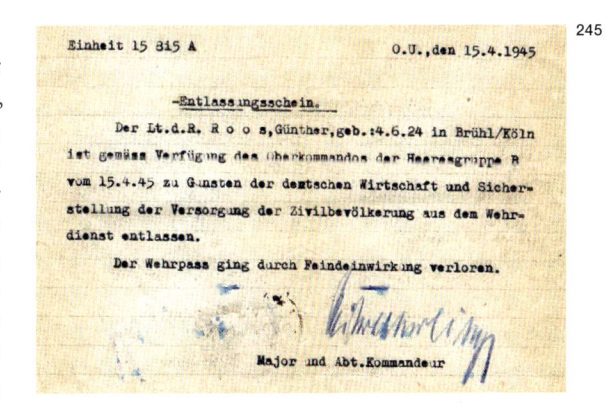

244 / 245 / Zwei provisorische Dokumente aus der Schlussphase des Krieges, mit denen Günther Roos am 15. April 1945 die ordnungsgemäße Entlassung aus der Wehrmacht bescheinigt wurde

Rheinwiesenlager

In den letzten Monaten des Krieges gerieten immer mehr Wehrmachtsoldaten in alliierte Kriegsgefangenschaft. Nach der deutschen Kapitulation befanden sich schließlich 3,4 Millionen von ihnen allein in US-Gewahrsam, die es nun unterzubringen und zu versorgen galt. Dazu wurden von April bis Juni 1945 entlang des Rheins auf offener Fläche etwa zwanzig Kriegsgefangenenlager, die sogenannten Rheinwiesenlager, errichtet, deren Areal mit Stacheldraht jeweils in zehn bis zwanzig Camps („cages") unterteilt wurde, die ihrerseits Platz für 5000 bis 10000 Häftlinge boten. Da diese ihre soldatische Feldausrüstung zuvor hatten abgeben müssen, waren sie gezwungen, sich auf dem ungeschützten Gelände Erdlöcher als Schlafstätten zu graben. Die Organisation der Lager wurde von der hiermit beauftragten, allerdings völlig überforderten US-Division den deutschen Gefangenen überlassen, sodass Lagerleiter, Lagerpolizei, Ärzte, Köche, Arbeitskommandos und weitere Funktionen von Deutschen gestellt wurden.

Die Ernährung und die hygienischen Verhältnisse in diesen als „Lager" bezeichneten eingezäunten verschlammten Wiesen, auf denen die Gefangenen unter freiem Himmel lebten, waren katastrophal und besserten sich nur langsam. Erst im Juni gab es ausreichende Essensportionen. Dreck, Nässe und Unterernährung führten zu Krankheiten und zahlreichen Todesfällen. Die Lager mit der höchsten Sterblichkeit waren jene in Bad Kreuznach, Sinzig, Rheinberg, Heidesheim, Wickrathberg und Büderich. In diesen sechs Lagern kamen rund 5000 der 500000 Insassen ums Leben. Insgesamt geht die Forschung von maximal 10000 Toten in den Rheinwiesenlagern aus.

Der größte Teil der Gefangenen, etwa Angehörige des Volkssturms und der Hitlerjugend, wurde bereits nach kurzer Zeit entlassen. Weil Frankreich 1,75 Millionen deutsche Kriegsgefangene als Zwangsarbeiter einsetzen wollte, wurden die Lager im Juli 1945 dann an die Franzosen übergeben, die die arbeitsfähigen Kriegsgefangenen anschließend nach Frankreich überführten. Bis etwa Ende September 1945 waren dann sämtliche Rheinwiesenlager aufgelöst.

eine Welt war für mich zusammengebrochen." Am 23. April ging es für ihn dann auf schweren US-Trucks weiter nach Remagen-Sinzig, wo er am großen Rheinwiesenlager ausgeladen wurde. Als er dort die Frage „Do you speak english?" bejahte, wurde er kurzerhand zum „Cage-Kommandanten" ernannt. An die – zu seinem Glück nur wenigen – Tage in Sinzig erinnerte er sich zeitlebens mit Schrecken zurück:

„Nach und nach entlud ein Truck nach dem anderen seine Fracht an Gefangenen, darunter Schwerverwundete und frisch Amputierte aus einem Lazarett in Brilon. Und es herrschte ein Sauwetter. Schnee wechselte mit Hagel, Regen und Sonnenschein ab. Dazu pfiff ein eisiger Wind durch das Rheintal. Wie eine Hammelherde rotteten wir uns in der Nacht zusammen, damit einer den andern wenigstens etwas vor dem kalten Wind schützte. Nach und nach verwandelte sich die Wiese in eine fußhohe Schlammschicht. Am nächsten Morgen legten wir mehr als zehn in der Nacht verstorbene Kameraden den Amis an das Tor des Cages. Dann schnappte ich mir zehn kräftige Feldwebel. Mit diesen durchkämmten ich das Lager. Wer noch eine Zeltbahn besaß, dem nahmen wir sie ab, damit wir wenigstens den Schwerverwundeten eine provisorische Unterkunft besorgen konnten. Dann gab's Wasser. Ein Tankwagen mit bräunlichem Rheinwasser, das mit Chlor versetzt war, stand bereit. Fast sechs Stunden stand ich dann für einen Becher Wasser an. Und dann brach die zweite, endlose Nacht an, in der wir uns wieder in Pulks vor der Kälte der Nacht zu schützen versuchten."

Bereits am 26. April wurde Günther Roos mit anderen Gefangenen auf Viehwaggons verladen und in ein von der US-Armee betriebenes Gefangenenlager nach Attichy in Nordfrankreich verlegt. Auf der Fahrt, insbesondere auf der Strecke durch Belgien, so berichtete er später, habe ihn der Hass beeindruckt, der den Gefangenen entgegengeschlagen sei: „Kaum entdeckte man unseren Gefangenentransport, bildete sich auch schon eine Menschenmenge, die uns die geballte Faust entgegenstreckte und uns durch Gebärden zu verstehen gab, dass man uns den Hals abschneiden oder uns aufhängen möchte." Weitaus tiefer traf Günther aber eine Information, die ihn am 2. Mai erreichte: „Was mich heute zum Schreiben treibt, ist eine Nachricht, die uns als nüchterne Meldung erreichte. Der Führer ist tot! Adolf Hitler ist als Soldat im Kampf gegen den Bolschewismus in Berlin gefallen." Und umgehend war das gesamte Pathos wie auf Knopfdruck wieder aktiviert: „Ein Gigantenleben hat sich erfüllt. Mit ihm ist Deutschland gefallen! Der Traum vom Reich! Man kann es nicht fassen. Das Ende?"

Mit Zukunftsängsten vermischtes Pathos bestimmte auch in den folgenden Tagen Günthers Stimmung. „Das gesamte Reichsgebiet vom Feind besetzt", konstatierte er am 5. Mai, dem Tag, an dem er registriert wurde und das erste Lebenszeichen an seine Mutter schicken durfte. Er könne „die Tragödie dieses Krieges noch immer nicht begreifen", schrieb er weiter. „Solch ein Ende hat das deutsche Volk nicht verdient. Was ist geleistet und geduldet worden! Und alles umsonst?" Und der mit der „Dolchstoßlegende" vom im Felde unbesiegten deutschen Heer des Ersten Weltkriegs aufgewachsene junge Leutnant suchte nach entschuldigenden Erklärungen für das Scheitern von NS-Regierung und Wehrmacht, das ja auch sein eigenes war. Wenn er nun sah, wie die Alliierten „aus dem Vollen" schöpfen konnten, war ihm, der diese Überlegenheit schon lange vorher hätte realisieren können, das nun Erklärung genug: „Das Material hat uns niedergeknüppelt." – Von Verantwortung und Einsicht keine Spur.

Und am Tag nach der deutschen Kapitulation ergänzte er am 9. Mai: „Was man seit Tagen mit Bangen erwartete, es ist eingetreten. Gestern ist die bedingungslose Kapitulation Deutschlands an die Alliierten unterschrieben worden. Ich glaube, über die Tragweite dieser Nachricht sind wir uns noch gar nicht im Klaren. Deutschland hat zum zweiten Mal verspielt. Sechs unendlich harte Jahre voller Not, Arbeit und Tod scheinen abermals vergebens gewesen zu sein. Waren es die letzten heroischen Zuckungen eines sterbenden Volkes? Man kann es einfach nicht fassen!" Die meisten würden nur in dieser deutschen Niederlage „den Weg in die Freiheit" erblicken, schloss Günther Roos diesen Eintrag. „Aber wie wird einmal diese Freiheit aussehen?"

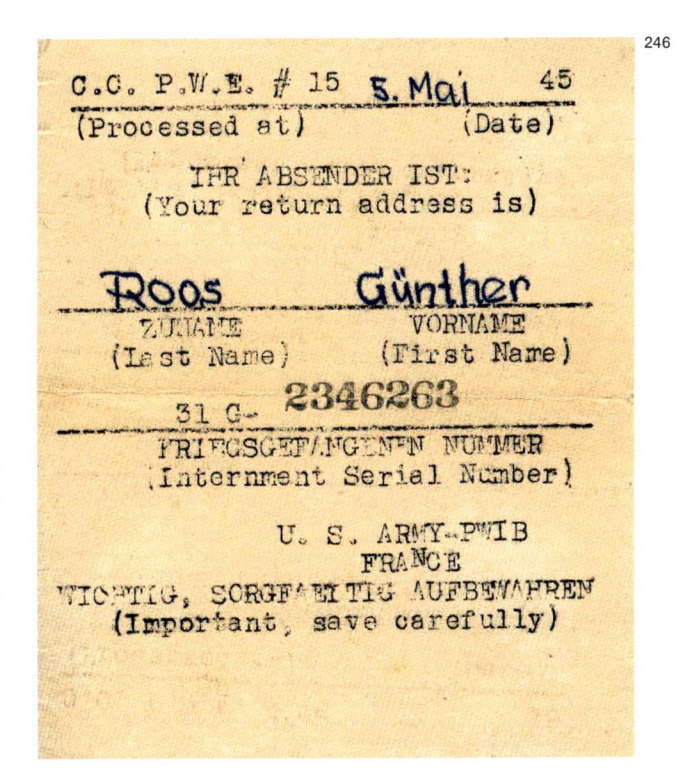

246 / Erfassungskarte des Kriegsgefangenen Günther Roos, 5. Mai 1945

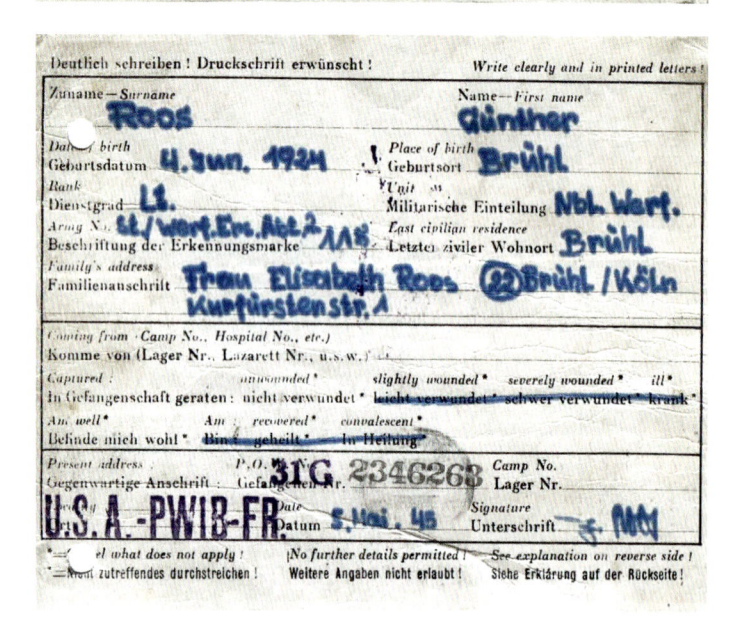

247 / Vorder- und Rückseite der „Gefangenenmeldung für Kriegsgefangene" von Günther an Elisabeth Roos, 5. Mai 1945

Seitens der Alliierten, aber auch der Gefangenen selbst wurde umgehend viel dafür getan, dieses Tasten nach neuen Perspektiven und modifiziertem Weltbild zu unterstützen. „Laufend steigen im Lager Vorlesungen und Vorträge, von Philosophie bis Englisch sämtliche Wissensgebiete", hieß es schon am 10. Mai im Tagebuch. Für Günther tat sich ein erster schmaler Spalt in eine neue Welt auf: „Es ist eine Erholung, all das anzuhören. Man ist ja so wissenshungrig. Und ich bin mir der Notwendigkeit zu lernen bewusst. Nur wer viel kann, dem ist in Zukunft eine Verdienstmöglichkeit gegeben. Also: Lernen, lernen! Täglich wird ein Stück aus ‚Faust' gebüffelt und Vorträge angehört." Dennoch blieb er zunächst noch tief im über Jahre anerzogenen Denken verhaftet. Als im Rahmen einer Feierstunde an Pfingsten aus Johann Peter Hebbels 1811 zusammengestellter Geschichtensammlung *Das Schatzkästlein des rheinischen Hausfreunds* vorgelesen wurde, klassifizierte Günther das Gehörte als „erlesene Werke deutscher Kultur": „Das war das ewige Deutschland! Das Beständige. Es wird immer leben!!"

Als größtes Problem der Gefangenen kristallisierte sich nach der deutschen Kapitulation deren zusehends schlechter werdende Versorgung heraus. „Hunger!", lautete Günthers kurzer und vielsagender Tagebucheintrag am 25. Mai. Die angebotene Gelegenheit, für Zusatznahrung zu arbeiten, lehnten die vom Arbeitseinsatz befreiten Offiziere hingegen rigoros ab. „Für die arbeiten wir nicht. Mal sehen, wer das länger durchhält!" Und auch sonst dominierte weiterhin ein ausgeprägtes Feinddenken, das jeder frühen Einsicht den Weg versperrte. Als im Lager zur etwa gleichen Zeit beispielsweise Broschüren mit Bildern aus dem Konzentrationslager Mauthausen verteilt und die Gefangenen zur Stellungnahme aufgefordert wurden, war die Meinung eindeutig. „Wir konnten nicht glauben, was dort berichtet wurde, und taten dies als primitive Gräuelpropaganda ab. Unser Kommentar: Geht einmal hier durch das Lager, dann seht ihr genau die gleichen ausgehungerten Gestalten!", fasste Günther Roos die damalige Stimmung rückblickend zusammen.

Die nächsten, von dauerhaftem Hunger und dem Warten auf die eigene Entlassung geprägten Wochen vergingen unspektakulär. Günthers Situation verbesserte sich Anfang August zeitweise, als er wegen einer Stirnhöhlenvereiterung ins Lazarett verlegt wurde und so das enge und heiße Mannschaftszelt zeitweise verlassen konnte. Hier, wenn auch bei weiterhin schlechter Verpflegung doch immerhin stolzer Nutzer eines eigenen Betts, fand er nach längerer Zeit am 10. August wieder einmal Muße und Kraft zu einem längeren Tagebucheintrag:

„Heute drängt es mich einfach dazu, zu schreiben. Vor einem Jahr, wie anders war es da! Da war ich als frischgebackener Offizier auf der Fahrt in den Urlaub. In mir himmelstürmende Ideen, brennend vor Idealismus und noch alles von der Welt erwartend. Und heute? Zu Gott habe ich gefleht und gestammelt, weil ich nicht mehr weiter weiß. Die Gefangenschaft, das Warten und der Mangel an Beschäftigung, nach der es einen drängt, das bohrt an meinem Innern. Darüber bin ich mir jedoch bewusst, sie, die Gefangenschaft, hat an meiner Entwicklung den Rest vollbracht. Not, bitterste Not, habe ich kennengelernt und konnte hierbei die Menschen beobachten und habe Menschen achten und verachten gelernt. Ich habe gesehen und erlebt, wie Menschen in beißendem Hunger Haltung bewahren und wie sie auf der anderen Seite Charakter und Ehre, Anstand und Bildung vergessen und nur noch Tier sind. Und das unter ‚Offizieren', unter der Auslese! Erstere waren selten, jene viele, ach, so unendlich traurig viele! Nun warte ich auf ein neues Leben. Ein Leben voll Lernen und Arbeit, ein Leben genügsam und anständig. Gott, der Allmächtige, helfe mir zu diesem Ziel. Gott, gib, dass bald der Tag der Erfüllung kommt, dass mich die Heimat, die ewige Mutter, in ihre Arme nehmen kann. Gott, lass mich hier nicht untergehen! Führe mich heim, ehe ich zerbreche! Gott, hilf!"

Ein verzweifelter und heimwehkranker junger Mann auf der Suche nach Orientierung, aber immer auch noch stark beeinflusst von zweifelhaft gewordenen Begriffen wie „Ehre" oder „Auslese". Vor allem aber zeigen die Tagebucheinträge im Sommer 1945 Günther Roos nach längerer Zeit wieder auf der intensiven Suche nach Gott, wobei jedoch offenbleiben muss, ob er in dieser Situation den nach eigenen Vorstellungen kreierten „deutschen" oder den christlichen Gott im Auge hatte. Das galt auch für den sehr ähnlich gehaltenen Eintrag vom 17. August: „Ich vertraue auf meinen guten Stern und auf Gott. Er wird mich schon richtig führen. Gott lass bald den Tag der Freiheit, der Rückkehr in die geliebte Heimat kommen und helfe mir, dass bald das ‚Leben' beginnt!" Weitere vier Tage später ergänzte er: „Muss das schön sein, für seine Zukunft zu arbeiten, einem lohnenden Ziel entgegenzusteuern! Und in der Arbeit Frieden, Ruhe und Erfüllung zu finden."

Zurück in Brühl

Die herbeigesehnte Rückkehr nach Hause kam überraschend schnell. Am 29. August wurde Günther Roos aus amerikanischer Kriegsgefangenschaft entlassen, in Goch von der britischen Militärregierung übernommen, ärztlich untersucht und nach Bonn weitergeleitet. Hier, im Hofgarten, erfolgte am 4. September der entscheidende Schritt: „Frei! Endlich wieder frei! Das neue Leben hat begonnen. Vorgestern, am 4.9. gegen 17 Uhr kam ich in Brühl an."

Nach seiner Ankunft gab es zunächst eine Irritation: „‚Bahnhof Brühl-Nord'. Raus aus dem Zug. Die Kaiserstraße herunter. Ich gehe um die Ecke, stehe vor dem Haus und starre nach oben. Die Fenster mit Brettern vernagelt und leer! Ich bin wie erschlagen. Was ist denn hier in Brühl nur los?" Die Dinge klärten sich schnell und Günther erfuhr, dass seine Eltern, von denen er seit März nichts mehr gehört hatte, vorübergehend in einer anderen Wohnung untergekommen waren. „Also, Vater ist auch hier! Gott sei Dank! Auf zur Schützenstraße. Ich schelle. Vater kommt, kurze Begrüßung. ‚Jünni, bist du da?' – ‚Ja, da bin ich.' Aus. Gott sei Dank keine Szene. Wir gehen herauf, die Uniform aus, gewaschen, Zivil an und dann gegessen. Endlich einmal nicht die Bissen vorgezählt. Mutter ist in Schwadorf hamstern und kommt erst spät wieder. Die Begrüßung ist etwas aufregender. Abends feudales Abendessen. Einfach märchenhaft. Ohne Nummer, ohne Nachschlag, ich werde sogar satt!" Den 5. September, seinen ersten Brühler „Friedenstag" seit mehr als sechs Jahren, empfand Günther Roos dann als „Tag der Menschwerdung": „Arbeitsamt, Bürgermeisteramt, Wirtschaftsamt. Nachmittags baden und Haare schneiden lassen. Nun bin ich Mensch, das Leben kann beginnen. Aber wie?"

Tatsächlich verlief der Neustart für Günther Roos eher holprig, denn zunächst gelang es dem mittlerweile 21-Jährigen nicht, sich als Zivilist ins ungewohnte und in mehrerlei Hinsicht harte Nachkriegsleben einzufinden. Immer wieder schweiften seine Gedanken in jene Zeit zurück, in der Deutschland – und damit auch er – noch etwas gegolten hatte. Besonders stark empfand er das, als er am 22. September zur Abholung zurückgelassener Dinge nochmals nach Kemme fuhr, wo er im Frühherbst 1944 stationiert gewesen war und eine in seinen Augen wunderbare Zeit verlebt hatte: „Genau nach dem Verlauf eines Jahres traf ich in dem alten Aufstellungsraum wieder ein. Aber wie anders als damals! Damals ein junger Leutnant voll Idealismus und Tatendrang, heute ein armer Zivilist, Angehöriger eines besiegten Volkes." Das zu akzeptieren, fiel Günther unendlich schwer, ohne dass es ihm zu diesem Zeitpunkt bereits möglich gewesen wäre, die Verantwortlichen für die trostlose Nachkriegssituation zu erkennen und deutlich zu benennen. Lieber dachte er an die in seinen Augen offenbar noch immer gute alte Zeit zurück: „Erinnerungen, Bilder steigen immer wieder hier auf, an eine schönere, bessere Zeit. So langsam geht es aber auch dem Dümmsten und Verstocktesten auf, dass der Tausch kein guter war. Überall Unzufriedenheit und Furcht vor der Zukunft. Die Gefahr des Bolschewismus, die erdrückende Macht Russlands im Osten engt jedem das Herz ein. Was wird? Wie wird die Zeit, die da kommt? Von den Rückwanderern aus dem russischen Gebiet kommen die schrecklichsten Gerüchte. Die Besatzung muss sich toll aufführen, dazu kein Geld und nichts zu essen. Armes, armes Vaterland!"

Kaum aus Kemme zurück, erhielt Günther eine Nachricht, die seine Stimmung noch stärker eintrübte und die eigene Zukunft noch unsicherer erscheinen ließ: „Eine tolle Neuigkeit: Das Notabitur wird nicht anerkannt, und so wird der Leutnant a. D. nochmals das Vergnügen haben, die Schulbank zu drücken. Kompletter Wahnsinn!" Dem versuchte er zunächst weiterhin mit kleinen Fluchten in die Vergangenheit zu entgehen. So besuchte er frühere Kriegsschauplätze wie am 18. Oktober etwa den Honsberg, wo er im April des Jahres noch mit dem „Eisernen Kreuz" ausgezeichnet worden war. Dort, so schrieb er, sei es „fast so wie damals" gewesen, nämlich „schön" – „wenn das Dazwischen nur ein böser Traum gewesen wäre!" Nicht das NS-Regime und auch nicht den Krieg machte er also als das Negative und für die gegenwärtige Situation Verantwortliche aus, sondern den „bösen Traum" der deutschen Niederlage. Als er in der Abenddämmerung die Gegend betrachtet habe, so klagte er voll Wehmut, habe er geglaubt, „es herrschte noch Krieg": „Dass Friede sei, konnte ich noch gar nicht fassen. Krieg, Kampf, das war doch das Leben überhaupt. Soldat, das war mein Beruf, und ich glaube kaum, dass ich noch einmal so glücklich sein kann wie damals."

Als Günther zwei Wochen später durch eine Bekannte an seine Zeit im Herbst 1944 in Xanten erinnert wurde, reagierte er ähnlich: „Wieder klopft die Vergangenheit bei mir an. Schon ein volles Jahr ist es her, als wir auf der Fahrt nach Xanten waren. Voller Glaube, Hoffnung und Lebensfreude war ich noch damals. Wie viel schöner glänzt die Vergangenheit ins Heute. Ist es nicht eigentlich ein Witz, dass ich mit meinen 21 Jahren schon resigniert zurückschaue? Aber so trostlos ist das Heute und grau sieht die Zukunft aus." Damit meinte Günther seine persönlichen Perspektiven, nicht etwa die Unruhe und Unsicherheit, die das Scheitern der Konferenz der alliierten Außenminister in London Anfang Oktober 1945 hervorgerufen hatte, weil es das Ende der Kooperation und den Beginn einer Konfrontation zwischen West und Ost andeutete. Solche Entwicklungen nahm man natürlich auch im kleinstädtischen Brühl wahr, wo nach Auskunft des Tagebuchs die weltpolitische Lage Ende Oktober viel und intensiv diskutiert wurde: „Man spricht jetzt nur so viel von Krieg mit Russland und tollste Gerüchte über neue Einberufungen gehen rund." Das ängstigte Günther offenbar in keiner Weise, sondern eröffnete ihm im Gegenteil eine mögliche Perspektive: „Ich bin sofort mit dabei. Es wäre herrlich, wieder Soldat!"

Statt Uniform wartete auf ihn aber zunächst die Schulbank. „Hurra, ich bin wieder Schuljunge!", schrieb er sarkastisch ins Tagebuch, nachdem er am 7. November erstmals wieder das altvertraute Gymnasium betreten hatte: „Wenn es nicht so traurig wäre, wäre es zum Piepsen." Besonders störte es Günther Roos, dass der Aufnahme des Unterrichts eine Schulmesse vorausging. „Es war das erste Mal seit langer Zeit, dass ich in der Kirche war. Und es hat Nerven gekostet", notierte er, um dann jenen Punkt anzusprechen, der ihm völlig inakzeptabel erschien: „Als der Gottesdienst gleich mit dem Lied begann ‚Herr, wir kommen schuldbeladen', hätte ich schreien können. Ich fühle mich nicht schuldbeladen!" Nach wie vor, so Günthers Kritik, versuche die katholische Kirche, „den Menschen eine Schuld einzureden und sie vor der Hölle zu erschrecken". So erziehe man vielleicht „demütige Heilige, aber keine Männer, die für den schweren Kampf auf der Erde geeignet" seien. Und hier sah er nun – ganz im alten Selbstverständnis eines Führers der Hitlerjugend – große Gefahren für das künftige Deutschland heraufziehen: „Wann wird man wieder einmal die Jugend zu Kämpfern und Männern erziehen und nicht zu Duldern und Scheinheiligen mit anormalem Sexualtrieb?!?"

Trotz – oder gerade wegen – des Schulbesuchs und der damit verbundenen Regelmäßigkeit von Unterricht und Hausaufgaben fiel es Günther weiterhin sehr schwer, ins zivile Leben zurückzufinden. Er fühle sich „todunglücklich", heißt es unter dem 23. November im Tagebuch: „Ein in ruhigen Bahnen verlaufendes Leben ist nichts für mich, wenn es auch einmal in der Gefangenschaft mein stilles Ideal war. Es klingt wahrscheinlich sehr primanerhaft, wenn ich von fremden Ländern, von Abenteuern oder gar von Krieg und Tod träume. Aber das fehlt in meinem Leben. Ich vermisse eben das aufregende und bewegte Leben. Wenn so manchmal die Engländer vor der Schule ihre Motoren spielen lassen, dann möchte ich hinauseilen zum Stellungswechsel und unten an der Tür in Uniform heraustreten und zum Kampf wegfahren. Herrgott, das war doch noch Leben!"

Es blieb Günther jedoch nichts übrig, als sich in das von ihm als „eintönig und monoton" empfundene Leben in Brühl einzufügen. Als Ventil diente ihm die Kommentierung von viel diskutierten Ereignissen, bei der er der Sicht der Alliierten und jener des Großteils der deutschen Öffentlichkeit seine rückwärtsgewandte Analyse entgegenstellte. Diese war nach wie vor von Versatzstücken der NS-Propaganda geprägt, wobei es insbesondere die jahrelange Indoktrination mittels Rassenideologie war, die erhebliche Nachhaltigkeit und Langzeitwirkung entfaltet hatte. Das wird besonders an der Einordnung des Gerichtsverfahrens gegen frühere NS- und Wehrmachtsgrößen deutlich, die Günther in seinem Tagebuch unternahm: „In Nürnberg ist nun der große Prozess. Viel Tamtam wird ja dort gemacht. Aber ich kann nicht alles so vorbehaltslos glauben. Zwar habe ich mehrere Zusammenhänge erkannt und sehe sie jetzt anders als damals, aber ich kann meine Gesinnung nicht so wie ein Hemd wechseln. Und was man dort verurteilt, dass der Stärkere den Schwächeren überfällt, um bessere Lebensbedingungen zu haben, ja, ist das denn nicht einfaches Naturgesetz? Und sie taten es ja

Nürnberger Prozesse

Bereits am 1. November 1943 hatten die Alliierten beschlossen, die Verantwortlichen für den Zweiten Weltkrieg und die in dessen Rahmen begangenen Gräueltaten strafrechtlich verfolgen zu wollen. Daher wurde am 8. August 1945 im Londoner Vier-Mächte-Abkommen die Einrichtung eines Internationalen Militärtribunals (International Military Tribunal, IMT) vereinbart. Nürnberg wurde wegen der intakten Infrastruktur des dortigen Justizapparates einerseits aus praktischen, wegen seiner Bedeutung als Austragungsort der NSDAP-Reichsparteitage andererseits aber auch aus symbolischen Gründen ausgewählt. Damit hatte erstmals in der Geschichte ein internationales Gericht die Vollmacht, führende Vertreter eines Staates persönlich für Verletzungen des Völkerrechts zur Rechenschaft zu ziehen. Der IMT kann somit als Vorläufer des heutigen Internationalen Strafgerichtshofs in Den Haag gelten.

Im Dezember 1945 schufen die Alliieren mit dem Kontrollratsgesetz Nr. 10 eine einheitliche Rechtsgrundlage zur Strafverfolgung von Kriegsverbrechen in den jeweiligen Besatzungszonen. Der Gerichtshof bemühte sich anschließend um ein strafrechtliches Verfahren nach rechtsstaatlichen Grundsätzen mit gründlicher Beweisaufnahme, Prozessordnung und Verteidigung der Angeklagten, was aber Kritik von verschiedenen Seiten nicht verhindern konnte. Die Weltöffentlichkeit verfolgte den ersten Prozess mit größtem Interesse; den Menschen in Deutschland öffnete er endgültig die Augen über das ganze Ausmaß der unfassbaren Verbrechen, die unter NS-Herrschaft in ihrem Namen begangen worden waren.

Im ersten der Prozesse, der vom 20. November 1945 bis zum 1. Oktober 1946 dauerte, wurden 24 hohe NS-Funktionäre, Regierungsmitglieder und Generäle der Wehrmacht als „Hauptkriegsverbrecher" angeklagt. Ihnen wurden Verbrechen gegen den Frieden durch die Vorbereitung und Führung von Angriffskriegen zur Last gelegt, außerdem Verbrechen gegen die Menschlichkeit und Kriegsverbrechen. Hierzu zählten beispielsweise die Ermordung von Kriegsgefangenen, Folterungen, Plünderungen, Zwangsverschleppungen sowie die Verfolgung aus rassischen, religiösen und politischen Gründen. Es wurden zwölf Todesurteile ausgesprochen und weitere langjährige Haftstrafen verhängt, während drei der Angeklagten freigesprochen wurden. Außerdem wurden SS, Gestapo, Sicherheitsdienst und das NSDAP-Führerkorps vom Reichsleiter bis zum Ortsgruppenleiter zu verbrecherischen Organisationen erklärt.

Im Anschluss an den „Hauptkriegsverbrecherprozess" wurden zwischen 1946 und 1949 zwölf sogenannte Nürnberger Nachfolgeprozesse durchgeführt, in denen 177 hochrangige Mediziner, Juristen, Industrielle, SS- und Polizeiführer, Militärs, Beamte und Diplomaten angeklagt und verurteilt wurden, 24 von ihnen zum Tode, 20 zu lebenslanger Haft und 98 zu teilweise langjährigen Freiheitsstrafen. 25 Angeklagte wurden freigesprochen.

nicht für sich, sondern für die Zukunft unseres Volkes, für Deutschland. Und wie will man die Grenze ziehen zwischen Recht und Unrecht? Das Recht ist eben beim Sieger."

So suchte der 21-jährige Günther zunächst Zuflucht beim damals geläufigen Schlagwort der „Siegerjustiz", um so weiterhin einer kritischen Auseinandersetzung mit seiner eigenen Vergangenheit aus dem Weg gehen zu können. Auch von seinem Vater Toni konnte er keine Anstöße zur Aufarbeitung des Geschehenen erwarten. Dieser konzentrierte sich immer mehr auf eine stets angestrebte Karriere als Maler, was angesichts seines sehr überschaubaren Talents eher ein Hirngespinst denn eine reale Option darstellte. Daneben ließ er sich – auch darin sich treu bleibend – auf eher dubiose Geschäfte ein, von denen eine von Schwarzmarkt und Schleichhandel geprägte Nachkriegswelt reichlich bereithielt. Er glaubte – wie sein Sohn mit einiger Erbitterung noch 1948 feststellte –, „ohne Arbeit Geld zu verdienen". Eine neue Anstellung sollte Toni Roos für den Rest seines bis 1963 währenden Lebens nicht mehr anstreben. Ehefrau Elisabeth und insbesondere Günther, die zunehmend genervt auf das passive Verhalten des Vaters reagierten, waren daher weitgehend auf eigene Initiativen angewiesen, um den Lebensunterhalt zu bestreiten. Gespräche über die zurückliegenden Jahre, das betonte Günther Roos auf Nachfrage später immer wieder, habe es mit dem Vater jedenfalls keine gegeben.

So musste er sich allein auf den mühsamen Weg zur (Selbst-)Erkenntnis machen, ein Prozess, der zum Jahresende 1945 noch in den allerersten Anfängen steckte. Immer noch und immer wieder suchte Günther die Fixpunkte seines Denkens in der Vergangenheit, wie etwa am 17. Dezember: „Gestern war es nun ein Jahr her, dass die große Ardennenoffensive begann. Abgesehen davon, dass es für mich als Offizier die Feuertaufe war, ich verwundet wurde und fast übermenschliche Anstrengungen mitmachte, so war es doch die Tatsache, dass es zum letzten Male vorwärtsging. Ich glaubte fester denn je an unseren Sieg. Diese Kraftanstrengung musste doch einfach gelingen. Wie war ich voll Hoffnungen, voll glühender Begeisterung und Idealismus. Und heute? Ein Schüler, ein Zivilist. Und unser stolzes Großdeutschland ein Trümmerhaufen. Der Nationalsozialismus, meine Welt, ein Nichts, eine Schande." In derart orientierungsloser und fast schon depressiver Stimmung verlebte Günther auch das Weihnachtsfest, dem im Hause Roos früher stets große Bedeutung beigemessen worden war. Das „Friedensfest", wie er es im Tagebuch am 29. Dezember in Anführungszeichen mit sarkastischer Intention bezeichnete, sei nun vorüber. Ihm sei „keine Minute weihnachtlich zumute" gewesen, wozu „die ganzen Zeitumstände" maßgeblich beigetragen hätten. „Unwillkürlich gingen die Gedanken auch immer wieder an Preischeid, eine glücklichere Zeit, zurück. Wer mir damals die Zukunft vorausgesagt hätte, den hätte ich entweder ausgelacht oder erschossen. Ja, so fanatisch war man."

Unter solchen Prämissen überrascht es kaum, dass Günthers gesamte Bilanz für das Jahr 1945 ausgesprochen negativ ausfiel: „Was hat mir das Jahr gebracht? Enttäuschungen! Mit Recht kann das Jahr 1945 ‚Schicksalsjahr' heißen. Es brachte mir als Offizier harte und schöne Einsätze. Ich verlor die Heimat. Dann der Zusammenbruch. Die Niederlage und die unendlich harten Monate der Gefangenschaft. Und dann bei der Entlassung die Enttäuschung in einer besiegten und besetzten Heimat. Was mir eine ganze Welt bedeutet hatte, das brach hier zusammen. Hoffentlich bringt das neue Jahr bessere Zeiten. Viel gefeiert haben wir zu Hause nicht. Wir haben erzählt und gelesen und plötzlich war leise und unbemerkt das neue Jahr angebrochen. Es lebe die Zukunft!"

„Mein Ziel ist der Aufbau einer Existenz."

Tagebucheintrag von Günther Roos
20. August 1946

Der Fährmann

APRIL 1947 · HEFT 4

Erste Nachkriegsjahre

Die Integration in die deutsche Nachkriegsgesellschaft fiel Günther Roos weiterhin schwer, und es sollte bis Mitte 1946 dauern, bis er in dieser Hinsicht erste größere Fortschritte erzielen konnte. Zunächst aber dominierte weiterhin sein verklärender Blick auf die jüngste Vergangenheit, der sich auch nicht tief greifend veränderte, nachdem er zum Jahresbeginn 1946 seine improvisierte „Bude" zum bevorzugten Aufenthaltsort gewählt hatte, um sich hier intensiv für das im Frühjahr anstehende Abitur vorzubereiten. „So werde ich mich hier in die Einsamkeit zurückziehen. Etwas muss ich ja schon wohl oder übel tun", vermerkte er am 7. Januar im Tagebuch. Kam es doch zu Berührungen mit der Außenwelt, dann zeigte sich Günther weiterhin als NS-Gläubiger, der seine Position noch immer zäh verteidigte. Als eine gute Freundin und frühere BDM-Führerin in näheren Kontakt zu in Brühl stationierten britischen Besatzungssoldaten trat, ging auch Günther einige Male zu diesen Treffen, „um einen Klön mit den Tommys zu halten". Dabei blieben die Versuche, sich „politisch und weltanschaulich zu verstehen", aufgrund seines unnachgiebigen rassenideologischen Standpunkts ohne jeden Erfolg. „Ich bin aber Nazi und kann nicht an ewigen Frieden glauben. Ich glaube an die Rassentheorie und an das Recht des Stärkeren", betonte er auch Ende Januar 1946 unentwegt weiter und blieb der Vergangenheit verhaftet: „Mein Schnurrbart ist am 30.1. gefallen. Am 30. Januar. Früher ein Gedenktag, die Gründung des Dritten Reiches. Und jetzt? Chaos."

Als sich der erbitterte Kampf um Jülich am 24. Februar 1946 jährte, machte sich Günther Roos auf den Weg dorthin, um der dort ums Leben gekommenen deutschen Soldaten zu gedenken. Die Zukunft beurteilte er weiterhin als „ultraschwarz" und sah im Zuge des aufziehenden Kalten Krieges im März in neuen kriegerischen Konflikten erneut einen Ausweg aus seiner Situation: „Ein Thema beherrscht alles. Ein neuer Krieg. Krieg mit Russland. Churchill sagte, dass lastende Schatten eines neuen Krieges über der Welt liegen." Er persönlich würde einen solchen Krieg „begrüßen", da er ihn als „Vater aller Dinge" geradezu „liebe". Selbst wenn sein geliebtes Deutschland zu dessen Schauplatz würde, sah Günther hierin „vielleicht eine letzte Chance für uns". „Soll man mitmachen, wenn man die Möglichkeit hat?", fragte er sich und kam zu dem Schluss, dass er „als deutscher Offizier" ausschließlich für Deutschland zur Waffe greifen würde, nicht jedoch „für England oder Amerika". „Dunkel ist die Zukunft", schloss auch dieser Tagebucheintrag. „Ob es Krieg gibt? Eine Auseinandersetzung muss ja einfach nach meiner Meinung kommen", ergänzte Günther Roos einige Tage später.

Trotz solcher Erwartungen konzentrierte Günther sich nun aber zunehmend auf die Schule und das nach Ablegung des Abiturs geplante Architekturstudium. Aber auch hier gab es Hiobsbotschaften zu verkraften und schwierige Situationen zu bewältigen. Am 21. März zeigte er sich „tief erschüttert", denn er hatte gerade erfahren, dass sein Studium aufgrund neu-

Kalter Krieg

„Kalter Krieg" wird der Konflikt zwischen den Westmächten unter Führung der USA und dem Ostblock unter Führung der Sowjetunion genannt. Er dauerte vom Ende des Zweiten Weltkriegs bis 1989 – die „heißeste" Phase lag zwischen 1947 und 1972 – und wurde mit nahezu allen Mitteln, jedoch ohne direkte militärische Auseinandersetzung, als Systemkonfrontation zwischen Kapitalismus und Kommunismus ausgetragen.

Gegen Ende des Zweiten Weltkriegs war von einem Ost-West-Konflikt noch nicht viel zu spüren gewesen. Spätestens mit dem Tod des amerikanischen Präsidenten Roosevelt am 12. April 1945 zerbrach dann jedoch die Anti-Hitler-Koalition, weil es ein Hauptziel von dessen Nachfolger Truman war, eine Ausbreitung des Kommunismus in Europa zu verhindern. Innerhalb von zwei Jahren verschlechterte sich das Klima zwischen den Supermächten USA und Sowjetunion daher dramatisch. Am 5. März 1946 sprach der britische Premier Winston Churchill in einer berühmt gewordenen Rede erstmals von einem „eisernen Vorhang", der Europa teile. Als der amerikanische Journalist Walter Lippmann 1947 dann ein Buch mit dem Titel „The Cold War" veröffentlichte, hatte diese Ära auch einen Namen bekommen. Im gleichen Jahr formulierte der US-Präsident die nach ihm benannte Truman-Doktrin, nach der die USA all jenen Staaten zu helfen versprach, die vom Kommunismus bedroht würden.

Der neue Kurs umfasste auch ein gigantisches Aufbauprogramm für die kriegsgeschädigte europäische Wirtschaft: den Marshallplan. Als Stalin den osteuropäischen Ländern die Teilnahme an diesem US-Programm untersagte, deutete sich die Teilung der Welt an, die dann mit der Bildung des Westblocks und der im Juni 1948 in den Westzonen durchgeführten Währungsreform ihren ersten formalen Ausdruck fand.

er alliierter Bestimmungen plötzlich infrage gestellt war: „Von dem Rang eines Scharführers an aufwärts ist ein Studium untersagt. Und ich war Oberjungzugführer, war also noch einen Dienstgrad höher. Prost Mahlzeit! Was nun? Ich stehe dann tatsächlich vor einem Nichts. Die einzige Hoffnung ist, dass bis zur Beendigung meines Praktikums eine Änderung eingetreten ist. Sonst bin ich am Arsche des Propheten."

Akuter noch war die überaus schlechte Ernährungslage. Am 20. April kommentierte er zunächst das für ihn nach wie vor bedeutsame Datum: „Führers Geburtstag! Das war einmal. Die Zukunft wird erst erkennen können, ob Genie oder Wahnsinniger. Die Zukunft kann erst seinen Wert und seine Bedeutung für die Zukunft Europas ermessen", um anschließend die aktuelle Situation zu beschreiben, die nach Günthers Angaben „mehr als beschissen" war: „Die Verpflegung ist saumäßig. Wir sind tatsächlich am Hungern. Kein Mensch kann mit diesen knappen Zuteilungen auskommen." Eine Woche darauf spitzte sich die Lage angesichts des nahenden Abiturs weiter zu. „Es ist mehr wie beschissen! Wir haben nichts mehr außer Kohldampf." Er fühle sich, so kommentierte Günther Roos seine Befindlichkeit, „schlapp wie eine Klosettfliege". „Und am Montag steigt das Abi mit der schriftlichen Prüfung." Die Schuld an dem aktuellen Zustand sah er – wie so viele Deutsche – immer noch nicht bei sich selbst, sondern bei den ehemaligen Kriegsgegnern. „Freut euch des Lebens und ein Hoch unseren Befreiern", fügte er in einem neuerlichen Anflug von Sarkasmus hinzu, um abschließend einen zu jener Zeit auch in Brühl geläufigen bittern Vers zu zitieren: „‚Gott, schicke uns das Fünfte Reich, das Vierte ist dem Dritten gleich.' – Oder noch schlimmer!"

248 / Günther Roos' Abiturzeugnis vom 20. Mai 1946.

Eine neue Welt

Trotz aller Widrigkeiten legte Günther Roos sein Abitur ab. „Bestanden! Die Prüfung war ziemlich harmlos", lautete am 21. Mai sein knapper Kommentar hierzu. Mit diesem Ereignis setzte dann aber offenbar ein stetiger Wandel seiner Einstellung ein, der sich aus verschiedenen Quellen speiste. Zunächst aber hatte Günther damit zu kämpfen, dass Schule, Hausaufgaben und Prüfungsvorbereitung, die ihn nicht nur erheblich beansprucht, sondern seinen Tagen Struktur und ihm damit Halt geboten hatten, schlagartig weggefallen waren: „Als ich Dienstag keine Schule mehr hatte, wusste ich nicht mehr wohin mit der Zeit. Langeweile von früh bis spät." Daher vollzog er – noch immer im militärischen Jargon gefangen – einen „Stellungswechsel" und besuchte Verwandte in Bad Münstereifel. Auch wenn er hier bei der Besichtigung der Reste des ehemaligen Führerhauptquartiers „Felsennest" in Rodert von den Jahren zwischen 1933 und 1945 nochmals als „großer Vergangenheit" schwärmte, „die nicht verstanden und nur geschmäht" werde, so deuteten sich doch erste moderate Veränderungen seiner Grundeinstellung an. Eine „endgültige und richtige Wertung" der NS-Zeit, so gestand er nun immerhin ein, könne „erst die Zukunft bringen in Verbindung mit dem Problem des Bolschewismus".

Zurück in Brühl nutzte Günther seine nun reichlich zur Verfügung stehende Zeit wieder für Schwimmbad- und Kinobesuche, wobei er im Kino eine für ihn neue Welt entdeckte. Als er Mitte Juni den Film *Fanny by Gaslight* gesehen hatte, schrieb er, das sei mittlerweile der vierte englische Film, den er nach seiner Kriegsgefangenschaft besucht habe, „und jedes Mal ging ich befriedigt aus dem Theater". Wenn auch die technische Qualität bedeutend schlechter als in deutschen Filmen sei, so brächten die britischen Filmemacher doch „wirklich gute Sachen auf die Leinwand". Entsprechend angetan war Günther Roos von „Inhalt und Gehalt" dieser Werke, die für ihn – so sein rückblickendes Fazit – „eine ganz neue Erfahrung" dargestellt hätten.

Die entscheidende Wende im Denken von Günther Roos bewirkte jedoch nicht das Kino, sondern die Entdeckung einer Literatur, die sich von jener, die er während der NS-Zeit massenhaft konsumiert hatte, deutlich unterschied. Über ein „Erweckungserlebnis" in dieser Hinsicht berichtete er Ende Juni 1946:

„Ich habe jetzt ein Buch gelesen, das mir viel zu denken gegeben hat. Es war Remarques ‚Im Westen nichts Neues'. Welch ein Unterschied zum ‚Glauben an Deutschland' von Zöberlein! Beide entsprechen der Wahrheit, in beiden wird der Krieg in seiner Grausamkeit und seinem Schrecken geschildert. Aber während in

249/ Günther Roos im Jahr 1946

Im Westen nichts Neues und *Der Glaube an Deutschland*

Im Westen nichts Neues ist ein Roman von Erich Maria Remarque (1898–1970), der die Schrecken des Ersten Weltkriegs aus der Sicht eines einfachen Soldaten schildert, des gemeinsam mit seinen Klassenkameraden von der Schulbank direkt aufs Schlachtfeld geschickten Paul Bäumer. Die Begeisterung, die die jungen Männer zu Beginn des Krieges erfüllte, wird ihnen schrittweise ausgetrieben – angefangen mit Schikanen bei der Ausbildung bis hin zum Erleben des Krieges selbst. Remarque zeichnete ein weitestgehend realistisches Bild eines durch die Erfindung von Giftgas und den Einsatz moderner Artillerie sowie von Maschinengewehren gekennzeichneten Stellungskrieges, mit dem grausamen Kampf an der Front, den leichenbedeckten Schlachtfeldern, dem elenden Leben in den Schützengräben und dem blutigen Alltag im Lazarett.

Das oft als Antikriegsroman bezeichnete Buch bietet eine gekonnt zusammengefügte Abfolge von grausamen, abschreckenden und emotional aufwühlenden, aber auch humorvollen Standardsituationen des Krieges. Es erschien als Zeitungsvorabdruck erstmals im November 1928, in Buchform dann Ende Januar 1929 und erreichte innerhalb von elf Wochen eine Auflage von 450 000 Exemplaren. Es wurde noch im selben Jahr in 26 Sprachen übersetzt. Bis heute gibt es Ausgaben in über 50 Sprachen, die geschätzten weltweiten Verkaufszahlen liegen bei über 20 Millionen. Kein im Original deutschsprachiger Erzähltext hat jemals eine höhere Auflage erzielt. 1930 wurde das Werk erstmals verfilmt. Dem NS-Regime waren Buch wie Film naturgemäß ein Dorn im Auge. Beide wurden umgehend verboten, und bei den Bücherverbrennungen im Mai 1933 wurden auch zahlreiche Exemplare von *Im Westen nichts Neues* vernichtet.

Ganz im Gegensatz dazu stand *Der Glaube an Deutschland*, das 1931 erschienene Erstlingswerk des Nationalsozialisten und glühenden Antisemiten Hans Zöberlein (1895–1964), das sich während der NS-Zeit zum Bestseller entwickelte und bis 1945 die enorme Auflage von rund 800 000 Exemplaren erreichte. Im Geleitwort schrieb Adolf Hitler, dass hier „das Vermächtnis der Front niedergelegt" sei. In dem Roman heroisierte Zöberlein die deutschen Soldaten und reklamierte für sie zugleich die politische Macht – ganz zeitgemäß mit einem schlachtenerfahrenen und entsprechend charismatischen Führer an ihrer Spitze. Ähnliche Töne schlug er dann in seinem 1937 veröffentlichten zweiten Werk *Der Befehl des Gewissens* an.

dem einen angeborenes Soldatentum und der trotz aller Not unerschütterliche Glaube an Deutschland den Helden des Buches zwar umformt, aber schließlich doch Sieger sein lässt, gehen in dem anderen die Menschen an Leib und Seele zugrunde. Der eine überwindet den Krieg, weil er an sein Vaterland und dessen gerechte Sendung unerschütterlich glaubt, […] während der andere nach dem Warum fragt, auf beiden Seiten Sinnlosigkeit sieht und an diesem Zwiespalt seelisch ausgebrannt wird und zugrunde geht. Und als ich die Bücher las, drängte sich die Frage auf: Wie war es denn bei mir? Ich war fanatisch und wollte so sein, wie jener war, und bekämpfte in mir den jungen Menschen, wie Remarque ihn schildert. Und ich liebe noch heute den Krieg und das Soldatsein als den Höhepunkt im Leben eines deutschen Mannes. Ich bezweifle jetzt aber, ob aus reinem Idealismus. Spielten nicht auch andere Faktoren mit? Ist es nicht auch der Reiz eines Glückspiels mit dem höchsten Einsatz, nämlich dem Leben, was mich reizte? Ist nicht auch ein guter Schuss Abenteuerlust dabei und der Hang zum ungebundenen Leben eines Landsknechts? Heute der Gefahr ins Auge sehen, das Leben nochmals geschenkt bekommen und es dann mit vollen Zügen zu genießen, ohne Sorge um das Morgen? Und sah ich nicht auch beim Militär eine Möglichkeit, meinen Ehrgeiz zu befriedigen und Macht zu besitzen? War es nicht der Machtrausch, der mich kitzelte, wenn auf das Wort von mir ‚Feuer!' die Hölle ihre Pforten öffnete, es hundertfach aufblitzte, die Erde bebte und die Luft dröhnte und hundertfach Menschenleben vernichtet wurden? Und wenn ich dann am liebsten unseren dankbaren Infanteristen und den stöhnenden Feinden, die sich in die Erde krallten, zugerufen hätte: ‚Das war mein Werk!'? Abgründe sind es, die sich auftun, wenn ich so mein Soldatentum betrachte, aber es kam ja auch noch die unendliche Liebe zu meinem Großdeutschen Vaterland hinzu, und der endlose Hass gegen alle seine Feinde. Aber ziehen nicht gerade Abgründe den Menschen an und lösen in ihm einen Schauer wollüstiger Furcht aus? War es Recht oder Unrecht? Wer kann diese Frage entscheiden. Für mich galt als Recht das, was gut ist für mein Volk und für das Blut, das in mir kreist. Ich muss mein Leben vor meinen Ahnen und Enkeln verantworten können."

Diese bemerkenswerte Bilanz des gerade 22 Jahre alt gewordenen Günther Roos enthielt sämtliche Versatzstücke, die dessen Leben seit 1939 weitgehend bestimmt hatten. Seinen Ehrgeiz und sein ausgeprägtes Machtstreben stellte er nun ebenso auf den Prüfstand wie erstmals auch sein Soldatentum, das er zuvor nie kritisch zu hinterfragen in der Lage gewesen war. Seine erstaunlich klare und schonungslose Analyse und die plötzliche bewusste Ablehnung seiner bisherigen Einstellung war ganz offenbar von Remarques *Im Westen nichts Neues* ermöglicht und ausgelöst worden, einem Buch, das für ihn während der NS-Zeit nicht greifbar gewesen war.

Der Sommer 1946 war für Günther Roos in vielerlei Hinsicht eine Zeit des Umbruchs und der Neuorientierung. Die Tatsache, dass ihm als Jungvolkführer der Weg zur Universität auf ungewisse Zeit versperrt wurde, zwang ihn zur Suche nach Alternativen. „Was mit dem Studieren wird, ist noch schleierhaft", notierte er Mitte Mai im Tagebuch, deutete aber zugleich an, dass er nicht mehr nur in der Vergangenheit lebte, sondern zwischenzeitlich willens war, sein Schicksal selbst in die Hand zu nehmen und sich den neuen Gegebenheiten anzupassen. Wenn ein Studium in Deutschland unmöglich sei und bleibe, wollte er mittels Verwandtschaftsbeziehungen versuchen, einen Studienplatz in der Schweiz zu bekommen. Aber nicht nur das Verlassen seines geliebten Deutschlands war für ihn nunmehr eine Option geworden, sondern ein zusehends raumgreifender Pragmatismus ließ ihn noch ganz andere, zuvor unvorstellbare Möglichkeiten in Erwägung ziehen: „Gleichzeitig versuche ich aber auch, in Verbindung mit der KPD zu kommen. Mir ist jedes Mittel recht, um zu meinem Ziel zu kommen."

Zur gleichen Zeit, in der er *Im Westen nichts Neues* las, fasste Günther Roos auch den Entschluss, dem täglichen Müßiggang zu entgehen und sich nach einer Arbeitsstelle umzusehen. „Das ewige Nichtstun muss ja auch endlich einmal aufhören. Und ich muss sehen, dass ich etwas werde", notierte er einen Tag, nachdem er am 19. Juni im benachbarten Knapsack ein erfolgreiches Vorstellungsgespräch bei der Baufirma „Hochtief" absolviert hatte. Am 1. Juli war Arbeitsbeginn, und Günther war sich sicher, dass es eine „üble Zeit" werden würde, weil er morgens schon um 6 Uhr zur Arbeitsstelle fahren müsse, von der er erst gegen 17 Uhr zurückkehren würde: „Aber es muss gemacht werden und ich glaube, ich habe schon Schlimmeres durchgemacht."

Bei Hochtief geriet sein sich gerade erst grundlegend änderndes Weltbild gleich wieder in Gefahr. Zum einen ärgerte er sich über die in Deutschland 1945 wieder neu entstandenen Gewerkschaften. Deren Vertreter seien, kaum dass er seine Arbeit aufgenommen habe, in einer Art und Weise an ihn herangetreten, die ihm überhaupt nicht gepasst habe: „Sie forderten unter Druck den Beitritt. Ist das Demokratie? Jetzt erst recht nicht, zumal ich ja überhaupt noch nicht weiß, was die Grundlagen dieser Organisation sind." Tatsächlich hatte Günther nie erfahren, was Funktion und Aufgaben von Gewerkschaften sind, da diese bereits am 2. Mai 1933 von den Nationalsozialisten aufgelöst worden waren.

Bedrohlicher für seine frisch intensivierte Suche nach Orientierung dürfte aber zum anderen die von ihm so bezeichnete „Katastrophenstimmung" gewesen sein, die er unter seinen Arbeitskollegen vorfand, weil es gerade wieder neue Kürzungen der Lebensmittelratio-

Versorgungslage und Hunger

Die Versorgungslage in der unmittelbaren Nachkriegszeit kann als politisches und soziales Problem kaum groß genug eingeschätzt werden. Dabei sollte jedoch nicht außer Acht bleiben, dass derartige Engpässe nicht erst mit Kriegsende auftraten, sondern die Menschen schon zu Kriegszeiten belastet hatten. Die Lage spitzte sich nach der deutschen Kapitulation aber stetig und schließlich dramatisch zu.

Es war insbesondere der Mangel an Kohle und Lebensmitteln, der nicht nur die Besatzungspolitik der Alliierten nachhaltig beeinflusste, sondern naturgemäß weitgehende Auswirkungen auf die Stimmungslage der Bevölkerung hatte, die mit Zuspitzung der Krise zusehends in Hoffnungslosigkeit und apathische Verzweiflung verfiel – Ausgangsbedingungen, die der Herausbildung eines demokratischen Bewusstseins und einem entsprechenden politischen Engagement diametral entgegenstanden. Der Hunger wurde nach Beobachtungen der zeitgenössischen deutschen Presse zum „schlimmsten Diktator".

Immer neue Rationskürzungen führten zu immer größerer Unruhe insbesondere in der Arbeiterschaft, aus der im Rheinland erstmals im März 1946 der Ruf nach Arbeitsniederlegungen laut wurde. Das „arbeitende Volk", so formulierten es zu dieser Zeit etwa Kölner Arbeitervertreter, wolle „aus dem Elend heraus". Man sei bereit zur Wiedergutmachung und wolle mit „allen Völkern in Frieden leben", doch sei dazu eine Ernährungsbasis vonnöten, „die die Leistungsfähigkeit der Arbeiter erhält und sie vor dem größten Hunger schützt". Angesichts des sich weiter verschärfenden Mangels an Lebensmitteln reihte sich Krisensituation an Krisensituation, was sogar den Kölner Erzbischof Frings zur Jahreswende 1946/47 dazu animierte, den Mundraub zur Deckung des dringendsten Eigenbedarfs zu legitimieren; das „Fringsen" war damit geboren und galt als erlaubt. Doch das reichte keinesfalls aus. Im Herbst 1946 kam es daher zu ersten Streiks, denen aufgrund des ungewöhnlich strengen Winters 1946/47 und der anschließenden Dürre im Sommer 1947 schließlich deutschlandweit Hungerdemonstrationen folgten.

Wenn Hunger und andere Mangelerscheinungen auch kaum darstellbar sind, weil eine rein quantitative Erfassung von Kalorienzahlen noch keine Vorstellung von den unmittelbaren Auswirkungen auf die von der Notsituation betroffenen Bevölkerungskreise vermittelt, ist doch davon auszugehen, dass das Denken und Handeln der Menschen von den ungeheuer schweren und bedrückenden Lebensverhältnissen der ersten Nachkriegsjahre stark beeinflusst wurden, was auf alle Bereiche des politischen und gesellschaftlichen Lebens ausstrahlte.

nen gegeben hatte. „Zucker, Butter und Nährmittel gibt es weniger, dafür Brot und Kartoffeln mehr. Man bekommt dadurch etwas in den Bauch, aber nichts in die Knochen." Ein Arbeiten, zumal unter solch hoher körperlicher Belastung wie auf dem Bau, sei „bei dem bisschen Fraß" schier unmöglich. Entsprechende Reaktionen blieben nicht aus, die Günther mit großem Interesse beobachtete: „Ist es da ein Wunder, wenn der Arbeiter knurrt? Es ist überhaupt interessant, den Unterhaltungen in der Bauhütte während der Pausen zuzuhören. Immer wieder wird für den Nationalsozialismus eingetreten, mit einer Offenheit, die mich wundert. Und alle sind davon überzeugt, dass es auf allen Gebieten bedeutend besser wäre, wenn Hitler noch da wäre. Dann würde wenigstens gehandelt und nicht nur Konferenzen abgehalten. Es ist mir direkt aus der Seele gesprochen."

Entnazifizierung

Neben ihm bisher unbekannten demokratischen Organisationsformen und der schlechten Versorgungslage gab es noch einen weiteren Bereich, der immer wieder Günthers Widerspruch herausforderte und ihm die persönliche Integration in die Nachkriegsgesellschaft erheblich erschwerte, nämlich jenen der im weitesten Sinne politischen Aufarbeitung der NS-Vergangenheit in Form von Prozessen und der Entnazifizierung. Erste Erfahrungen mit der „politischen Säuberung" der deutschen Nachkriegsgesellschaft hatte er bereits kurze Zeit nach seiner Rückkehr aus der Kriegsgefangenschaft machen müssen. Bei seinem „Gang durch die Behörden" habe er im Sommer 1945 auch vor einer Brühler Entnazifizierungskommission erscheinen müssen, erinnerte sich Günther Roos später: „Hier traf ich dann auch Hermann M., einen ehemaligen Klassenkameraden. Während wir noch über unsere Erlebnisse der letzten Jahre sprachen, wurde er in den Verhandlungsraum hereingerufen, kam aber gleich wieder raus, zuckte fragend mit den Schultern, klopfte wieder an und ging hinein. Schon nach kurzer Zeit kam er leicht blass wieder heraus. Das Urteil lautete: sechs Wochen in Köln Trümmer räumen und Leichen bergen!" Gerade aus dem Gefangenenlager entlassen, bekam es Günther mit der Angst zu tun: „Du lieber Himmel, der war doch nie aktiv in der HJ gewesen, dann bekomme ich ja mindestens zehn Jahre!" Sein Freund erzählte ihm dann aber, was wohl der Grund für seine harte Behandlung durch das Komitee war. Er hatte nämlich das Amtszimmer beide Male aus anerzogener Gewohnheit mit einem lauten „Heil Hitler" und der entsprechenden Armbewegung betreten, was ihn als überzeugten Nationalsozialisten erscheinen lassen musste. So vorgewarnt, betrat Günther den Raum nun gut vorbereitet: „Da mir mein verwundeter Fuß mal wieder Beschwerden machte, ging ich mit einem Stock. Ich fasste also den Stock fest mit der rechten Hand, um sie nicht zum Gruß erheben zu können, und betrat das Zimmer." Nachdem so die erste Klippe umschifft war, nahm das Verhör durch den ihm bekannten Herrn D. einen für Günther überraschenden Verlauf: ‚Worst du in de Partei?' – ‚Ja.' – ‚Worst du en de HJ?' – ‚Ja.' – ‚Worst du ne Führer?' – ‚Ja.' – ‚Warum jehste am Stock?' – ‚Ich hann en Verwundung.' Dann richtete sich Herr D. zu seinem Beisitzer und frug den: ‚Wat meenst, Karl, sollen mir en freijeffe?' Die Antwort lautete: ‚Ja' und so war ich entnazifiziert."

Dabei blieb es jedoch nicht, denn im Lauf der Zeit wurde die in der britischen Zone praktizierte Entnazifizierung jener in der US-Zone angepasst, was ein neues Verfahren einschließlich einer Kategorisierung notwendig machte, auf die die Briten zuvor verzichtet hatten. Bevor es aber überhaupt zu den eigentlichen Verfahren kam, äußerte sich Günther Roos kritisch über den in seinen Augen scheinheiligen Gesinnungswandel, den er im Zuge der „politischen Säuberung" in Brühl ausmachte. Der war besonders deutlich am 20. Juni anlässlich des Fronleichnams-Feiertags zu beobachten. „Interessant war die Prozession. Diese salbungsvollen Mienen. Ich musste grinsen", beschrieb er seine Eindrücke. Später verglich er das Geschehen mit einem „Aufmarsch aus alter Zeit", weil nahezu „alle ehemaligen Nazigrößen aus Brühl fast vollständig in der Prozession vertreten" gewesen seien. Sie alle hatten blitzschnell die Seiten gewechselt; die meisten nicht zuletzt wohl deshalb, um von den Pfarrern einen der zur politischen Entlastung im Entnazifizierungsverfahren so wichtigen und daher heiß begehrten „Persilscheine" zu erhalten.

Noch weitaus prägender dürften für Günther Roos in dieser Hinsicht die Erfahrungen gewesen sein, die er mit Blick auf die Lehrkräfte im Rahmen seines erzwungenen neuerlichen Schulbesuchs machte. Das Verhältnis zu den alten und zugleich neuen Lehrern sei „sehr unterschiedlich" gewesen, erinnerte er sich

Entnazifizierung

Nach der Niederlage des nationalsozialistischen Deutschland versuchten die vier Besatzungsmächte mit der Entnazifizierung (angelehnt an den amerikanischen Begriff „Denazification"), die Nationalsozialisten und ihr Gedankengut aus dem öffentlichen Leben, insbesondere aus verantwortlichen Stellungen in der Verwaltung, dem Erziehungswesen und der Wirtschaft zu beseitigen. Obwohl sich die Siegermächte auf der Potsdamer Konferenz auf ein einheitliches Vorgehen geeinigt hatten, wurde die Entnazifizierung in den vier Besatzungszonen schließlich sehr unterschiedlich durchgeführt.

In der sowjetischen Besatzungszone wurde verhältnismäßig umfangreich und schnell entnazifiziert. Beispielsweise wurden über 520 000 Menschen bis zum offiziellen Ende der Aktion in der SBZ im Februar 1948 aus ihren Positionen entfernt. Allerdings trafen die Maßnahmen nicht nur Nationalsozialisten, sondern auch all jene, die der Umwandlung in einen kommunistischen Staat im Weg standen, darunter auch Demokraten und andere Gegner des NS-Regimes. In der US-Besatzungszone mussten 13 Millionen Menschen umfangreiche, 133 Fragen umfassende Fragebögen zu ihrer Vergangenheit ausfüllen. Aufgrund dieser Angaben wurden sie von Laiengerichten („Spruchkammern") in Belastungskategorien eingestuft, wovon die Härte der Strafmaßnahmen oder die etwaige Verhängung eines Berufsverbotes abhing. Dieses Verfahren wurde mit Verzögerung und in kleinerem Umfang dann auch in der britischen und der französischen Besatzungszone übernommen.

Allerdings stellten sich viele Deutsche gegenseitig Leumundszeugnisse – die viel zitierten „Persilscheine" – aus, um sich reinzuwaschen und so einer negativen Einstufung zu entgehen. Außerdem war es an der Tagesordnung, dass die Spruchkammern zunächst die leichteren Fälle behandelten und eine Beurteilung der schwerer Belasteten aufschoben. Da im Zuge des sich verschärfenden Ost-West-Gegensatzes die Entnazifizierung ab 1948 für die Westmächte an Stellenwert verlor und eine Einbindung aller – auch der belasteten – Deutschen in den Kampf gegen den Kommunismus und in das beginnende „Wirtschaftswunder" Vorrang gewann, wurden die zurückgestellten schwereren Fälle oft milder beurteilt. Zuvor schwer Belastete mutierten im Berufungsverfahren plötzlich zu reinen „Mitläufern" des NS-Regimes. In der Bundesrepublik wurde die Entnazifizierung im Dezember 1950 auf Beschluss des Bundestages eingestellt.

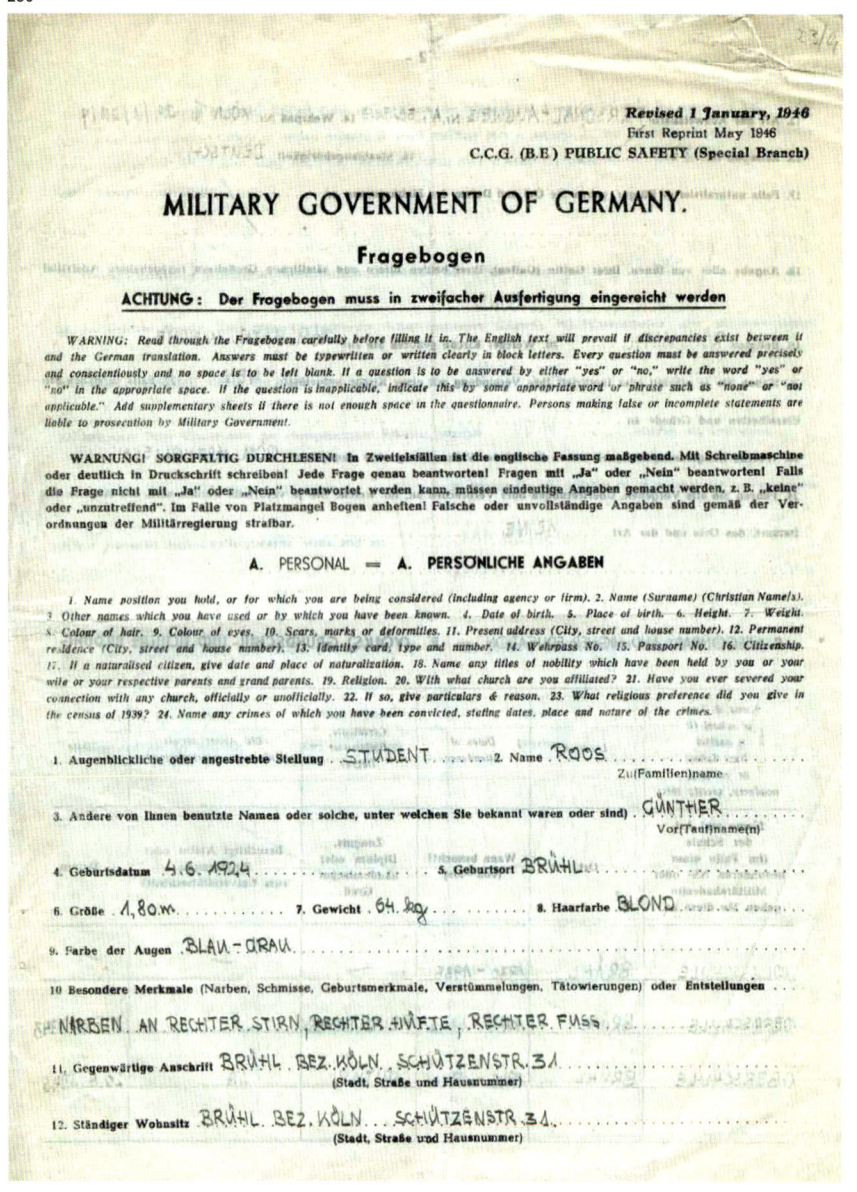

250 / Erste Seite des ausführlichen Fragebogens, den Günther Roos im Rahmen des Entnazifizierungsverfahrens im März 1947 ausfüllen musste

später. Viele von ihnen hätten im Umgang mit den Schülern Probleme gehabt, die ja nach wie vor vergleichsweise junge Männer, zugleich aber auch „alte Krieger" waren und sich selbst auch so verstanden. Andere wiederum hätten „einen verständnisvollen und fast kameradschaftlichen Ton" gefunden. Störend empfand Günther das Auftreten jener Lehrkräfte, die sich in den Jahren zwischen 1933 und 1945 entweder als ausgeprägte Militaristen gezeigt und/oder als überzeugte Nationalsozialisten gebärdet hatten. Typisch sei die erste Unterrichtsstunde bei seinem früheren Klassenlehrer gewesen, der schon zu Beginn der NS-Zeit nie vergessen hatte, seine Tätigkeit als Frontoffizier im Ersten Weltkrieg zu betonen, und keine Gelegenheit ausließ, den Militarismus in den Köpfen seiner Schüler zu fördern. Nun fragte er seine oft am Leib verletzten, in jedem Fall aber an der Seele geschundenen Schüler und Ex-Soldaten nach deren jeweiligen Dienstgraden bei der Wehrmacht, um anschließend festzustellen, dass er damit ja als ehemaliger Hauptmann noch immer der diensthöchste Offizier im Klassenraum sei. Noch erstaunter, so Günther Roos weiter, habe er aber die Tatsache zur Kenntnis genommen, dass insbesondere jene Lehrer, „die früher immer mit dem Parteiabzeichen am Revers zum Unterricht kamen und uns auch mit zum Nationalsozialismus erzogen hatten", sich nun überraschenderweise besonders gern und lautstark als aktive Antifaschisten zur Schau gestellt hätten. Das habe insbesondere für jenen Studienrat gegolten, der am 10. November 1938 mit seiner Klasse an der brennenden Brühler Synagoge vorbeigezogen sei und dabei ein offen antisemitisches Lied angestimmt hätte. All diese Lehrer waren nun wieder am Gymnasium aktiv und hatten vor dem Entnazifizierungsausschuss beteuert, ihre Schüler im Sinne von Demokratie, Toleranz, Frieden und Freiheit zu erziehen.

Im September 1946 musste Günther seinerseits den zwischenzeitlich auch in der britischen Zone eingeführten ausführlichen Fragebogen ausfüllen und sich erneut vor dem Brühler Entnazifizierungsausschuss rechtfertigen. Das war nicht zuletzt durch die für ihn erfreuliche Tatsache notwendig geworden, dass die Westalliierten Anfang Juli eine Jugendamnestie für all jene verkündet hatten, die nach dem 1. Januar 1919 geboren waren. „Gott sei Dank", kommentierte er diese Anordnung am 3. August im Tagebuch. „Nun stehen mir die Wege zum Beginn eines Studiums offen. Hoffentlich kann ich nun auch bald beginnen." „Rein formell betrachtet", so merkte er aber zugleich an, betrachte er schon den Begriff „Amnestie" als „Gemeinheit", „denn von einer Schuld kann doch absolut keine Rede sein". – Die tief sitzenden Blockaden hatten weiterhin Bestand.

Da nun jedoch das lang ersehnte Studium wieder in greifbare Nähe gerückt war, musste auch Günther die formalen Voraussetzungen dafür schaffen. So besorgte er sich Anfang September den hierzu notwendigen Fragebogen der Militärregierung sowie eine Bescheinigung des Entnazifizierungsausschusses. „Ich bin gelaufen von Pontius zu Pilatus, bin zeitweise fast vor Wut über den Bürokratismus und das unverschämte Benehmen der ‚Machthaber' geplatzt, und über dem Ausfüllen der 133 mehr oder weniger blöden Fragen wurde ich an den Rand des Wahnsinns getrieben", legte er voller Empörung im Tagebuch nieder. Aber er tat immerhin das, was zu tun war: „Ich war froh, als ich den ganzen Schwindel am Freitag endlich dem Ausschuss aushändigen konnte. Nun warte ich auf das Ergebnis, um es dann an die Hochschule weiterzureichen. Wie mag die Antwort lauten?"

Als kurze Zeit später die Urteile im „Nürnberger Prozess" gesprochen wurden, nutzte Günther Roos noch- und zugleich letztmals die Gelegenheit, seine Sicht der Dinge zu Papier zu bringen. „Das Nürnberger Urteil ist gefällt", schrieb er am 7. Oktober und gab seinem Erstaunen darüber Ausdruck, „mit welcher Gelassenheit diese Tatsache hingenommen" worden sei: „Man ging gleich zur Tagesordnung über. Nur zwei Punkte wurden diskutiert: die Todesart, nämlich Erhängen, und die Freisprüche." Ganz im Sinne des Spruchs „Die Kleinen hängt man und die Großen lässt man laufen", der zur damaligen Zeit angesichts der als ungerecht empfundenen Entnazifizierung kursierte, stellte sich Günther die Frage, „mit welchem Recht all die kleinen PGs [Parteigenossen] und Hunderttausende von Kriegsgefangenen noch festgehalten" würden, „wenn Männer wie Schacht, Papen und Fritsche freigesprochen werden?" Das sei auch ihm völlig schleierhaft. „Im Übrigen wird die Geschichte auch einmal ihr Urteil über diese Männer und den Prozess schreiben."

Für Günther Roos waren es ab Sommer/Herbst 1946 aber andere Dinge, die seinen Alltag, aber auch sein Denken und Handeln zunehmend bestimmten. Da war zunächst der mit der Lektüre von *Im Westen nichts Neues* geweckte Hunger auf zuvor unbekannte Literatur. „Ja, ich habe jetzt die reinste Lesewut. In Brühl ist jetzt eine Buchhandlung eröffnet und ich lege einen Großteil meiner Löhnung in Druckerschwärze an. Abhandlungen zum Zeitgeschehen und schöngeistige Literatur. Und ich verschlinge alles", beschrieb er seine Leidenschaft Anfang August 1946. In der Buchhandlung Rahmelow in der Schützenstraße, so ergänzte er später, habe sich ihm „eine ganz neue Welt" aufgetan: „Ich machte die erste Bekanntschaft mit Schriftstellern wie Heine und Mann. Und ich las eine Unmenge Abhandlungen über die Nazizeit." Dadurch hätten die in seinem Denken zuvor so hochgehaltenen Jahre ihre „Glorie" verloren, und zugleich seien erste Zweifel in ihm aufgestiegen, „ob ich nicht missbraucht worden sei". Noch immer aber, so schätzte er seine eigene Entwicklung in dieser Zeit rückblickend ein, hätten ihn „Trotz und Stolz" – wenn sicherlich auch abgeschwächt – „weiterhin an der Richtigkeit der Naziideologie festhalten" lassen.

Weil er sich „im Unterbewusstsein" in gewisser Hinsicht „heimatlos" gefühlt habe, so erklärte Günther Roos später ein zumindest auf den ersten Blick überraschendes Engagement, habe er sich auf die Suche nach einer neuen geistigen Heimat begeben, wobei ihm als „einfachster Weg" jener „von einer totalitären Ideologie zur anderen" erschienen sei. Auch hierzu äußerte er sich Anfang August 1946 im Tagebuch: „Ab und zu gehe ich auch zu Herrn Hardt. Er ist Vertreter der KPD." An ihn hatte sich der um Orientierung ringende 22-Jährige gewandt, um sich „kommunistische Literatur zu Studienzwecken" auszuleihen. „Daraus haben sich nun regelmäßige Besuche und Aussprachen ergeben", die zu diesem Zeitpunkt in erster Linie um Stalins Schrift *Über dialektischen und historischen Materialismus* kreisten: „Hierdurch erhielt ich erstmalig einen Eindruck in die weltanschaulichen Grundlagen des Materialismus." Auch wenn Günther „die Logik in der Schrift" als „zwingend" empfand, ließ er sich nicht überzeugen, weil er es „schon rein gefühlsmäßig nicht fertig" brachte, „im Materialismus aufzugehen, geschweige denn ihn zu bejahen". Was ihn dabei bezeichnenderweise ganz besonders störte, war „das Fehlen jedes rassischen Grundgedankens": „Diese Idee ist zu tief in mir verwurzelt, um herausgerissen zu werden. Aber ich werde weiter nach der Wahrheit forschen und versuchen, sie zu ergründen."

Studium und Liebe

Die zwischenzeitliche Hinwendung zur KPD erfolgte jedoch keineswegs nur aus Gründen weltanschaulicher Suche, sondern diente – wie oben gezeigt – von Beginn an auch ganz pragmatisch dem Ziel, einen Studienplatz zu erhalten. Auch wenn ihm bald klar wurde, dass der Kommunismus nicht seine dauerhafte politische Heimat werden würde, blieb der um einen Studienplatz und damit um seine berufliche Zukunft kämpfende Günther Roos diesem Weg noch einige Zeit treu. „Habe mich wegen meines Studiums einmal an die K.P.D. gewandt", schrieb er am 19. April 1947. Dort war ihm offensichtlich Mut gemacht worden, denn weiter heißt es im Tagebuch: „Ich soll nun eine Eingabe machen, die an den Kultusminister weitergegeben wird. Sie wollen mir helfen." Trotz eigener intensiver Bemühungen um einen Studienplatz wollte er sich als letzte Option auch die von ihm wohl weit überschätzten Einflussmöglichkeiten der KPD zunutze machen: „Als letzter Weg bleibt dann die KPD. Wenn sie mir helfen, bin ich der ihre, getreu den Grundsätzen des Materialismus." Zugleich entschied sich Günther – auch das wohl ein Kennzeichen seines Tastens nach politischer Orientierung – bei der tags darauf stattfindenden ersten Landtagswahl der Nachkriegszeit seine Stimme der KPD zu geben. „Ich halte es im Augenblick als das Beste."

Zuvor hatte Günther Roos bereits einige schwere Rückschläge bei seiner Bewerbung für einen Studienplatz einstecken müssen. Zunächst hatte er sich im August offenbar nur an der Technischen Hochschule in Hannover für das Wintersemester 1946/47 beworben, von wo er im Dezember nach eigenen Worten eine „vernichtende Absage" erhielt. Obwohl ihn das tief enttäuschte, blieb Günther weiterhin am Ball, belegte Mitte Januar 1947 einen Stenografiekurs und beschloss, so lange an der Kölner Universität Kunstgeschichte „schwarz" zu studieren, bis man ihm den angestrebten Studienplatz in Architektur an einer Technischen Hochschule zuteilen würde. „Alea iacta sunt! Gestern habe ich mit einem kurzen Stoßgebet die Anfragen an sieben THs in den Kasten geworfen", notierte er am 17. Januar. „Irgendwo muss es doch jetzt klappen! Heute habe ich dann meine erste Vorlesung in Kunstgeschichte gehört. Es klappt prächtig. Es wird griechische Architektur gelesen. Ebenfalls habe ich mich auf der Berlitzschule in Köln für Französisch angemeldet und seit Montag lerne ich beim Lehrer Walter Stenografie. Der Laden läuft also."

Was ihn trotz aller Rückschläge so positiv gestimmt haben dürfte, war eine neue Bekanntschaft. Inge hatte er offenbar im Herbst 1946 kennengelernt und war am 23. Dezember in deren Familie eingeführt worden: „Es herrscht ein wunderbar frischer und froher Ton in der Familie, sodass ich dort sofort wie zu Hause war." Das galt umso mehr, als sich Günther angesichts der Untätigkeit seines Vaters in der eigenen Familie zusehends unwohler fühlte. Entsprechend lieb- und emotionslos fiel das 1946 begangene Weihnachtsfest aus – „ein Tag wie 365 andere". Einen Weihnachtsbaum stellte man im Hause Roos nur noch auf, weil es „besser" aussah, wenn Besuch kommen sollte. Ansonsten aber, so äußerte Günther am 1. Weihnachtstag, habe er Weihnachten weder „gefühlt" noch das Ausbleiben einer feierlichen Stimmung bedauert. Das Einzige, was ihn in diesen Tagen innerlich berührte, war die feiertagsbedingte Trennung von Freundin Inge.

Seine neuen Wünsche und Ziele brachte der 22-Jährige – fast schon traditionsgemäß – am Neujahrstag 1947 zu Papier: „Ein neues Jahr hat begonnen. Die Dinge wünsche ich mir für diesen neuen Zeitabschnitt: wenigstens eine Nachricht von Gustav, dass ich weiterhin mit Inge glücklich bin und dass ich in meiner Berufsausbildung weiterkomme. Das alte Jahr hat noch zu Ende durch Inge Glanz bekommen. Was meine Zukunft angeht, so hat es nicht das gehalten, was ich erwartet habe. Neues Jahr, bring du mir Erfolg." Und hierfür war er – geradezu euphorisiert durch seine vielleicht erste richtige Liebe – bereit, alles zu tun. „Die letzten Tage habe ich Inge jeden Tag gesehen", hieß es Mitte Januar. „Herrgott, was sind wir doch verliebt und glücklich!! Wäre ich doch nur schon einmal so weit, dass ich an die Erfüllung, an die Heirat denken könnte. Ich muss jetzt einfach vorwärtskommen!"

Dieses Ziel ließ Günther künftig trotz aller Rückschläge nicht mehr aus dem Auge. Nach den Ende Januar 1947 eintreffenden ersten Absagen der Hochschulen in Karlsruhe und Aachen umschrieb er seine Aussichten zwar so drastisch wie deutlich mit

251 / Günther Roos auf der Bonner Rheinbrücke, 1947

„beschissen", um dann jedoch zu ergänzen: „Es muss aber klappen. Ich will nicht noch länger warten. Ich will doch meine Inge haben!" Dieses Ausharren zwischen Bangen und Hoffen bestimmte die folgenden Monate, ohne dass positive Bewegung in die Dinge gekommen wäre. Günther Roos aber wollte nicht mehr resignieren, wie er Mitte März nochmals betonte: „Viel Hoffnung habe ich nicht und trotzdem klammere ich mich verzweifelt an den Strohhalm. Es muss werden!" Das bewahrte ihn angesichts immer neuer Absagen nicht vor großen Stimmungsschwankungen. Ebenfalls noch ihm März hieß es dann plötzlich: „Ich habe die Schnauze restlos voll. Mit Studium also Essig." Er war angesichts der Beziehung zu Inge und der für ihn daraus resultierenden Notwendigkeit einer beruflichen Perspektive immer weniger bereit, Geduld an den Tag zu legen. „Was jetzt?!?? Nochmal ½ Jahr warten und nochmal enttäuscht werden und nochmal und nochmal? Nein, dazu habe ich keine Lust und keine Nerven – und keine Zeit. Wo aber sonst unterkommen? Ich weiß es nicht. Ich muss jetzt zuerst einmal sortieren, es hat mich nämlich ziemlich groggy gemacht – wenn ich es auch nicht zugeben will. Scheiße auf das ganze Leben."

Auch die KPD, das musste Günther schnell erkennen, konnte ihm in dieser Situation nicht helfen. Er sah „sehr skeptisch in die Zukunft", hatte „die Nase gestrichen voll" und befand sich im April „in einer Stimmung wie nie". „23 Jahre alt und noch immer nichts!", notierte er dann anlässlich seines Geburtstags Anfang Juni. „Es ist glatt zum Verzweifeln. Und keine Aussicht. Noch alles so trüb und ungewiss wie vor Jahr und Tag. So wartet man und wartet man, und die kostbare, unwiederbringliche Zeit verstreicht nutz- und sinnlos." Angesichts einer solch eingetrübten, nicht selten verzweifelten Stimmung war es erstaunlich, dass Günther – zumindest in seinem Tagebuch – keinerlei Zuflucht mehr in der 1945/46 ja noch so hochgehaltenen und gelobten näheren Vergangenheit suchte.

Das NS-Regime und seine Ideologie boten ihm nun offenbar keine Lösungsansätze mehr, die ihm weiterzuhelfen versprachen. Das bedeutete aber nicht, dass sie für ihn aufgehört hatten zu existieren. Als er Ende September 1947 „zum Jahresgedächtnis" erneut nach Kemme fuhr, ließ er erneut „die Gedanken an damals zurückkehren": „Welch glückliche, sorglose Zeit! Erst drei Jahre her und doch so unendlich weit entfernt. So unendlich weit. Es war eine richtige Reise in die Vergangenheit." Im gleichen Atemzug betonte er: „Herrgott noch mal, man sollte eigentlich doch nicht in die Vergangenheit reisen, wenn sie so schön und die Gegenwart so trost- und hoffnungslos ist." Auch wenn ein Studium in immer weitere Ferne rückte, gab es immerhin eine Perspektive: „Es ist ein Glück, dass ich meine Inge habe. Morgen werde ich sie wiedersehen."

Der Wandel in seinem Denken kam auch fünf Tage später deutlich zum Ausdruck, als Günther seine persönliche und die Weltlage beklagte: „Wann kann ich endlich einmal mit dem Studium beginnen? Es wird Herbst und die Stimmung sinkt. Scheiße, alles Scheiße. Man munkelt wieder viel vom Krieg und es stinkt tatsächlich schwer. Hoffentlich geht's nur gut. Ich würde ja gern mitmachen, aber der Verstand rät dringendst ab." Er, der vor nicht allzu langer Zeit den Krieg noch als „Vater aller Dinge" bezeichnet und sich als zum Soldatentum geboren gesehen hatte, war angesichts der herbeigesehnten festen Bindung mit Inge nun nicht mehr bereit, das zivile Leben aufzugeben. Dieses wollte ihm aber, wie er Ende Oktober 1947 nochmals zu Papier brachte, trotz aller Bemühungen einfach keine Chance bieten. Er und Inge seien „noch genauso verliebt und glücklich" wie beim ersten Kuss ein Jahr zuvor, „vielleicht noch doller. Und so hoffnungslos." Von der Technischen Universität Aachen war gerade eine neuerliche „vernichtende Mitteilung" eingetroffen, wonach Günther auf einer Liste von Studiennachrückern auf Rang 216 stand, „d. h., wenn alles so bleibt wie jetzt, so kann ich vielleicht in vier Jahren mit einer Immatrikulation rechnen". „Und so lange kann ich ja beim besten Willen nicht warten. Aber was soll ich sonst anfangen. Ich bin voller Zweifel. Der Boden wankt mir unter den Füßen. Als ich den Brief erhielt, hätte ich mir am liebsten – es ist mir todernst dabei – eine Kugel durch den Kopf gejagt. Ich hätte es bestimmt getan und würde es auch heute tun, wenn es nicht Feigheit wäre."

Berufseinstieg und Vergangenheitsbewältigung

Die so sehnlich erhoffte Chance auf einen beruflichen Einstieg eröffnete sich dann aber überraschend doch noch. Im Mai 1947 hatte Günther Kontakt zum Leiter des Brühler Stadtbauamtes aufgenommen, bei dem er eine Art Praktikum absolvierte, um die Wartezeit auf einen Studienplatz zu überbrücken und zugleich für das Architekturstudium notwendige Erfahrungen zu sammeln. Als „ganz tadellos" empfand er dieses Arbeitsverhältnis, was darauf hindeutet, dass sich die beiden Männer recht gut verstanden. Das sollte sich für Günther dann als der große Glücksfall erweisen, den er unter dem 8. November 1947 im Tagebuch festhielt: „Ich glaube, das Wunder geschieht. Ich bin ja so voller Hoffnungen. Wenn es auch nur ein Strohhalm ist, so klammere ich mich doch an ihn. Ich hatte mehr als Glück. Baumeister G. frug mich heute, ob ich nicht Lust hätte, bei der Westdeutschen Asphalt AG einzutreten. Direktor Herold, der bei G. wohnt, sucht einen Nachfolger für seinen Posten und er habe dabei an mich gedacht." Natürlich blieb Günther zunächst skeptisch, war doch das, was sich als Perspektive so plötzlich abzeichnete, „fast zu schön, um wahr zu sein". Wenn sich der Direktor tatsächlich an ihn wenden sollte, daran ließ er keinerlei Zweifel, würde er „natürlich mit beiden Händen zugreifen": „Und kommt die Gelegenheit, das Glück, so werde ich schon alle meine Kräfte und Fähigkeiten einsetzen, um Erfolg zu haben. Dann liegt es ja wieder an mir, die Gelegenheit auszunutzen. Und ich werde sie ausnutzen. Gott, ich danke dir!!"

Alles, was sich Günther Roos erhoffte, sollte nun tatsächlich eintreffen. Nach bangem Warten war es am 29. November 1947 endlich so weit: „Hurra! Heute war ein Tag! Hatte heute die lang ersehnte Unterredung mit Direktor Herold. Er hat mich über meine zukünftige Tätigkeit unterrichtet. Ich glaube, nein, ich bin davon überzeugt, dass es für mich das Richtige ist. Und vor allem etwas für die Zukunft. Fange am 1.1.48 an. Mit dem neuen Jahr. Ein schöner Anfang! 150 Mark und Zusatzverpflegung. Viel Schnaps gesoffen und leicht beschwipst nach Hause. Ein Glückstag!" Und so sah der Jahresbeginn 1948 dann einen völlig anders gelaunten Günther Roos. Nicht mehr suchend, zweifelnd und hoffend

252 / Günther Roos mit Freundin Inge an der Mosel, Sommer 1948

blickte er nun in eine sehr ungewisse Zukunft, sondern voller Optimismus. „Es war ein wunderbarer Jahreswechsel, wie ich ihn mir schöner – und zeitgemäßer nicht vorstellen kann", schrieb er am 1. Januar. Er habe hierzu ja auch allen Grund gehabt, denn zwei jener Dinge, die er sich ein Jahr zuvor für 1947 gewünscht habe – „Gustav, Inge und Beruf" –, habe ihm „das Schicksal gewährt". Das galt es nunmehr zu sichern. „Ich werde versuchen, sie mit aller Kraft zu halten." Für 1948 wünschte sich Günther daher neben der noch immer erhofften Rückkehr des Bruders nur die Kraft, „um das, was mir vom Schicksal geboten wurde, zu halten". Sein Ideal stand ihm deutlich vor Augen: „Inge und den Beruf. So gehe ich voll Hoffnung und Zuversicht ins neue Jahr. Den Wechsel haben wir im Kuss verlebt. Ein Tag, den ich nie vergessen werde!"

Hinter das berufliche und private Glück trat alles andere weit zurück – sei es das Scheitern der Londoner Außenministerkonferenz im Dezember 1947 und der damit verbundene endgültige Bruch zwischen den USA und der Sowjetunion oder die durch die Inaktivität von Vater Toni provozierte Kündigung der elterlichen Wohnung. „Meine neue Tätigkeit als Bauführer bei den Westdeutschen Asphalt-Werken, die ich gestern angetreten habe, gefällt mir tadellos. Ich glaube fest, dass es schon etwas für mich ist. Ich werde mich jedenfalls kopfüber in die Arbeit stürzen." Die „große Politik", über die er in den Jahren zuvor so gern und oft großspurig schwadroniert hatte, spielte im Leben von Günther Roos nun nur noch dann eine Rolle, wenn sie das neu

253 / Angestellte der Westdeutschen Asphalt-Werke, 1947 (Günther Roos 3. v. l.)

gewonnene private Idyll zu gefährden drohte. So notierte er am 28. Januar 1948: „Dann die Politik. Alles deutet doch auf einen neuen Krieg hin. Der Herr bewahre uns davor. Vor 2 Jahren – sofort mit Freuden – aber heute? Mir graut's davor. Dafür ist mir die Umstellung zu schwer gefallen. Und dann ist jetzt auch Inge da. Nein, ich sehne mich wahrhaftig nicht danach. Ich will nur Friede, Ruhe, Arbeit und Inge." Und auch, als im März 1948 die bis dahin zumindest formell noch existierende alliierte Koalition endgültig auseinanderbrach, beobachtete er das zwar interessiert, aber vorrangig unter der Perspektive des privaten Glücks: „Ein Krieg rückt beängstigend nahe. Es wäre entsetzlich! Aber wie soll das Chaos anders gelichtet werden, und wie soll endlich der Friede, der dauerhafte Friede geschaffen werden? Man sieht keine Lösung mehr. Aber nur keinen Krieg!"

Eine dauerhafte Beziehung zu Inge wurde zum sehnlichsten Wunsch des grundlegend gewandelten Günther Roos. Am Ostermontag, den 29. März 1948, fuhr seine mittlerweile mit ihrer Familie nach Hamburg verzogene Freundin nach einer „herrlichen Woche" wieder in den Norden zurück. „Vor 1 Jahr und 5 Monaten fing es an und endet – nie!", heißt es hierzu voller Hoffnung im Tagebuch. Die Tage der Zweisamkeit empfand Günther „wie in einem Märchen": „Inge ist ja ein so wunderbarer Mensch, und ich liebe sie und sie liebt mich. Ich glaube, wir werden einmal sehr, sehr glücklich sein! Nun wollen wir für die Zukunft arbeiten und uns unser Glück verdienen."

Als Inge dann am Nachmittag abgereist war, tauchte Günther noch einmal in seine Vergangenheit ab. Er schaute sich – offenbar zum zweiten Mal – den Film *Und finden dereinst wir uns wieder …* an, einen der ersten deutschen Nachkriegsspielfilme aus dem Jahr 1947, der einen kritischen Blick auf die NS-Zeit wirft und insbesondere die Verführung der Jugendlichen thematisiert. Er spielt einige Wochen vor Ende des Zweiten Weltkriegs und dreht sich um eine Gruppe von Berliner Schülern, die sich heimlich aus der Evakuierung im westfälischen Altena – also aus dem Ruhrkessel – auf den Weg in ihre Heimatstadt machen, um dort „Vaterland" und „Führer" gegen die Rote Armee zu verteidigen – mithin genau jene Konstellation, in der sich auch Günther Roos Mitte April 1945 befand. Bei aller kritischen Stellungnahme ist der Film ein Beispiel für die Tendenz im (west)deutschen Nachkriegskino, die Schuld für Krieg und NS-Verbrechen ausschließlich beim NS-Regime zu suchen und den einfachen oder vermeintlichen „Mitläufer" zugleich von jeder Verantwortung freizusprechen – auch Günther Roos fühlte sich nach 1945 ja lange Zeit ohne jede Schuld. Für große Teile der deutschen Nachkriegsgesellschaft wurde die vermeintliche Alleinschuld Hitlers und seiner Paladine alsbald zum Alibi für die eigene Rolle; durch die Verfehlungen des zuvor uneingeschränkt bewunderten „Führers" sahen sie sich nunmehr nicht als Täter oder zumindest duldende Mitwisser, sondern als „Opfer".

Sehr ähnlich beurteilte auch Günther Roos den Film, der ihn stark berührte: „Und ich habe geweint. Sah ich doch immer wieder mein eigenes Leben. Ein HJ-Führer schlägt sich mit einem Kamerad nach Berlin durch, vom Glauben an den Führer durchdrungen. Er will seine Heimatstadt verteidigen. Auf dem Weg des Grauens durch den Krieg der letzten Tage verliert er den Glauben an den Sieg und – von alten Vorbildern im Stich gelassen – auch den Glauben an seine Ideale, führt dafür aber der Weg zu seiner Mutter und zur Menschlichkeit zurück." Nach dieser Inhaltsangabe skizzierte Günther die Bedeutung, die dem Werk für ihn und – angesichts der aktuellen politischen Lage und der ihr innewohnenden Kriegsgefahr – für die deutsche Nachkriegsgesellschaft insgesamt zukam: „Der Film hat nochmals alle alten Wunden aufgerissen, aber auch gezeigt, was Krieg ist. Und man müsste ihn immer und immer wieder sehen. Und heute? Plötzlich kann der glimmende Lund zur

Währungsreform

Die ersten Nachkriegsjahre waren von katastrophalen Wirtschaftsverhältnissen, Hunger und Not geprägt. Lebensmittel und Güter des täglichen Bedarfs waren streng rationiert und nur gegen Bezugsscheine erhältlich. Schwarzmarkt und Tauschwirtschaft blühten. Um den Wiederaufbau und die wirtschaftliche Stabilität Westdeutschlands zu gewährleisten sollten die Westzonen in ein US-amerikanisches Hilfsprogramm, den Marshallplan, einbezogen werden. Eine Vorbedingung hierfür war eine Währungsreform, weil einer großen Menge weitgehend wertlosen Geldes nur ein geringes Warenangebot gegenüberstand – nicht zuletzt deshalb, weil in Erwartung einer solchen Reform Waren massenhaft gehortet wurden.

Obwohl die Westalliierten die Währungsumstellung unter strenger Geheimhaltung planten, führten die Gerüchte über den bevorstehenden Schnitt zu einem endgültigen Vertrauensverlust gegenüber der alten Reichsmark: Waren wurden noch stärker zurückgehalten und die Lebensmittelversorgung verschlechterte sich rapide. Am 18. Juni 1948 wurde schließlich die Durchführung der Reform bereits für den 20. Juni 1948 angekündigt. Jeder Einwohner der drei Westzonen erhielt zunächst 40 DM „Kopfgeld", Löhne und Mieten wurden eins zu eins umgetauscht, Sparguthaben entwertet.

Die Auswirkungen der Währungsreform waren gravierend: Politisch wurde die deutsche Teilung durch die D-Mark-Einführung in den Westzonen vertieft. Wirtschaftlich zeigte sich hingegen umgehend Erstaunliches: Schon am 21. Juni waren die zuvor gähnend leeren Schaufenster mit zurückgehaltenen Waren gefüllt. Mit der Währungsreform wurde der Grundstein für die Erfolgsgeschichte der D-Mark gelegt, und die im Oktober 1949 gegründete Bundesrepublik ging einem phänomenalen Wirtschaftsaufschwung entgegen – dem deutschen „Wirtschaftswunder".

rasenden Flamme auflodern. Ich habe heute Angst davor, und schon bei dem Gedanken an dieses Morden fasst mich ein unendlich tiefes Grauen. Nur kein Krieg mehr. Friede, endlich einmal Friede! Danach sehnen wir uns alle, darauf warten wir, das ist unsere Hoffnung. Gebt uns endlich Frieden, damit das Elend ein Ende hat!!! Friede, Glück!!"

Trotz aller Kriegsgefahr stabilisierte sich das öffentliche Leben in den Westzonen zusehends, woran die auch von Günther Roos lang ersehnte Währungsreform erheblichen Anteil hatte. „Hoffentlich kommt sie bald", notierte er am 1. Juni 1948, „damit man mal wieder in die Zukunft disponieren kann", auch wenn das Leben dadurch sicherlich zunächst „schwerer", in jedem Fall aber auch „sinnvoller" würde. Und zwei Wochen später brachte er folgende Beobachtung zu Papier: „Thema Währungsreform. Alles steht Kopf, die Nerven sind zum Zerreißen gespannt. Ist es überhaupt nötig, die Menschen so durcheinanderzubringen? Zu kaufen gibt es nichts mehr, und jeder versucht noch, sein Geld loszuwerden. Einfach verrückt." Am 19. Juni berichtete Günther: „So, es ist so weit! Die Währungsreform ist da. Morgen ist das alte Geld ungültig. Ab morgen werden wir alle arme Schlucker sein. Die letzten Tage waren Zustände wie in einem Tollhaus." Bei aller damit verknüpften Unsicherheit sah auch er keinen anderen Weg in die Zukunft, „denn so wie bisher konnte es ja unmöglich weitergehen". Nun wisse „man doch wenigstens, wofür man arbeitet", was ihm bei einem knappen monatlichen Festgehalt von 170 RM als wesentlichster Aspekt erschien. Und am 23. Juni skizzierte er die neue Lage: „Das große Wunder ist natürlich die Währungsreform. Plötzlich ist alles da. Man könnte kaufen, was das Herz begehrt – wenn man Geld hätte." Günther Roos gab sich optimistisch und bescheiden. Es werde „bestimmt noch schöner", schrieb er. Daher warte er lieber ab und gebe „keinen Pfennig aus". „Aber ich bin froh, dass sie endlich da ist, der Anfang ist gemacht und man wird doch nun in die Zukunft disponieren können. Fest steht, dass wir sehr bescheiden leben müssen, wollen wir zu etwas kommen."

Günther Roos war endgültig im „neuen" Deutschland, sprich in den drei westlich und damit demokratisch orientierten Besatzungszonen angekommen. Und, was man angesichts seiner Einstellung und Stimmung in den ersten Nachkriegsjahren kaum vermutet hätte, er fühlte sich dabei rundum wohl und glücklich. Wie so häufig nutzte er seinen Geburtstag zur Reflexion und schrieb am 6. Juni 1948: „Nun bin ich schon wieder ein Jahr älter. Gerade habe ich mal die Aufzeichnungen der beiden letzten Geburtstage gelesen und überdacht. Ich glaube, ich bin jetzt auch etwas glücklicher als damals. Ich habe einen Beruf, ich habe ein Ziel, ich habe – einen Menschen. Ich habe Hoffnung! Meine Wünsche sind in Erfüllung gegangen – außer einem, Gustav. Und ich bin auch ganz still und tief glücklich. Und hoffentlich kann ich das bei meinem nächsten Geburtstag genauso sagen wie heute!"

Das war einer der letzten Einträge im von Günther Roos ab 1939 kontinuierlich geführten Tagebuch.

254 / Günther Roos im Sommer 1948 an der Mosel

Nachklang

Das weitere Leben von Günther Roos entwickelte sich in vielen Punkten so, wie er es Mitte 1948 erhofft hatte. Vom „Baupraktikanten" avancierte er schnell zum Leiter von Großprojekten im Straßenbau, wurde Betriebsleiter einer Außenstelle mit 150 Mitarbeitern und stieg schließlich zum Handlungsbevollmächtigten der Westdeutschen Asphalt-Werke auf. „Also, ich habe Karriere gemacht", fasste er seinen beruflichen Weg im Jahr 2012 zusammen.

Die zunächst angestrebte und dann so sicher geglaubte Ehe mit der geliebten Inge hingegen zerschlug sich, weil sie eine Anstellung als Krankenschwester in Australien annahm, ein Weg, den mitzugehen sich Günther Roos damals nicht in der Lage sah, weil er seine Mutter, die ja bereits den Verlust ihres Sohnes Gustav zu verkraften hatte, nicht allein lassen wollte. Er fand jedoch eine neue Partnerin, heiratete und wurde Vater von zwei Töchtern.

Politisch engagierte sich Günther Roos hingegen zeitlebens nicht mehr. Bei allem Interesse am Zeitgeschehen saßen die Wunden, die die Jahre zwischen 1933 und 1945 in dieser Beziehung bei ihm hinterlassen hatten, doch zu tief. Dagegen reiste er viel und gern, wobei auch der Gedanke der Völkerverständigung zumindest im Hintergrund mitschwang. Auch das so tief sitzende Gedankengut der NS-Rassenideologe verlor sich zusehends, und als eine seiner Töchter in den 1970er-Jahren dann die Möglichkeit hatte, eine Brieffreundschaft mit einem farbigen britischen Mädchen einzugehen, ermunterte er sie dazu.

Aus diesem Briefkontakt erwuchs eine Familienfreundschaft. Als Familie Roos nach England reiste und Günther Roos vom Vater des Mädchens in dessen Club eingeladen wurde, traf er dort auf einen gleichaltrigen Engländer, mit dem er ins Gespräch kam. Dabei stellte sich heraus, dass beide in der Endphase des Krieges am gleichen Frontabschnitt eingesetzt gewesen waren und theoretisch aufeinander hätten schießen können. „What a foolish thing. Now we were friends", habe sein Gesprächspartner geäußert und ihn umarmt, erinnerte sich Günther Roos.

Mit der Lektüre von *Im Westen nichts Neues* hatte er Mitte 1946 den schwierigen Weg zur schrittweise erfolgenden Loslösung vom NS-Gedankengut angetreten. Heute wisse er, so formulierte es Günther Roos 2012, dass Hitler ein „Massenmörder" gewesen sei. „Ein Verbrecher, ganz eindeutig ein Verbrecher, der Millionen von Menschen sinnlos geopfert hat für eine wahne Idee, dass wir nämlich ein ‚Volk ohne Raum' wären." Bereits 1989 hatte er nach der Transkription und Bearbeitung seiner Tagebücher seine rückblickende Beurteilung der Dinge auf den Punkt gebracht. Er habe nach Kriegsende, so schrieb er

255 / Günther Roos
im Juni 1954

damals, „nach und nach erkennen" müssen, „dass der Nationalsozialismus ein verbrecherisches System gewesen" sei, das seine jugendliche Begeisterungsfähigkeit und seinen damaligen Idealismus „schändlich missbraucht" habe. „Diese Erkenntnis war schmerzlich, war aber Voraussetzung zur Wandlung. Und so entwickelte ich mich nach und nach zu einem liberalen Demokraten und zu einem überzeugten Pazifisten. Wie ist heute meine Einstellung zu dieser Vergangenheit, die doch so nachhaltig meine Jugend geprägt hat? Sie ist unterschiedlich. Da ist einmal der politische Aspekt. Bei der Verarbeitung meiner Tagebücher oder bei Filmberichten über den Nazistaat bewegen sich meine Gefühle zwischen Scham, Unverständnis und Grauen. Etwas zwiespältiger sind meine Empfindungen, wenn ich Berichte über die Wehrmacht sehe. Da sind die Erkenntnis und das Bewusstsein über die Grausamkeit und Sinnlosigkeit eines Krieges. Auf der anderen Seite muss ich gestehen, dass trotz meiner pazifistischen Grundeinstellung und entgegen aller Vernunft mein Puls z. B. bei dem Anblick einer Parade der alten Wehrmacht um etwa fünf Schläge beschleunigt wird." – Günther Roos blieb bis zum Schluss ehrlich, auch wenn ihm das angesichts dessen, was er zwischen 1933 und 1945 gedacht, getan und im Tagebuch geschrieben hat, nicht immer leichtfiel.

Anmerkungen

1 In Kopelews Buch, so urteilte der Schriftsteller Horst Bienek 1976 in einer Rezension für den *Spiegel*, werde „das Höllenbild eines Staates entworfen, der überhaupt nur durch ein Spitzel- und Denunziantensystem, durch Angst und Anpassung, Fanatismus und Indoktrination existiert" habe. Kopelew war selbst lange Zeit ein überzeugtes Rädchen in diesem System gewesen: „Damals (…) war ich von einem fest überzeugt: das Ziel heiligt die Mittel. Unser großes Ziel war der Weltkommunismus; um seinetwillen kann und muss man lügen, rauben, Hunderttausende, ja, Millionen von Menschen vernichten – alle, die diesem Ziel hinderlich im Weg stehen oder im Weg stehen könnten. (…) Ich verfluchte niemanden und sagte mich nicht los. Ich glaubte nach wie vor, weil ich glauben wollte."
Alle Zitate nach: Der Spiegel, 18/1976, S. 186–188,
online: http://magazin.spiegel.de/EpubDelivery/spiegel/pdf/41237107 (Zugriff am 27.7.2015).

2 Die Zitate sind einem undatierten Artikel entweder aus einem Brühler Lokalblatt oder einer Verbandszeitschrift entnommen, der um das Jahr 2000 erschienen sein dürfte. Der Zeitungsausschnitt befindet sich in den umfangreichen Unterlagen, die Günther Roos zur Verfügung gestellt hat.

3 Am 21. April 1987 in einem Gespräch mit der Historikerin Barbara Becker-Jákli,
in: B. Becker-Jákli, Juden in Brühl, Brühl 1988, S. 195f.

4 Aus soziologischer Sicht skizziert Waltraud Kannonier-Finster die Zusammenhänge so:
„Die soziologische Betrachtung einer Lebensgeschichte ist dadurch bestimmt, dass sie den Ablauf, die Entwicklung des individuellen Lebens mit den sozialen und historischen Dimensionen des Milieus und der gesellschaftlichen Verhältnisse in Verbindung bringt, in denen sich dieses Leben vollzieht. Der Blick auf die soziale Zeit macht sichtbar, wie das individuelle Leben durch die objektive Struktur von Chancen und Zwängen, in die es durch seine soziale Herkunft gestellt ist, geformt wird. Der Blick auf die historische Zeit verweist auf politische, ökonomische und gesellschaftliche Ereignisse und Prozesse, die den Rahmen des biographischen Denkens und Handelns in bestimmter Weise eingrenzen."
Waltraud Kannonier-Finster, Eine Hitler-Jugend. Sozialisation, Biographie und Geschichte in einer soziologischen Fallstudie, Innsbruck etc. 2004, S. 23.

5 So etwa der Umschlagtext zum Buch von Kannonier-Finster (wie Anm. 4).

6 Rezension von Edgar Forster zu Kannonier-Finster (wie Anm. 4) auf H-Soz-u-Kult, 9.11.2005, online: http://hsozkult.geschichte.hu-berlin.de/rezensionen/2005-4-087.pdf oder http://www.h-net.org/reviews/showrev.php?id=20277. Vgl. auch Dagmar Reeses Rezension im Archiv für Sozialgeschichte 46 (2006), online: http://library.fes.de/fulltext/afs/htmrez/80734.htm (Zugriff am 25.10.2015).

7 Forster (wie Anm. 6).

8 Kannonier-Finster, S. 68 und S. 21. Die Autorin nimmt beispielsweise einen kurzen Auszug aus dem 1942 in propagandistischer Absicht publizierten Buches „Hitler-Jugend. Das Erlebnis einer großen Kameradschaft" als Beleg dafür, dass die Erziehung in der Hitler-Jugend „Disziplinierung und totale Bindung des einzelnen an die Gruppe und die politische Führung" bedeutete, ohne die seitens der Reichsjugendführung sicherlich verfolgten Intentionen mit den tatsächlichen damaligen Gegebenheiten „vor Ort" und im Erleben des Einzelnen zu kontrastieren. Vgl. ebd., S. 70f.

9 Die Quellenlage zur NS-Zeit in Brühl ist hingegen weit weniger gut. Archivalien sind – nicht nur für das Thema „Hitlerjugend" – aus dieser Zeit praktisch nicht mehr vorhanden. Die *Brühler Zeitung* musste Ende 1940 ihr Erscheinen einstellen und die Ausgabe des *Westdeutschen Beobachters* für den Landkreis Köln ist – und auch das nur mit erheblichen Lücken – lediglich bis 1943 verfügbar. Aus den Jahren 1933 bis 1936 liegt mit dem Nachlass des Ortsfotografen Neff hingegen herausragendes Fotomaterial vor. Das trifft aber leider nicht mehr auf die Jahre danach zu, wodurch der Zeitraum, in dem Günther Roos als Jungvolkführer aktiv war, im Wortsinn etwas „unterbelichtet" bleiben muss. Insgesamt aber reicht das verfügbare Wissen aus, die Lebenswelten des jungen Günther Roos hinreichend auszuleuchten.

10 Zum Quellenwert von Tagebüchern vgl. ausführlicher und mit weiterführender Literatur das Kapitel „Das Tagebuch als Quelle" unter www.roos.nsdok.de.

11 Zu den Möglichkeiten und Grenzen der „Oral History" ausführlicher und mit weiterführender Literatur vgl. das Kapitel „Oral History als historische Quellengattung" unter www.roos.nsdok.de.

12 Ein Wermutstropfen ist allerdings, dass die Tagebücher – bis auf die Ausnahme der Jahre 1945 bis 1948 – nicht mehr im Original vorliegen. Bei den ersten Besuchen des Autors bei Günther Roos Ende 2008 waren sie noch komplett vorhanden. Die damalige Einsichtnahme bestätigte dessen Angabe, den Inhalt wortgetreu ohne Änderungen oder Auslassungen transkribiert zu haben. Als die einzelnen Hefte dann 2012 zum Zweck der Reproduktion ausgeliehen werden sollten, stellte sich heraus, dass sie bei einem Umzug unwiederbringlich „entsorgt" worden waren. Darauf angesprochen, fand Günther Roos keine schlüssige Erklärung für diese Aktion. Er sei, so seine vage Begründung, nicht zuletzt krankheitsbedingt mit dem dadurch notwendig gewordenen Umzug überfordert gewesen und habe daher vor Bezug der weitaus kleineren neuen Wohnung so viel Ballast wie möglich abgeworfen. Warum aber ausgerechnet die ja nicht eben voluminösen Tagebücher zu diesem „Ballast" gezählt wurden, wusste er nicht zu sagen, und war – neben dem Autor – wohl derjenige, der sich am meisten über diesen Schritt ärgerte. Wahrscheinlich spielte dabei auch eine Rolle, dass Günther Roos durch seine komplette Transkription der Tagebücher diese für die Nachwelt gerettet sah und den Originalen daher keinen besonderen Wert mehr zusprach.

13 Zum Quellenwert von Briefen vgl. das Kapitel „Briefe als Quelle" und hier insbesondere den Passus „Sonderfall: Feldpost im Zweiten Weltkrieg" unter www.roos.nsdok.de.

14 Insofern wird hier der berechtigten Forderung des Kulturwissenschaftlers Kaspar Maase genügt, der mit Blick auf die deutsche Bevölkerung der NS-Zeit von „gespaltener Wirklichkeit" spricht, in der sich der „nationalsozialistische Impuls" eines Neubeginns „auf fatale Weise mit dem Bestreben der großen Mehrheit, in der privaten Nahwelt ‚Normalität' zu leben", verbunden habe. Beide Momente, so Maase, „das Mitwirken an 12 Jahren Rassismus, Mord und Krieg wie die ‚lange Dauer' privater Freizeitorientierung mit Zügen alltäglicher Moderne", müssten stets „zusammengedacht" werden, um zu einer angemessenen Beurteilung der NS-Zeit kommen zu können. Kaspar Maase, Grenzenloses Vergnügen. Der Aufstieg der Massenkultur 1850–1970, Frankfurt am Main 1997, S. 205.

15 Die Darstellung folgt Becker-Jákli (wie Anm. 3), S. 156ff.

16 Vgl. hierzu und zum Folgenden Becker-Jákli (wie Anm. 3), S. 142ff. und Peter Thrams, Brühl im Nationalsozialismus, Band 1: Politik, Verwaltung und Gesellschaft, Köln 1993, S. 16ff. Dort auch die Einzelnachweise.

17 Pfarrchronik St. Margareta; zitiert nach Wolfgang Drösser, Brühl: Geschichte. Bilder. Daten. Zusammenhänge, Brühl 2005, S. 215.

18 Vgl. Thrams (wie Anm. 16), Band 2: Wirtschaft und Zweiter Weltkrieg, S. 82ff.

19 Zitiert nach Becker-Jákli (wie Anm. 3), S. 160.

20 Brühler Zeitung vom 20., 21. und 22. März 1933. Eigentümlicherweise konnten von dem Ereignis selbst bislang keinerlei Fotos aufgefunden werden.

21 Becker-Jákli (wie Anm. 3), S. 161.

22 Am 21. April 1987 in einem Gespräch mit Barbara Becker-Jákli. Vgl. Becker-Jákli (Anm. 3), S. 161.

23 Zu den Brühler Ergebnissen vgl. Thrams (wie Anm. 16), Bd. 1, S. 74 und 85.

24 Vgl. Brühler Zeitung vom 7. März 1936.

25 Zitiert nach Drösser (wie Anm. 17), S. 245.

26 Aus einer Verordnung des Brühler Bürgermeisters; zitiert nach Thrams (wie Anm. 16), Bd. 1, S. 154f.

27 Vgl. hierzu ausführlicher „Gemeinschaftsempfang und Führerreden" unter www.roos.nsdok.de.

28 Brühler Zeitung vom 20. März 1933

29 Zitiert nach Thrams (wie Anm. 16), Bd. 1, S. 160.

30 Das Folgende nach Wolfgang Drösser, Schule unterm Hakenkreuz: die höhere Schule Brühl 1933–1945, in: Max-Ernst-Gymnasium 1990. Festschrift. 125 Jahre Höhere Schule in Brühl, Brühl 1990, S. 59–81, passim.

31 Schularchiv des Gymnasiums Essen-Borbeck, Ordner 1933/II: Erlass Gen. Nr. 1784 des Oberpräsidenten, 21.7.1933.

32 Brühler Zeitung vom 15. November 1933. Zugleich informierte er die Eltern über das zwischen Erziehungsministerium und Oberpräsidenten sowie Obergebietsführer Lauterbacher vereinbarte „reibungslose und vertrauensvolle Zusammenarbeiten zwischen Schule, Eltern und Hitler-Jugendbünden".

33 Die kleine, einzügige höhere Schule zählte im Jahr 1933 217 Schüler, bis 1936 ging die Zahl auf 190 zurück, um dann bis 1940 auf 257 Schüler zu steigen.

34 Darstellung nach: Vor 50 Jahren gestorben. Zum Gedenken an Heinrich Fetten, in: Brühler Heimatblätter, April 1999, S. 1ff.

35 Vgl. auch Thomas Müller, Nach Feierabend. Brühler Freizeitleben zur Zeit der Weimarer Republik (1918–1933), Brühl 1999, S. 65.

36 Vgl. zum Feierkalender ausführlich, allerdings rein chronologisch, auf dünner Quellengrundlage und insgesamt wenig kritisch bzw. differenziert: Thrams (wie Anm. 16), Bd. 1, S. 96–153.

37 Vgl. Drösser (wie Anm. 17), S. 234.

38 Darstellung nach Thrams (wie Anm. 16), Bd. 1, S. 188ff.

39 Archiv des Erzbistums Köln (AEK), Gen. I 23.11,5, S. 410 (Pfarrer Jansen aus Brühl-Pingsdorf an das Erzbischöfliche Generalvikariat in Köln, Brühl-Pingsdorf, 27.5.1934).

40 Vgl. Müller (wie Anm. 35), S. 63.

41 Vgl. Drösser (wie Anm. 17), S. 241.

42 Zitiert nach Drösser (wie Anm. 17), S. 241. Vgl. dort auch zum Folgenden.

43 Vgl. auch zum Folgenden Drösser (wie Anm. 17), S. 229.

44 Vgl. Thrams (wie Anm. 16), Bd. 2, S. 82ff.

45 Vgl. ebd., S. 144.

46 Darstellung nach Westdeutscher Beobachter vom 1. April 1933. Vgl. auch Brühler Zeitung vom 25. und 28. März 1933.

47 Zitat im Westdeutschen Beobachter vom 19. Oktober 1936. Vgl. auch Brühler Zeitung vom 20. Oktober 1936 und Thrams (wie Anm. 16), Bd. 1, S. 128f.

48 Schularchiv des Gymnasiums Essen-Borbeck, Ordner 1933/II: Erlass U II C Nr. 6767 des Erziehungsministeriums, 13.9.1933. Vgl. auch Rheinisches Volksblatt vom 23. September 1933.

49 Brühler Zeitung vom 12. Oktober 1933.

50 Darstellung nach Becker-Jákli (wie Anm. 3), S. 198ff.

51 Sofern nicht anders angemerkt, sind sämtliche Informationen dem Ordner „Familie Roos – Hürten – Klug – Charles" aus dem Privatarchiv Günther Roos entnommen. Insofern folgt die hier skizzierte Familiengeschichte einer durchaus subjektiv gestalteten Überlieferung und Sichtweise. Da sie zugleich mit zahlreichen Originaldokumenten belegt wird, dürfte zumindest der formale Rahmen der folgenden Darstellung den damaligen Tatsachen entsprechen.

52 Zitiert nach Aufzeichnungen von Gustav Roos, die im NS-Dokumentationszentrum der Stadt Köln archiviert sind: NSDOK, E 149, Ordner „Familie Roos – Hürten – Klug – Charles".

53 Die Darstellung folgt der von Anton Roos selbst verfassten Lebensgeschichte sowie ergänzenden Anmerkungen durch seinen Sohn Günther. Sie finden sich sämtlich in: NSDOK, E 149, Ordner „Anton Roos".

54 Das Gefühl, zum Künstler berufen zu sein, ließ Toni Roos im Übrigen nie los. Nach 1945 sollte er sich zur Verzweiflung seiner Familie erfolglos als Kunstmaler versuchen, wobei ihm ein entsprechendes auffälliges öffentliches Auftreten offenbar zumindest ebenso wichtig war wie die – stets „überschaubare" – Qualität seiner Bilder.

55 Vgl. Bundesarchiv Berlin, NSDAP-Zentralkartei.

56 Die erst 1933 gegründete, aus dem „NS-Kampfbund für den gewerblichen Mittelstand" hervorgegangene Gliederung der NSDAP diente der wirtschaftlichen und politischen Schulung des Mittelstandes im Sinne der NS-Ideologie. Sie ging 1935 in der Deutschen Arbeitsfront (DAF) auf.

57 Vgl. hierzu Thrams (wie Anm. 16), Bd. 1, S. 98.

58 Mitte 1939 schrieb Toni Roos vom Gauparteitag der NSDAP in Trier: „Gestern Abend mit Staatsrat Willi Börger herrliches Wiedersehen nach einem Jahr gefeiert. [...] Börger hat mir ein blendendes Angebot gemacht." Worum es sich dabei konkret handelte, ist der Korrespondenz leider nicht zu entnehmen.

59 Vonseiten der Familie von Elisabeth Roos war in dieser Hinsicht wenig zu erwarten. Angesichts der dort in seinen Augen verbreiteten unverhältnismäßigen Sparsamkeit sprach Toni Roos in einem Brief an Sohn Gustav am 1. Juni 1939 in Anlehnung an den Familiennamen Charles spöttisch von der „Charlittis", um dann – die Absichten des „Gesetzes zur Verhütung erbkranken Nachwuchses" und die daraus resultierenden Zwangssterilisationen in einer für ihn wohl typischen Weise persiflierend – fortzufahren, diese „Charlittis" sei zwar „nicht ansteckend, aber erblich, wenn darauf Sterilisierung stünde, würde die Familie Deiner Mutter aussterben".

60 Erschwerend kam für Günther hinzu, dass auch sein älterer Bruder Gustav nach bestandenem Abitur im April 1939 zum Reichsarbeitsdienst und anschließend zur Wehrmacht eingezogen wurde.

61 Vgl. hierzu ausführlicher den Abschnitt „Der Kinogänger" im Kapitel „Günther Roos und die Medien seiner Zeit".

62 Siehe dazu den Infokasten „Dienst und Leistungsbuch" auf S. 111.

63 Diese Äußerung erfolgte am 21. April 1987 in einem Gespräch mit Barbara Becker-Jákli.
Vgl. Becker-Jákli (wie Anm. 3), S. 175.

64 Text nach Becker-Jákli (wie Anm. 3), S. 197.

65 Die von Günther Roos zitierte, besonders blutrünstige letzte Strophe ist an anderen Stellen nicht nachgewiesen. Stattdessen heißt es in anderen Überlieferungen zumeist: „Hitler treu ergeben, / Treu bis in den Tod. / Hitler wird uns führen, / einst aus dieser Not."

66 Siehe dazu den Infokasten „Alfred Rosenberg und sein Mythus des 20. Jahrhunderts" auf S. 185.

67 Weiter heißt es darin: „Als Urkunde über seine Wehrfähigkeit begleitet das Leistungsbuch den Hitlerjungen von seinem Eintritt in das Deutsche Jungvolk bis zum Übertritt von der Hitlerjugend in den Arbeitsdienst, die Wehrmacht, die SA, SS usw. [...] Durch umfassende körperliche Ertüchtigung und weltanschauliche Schulung wird der Hitlerjunge in diesem Leistungsaufbau zur vollen Wehrhaftigkeit gebracht. Die Festlegung von Mindestleistungen auf allen Gebieten zwingt den Hitlerjungen, Schwächen auf einzelnen Gebieten durch Arbeit an sich selbst zu beseitigen. Mit der Erfüllung der im Leistungsbuch geforderten Bedingungen beweist der Hitlerjunge durch die Tat, dass er der Nation gegenüber seine Pflicht tut."

68 Westdeutscher Beobachter vom 20. August 1934. Der Reichsjugendführer hatte seinerseits dafür gesorgt, dass diesem neuen, als „Dienstausweis für jeden Hitler-Jungen" (Westdeutscher Beobachter vom 30. August 1934, Beilage „Rheinische Hitlerjugend") bezeichneten Leistungsbuch folgende vielsagende Widmung aus seiner Feder vorangestellt wurde: „Hitlerjugend! Körperliche Ertüchtigung ist keine Privatsache des einzelnen. Die nationalsozialistische Bewegung befiehlt den ganzen Deutschen zu ihrem Dienst. Dein Körper gehört Deiner Nation, denn ihr verdankst Du Dein Dasein. Du bist ihr für Deinen Körper verantwortlich. Erfülle die Forderungen dieses Leistungsbuches, und Du erfüllst die Pflicht gegen Dein deutsches Volk. Baldur von Schirach"

69 Peter Pahmeyer / Lutz van Spankeren, Die Hitler-Jugend in Lippe (1993–1939). Totalitäre Erziehung zwischen Anspruch und Wirklichkeit, Bielefeld 1998, S. 139f.

70 Vgl. ebd.

71 Vorschriftenhandbuch der HJ, Bd. II, S. 643f. und 634.

72 So der der Reichsarzt der HJ, Oberbannführer Dr. Hördemann, im Januar 1939 vor Pressevertretern. Abgedruckt im Westdeutschen Beobachter vom 18. Januar 1939.

73 Westdeutscher Beobachter vom 7. Februar 1939.

74 Brühler Zeitung vom 30. Januar 1939.

75 Brühler Zeitung vom 20. März 1940.

76 Die Darstellung folgt – ohne Einzelnachweise – der so umfangreichen wie detaillierten Studie von Michael Buddrus, Totale Erziehung für den totalen Krieg. Hitlerjugend und nationalsozialistische Jugendpolitik, 2 Bde., München 2003, Bd. 1, S. 195ff.

77 Wie zermürbend der Krieg an der Ostfront war, lässt sich in aller Deutlichkeit den im vorherigen Kapitel zitierten Briefen von Gustav Roos entnehmen; wie anders dann Günther Roos später mit solchen Belastungen umging, wird noch zu zeigen sein.

78 Mit Kriegsbeginn wurde zahlreichen Posten und Positionen (nicht nur) in der Hitlerjugend ein „K-" vorangestellt, um deren kriegsbedingt provisorischen und nur als vorübergehend gedachten Charakter zu betonen.

79 Vgl. hierzu Kapitel „Prägungen", S. 74.

80 Siehe dazu auch Kapitel „Prägungen", S. 67f., sowie Kapitel „Günther Roos und die Medien seiner Zeit", S. 99.

81 Im Weiteren zitiert Günther Roos noch ein anderes „Lagerlied", das nicht ohne Grund als „Heidenlied" bekannt wurde: „Der Herbstwind weht übers Stoppelfeld, / er weht über Acker und Brache. / Ein neues Jahrtausend beginnt in der Welt, / Du schlafendes Deutschland erwache! / Rot floss die Aller vom Sachsenblut, / die Städinger wurden erschlagen. / Als Ablass wurde der Bauern Gut / von Mönchen ins Ausland getragen. / Der Papst hockt in Roma auf seidenem Thron, / es hocken bei uns seine Pfaffen. / Was hat einer deutschen Mutter Sohn / mit Papst und mit Pfaffen zu schaffen!"

82 Die Originalfassung ist online nachzulesen unter: http://gutenberg.spiegel.de/buch/fragmente-1875-1879-band-2-3265/7 (Zugriff am 13.10.2015).

83 Panizzas Text erschien erstmals 1894 unter dem Titel *Der teutsche Michel und der römische Papst*. Ab 1927 wurde er dann von NS-Ideologen vereinnahmt.

Bildnachweis

Alle Fotos: NS-Dokumentationszentrum der Stadt Köln, außer:

Stadtarchiv Brühl 2 / 9 / 10 / 11 / 12 / 13 / 15 / 21 / 22 / 23 / 24 / 25 / 26 / 27 / 28 / 29 / 30 / 31 / 32 / 33 / 35 / 37 / 38 / 39 / 40 / 42 / 43 / 81 / 83 / 97 / 101 / 103 / 104 / 110 / 113 / 116 / 117 / 124 / 125 / 137 / 163 / 167 / 169 / 170

Stadtarchiv Essen 16

Archiv der Kaufhof AG 148